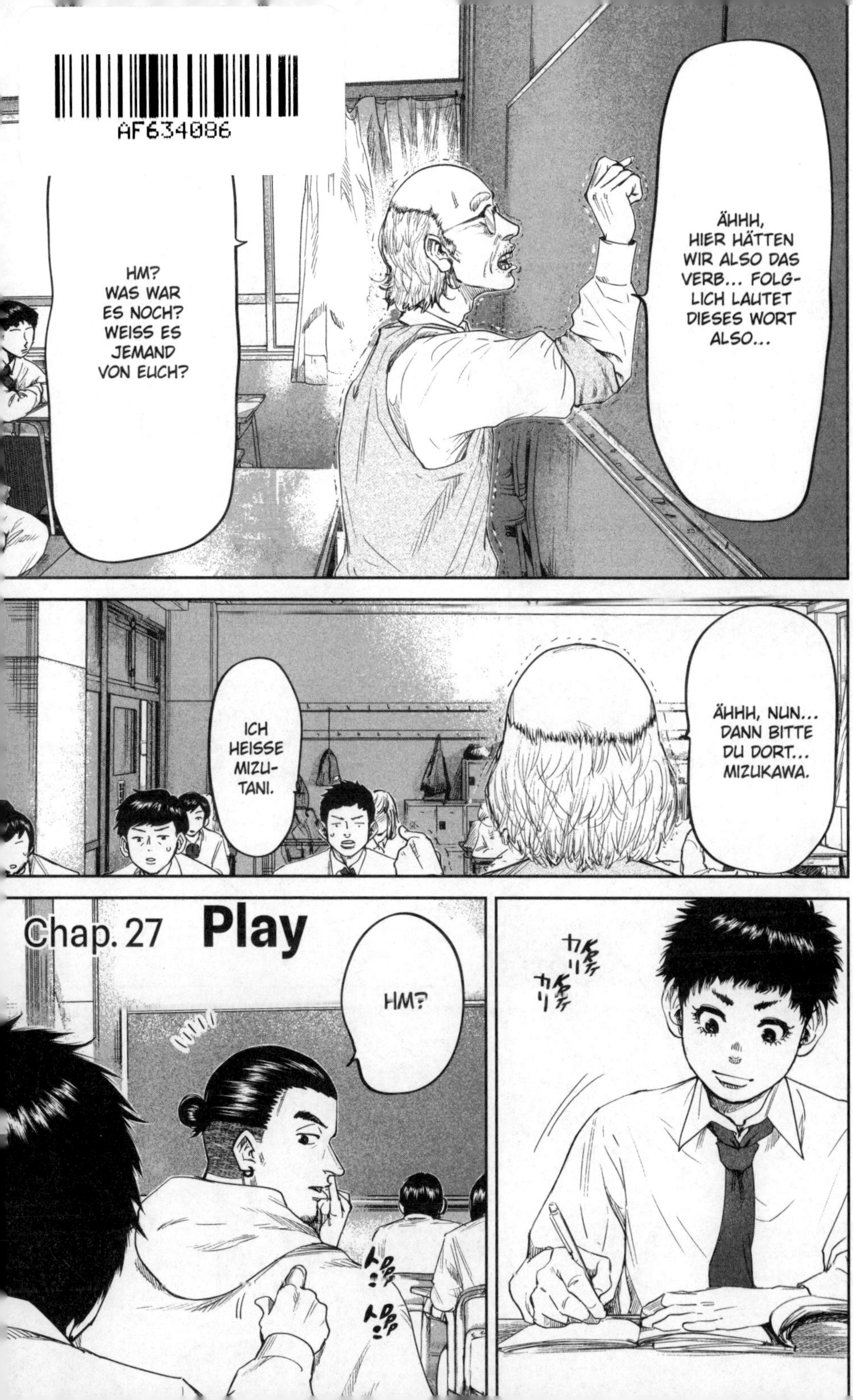
ÄHHH, HIER HÄTTEN WIR ALSO DAS VERB… FOLG-LICH LAUTET DIESES WORT ALSO…
HM? WAS WAR ES NOCH? WEISS ES JEMAND VON EUCH?
ÄHHH, NUN… DANN BITTE DU DORT… MIZUKAWA.
ICH HEISSE MIZU-TANI.
Chap. 27 Play
HM?

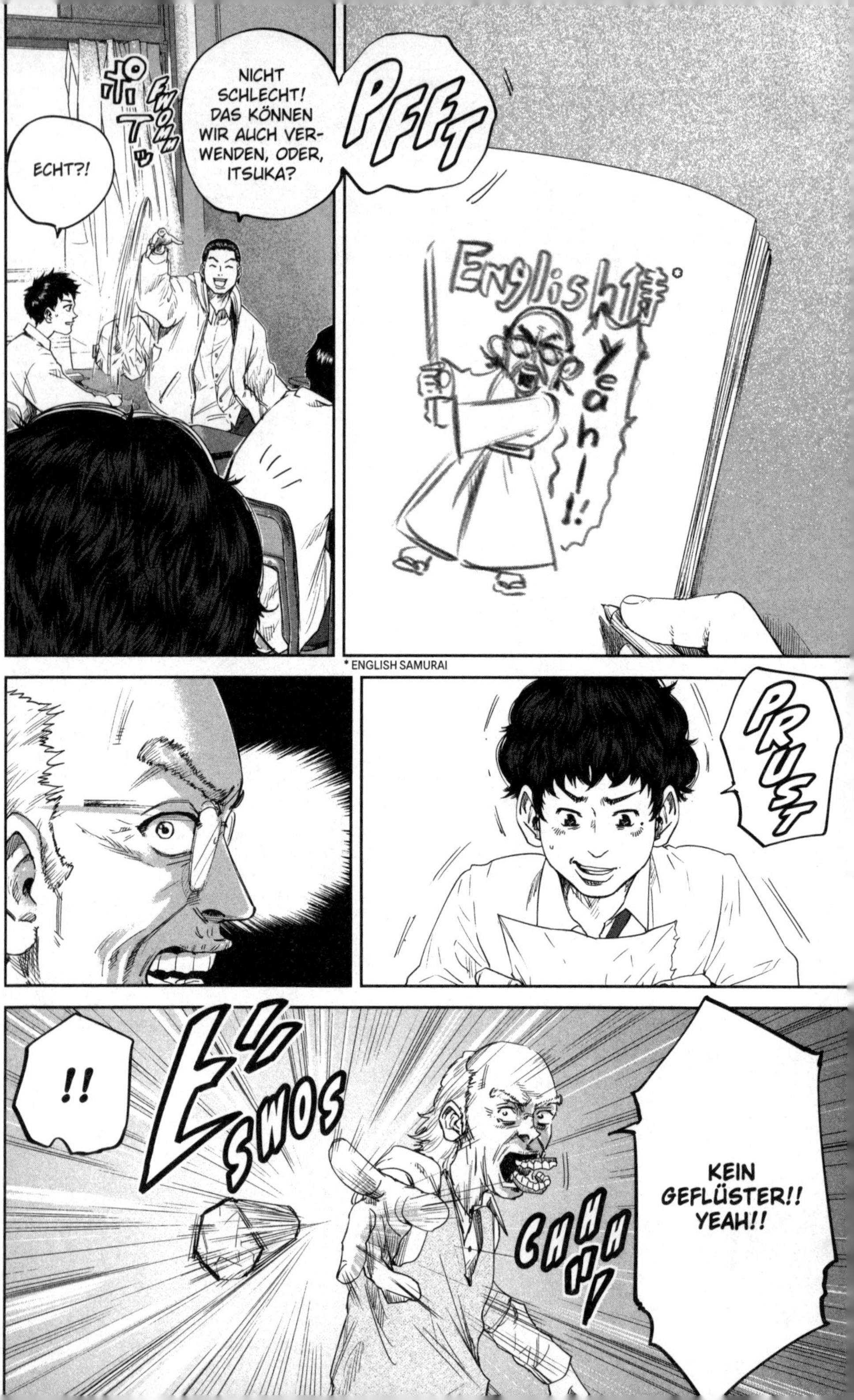
PFFT
NICHT SCHLECHT! DAS KÖNNEN WIR AUCH VERWENDEN, ODER, ITSUKA?
FWOMM
ECHT?!
English侍*
Yeah!!
* ENGLISH SAMURAI
PRUST
!!
SWOS
CHHHH
KEIN GEFLÜSTER!! YEAH!!

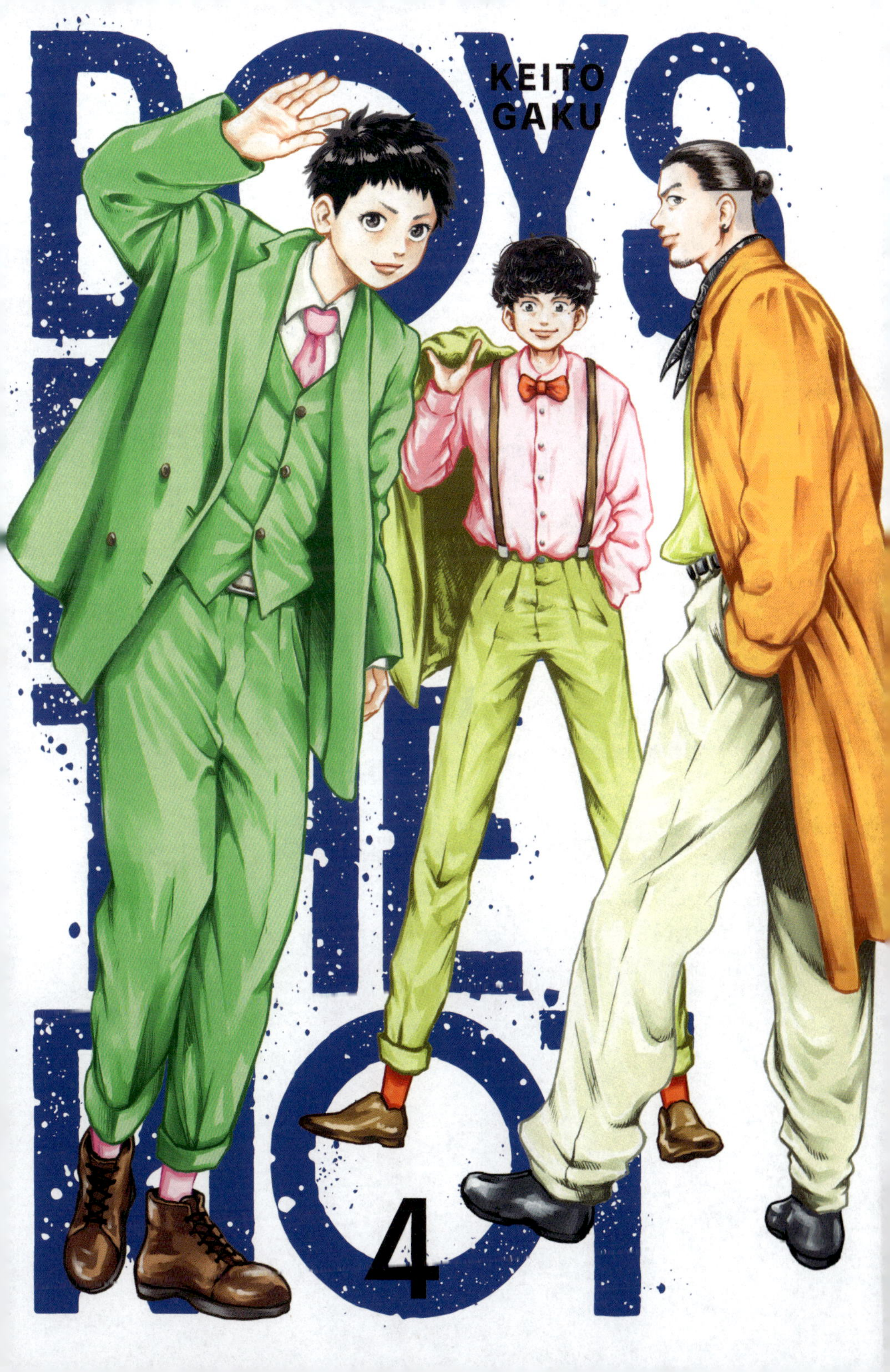
KEITO
GAKU
4

Inhalt

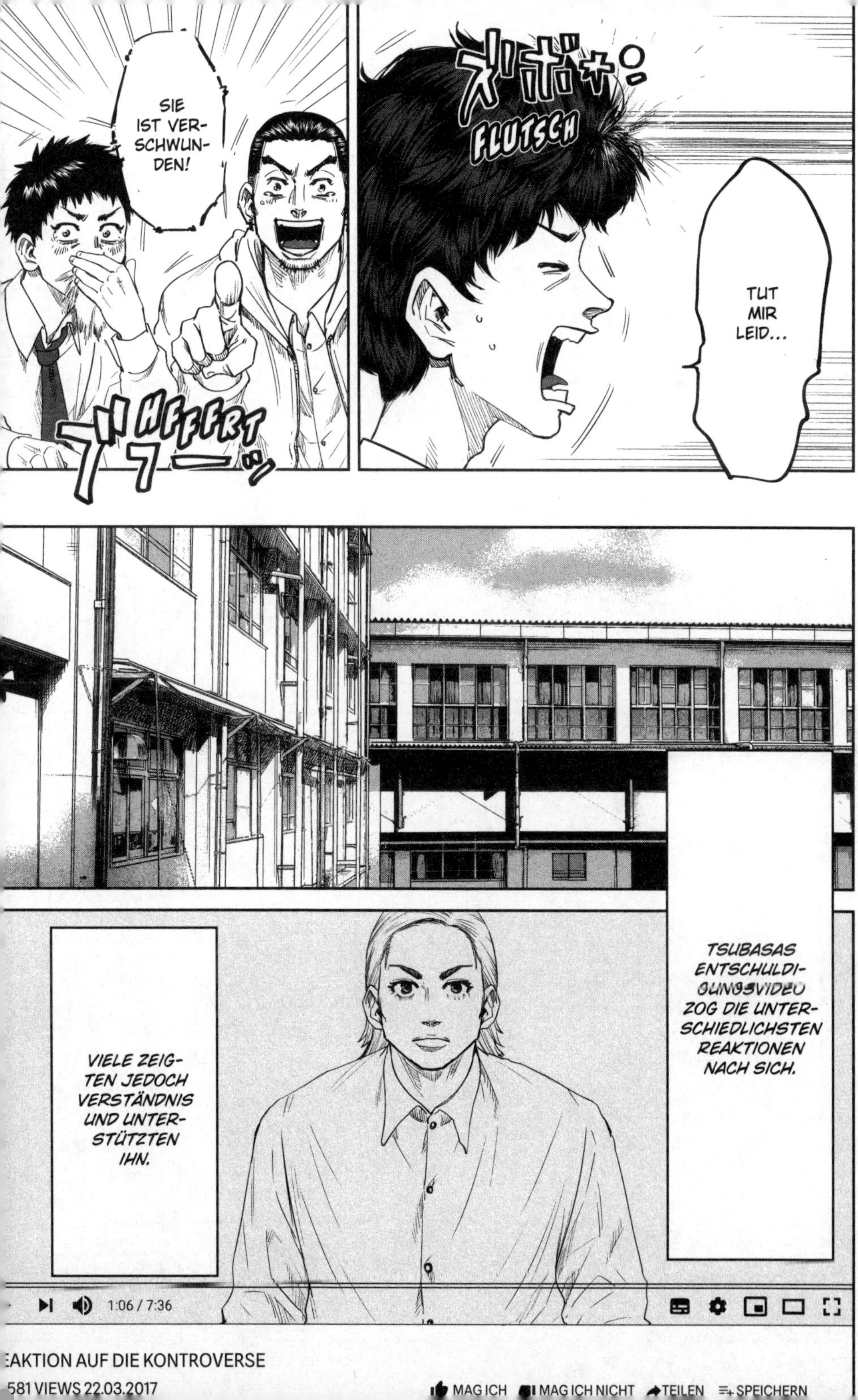
FLUTSCH
TUT MIR LEID...
SIE IST VER-SCHWUN-DEN!
HFFFRT
TSUBASAS ENTSCHULDI-GUNGSVIDEO ZOG DIE UNTER-SCHIEDLICHSTEN REAKTIONEN NACH SICH.
VIELE ZEIG-TEN JEDOCH VERSTÄNDNIS UND UNTER-STÜTZTEN IHN.
1:06 / 7:36
EAKTION AUF DIE KONTROVERSE
581 VIEWS 22.03.2017
MAG ICH
MAG ICH NICHT
TEILEN
SPEICHERN

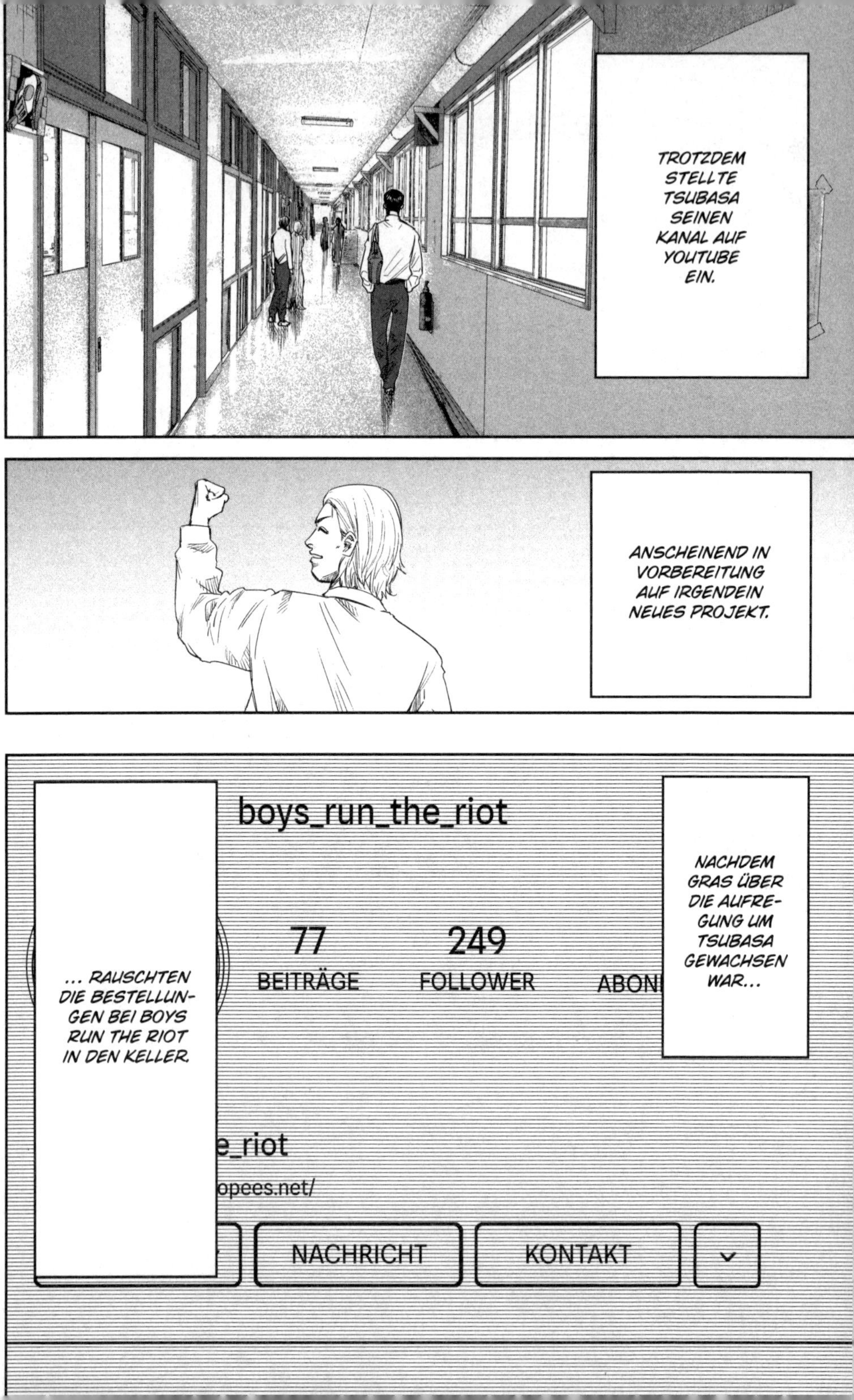
TROTZDEM STELLTE TSUBASA SEINEN KANAL AUF YOUTUBE EIN.
ANSCHEINEND IN VORBEREITUNG AUF IRGENDEIN NEUES PROJEKT.
NACHDEM GRAS ÜBER DIE AUFREGUNG UM TSUBASA GEWACHSEN WAR…
boys_run_the_riot
77
BEITRÄGE
249
FOLLOWER
NACHRICHT
KONTAKT
… RAUSCHTEN DIE BESTELLUNGEN BEI BOYS RUN THE RIOT IN DEN KELLER.

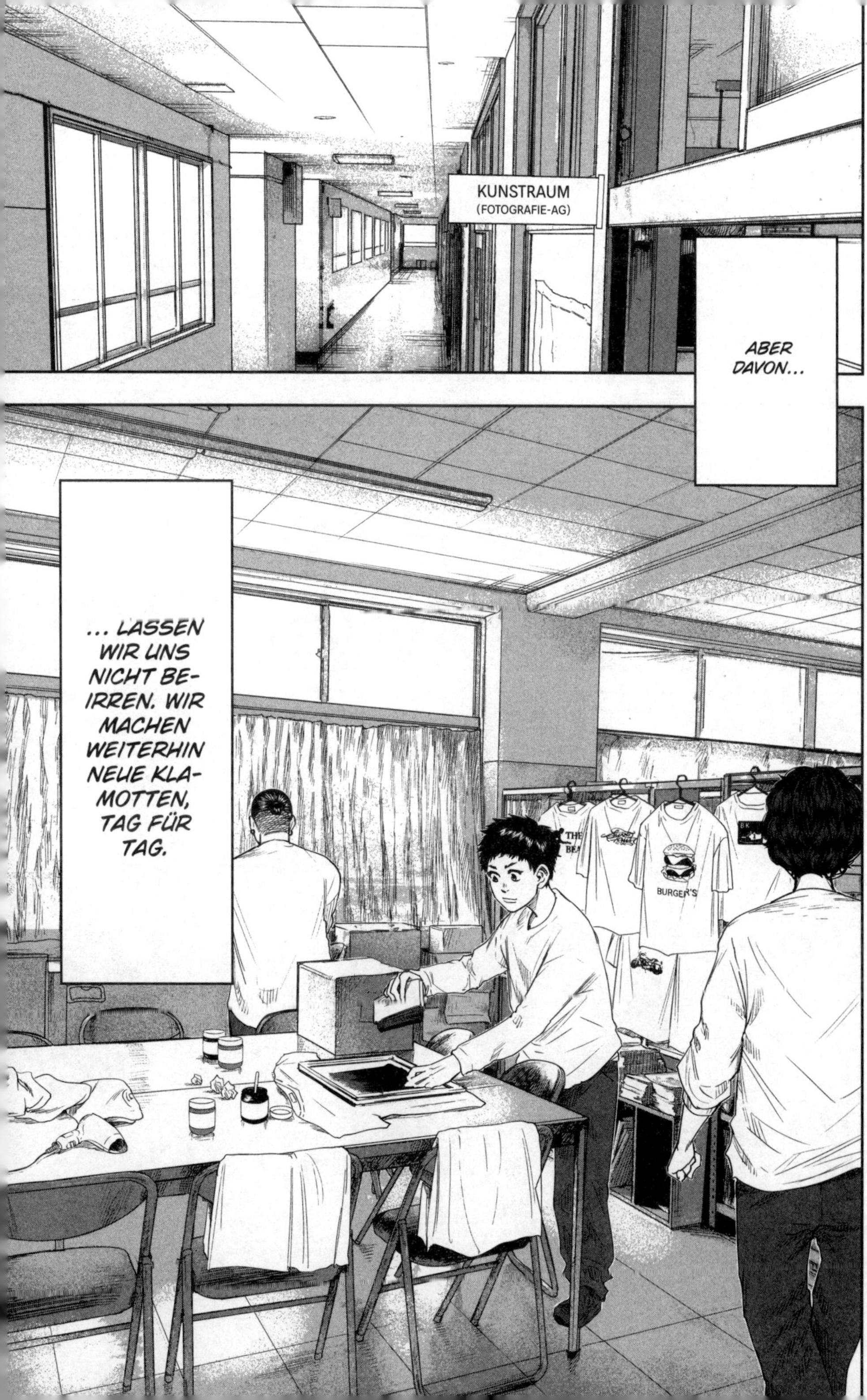
KUNSTRAUM
(FOTOGRAFIE-AG)
ABER DAVON...
... LASSEN WIR UNS NICHT BE-IRREN. WIR MACHEN WEITERHIN NEUE KLA-MOTTEN, TAG FÜR TAG.
BURGER'S

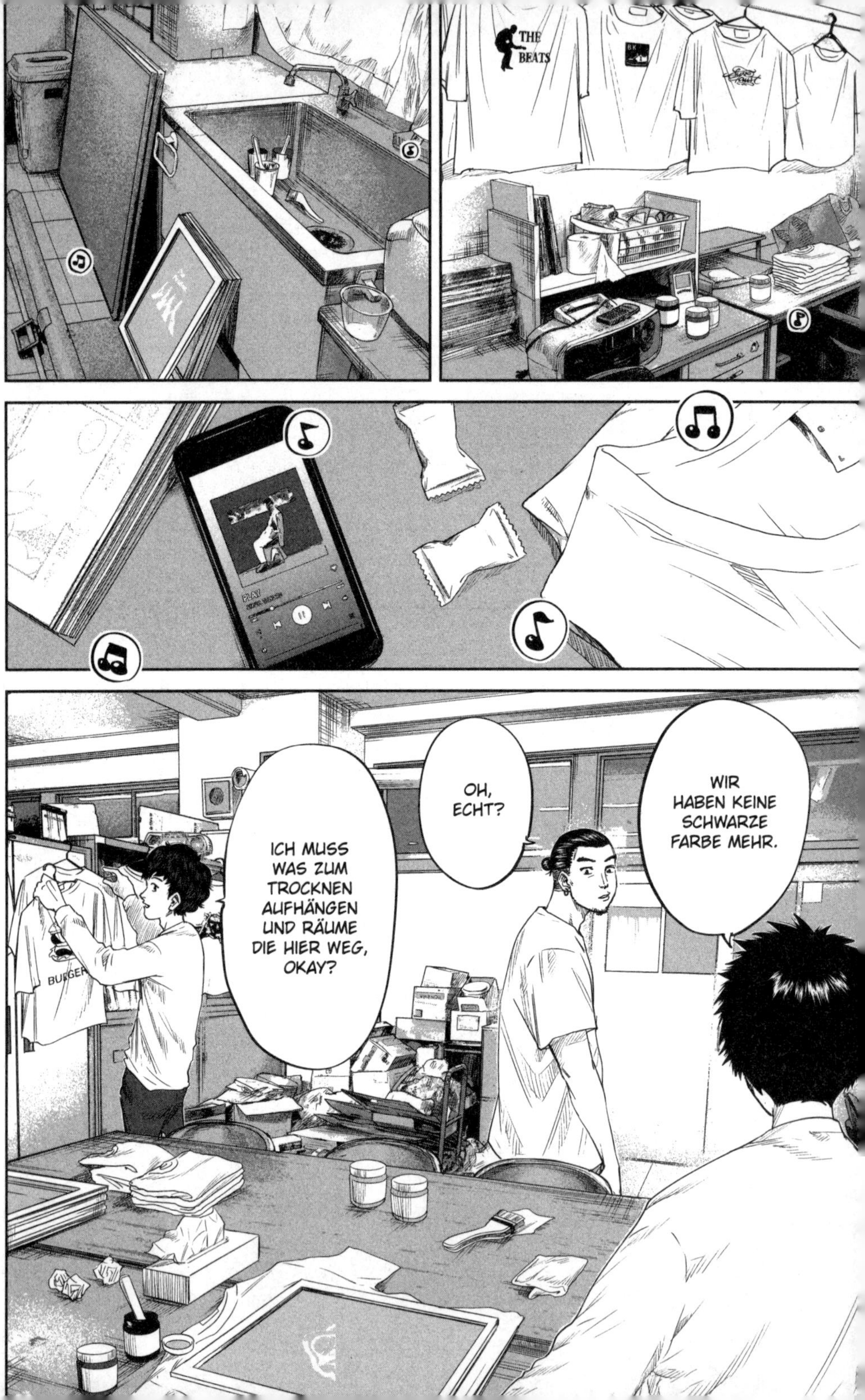
THE BEATS
WIR HABEN KEINE SCHWARZE FARBE MEHR.
OH, ECHT?
ICH MUSS WAS ZUM TROCKNEN AUFHÄNGEN UND RÄUME DIE HIER WEG, OKAY?
BURGER

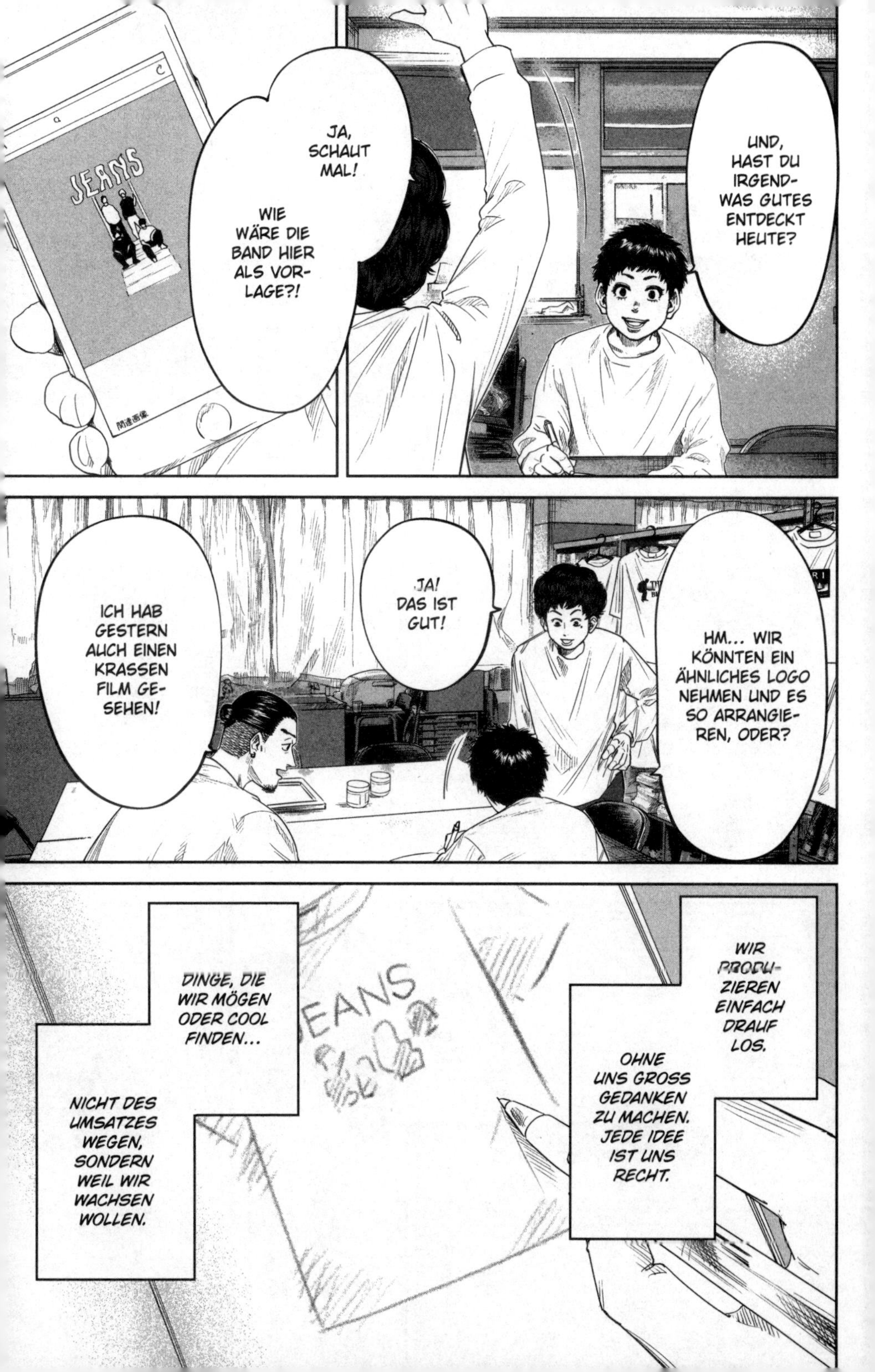
UND, HAST DU IRGEND-WAS GUTES ENTDECKT HEUTE?
JA, SCHAUT MAL!
WIE WÄRE DIE BAND HIER ALS VOR-LAGE?!
JEANS
関連画像
HM… WIR KÖNNTEN EIN ÄHNLICHES LOGO NEHMEN UND ES SO ARRANGIE-REN, ODER?
JA! DAS IST GUT!
ICH HAB GESTERN AUCH EINEN KRASSEN FILM GE-SEHEN!
WIR PRODU-ZIEREN EINFACH DRAUF LOS.
OHNE UNS GROSS GEDANKEN ZU MACHEN. JEDE IDEE IST UNS RECHT.
DINGE, DIE WIR MÖGEN ODER COOL FINDEN…
NICHT DES UMSATZES WEGEN, SONDERN WEIL WIR WACHSEN WOLLEN.
EANS

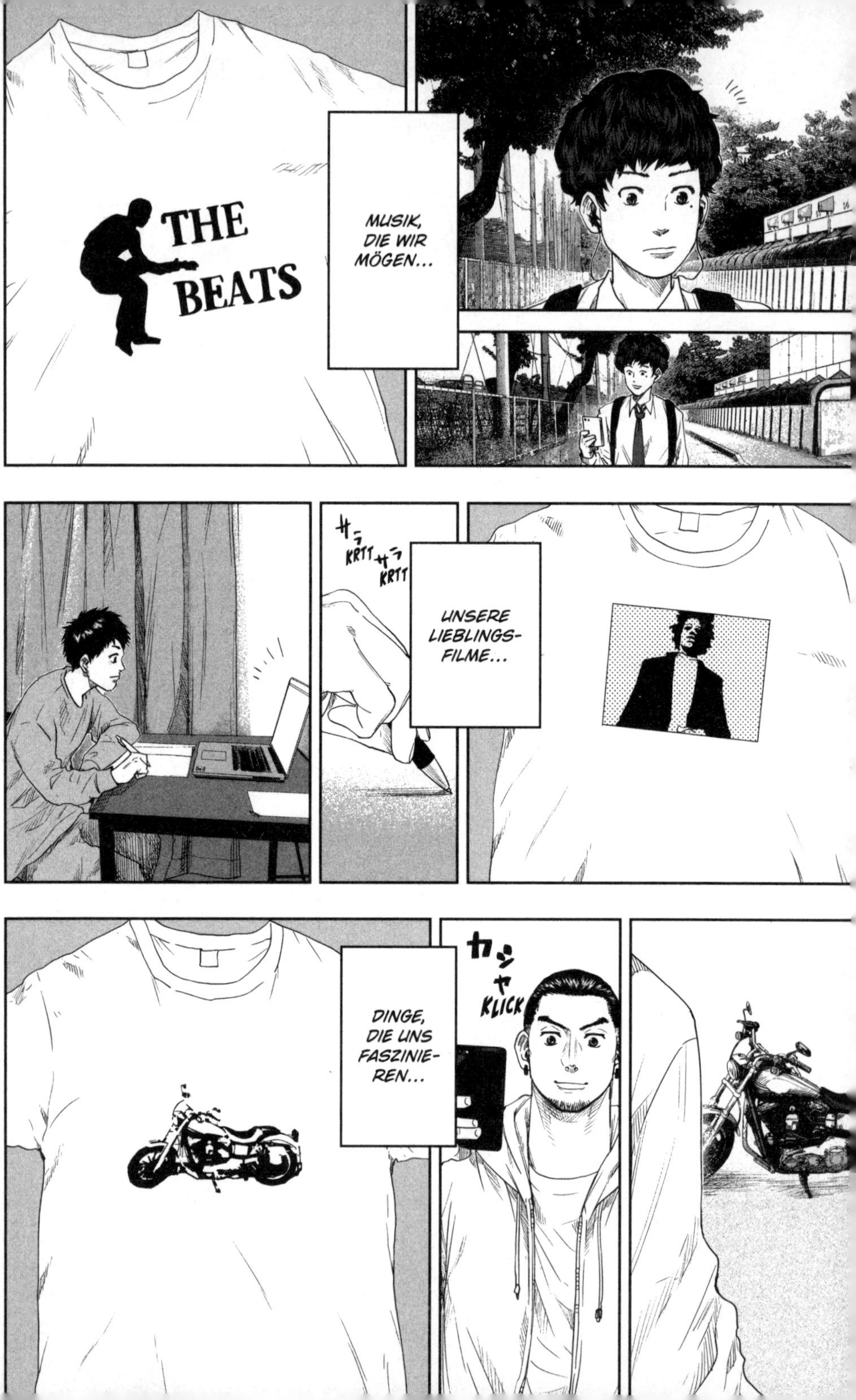

MUSIK, DIE WIR MÖGEN...
THE BEATS
UNSERE LIEBLINGS-FILME...
KRTT
KRTT
KLICK
DINGE, DIE UNS FASZINIEREN...

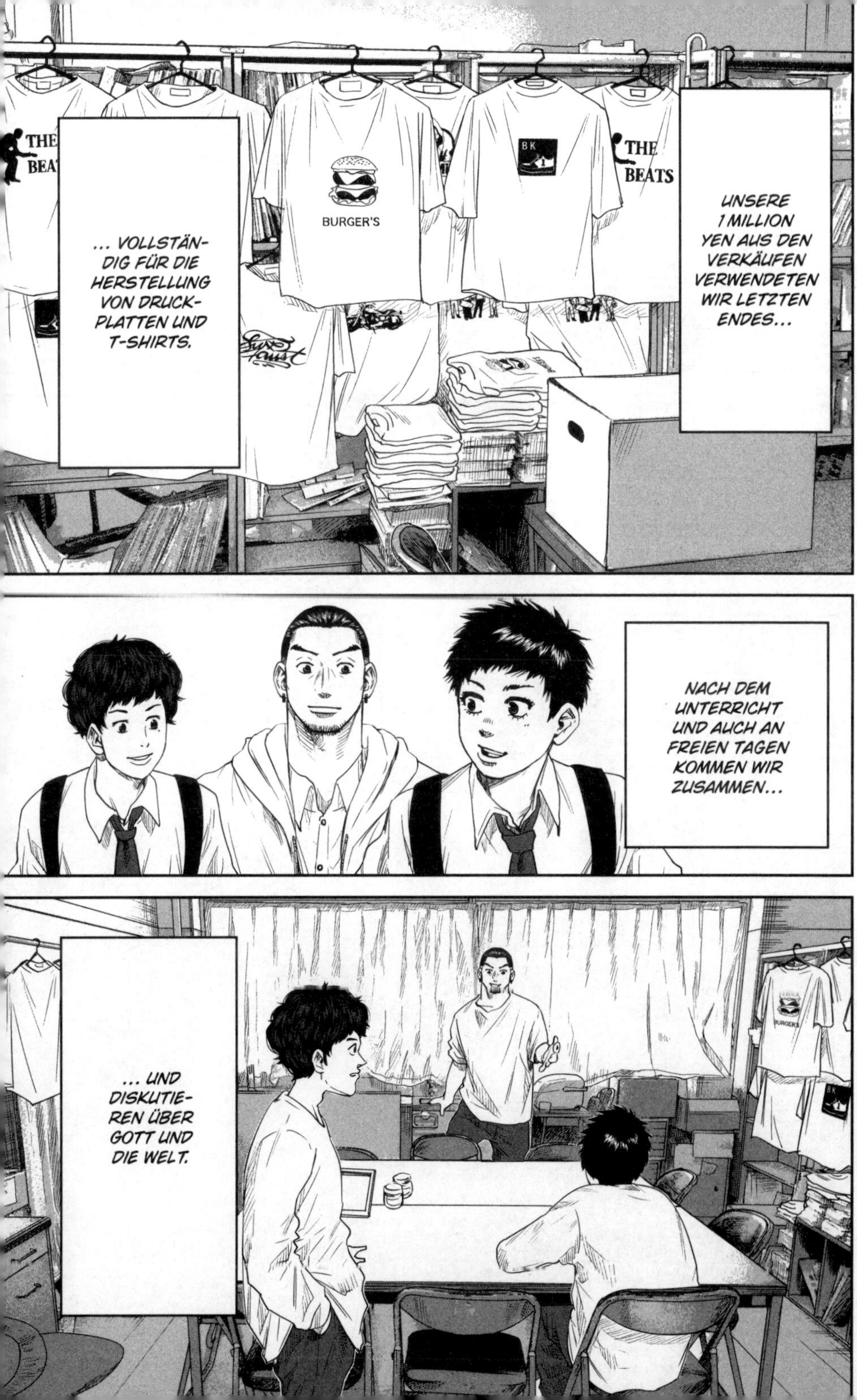
UNSERE 1 MILLION YEN AUS DEN VERKÄUFEN VERWENDETEN WIR LETZTEN ENDES…
… VOLLSTÄNDIG FÜR DIE HERSTELLUNG VON DRUCKPLATTEN UND T-SHIRTS.
THE BEATS
BURGER'S
BK
THE BEATS
NACH DEM UNTERRICHT UND AUCH AN FREIEN TAGEN KOMMEN WIR ZUSAMMEN…
… UND DISKUTIEREN ÜBER GOTT UND DIE WELT.

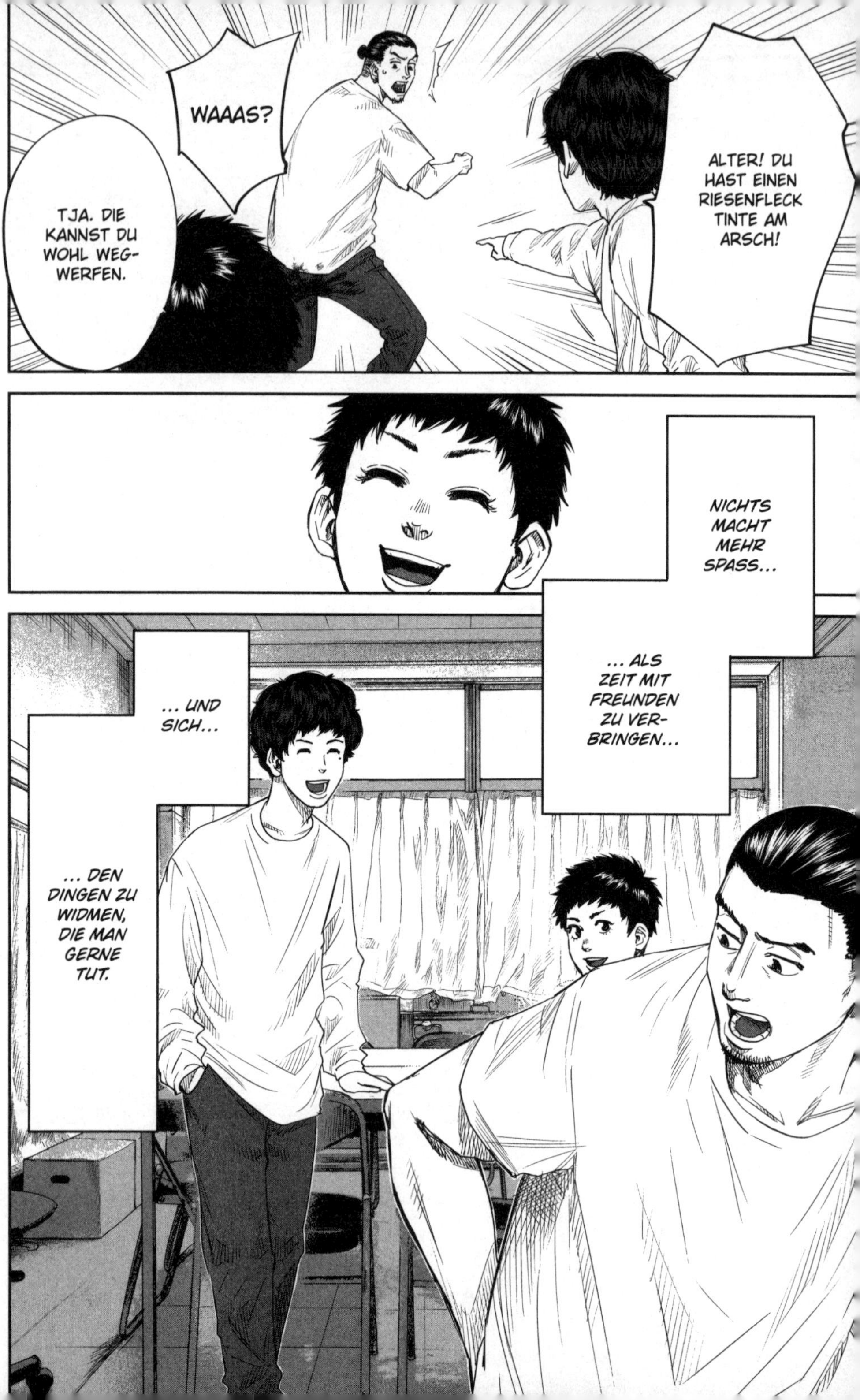
ALTER! DU HAST EINEN RIESENFLECK TINTE AM ARSCH!
WAAAS?
TJA. DIE KANNST DU WOHL WEG-WERFEN.
NICHTS MACHT MEHR SPASS...
... ALS ZEIT MIT FREUNDEN ZU VER-BRINGEN...
... UND SICH...
... DEN DINGEN ZU WIDMEN, DIE MAN GERNE TUT.

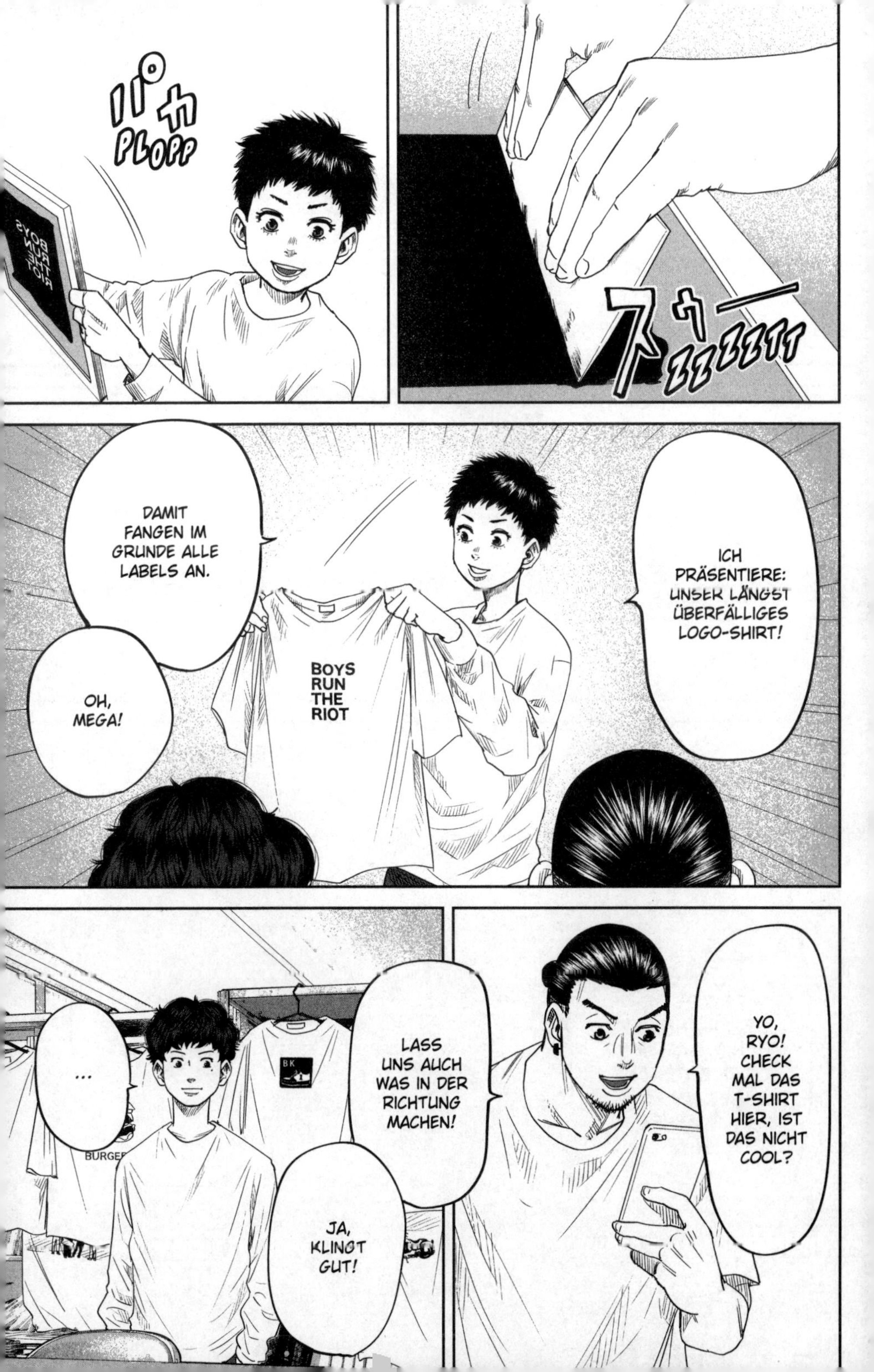
スゥー
ZZZZTT
パカ
PLOPP
BOYS RUN THE RIOT
ICH PRÄSENTIERE: UNSER LÄNGST ÜBERFÄLLIGES LOGO-SHIRT!
DAMIT FANGEN IM GRUNDE ALLE LABELS AN.
OH, MEGA!
BOYS RUN THE RIOT
YO, RYO! CHECK MAL DAS T-SHIRT HIER, IST DAS NICHT COOL?
LASS UNS AUCH WAS IN DER RICHTUNG MACHEN!
JA, KLINGT GUT!
...
BK
BURGER

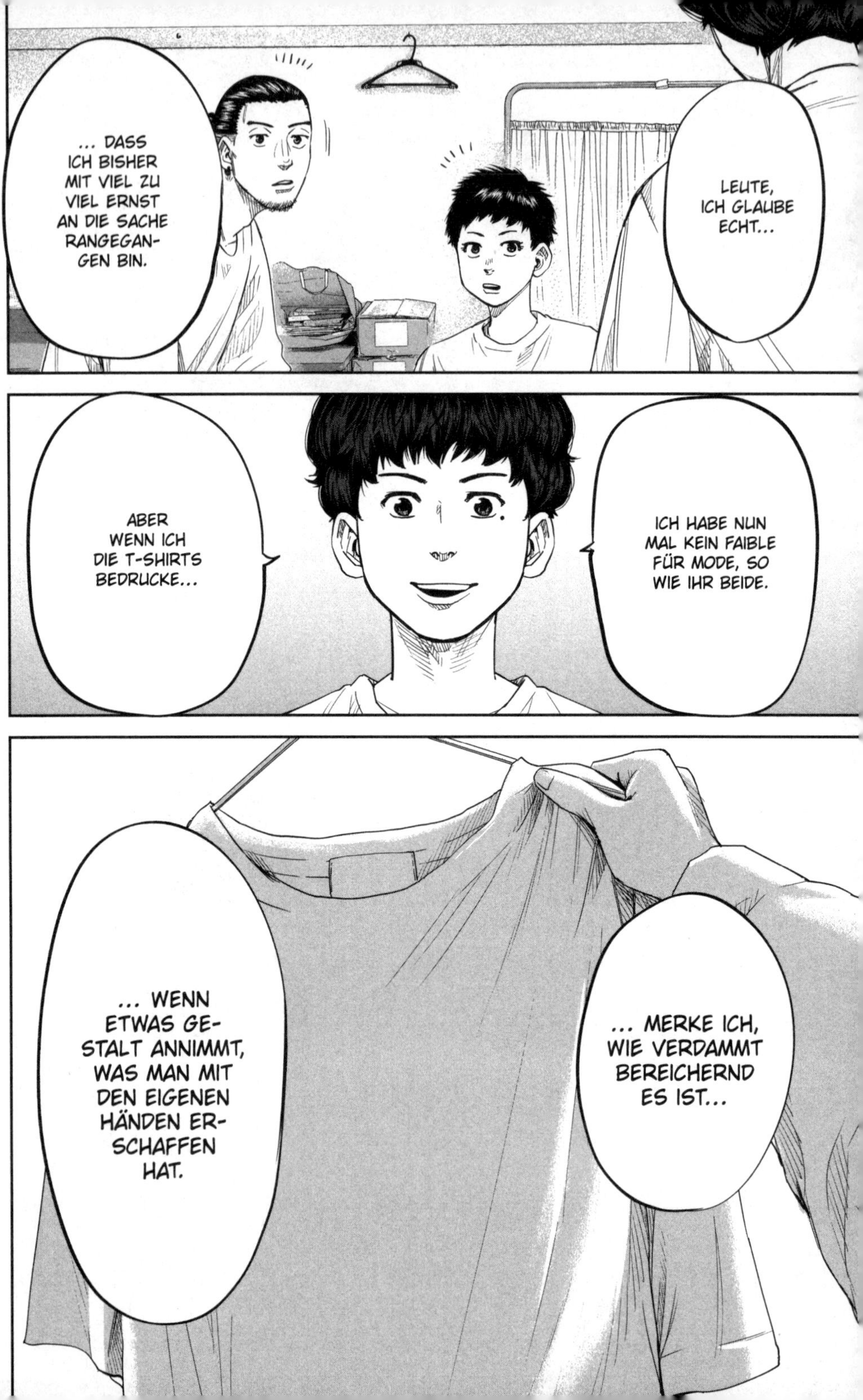
LEUTE, ICH GLAUBE ECHT…
… DASS ICH BISHER MIT VIEL ZU VIEL ERNST AN DIE SACHE RANGEGANGEN BIN.
ICH HABE NUN MAL KEIN FAIBLE FÜR MODE, SO WIE IHR BEIDE.
ABER WENN ICH DIE T-SHIRTS BEDRUCKE…
… MERKE ICH, WIE VERDAMMT BEREICHERND ES IST…
… WENN ETWAS GESTALT ANNIMMT, WAS MAN MIT DEN EIGENEN HÄNDEN ERSCHAFFEN HAT.

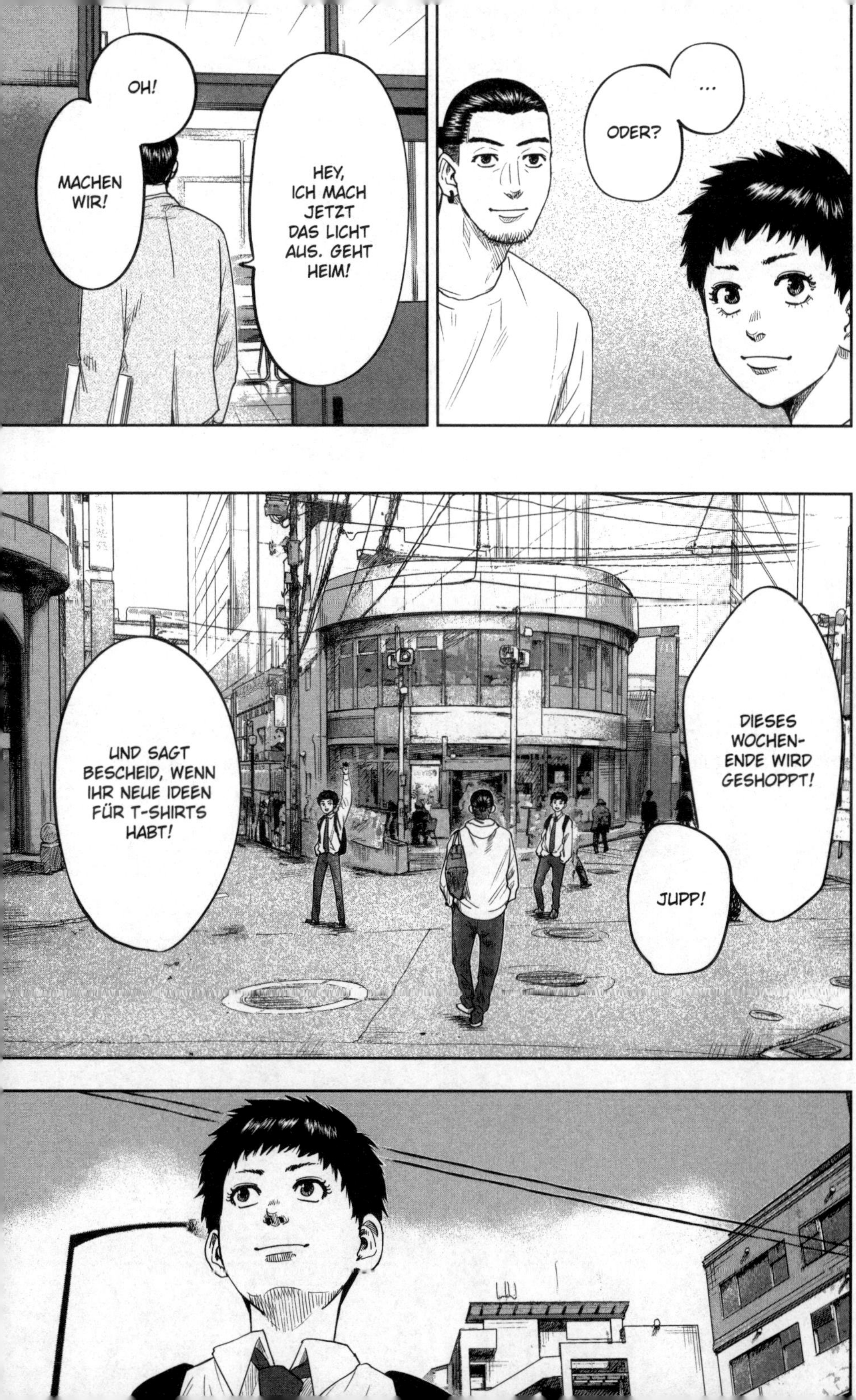
...
ODER?
HEY, ICH MACH JETZT DAS LICHT AUS. GEHT HEIM!
OH!
MACHEN WIR!
DIESES WOCHEN-ENDE WIRD GESHOPPT!
JUPP!
UND SAGT BESCHEID, WENN IHR NEUE IDEEN FÜR T-SHIRTS HABT!

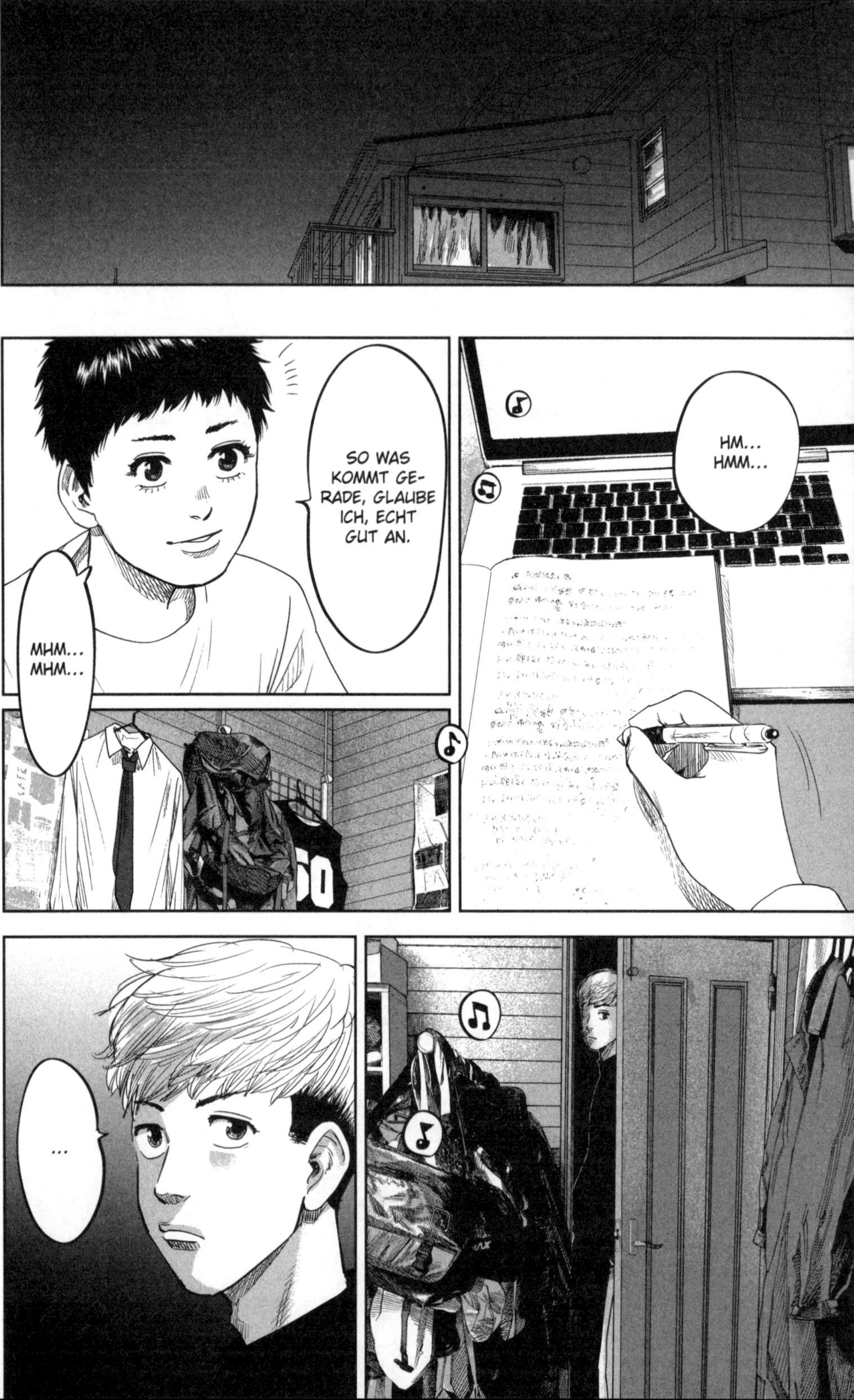
HM… HMM…
SO WAS KOMMT GE-RADE, GLAUBE ICH, ECHT GUT AN.
MHM… MHM…
…

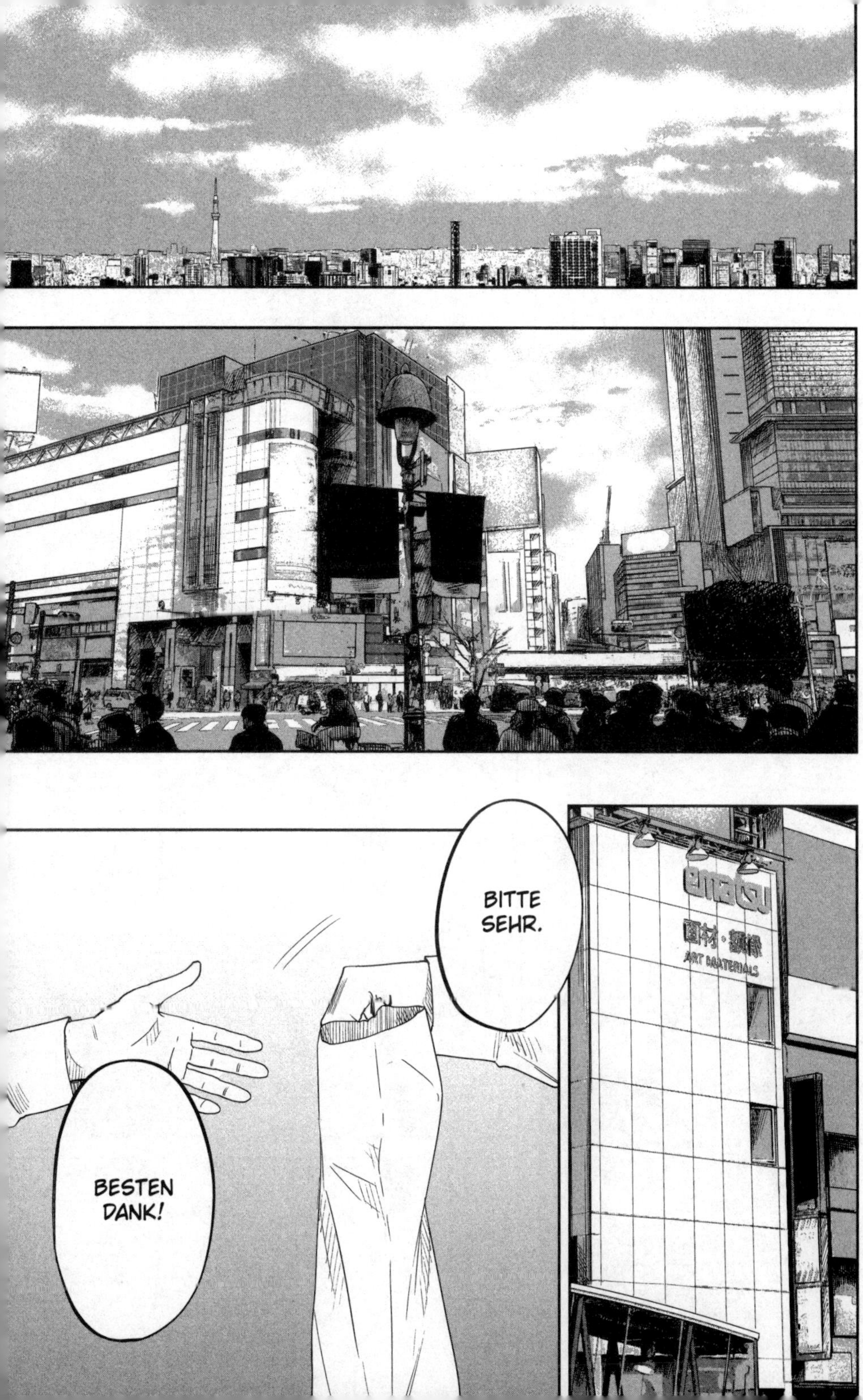
画材・額縁
ART MATERIALS
BITTE SEHR.
BESTEN DANK!

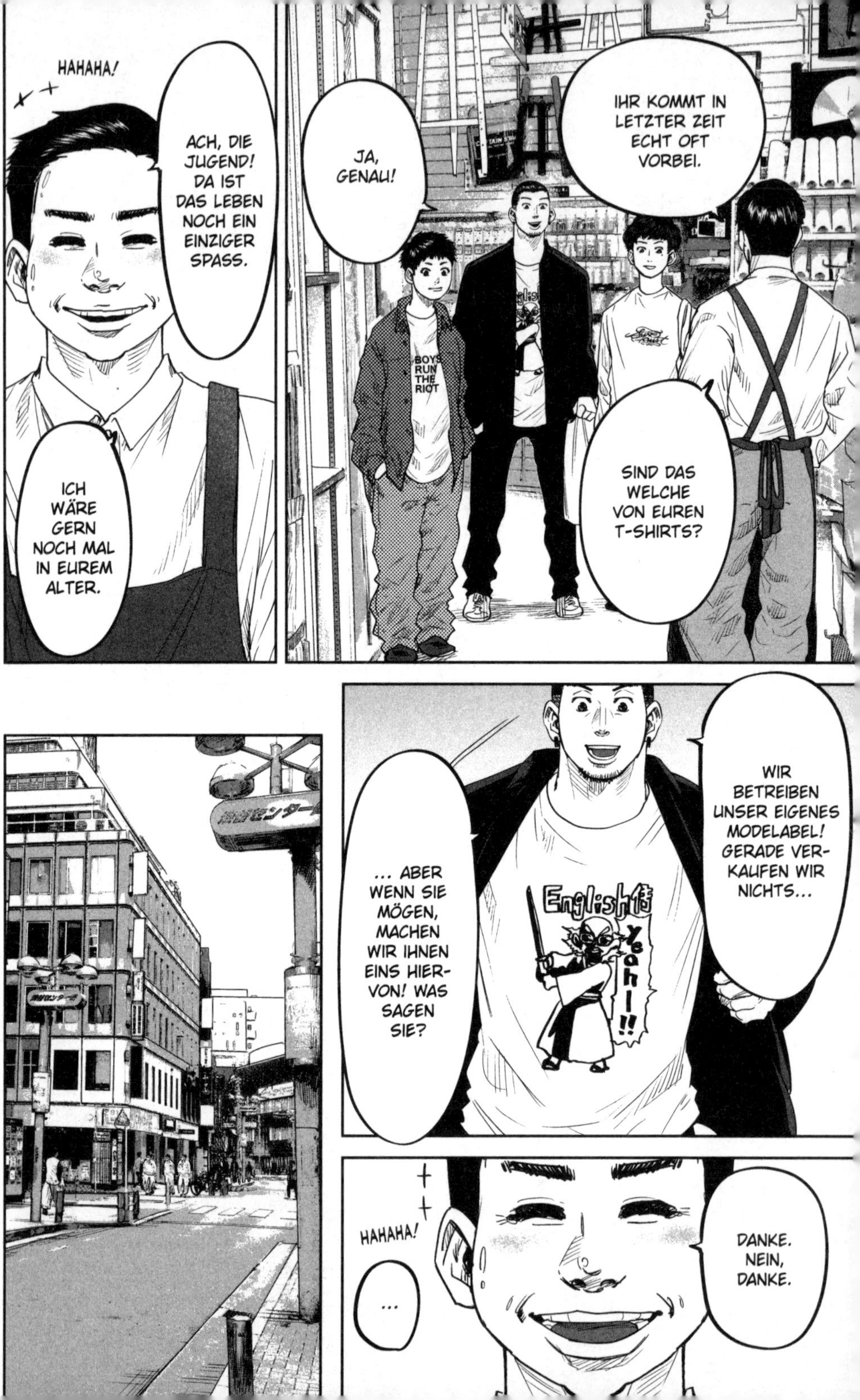

IHR KOMMT IN LETZTER ZEIT ECHT OFT VORBEI.
JA, GENAU!
BOYS RUN THE RIOT
SIND DAS WELCHE VON EUREN T-SHIRTS?
HAHAHA!
ACH, DIE JUGEND! DA IST DAS LEBEN NOCH EIN EINZIGER SPASS.
ICH WÄRE GERN NOCH MAL IN EUREM ALTER.
WIR BETREIBEN UNSER EIGENES MODELABEL! GERADE VERKAUFEN WIR NICHTS…
English侍
Yeah!!
… ABER WENN SIE MÖGEN, MACHEN WIR IHNEN EINS HIERVON! WAS SAGEN SIE?
DANKE. NEIN, DANKE.
HAHAHA!
…

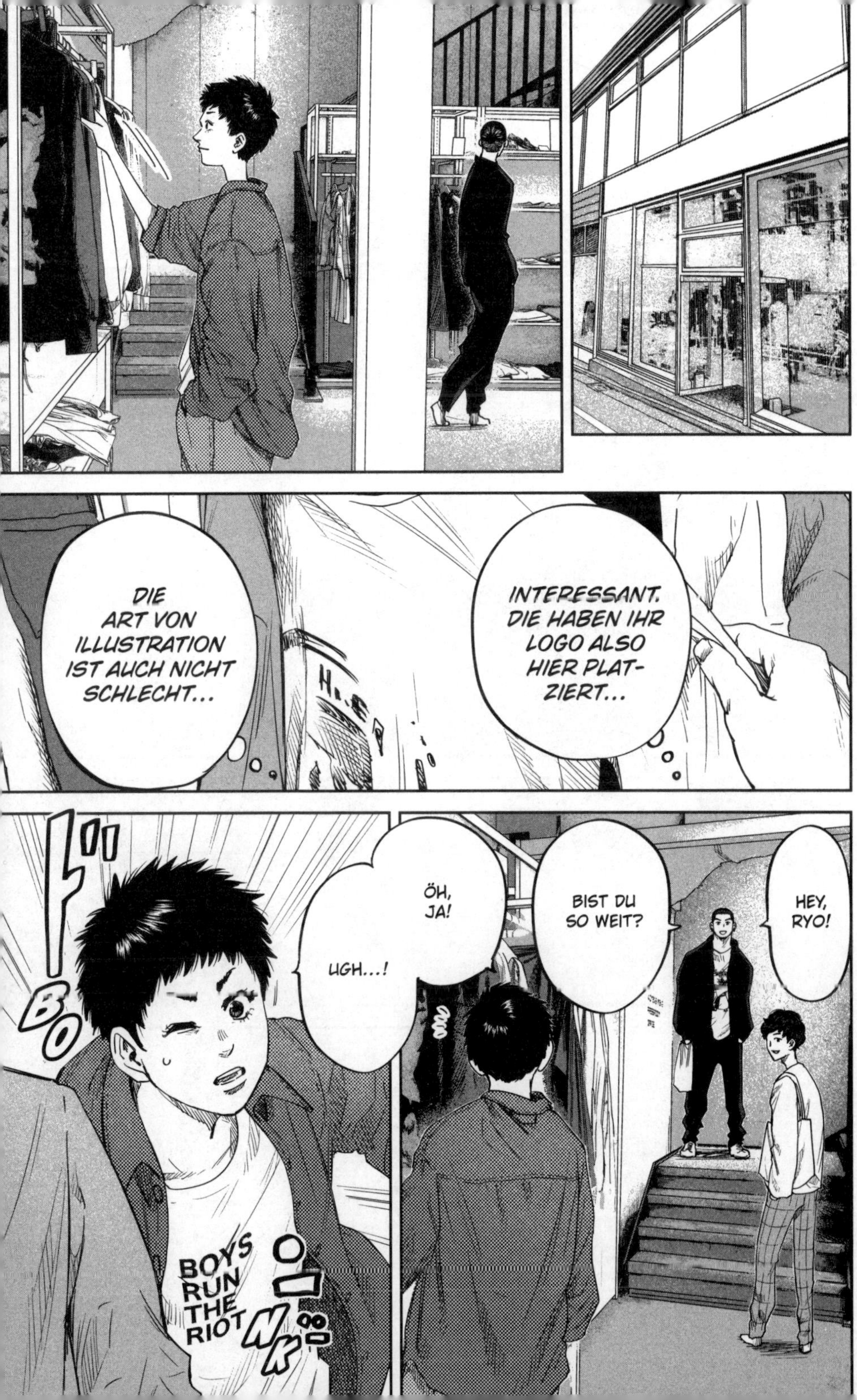
INTERESSANT. DIE HABEN IHR LOGO ALSO HIER PLATZIERT…
DIE ART VON ILLUSTRATION IST AUCH NICHT SCHLECHT…
HEY, RYO!
BIST DU SO WEIT?
ÖH, JA!
UGH…!
BOYS RUN THE RIOT

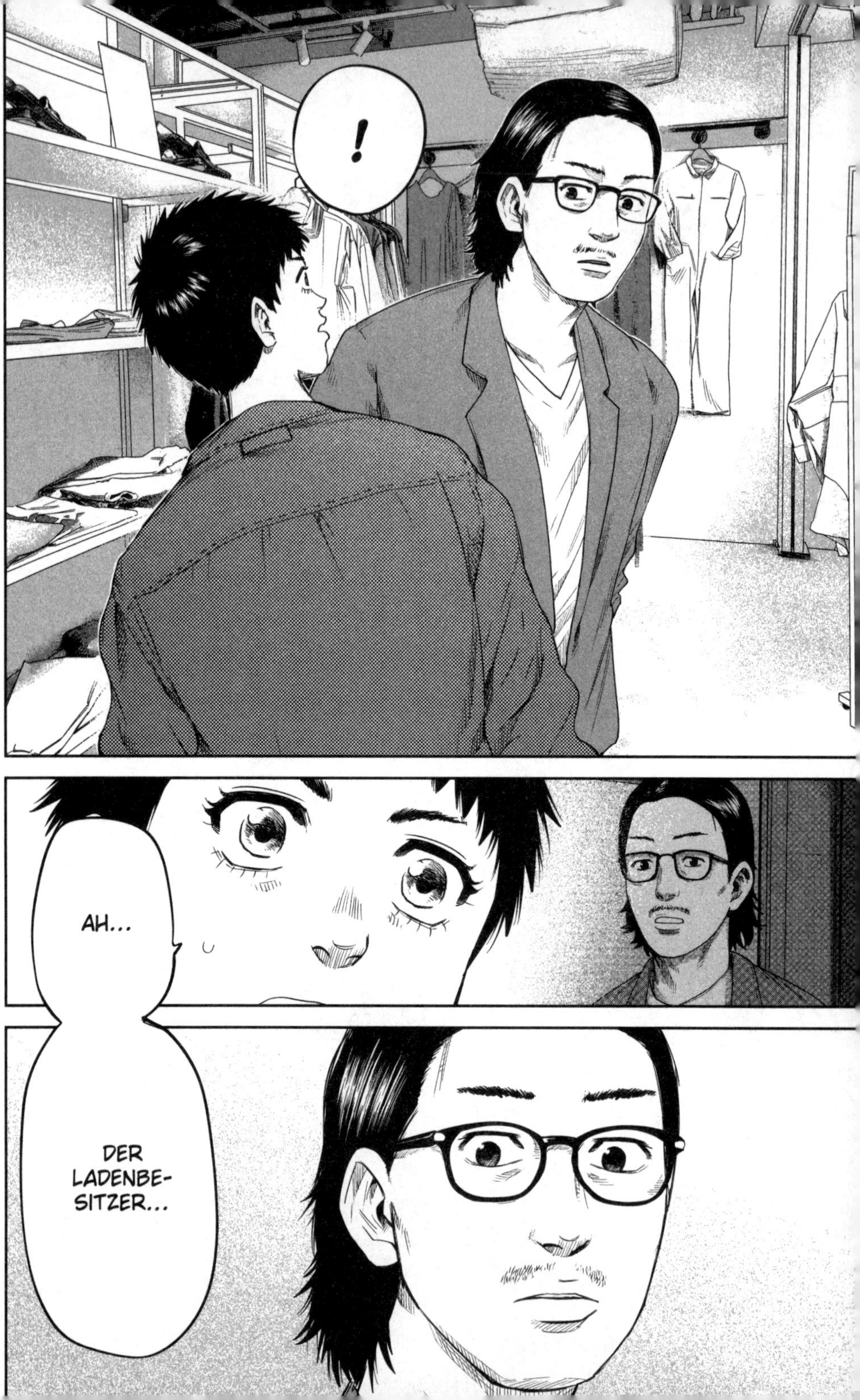
!
AH...
DER LADENBE-SITZER...

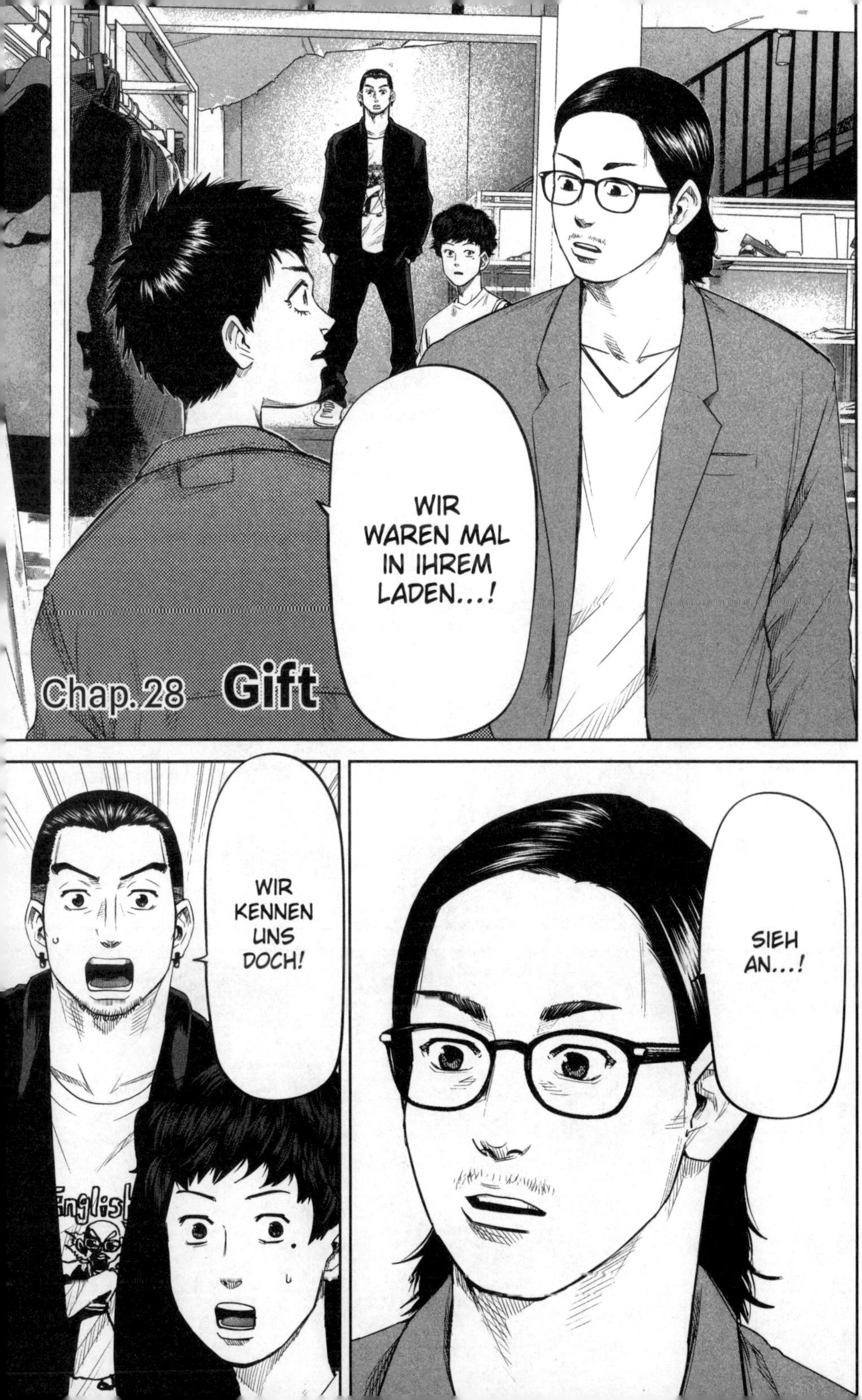
Chap. 28 Gift
WIR WAREN MAL IN IHREM LADEN...!
SIEH AN...!
WIR KENNEN UNS DOCH!

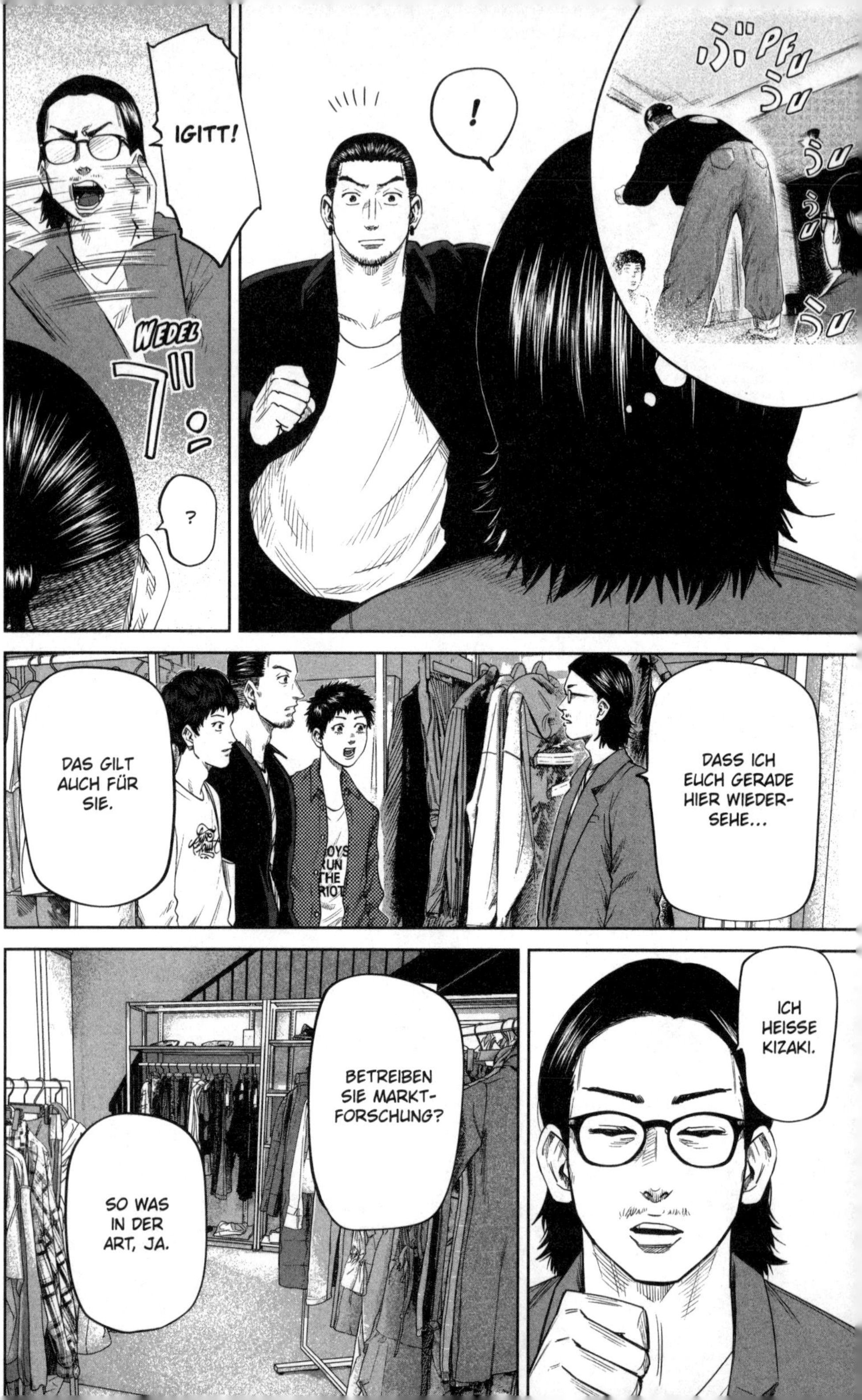
PFU
!
IGITT!
WEDEL
?
DASS ICH EUCH GERADE HIER WIEDER-SEHE…
DAS GILT AUCH FÜR SIE.
BOYS RUN THE RIOT
ICH HEISSE KIZAKI.
BETREIBEN SIE MARKT-FORSCHUNG?
SO WAS IN DER ART, JA.

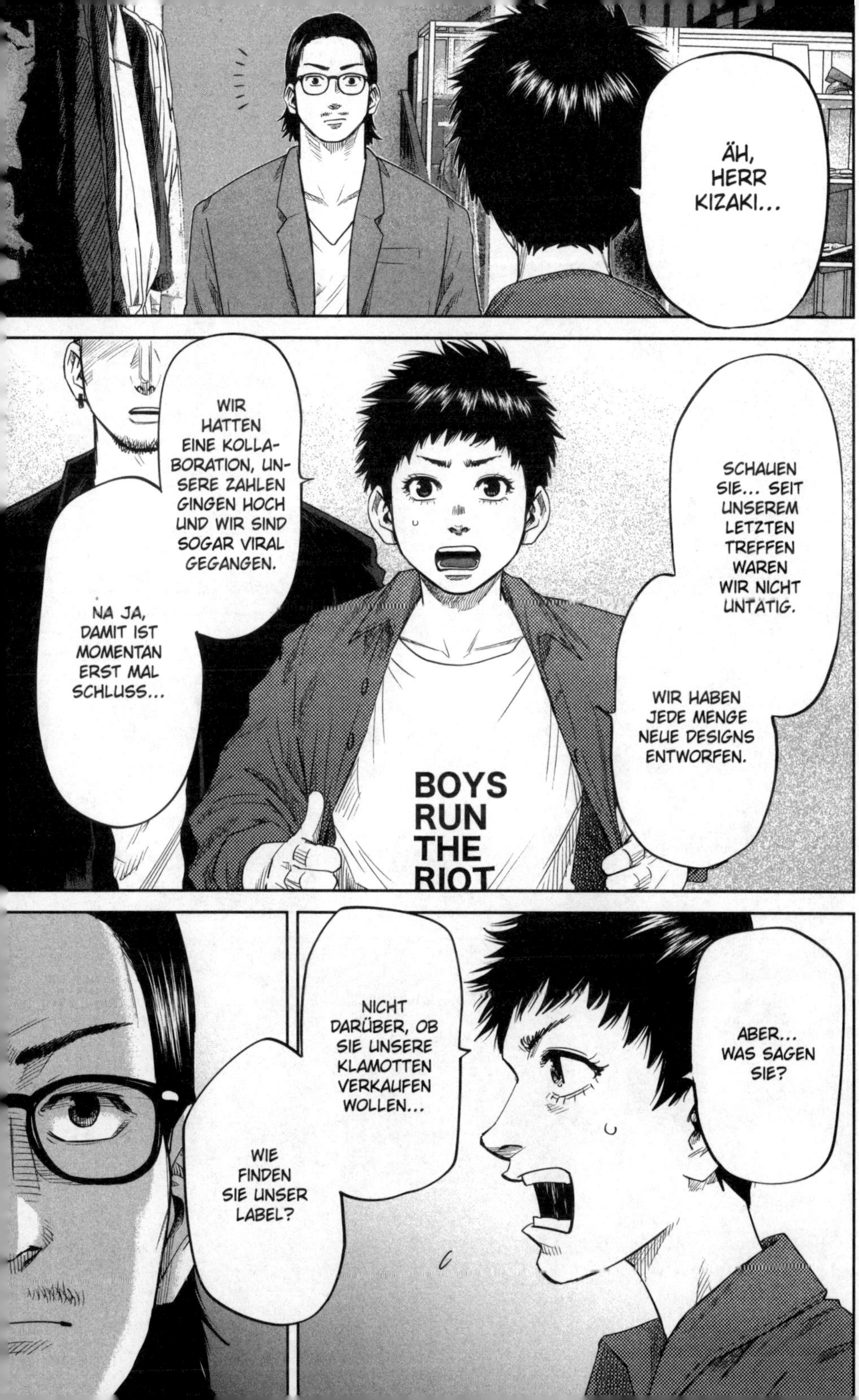
ÄH, HERR KIZAKI…
SCHAUEN SIE… SEIT UNSEREM LETZTEN TREFFEN WAREN WIR NICHT UNTÄTIG.
WIR HABEN JEDE MENGE NEUE DESIGNS ENTWORFEN.
BOYS RUN THE RIOT
WIR HATTEN EINE KOLLA-BORATION, UN-SERE ZAHLEN GINGEN HOCH UND WIR SIND SOGAR VIRAL GEGANGEN.
NA JA, DAMIT IST MOMENTAN ERST MAL SCHLUSS…
ABER… WAS SAGEN SIE?
NICHT DARÜBER, OB SIE UNSERE KLAMOTTEN VERKAUFEN WOLLEN…
WIE FINDEN SIE UNSER LABEL?

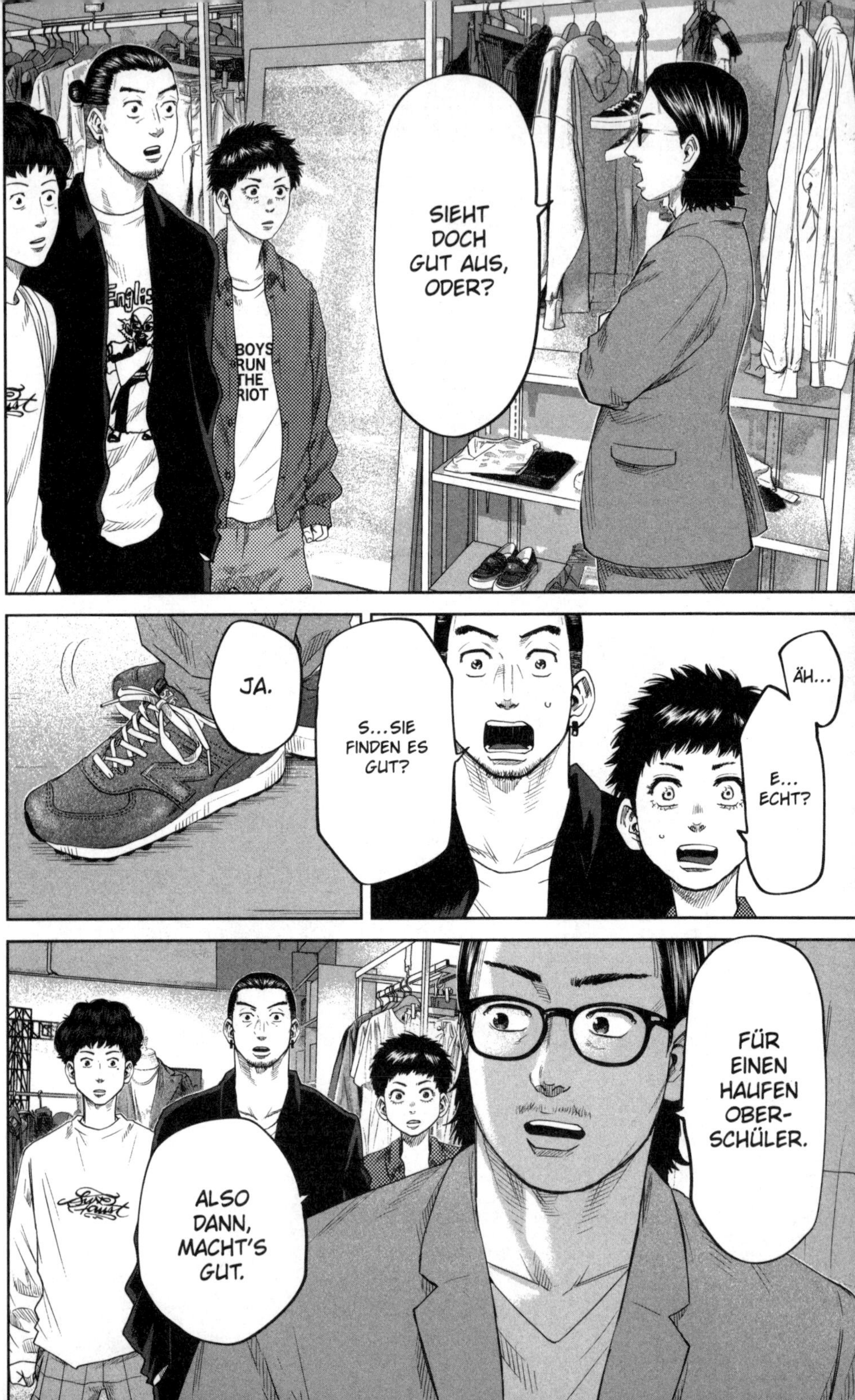
SIEHT DOCH GUT AUS, ODER?
BOYS RUN THE RIOT
ÄH...
E... ECHT?
S...SIE FINDEN ES GUT?
JA.
FÜR EINEN HAUFEN OBER-SCHÜLER.
ALSO DANN, MACHT'S GUT.

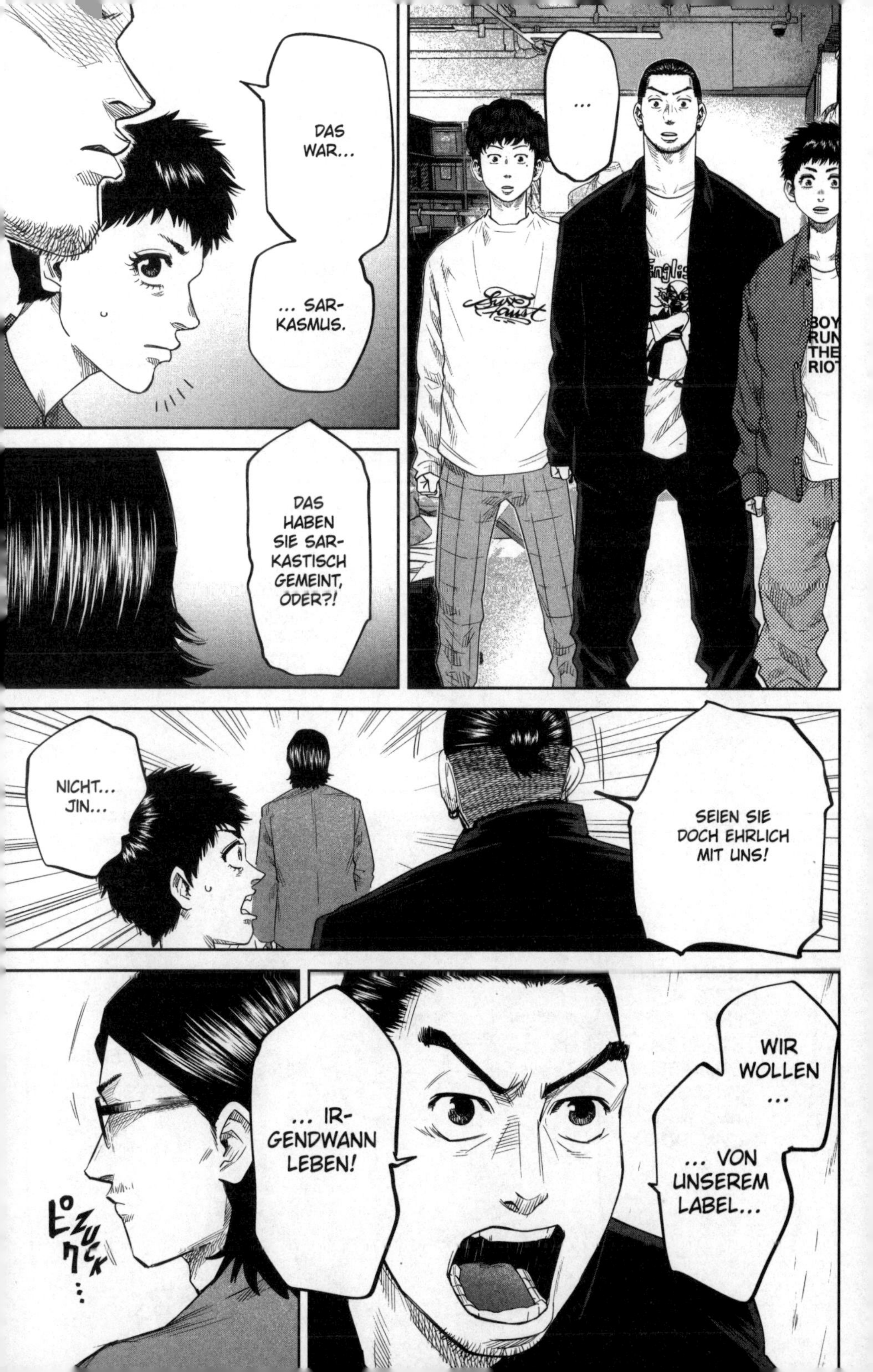
...
DAS WAR...
... SARKASMUS.
DAS HABEN SIE SARKASTISCH GEMEINT, ODER?!
SEIEN SIE DOCH EHRLICH MIT UNS!
NICHT... JIN...
WIR WOLLEN ...
... VON UNSEREM LABEL...
... IRGENDWANN LEBEN!
ZUCK...
BOY RUN THE RIOT

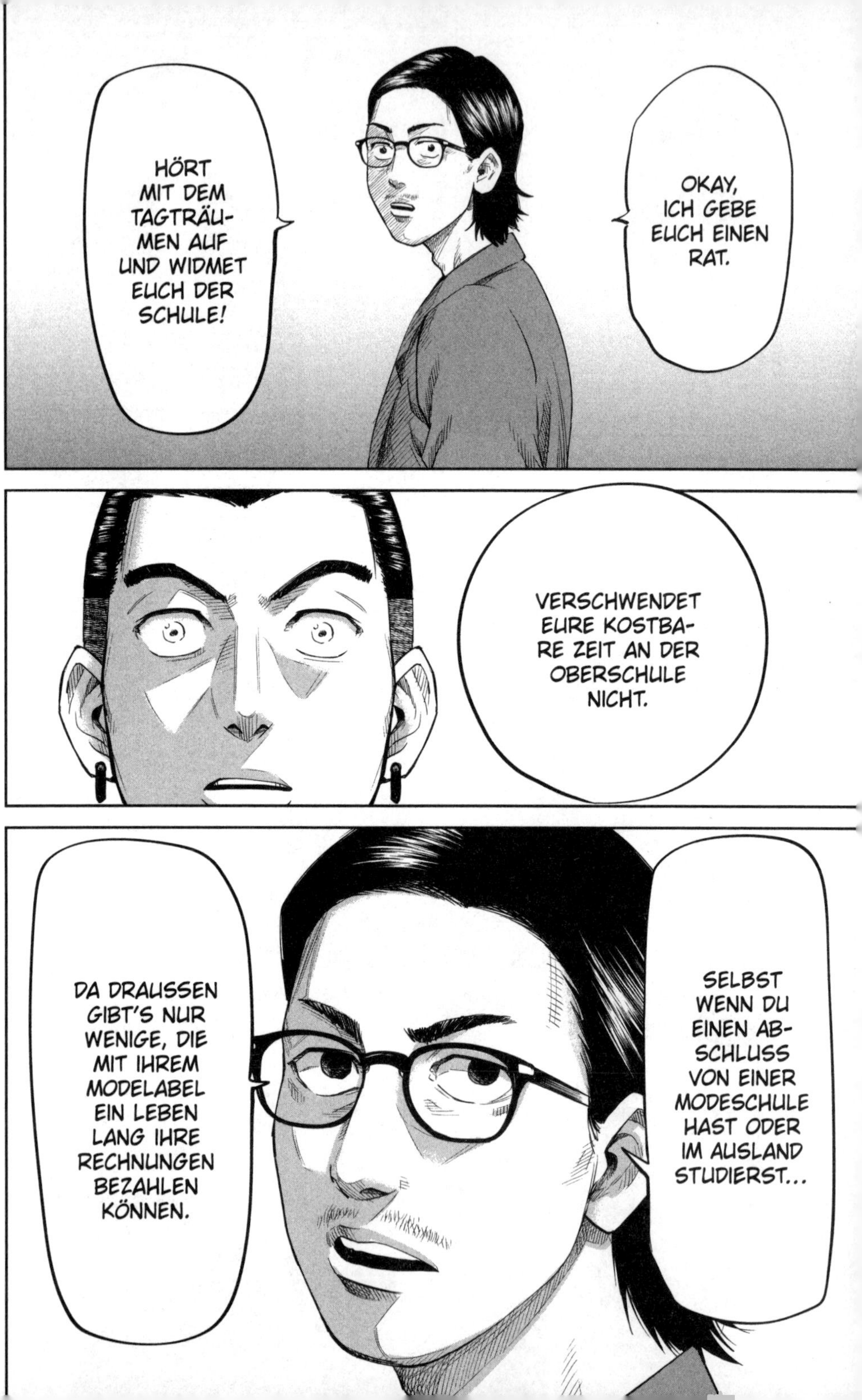
OKAY, ICH GEBE EUCH EINEN RAT.
HÖRT MIT DEM TAGTRÄU-MEN AUF UND WIDMET EUCH DER SCHULE!
VERSCHWENDET EURE KOSTBA-RE ZEIT AN DER OBERSCHULE NICHT.
SELBST WENN DU EINEN AB-SCHLUSS VON EINER MODESCHULE HAST ODER IM AUSLAND STUDIERST...
DA DRAUSSEN GIBT'S NUR WENIGE, DIE MIT IHREM MODELABEL EIN LEBEN LANG IHRE RECHNUNGEN BEZAHLEN KÖNNEN.

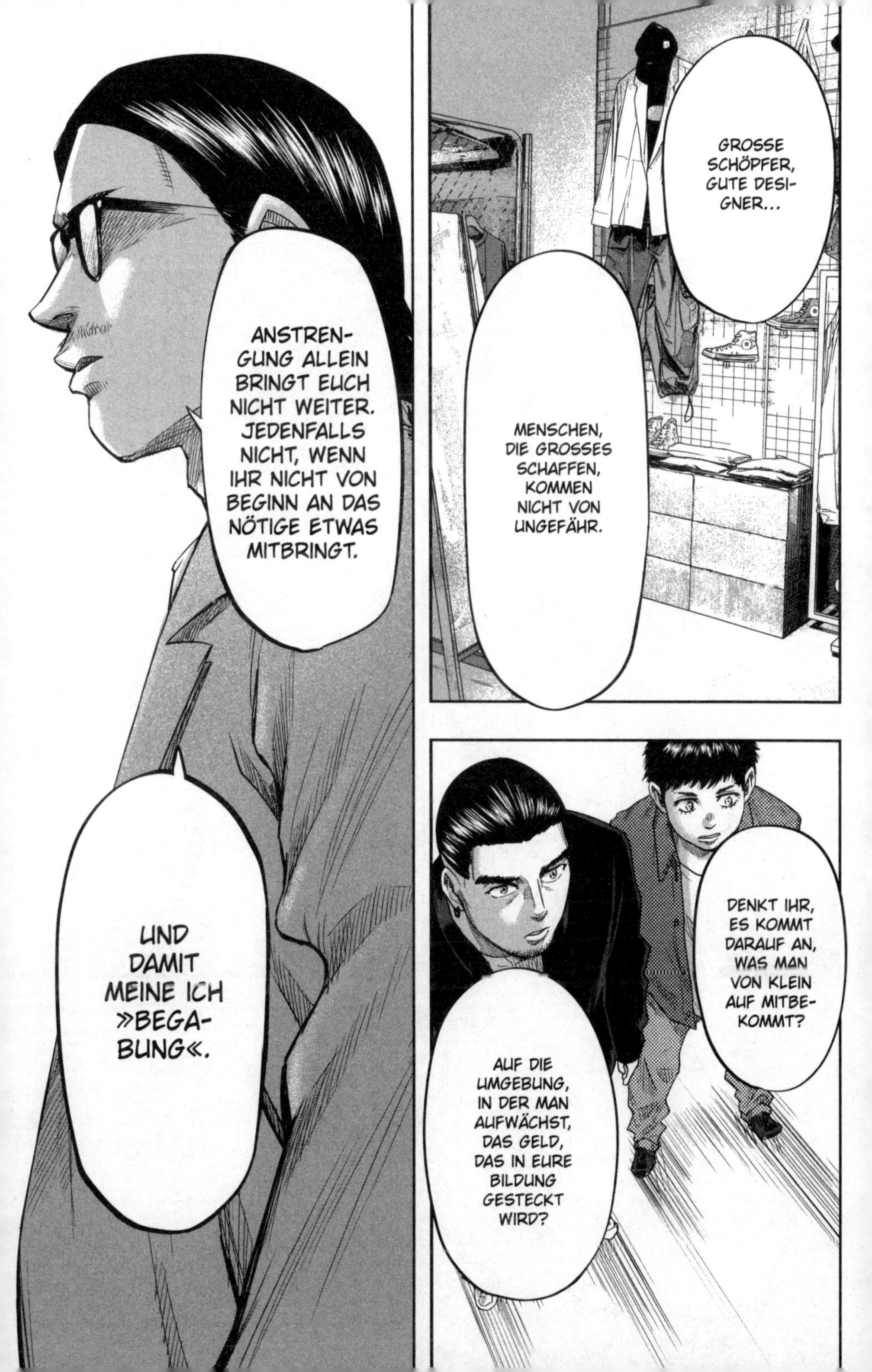
GROSSE SCHÖPFER, GUTE DESI-GNER…
MENSCHEN, DIE GROSSES SCHAFFEN, KOMMEN NICHT VON UNGEFÄHR.
DENKT IHR, ES KOMMT DARAUF AN, WAS MAN VON KLEIN AUF MITBE-KOMMT?
AUF DIE UMGEBUNG, IN DER MAN AUFWÄCHST, DAS GELD, DAS IN EURE BILDUNG GESTECKT WIRD?
ANSTREN-GUNG ALLEIN BRINGT EUCH NICHT WEITER. JEDENFALLS NICHT, WENN IHR NICHT VON BEGINN AN DAS NÖTIGE ETWAS MITBRINGT.
UND DAMIT MEINE ICH »BEGA-BUNG«.

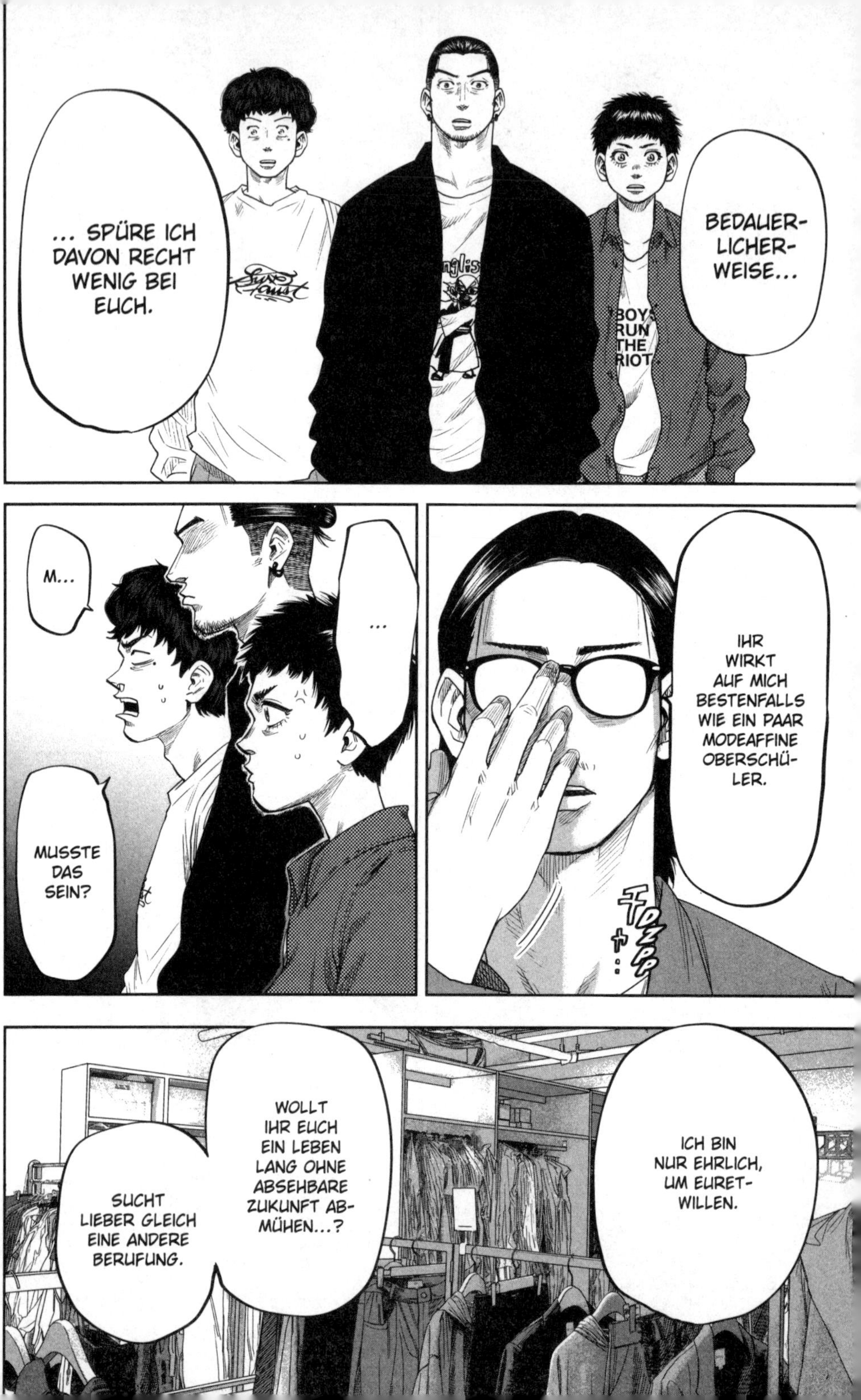
BEDAUERLICHERWEISE…
… SPÜRE ICH DAVON RECHT WENIG BEI EUCH.
IHR WIRKT AUF MICH BESTENFALLS WIE EIN PAAR MODEAFFINE OBERSCHÜLER.
…
M…
MUSSTE DAS SEIN?
ICH BIN NUR EHRLICH, UM EURETWILLEN.
WOLLT IHR EUCH EIN LEBEN LANG OHNE ABSEHBARE ZUKUNFT ABMÜHEN…?
SUCHT LIEBER GLEICH EINE ANDERE BERUFUNG.

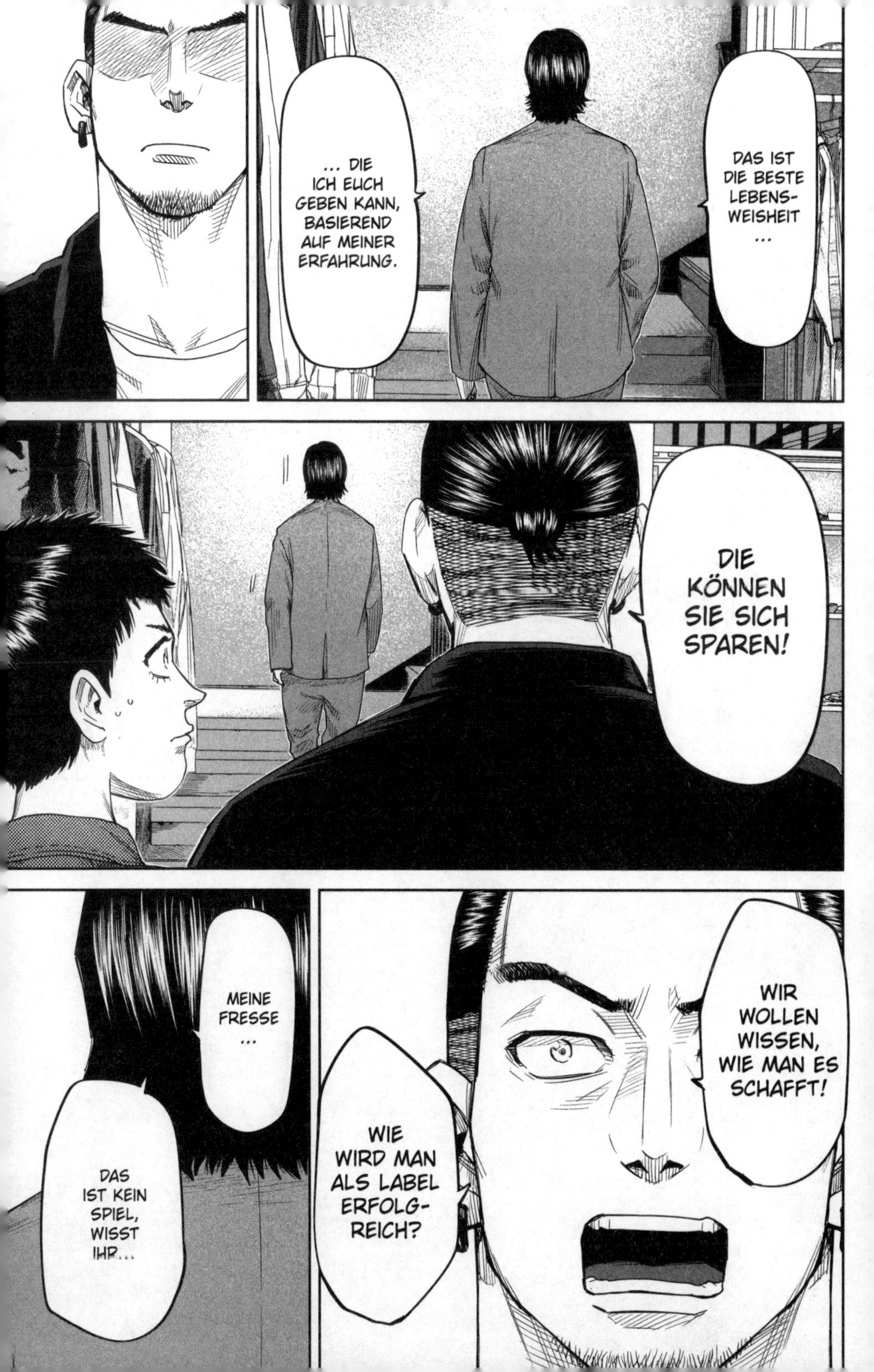
DAS IST DIE BESTE LEBENSWEISHEIT ...
... DIE ICH EUCH GEBEN KANN, BASIEREND AUF MEINER ERFAHRUNG.
DIE KÖNNEN SIE SICH SPAREN!
WIR WOLLEN WISSEN, WIE MAN ES SCHAFFT!
WIE WIRD MAN ALS LABEL ERFOLGREICH?
MEINE FRESSE ...
DAS IST KEIN SPIEL, WISST IHR ...

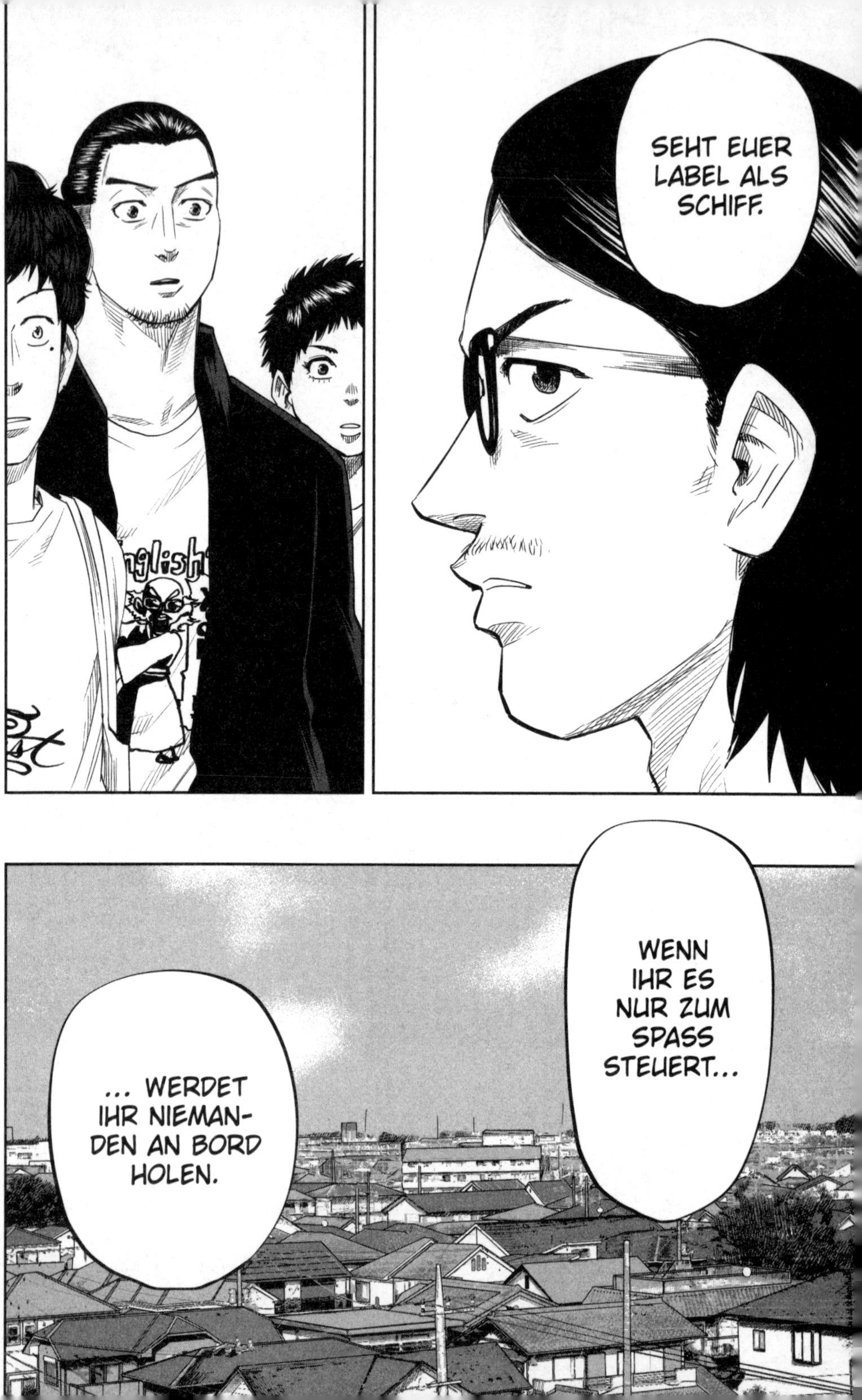
SEHT EUER LABEL ALS SCHIFF.
WENN IHR ES NUR ZUM SPASS STEUERT...
... WERDET IHR NIEMAN-DEN AN BORD HOLEN.

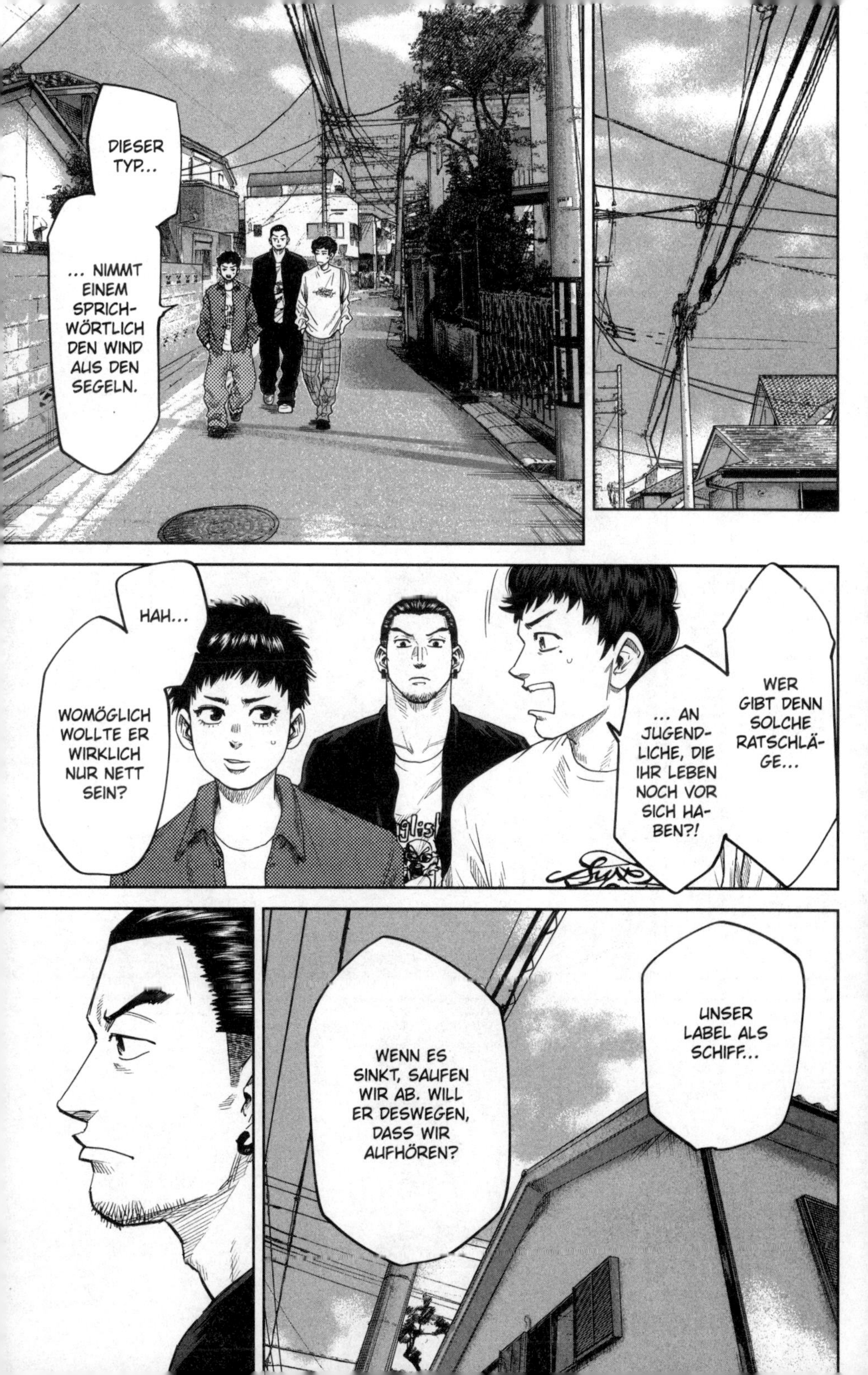
DIESER TYP…
… NIMMT EINEM SPRICH-WÖRTLICH DEN WIND AUS DEN SEGELN.
WER GIBT DENN SOLCHE RATSCHLÄ-GE…
… AN JUGEND-LICHE, DIE IHR LEBEN NOCH VOR SICH HA-BEN?!
HAH…
WOMÖGLICH WOLLTE ER WIRKLICH NUR NETT SEIN?
UNSER LABEL ALS SCHIFF…
WENN ES SINKT, SAUFEN WIR AB. WILL ER DESWEGEN, DASS WIR AUFHÖREN?

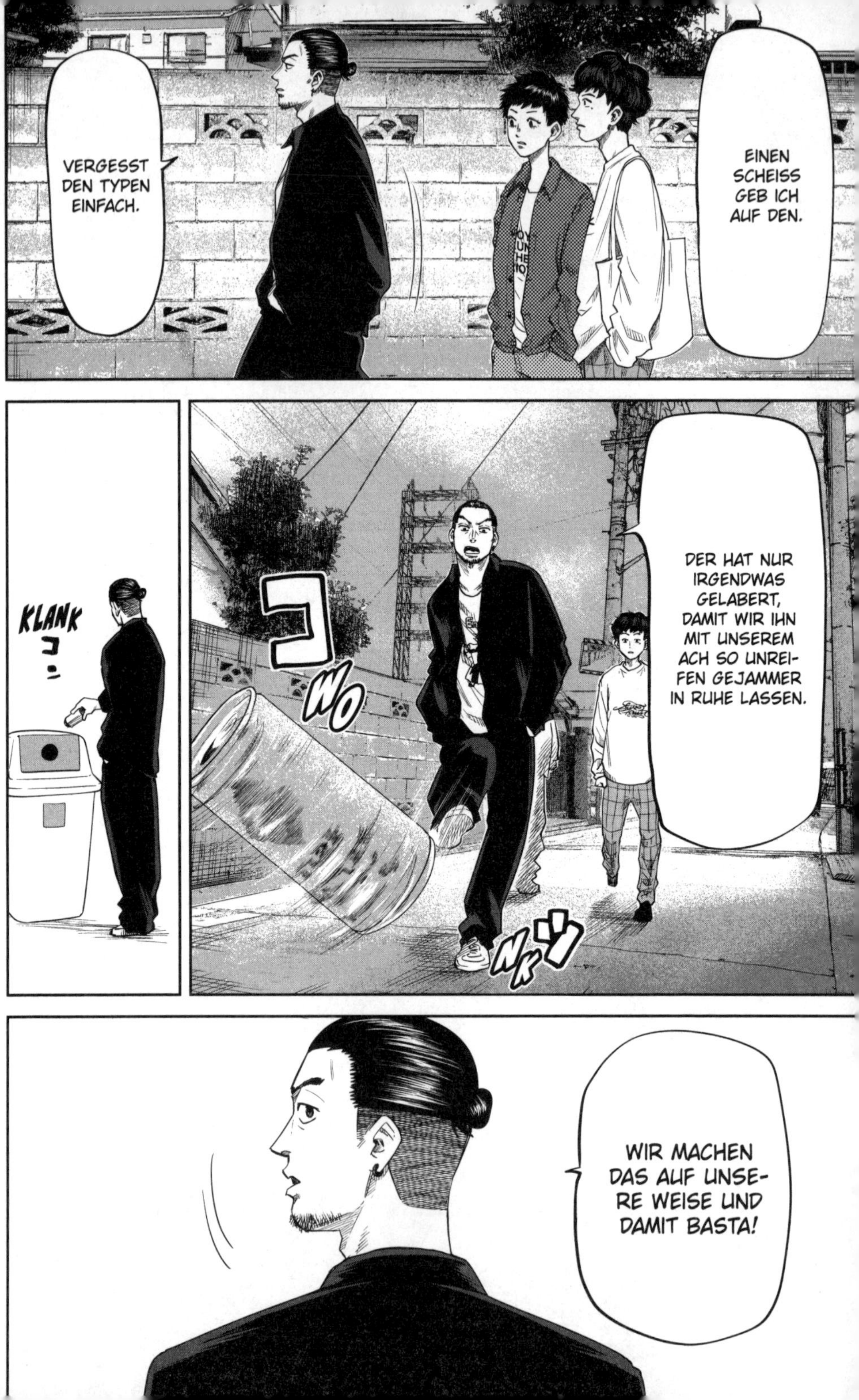
EINEN SCHEISS GEB ICH AUF DEN.
VERGESST DEN TYPEN EINFACH.
DER HAT NUR IRGENDWAS GELABERT, DAMIT WIR IHN MIT UNSEREM ACH SO UNREI-FEN GEJAMMER IN RUHE LASSEN.
KLANK
WO
NK
WIR MACHEN DAS AUF UNSE-RE WEISE UND DAMIT BASTA!

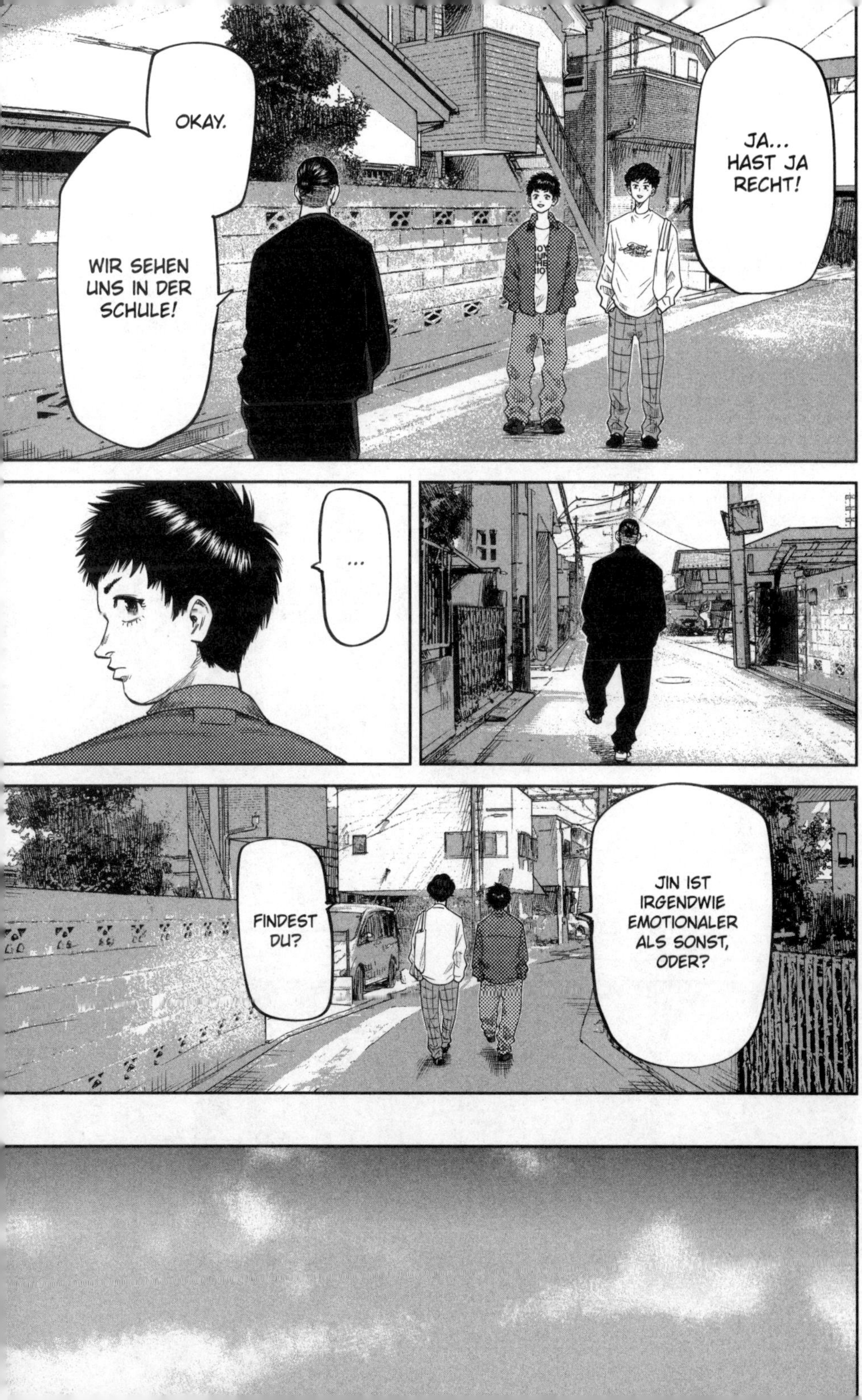
JA... HAST JA RECHT!
OKAY.
WIR SEHEN UNS IN DER SCHULE!
...
JIN IST IRGENDWIE EMOTIONALER ALS SONST, ODER?
FINDEST DU?

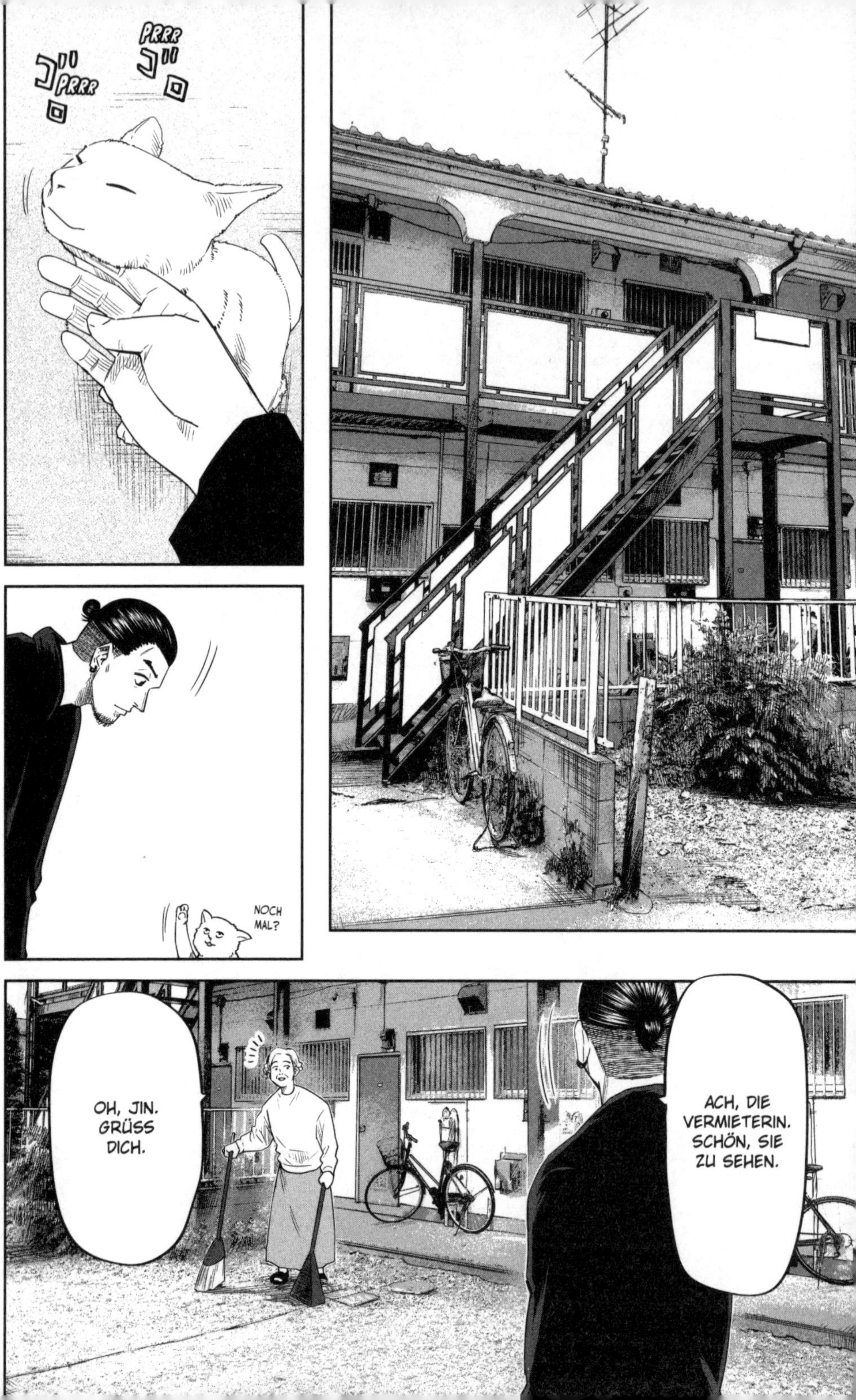
PRRR
PRRR
NOCH MAL?
ACH, DIE VERMIETERIN. SCHÖN, SIE ZU SEHEN.
OH, JIN. GRÜSS DICH.

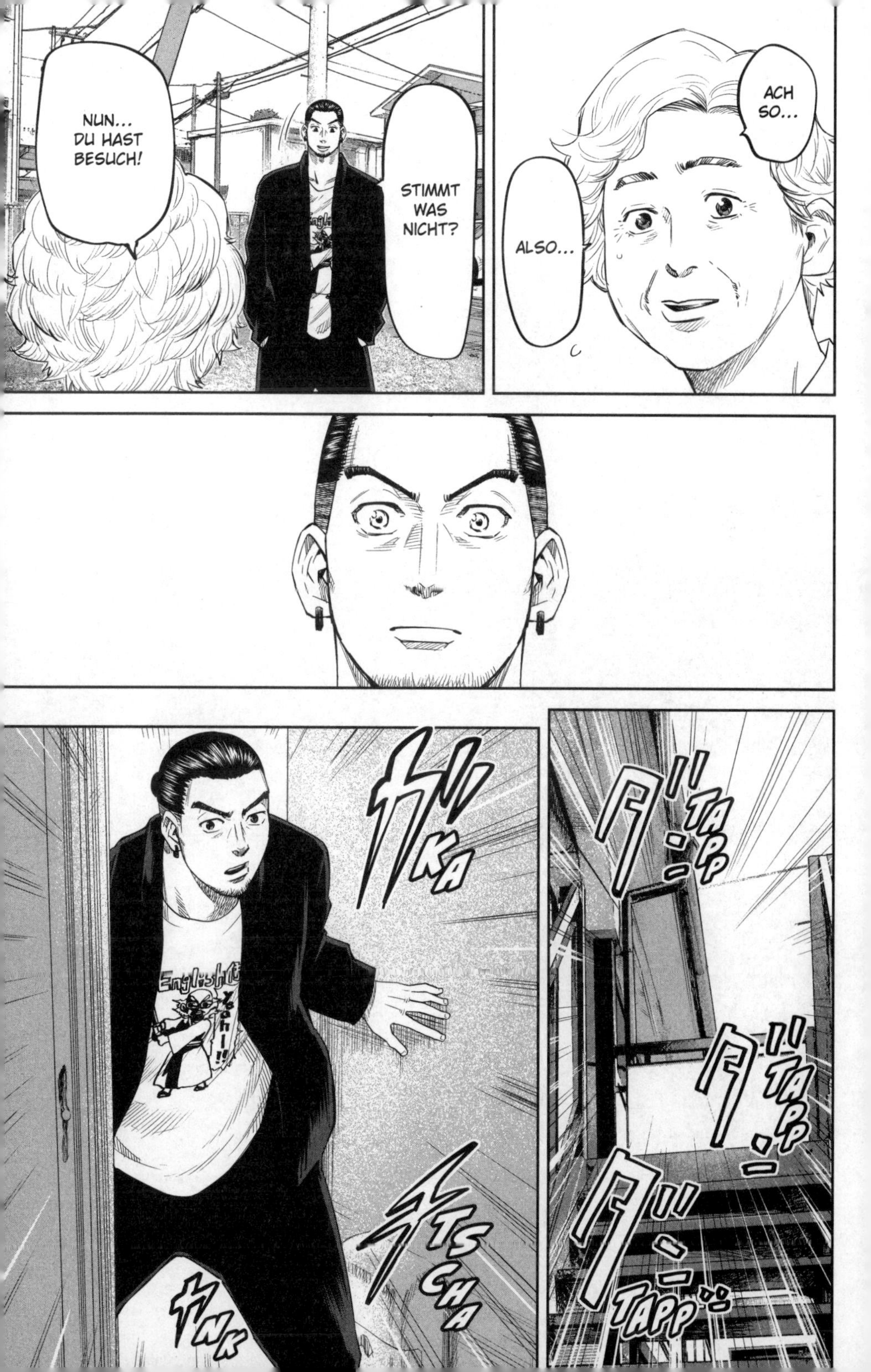
ACH SO…
ALSO…
STIMMT WAS NICHT?
NUN… DU HAST BESUCH!
TAPP
TAPP
TAPP
KA
TSCHA
NK

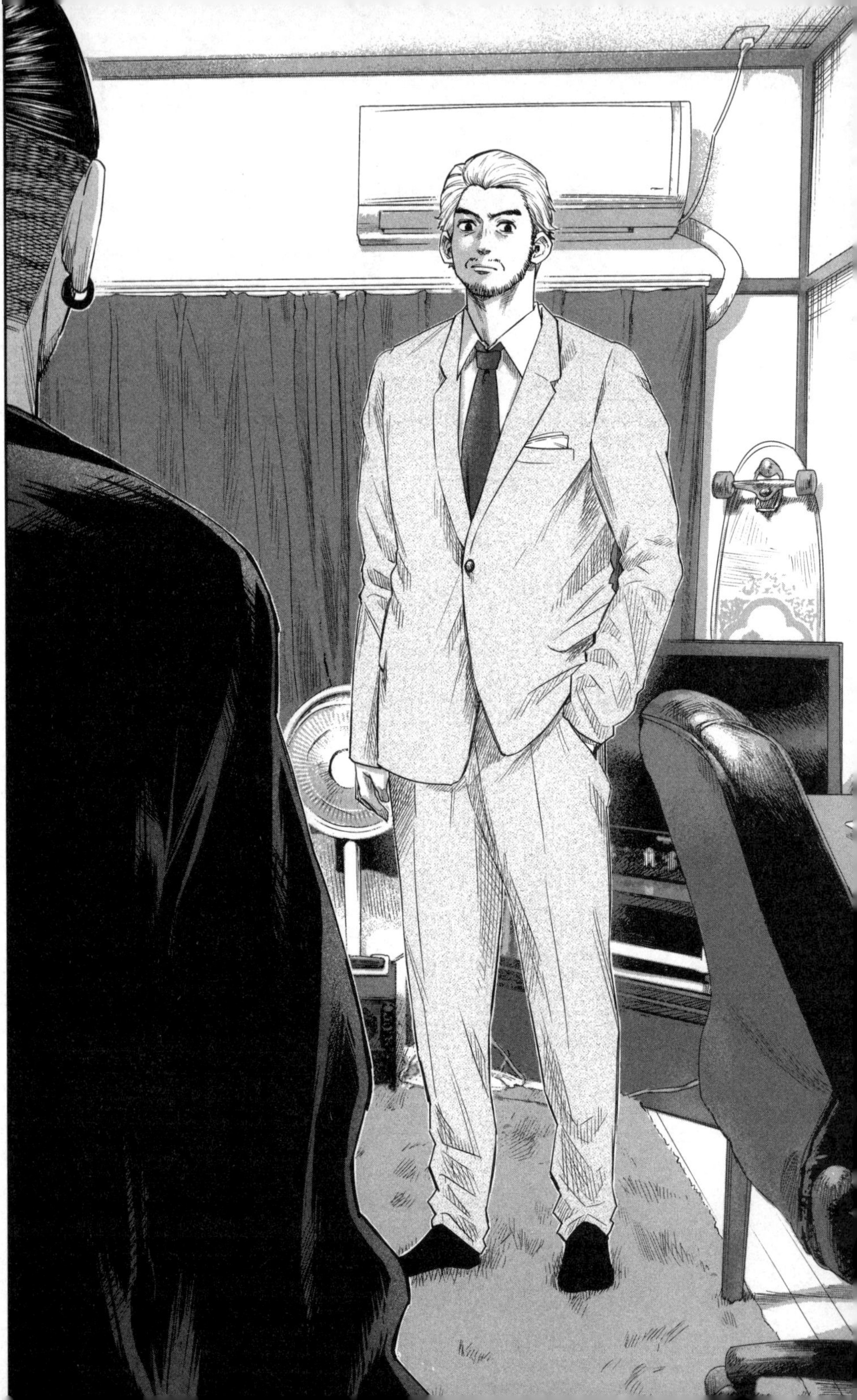

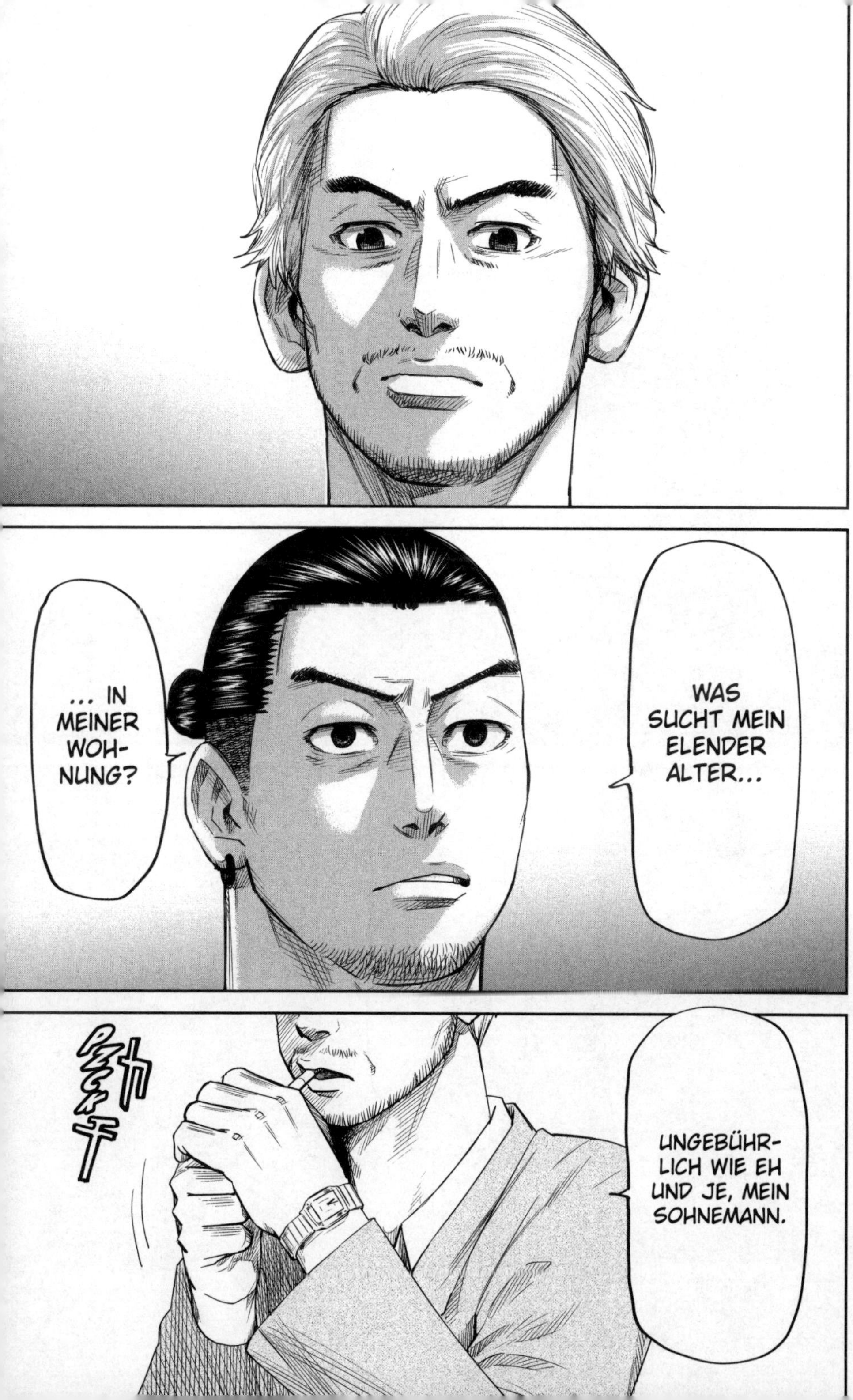
WAS SUCHT MEIN ELENDER ALTER…
… IN MEINER WOH-NUNG?
UNGEBÜHR-LICH WIE EH UND JE, MEIN SOHNEMANN.

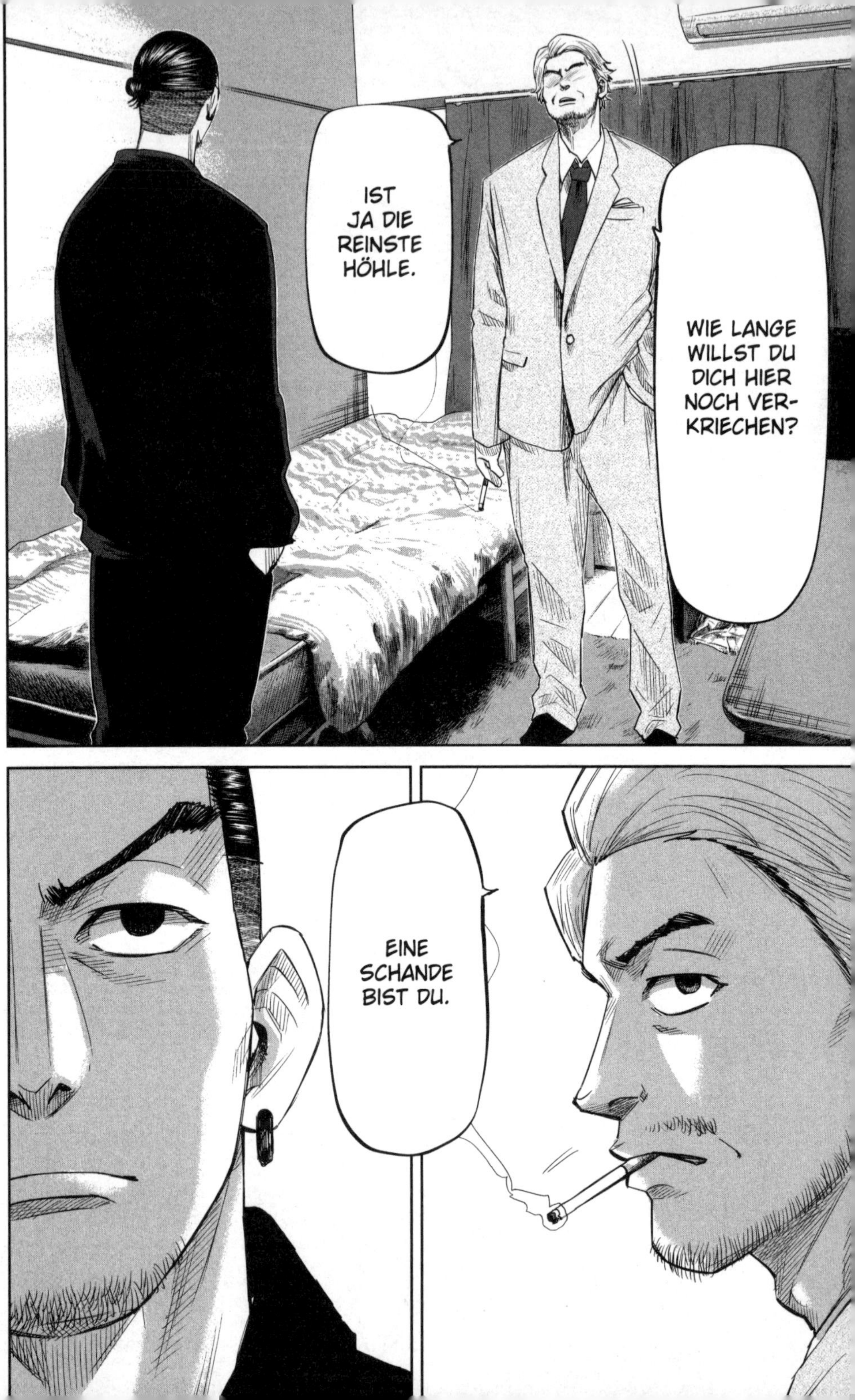
WIE LANGE WILLST DU DICH HIER NOCH VER-KRIECHEN?
IST JA DIE REINSTE HÖHLE.
EINE SCHANDE BIST DU.

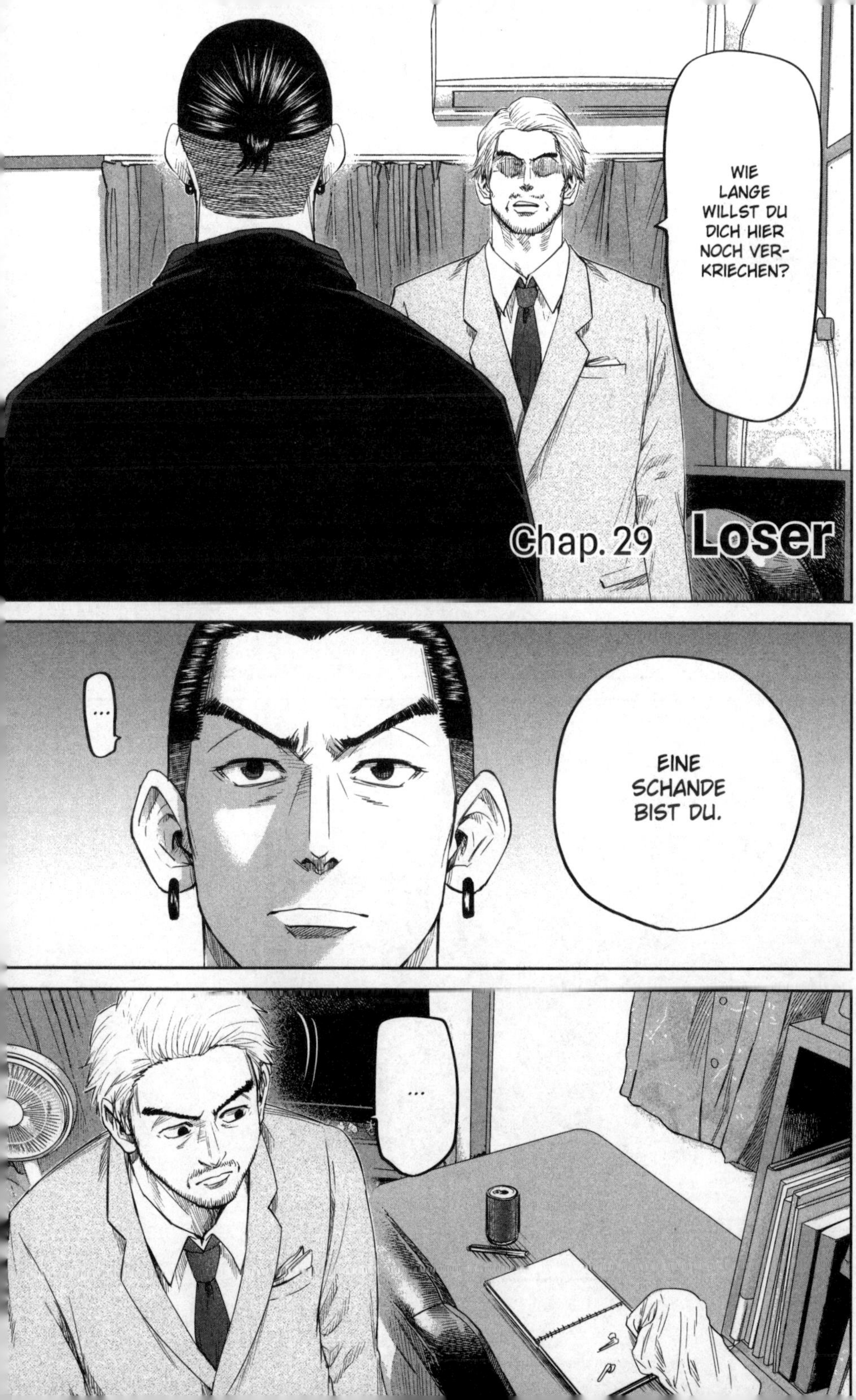
WIE LANGE WILLST DU DICH HIER NOCH VER-KRIECHEN?
Chap. 29 Loser
EINE SCHANDE BIST DU.
...
...

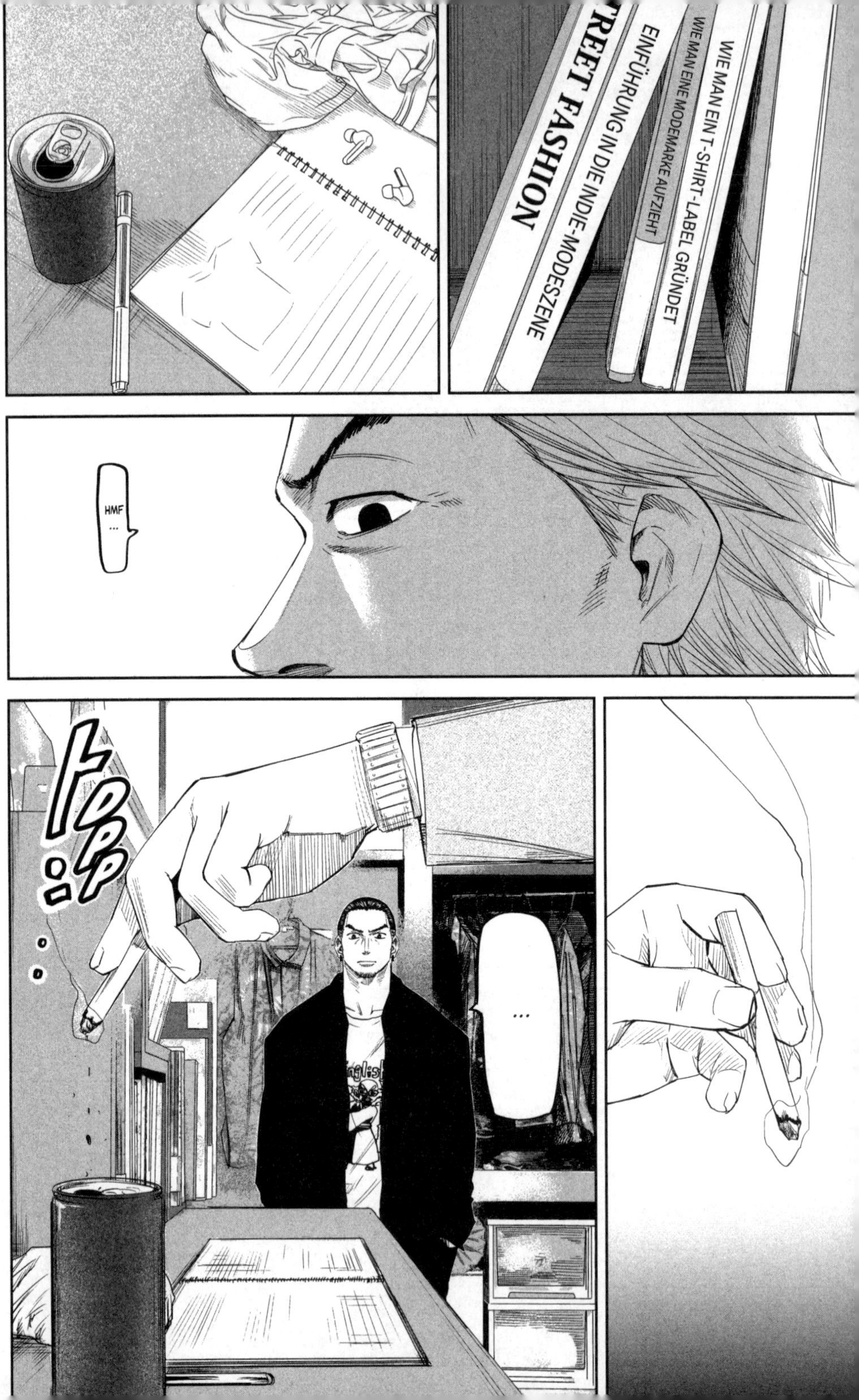
WIE MAN EIN T-SHIRT-LABEL GRÜNDET
WIE MAN EINE MODEMARKE AUFZIEHT
EINFÜHRUNG IN DIE INDIE-MODESZENE
REET FASHION
HMF ...
...

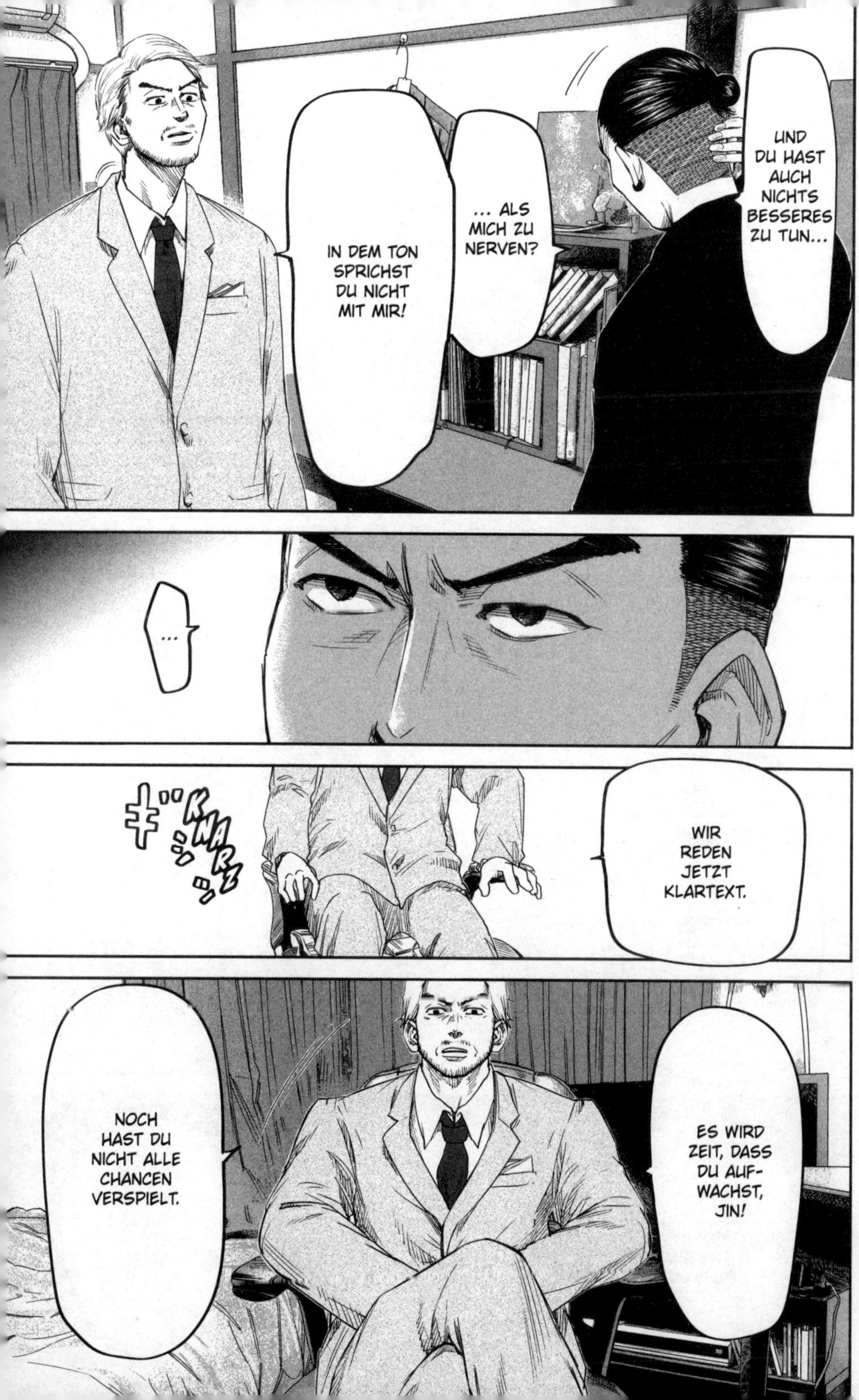
UND DU HAST AUCH NICHTS BESSERES ZU TUN…
… ALS MICH ZU NERVEN?
IN DEM TON SPRICHST DU NICHT MIT MIR!
…
WIR REDEN JETZT KLARTEXT.
KNARZ
ES WIRD ZEIT, DASS DU AUF-WACHST, JIN!
NOCH HAST DU NICHT ALLE CHANCEN VERSPIELT.

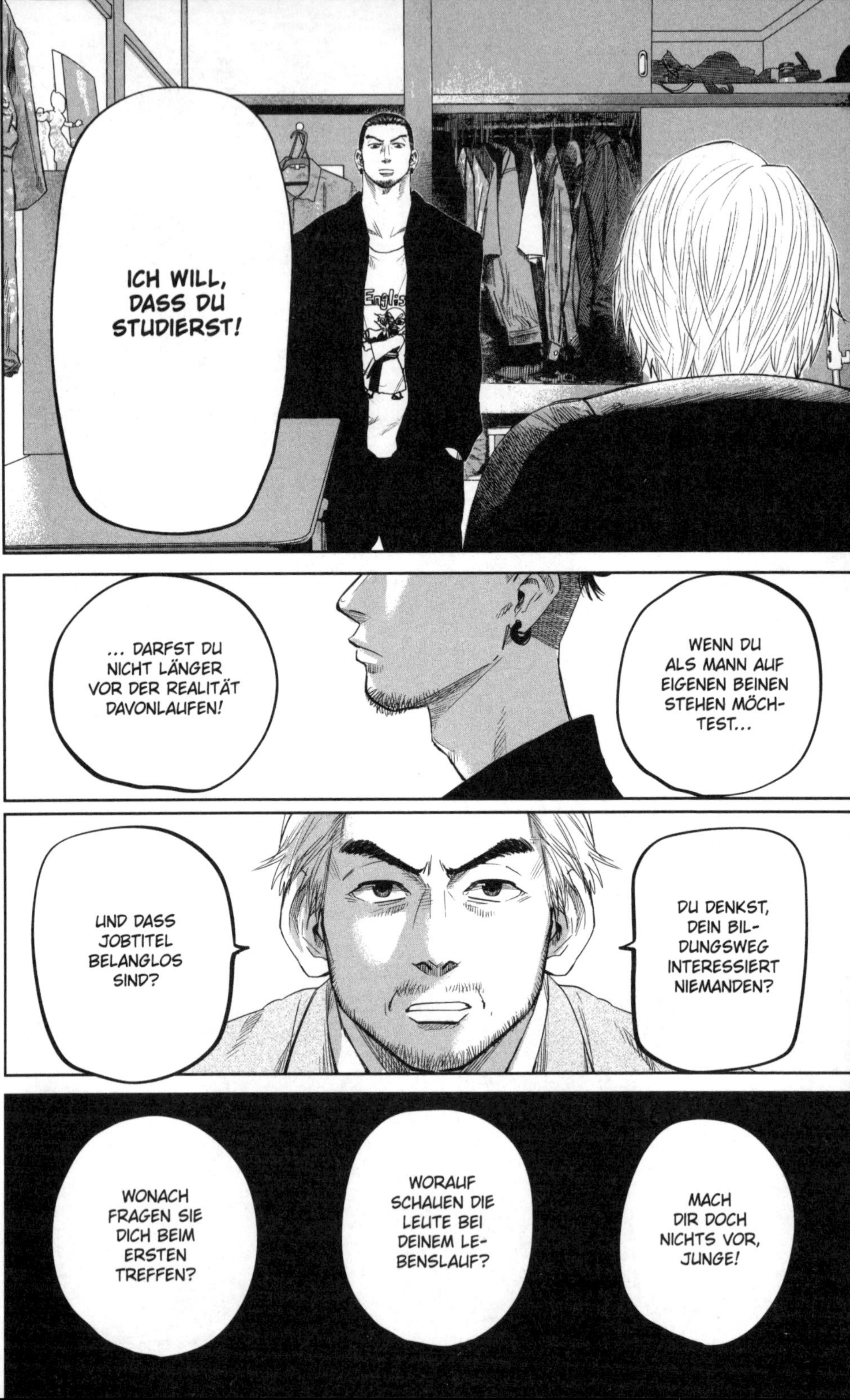
ICH WILL, DASS DU STUDIERST!
WENN DU ALS MANN AUF EIGENEN BEINEN STEHEN MÖCHTEST…
… DARFST DU NICHT LÄNGER VOR DER REALITÄT DAVONLAUFEN!
DU DENKST, DEIN BILDUNGSWEG INTERESSIERT NIEMANDEN?
UND DASS JOBTITEL BELANGLOS SIND?
MACH DIR DOCH NICHTS VOR, JUNGE!
WORAUF SCHAUEN DIE LEUTE BEI DEINEM LEBENSLAUF?
WONACH FRAGEN SIE DICH BEIM ERSTEN TREFFEN?

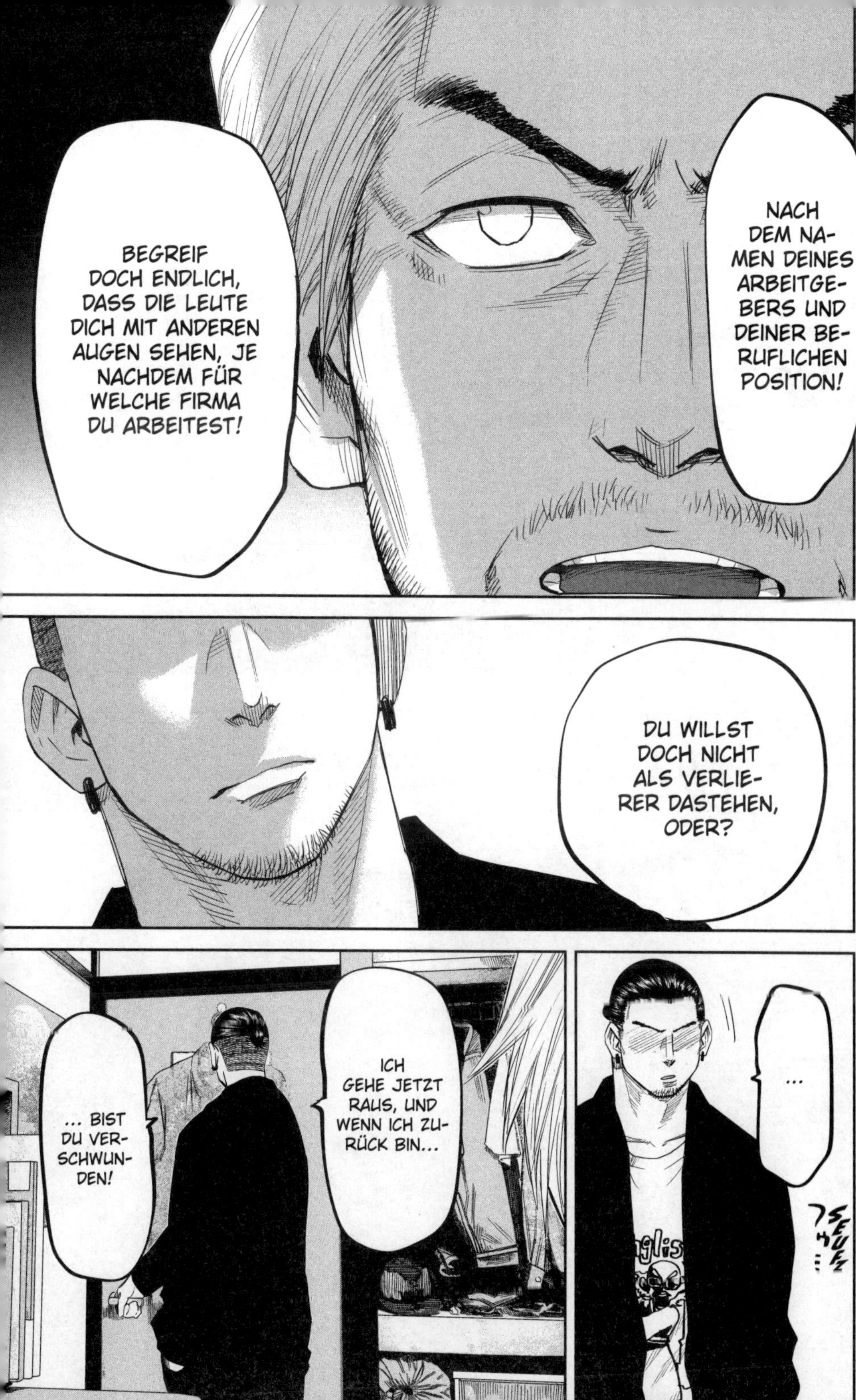
NACH DEM NAMEN DEINES ARBEITGEBERS UND DEINER BERUFLICHEN POSITION!
BEGREIF DOCH ENDLICH, DASS DIE LEUTE DICH MIT ANDEREN AUGEN SEHEN, JE NACHDEM FÜR WELCHE FIRMA DU ARBEITEST!
DU WILLST DOCH NICHT ALS VERLIERER DASTEHEN, ODER?
...
SEUFZ
ICH GEHE JETZT RAUS, UND WENN ICH ZURÜCK BIN...
... BIST DU VERSCHWUNDEN!

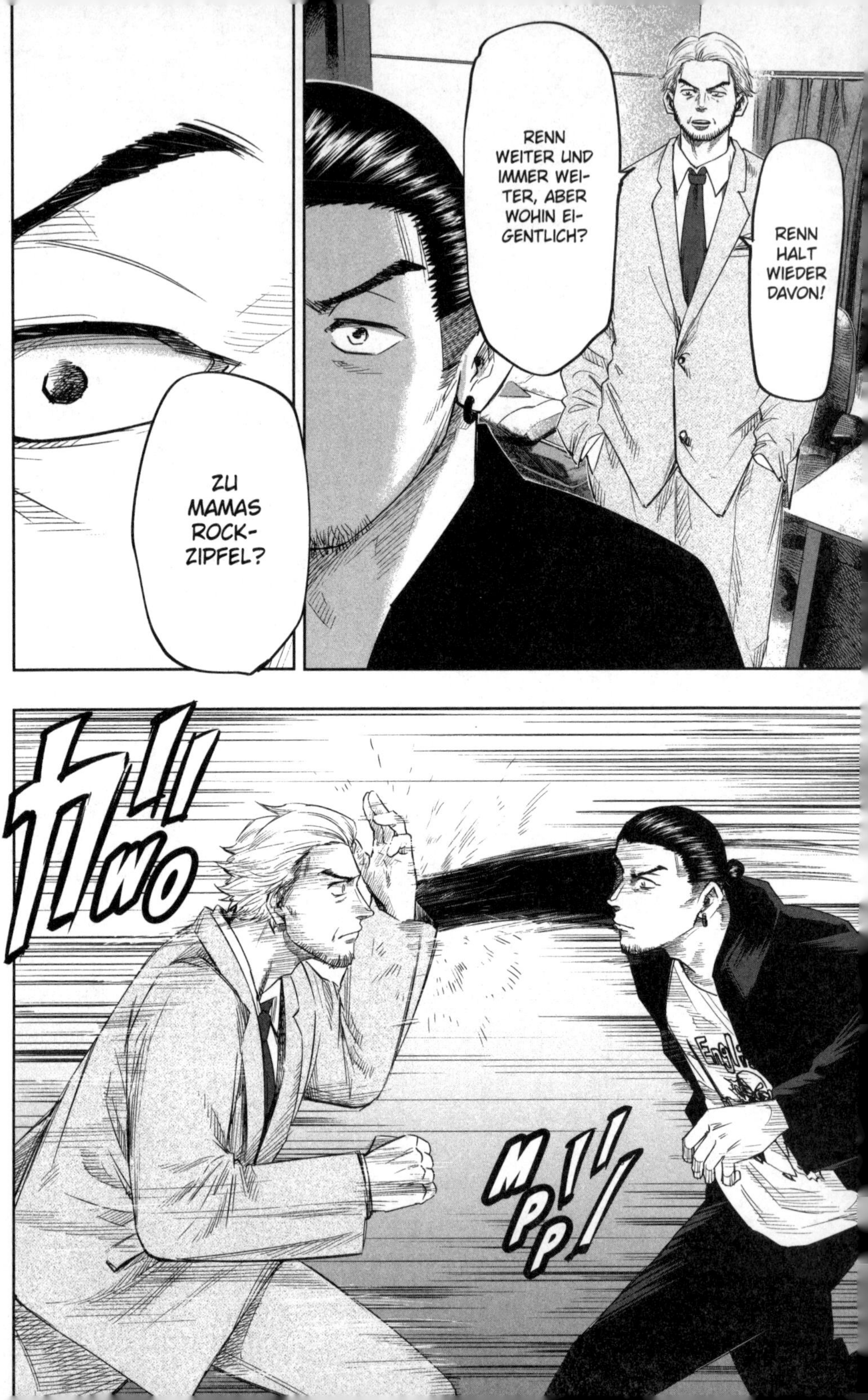
RENN HALT WIEDER DAVON!
RENN WEITER UND IMMER WEITER, ABER WOHIN EIGENTLICH?
ZU MAMAS ROCKZIPFEL?
MPP!!

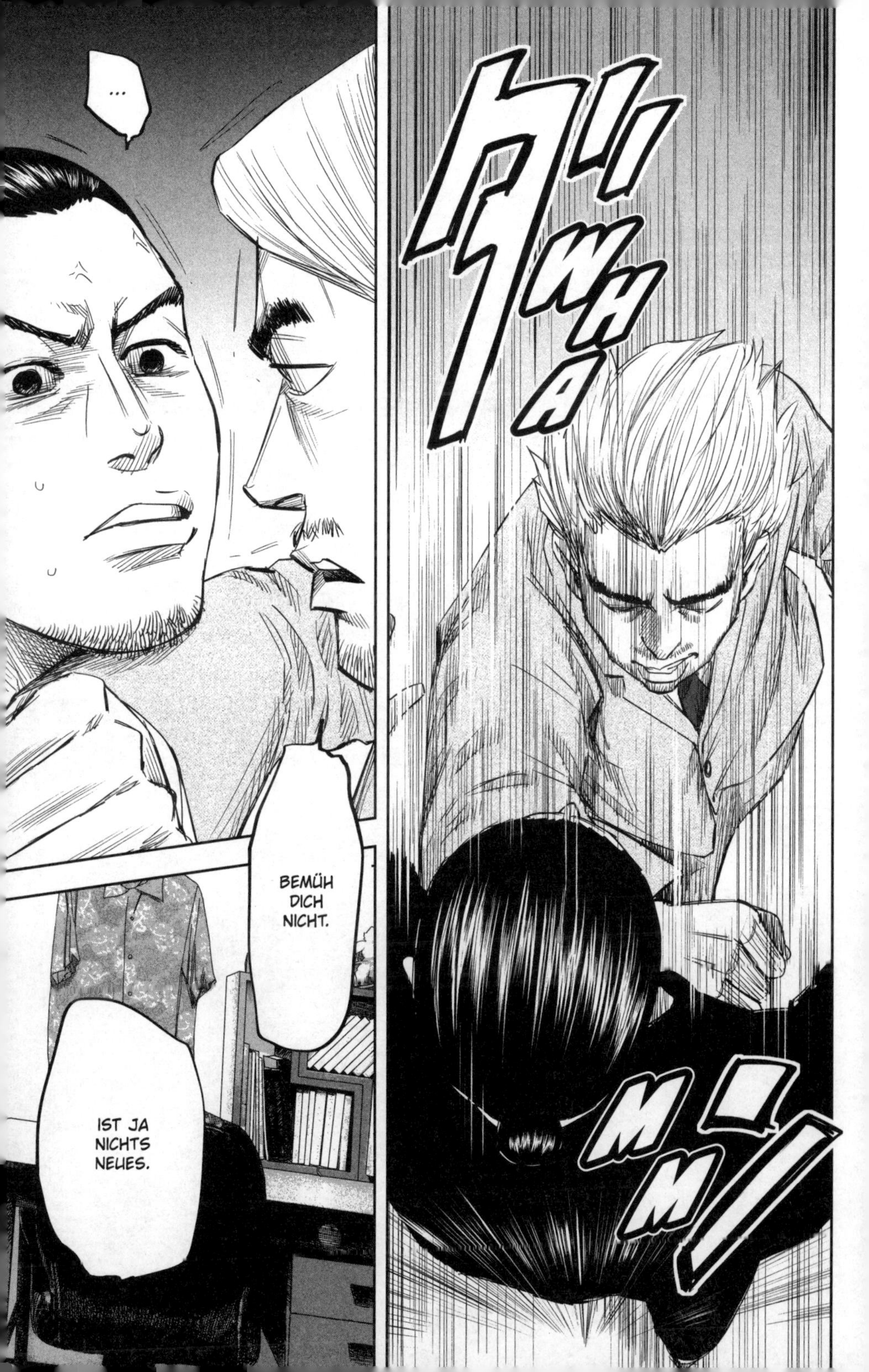
WHA
MM
...
BEMÜH DICH NICHT.
IST JA NICHTS NEUES.

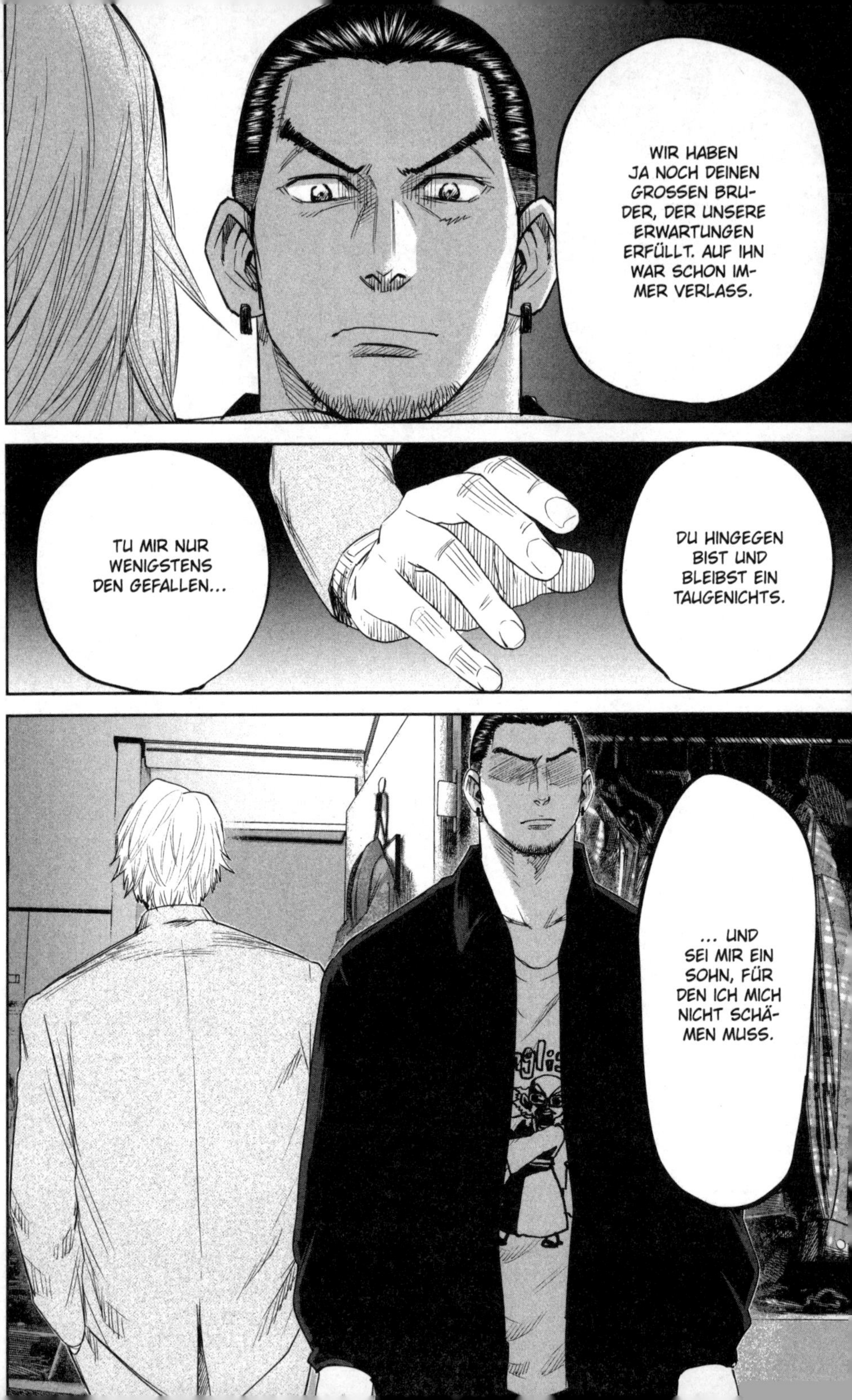
WIR HABEN JA NOCH DEINEN GROSSEN BRUDER, DER UNSERE ERWARTUNGEN ERFÜLLT. AUF IHN WAR SCHON IMMER VERLASS.
DU HINGEGEN BIST UND BLEIBST EIN TAUGENICHTS.
TU MIR NUR WENIGSTENS DEN GEFALLEN...
... UND SEI MIR EIN SOHN, FÜR DEN ICH MICH NICHT SCHÄMEN MUSS.

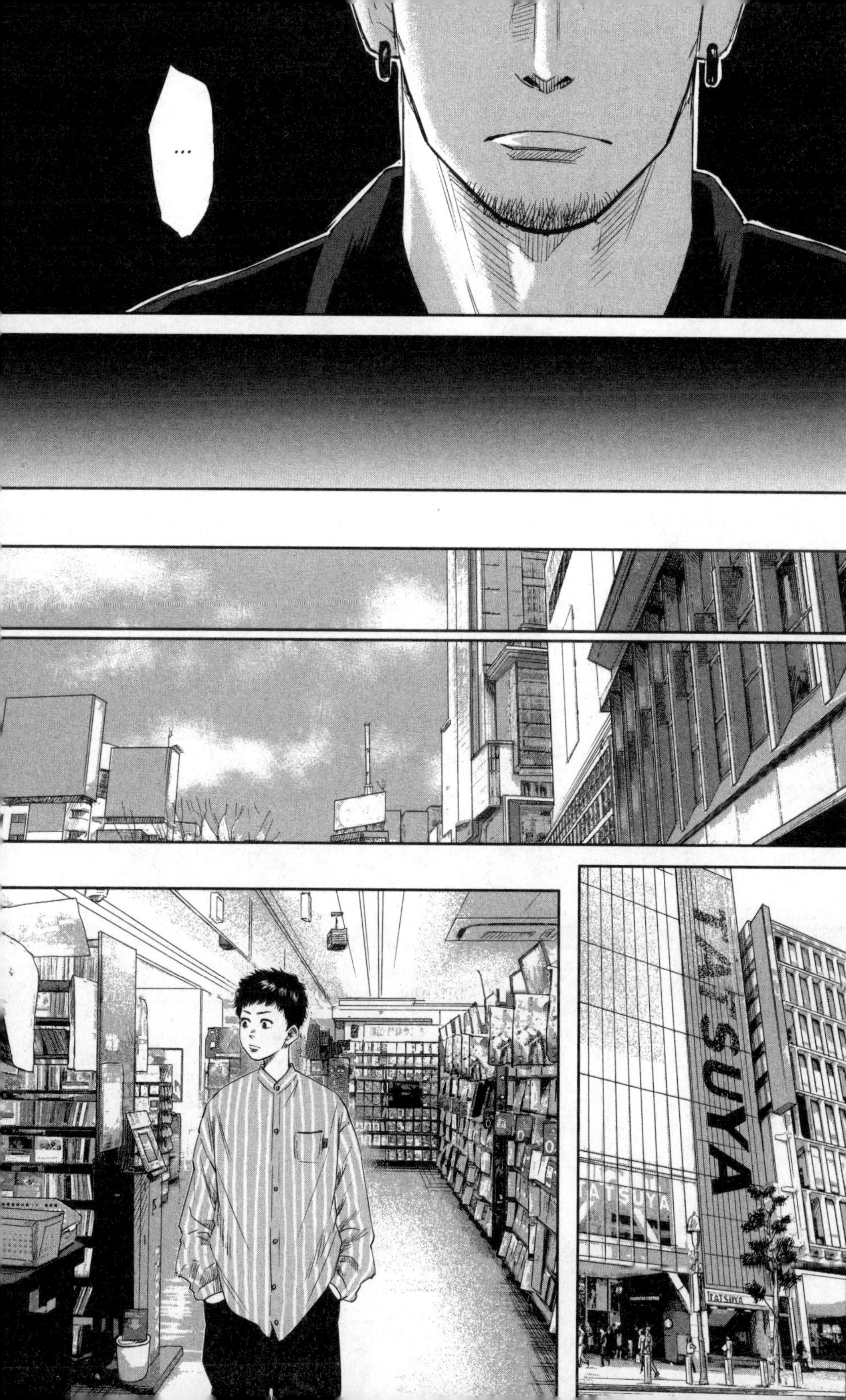
...
SUYA
TATSUYA
TATSUYA

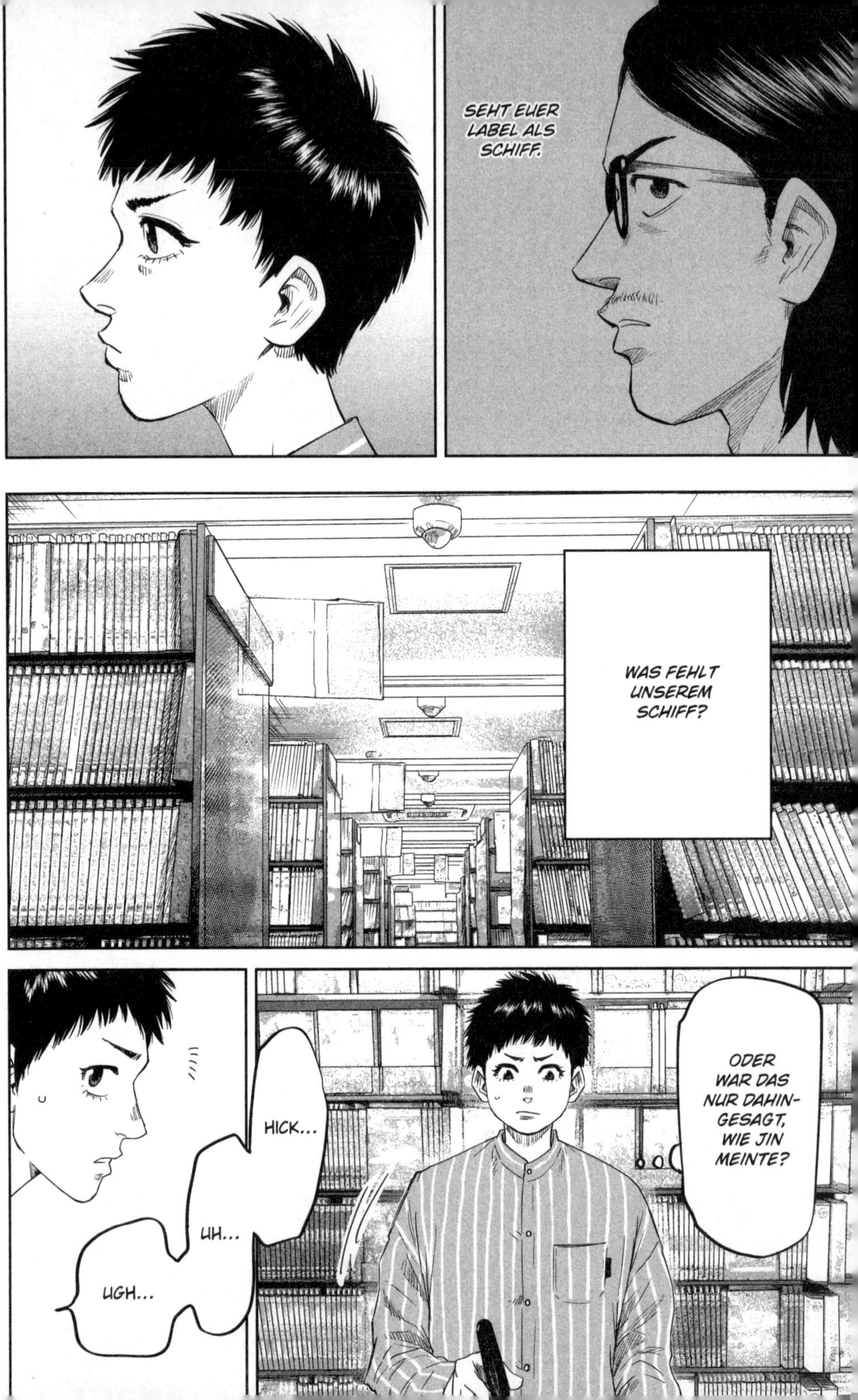
SEHT EUER LABEL ALS SCHIFF.
WAS FEHLT UNSEREM SCHIFF?
ODER WAR DAS NUR DAHIN-GESAGT, WIE JIN MEINTE?
HICK…
UH…
UGH…

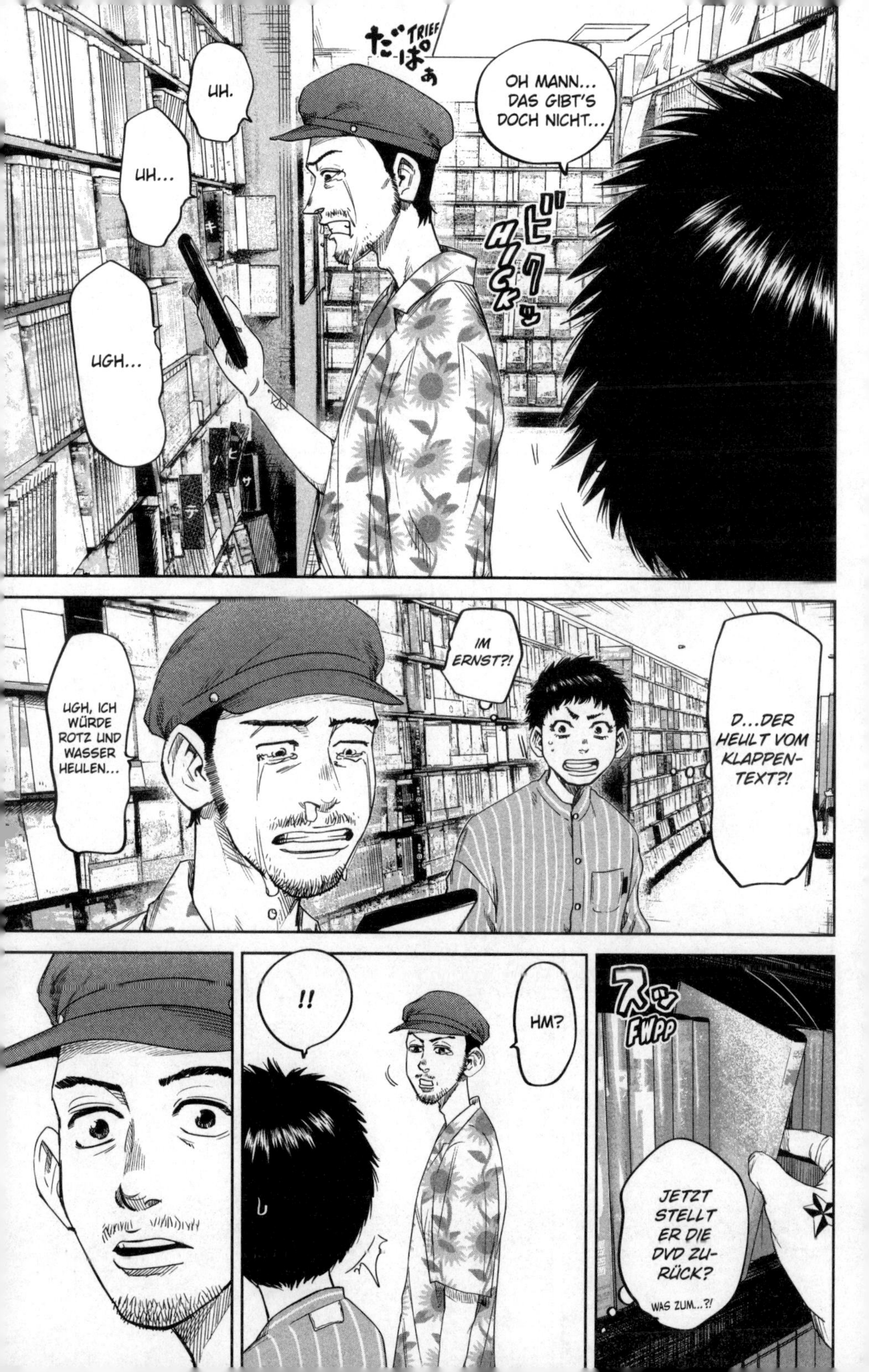
TRIEF
OH MANN... DAS GIBT'S DOCH NICHT...
HICK
UH.
UH...
UGH...
D...DER HEULT VOM KLAPPEN-TEXT?!
IM ERNST?!
UGH, ICH WÜRDE ROTZ UND WASSER HEULEN...
FWPP
JETZT STELLT ER DIE DVD ZURÜCK?
WAS ZUM...?!
HM?
!!

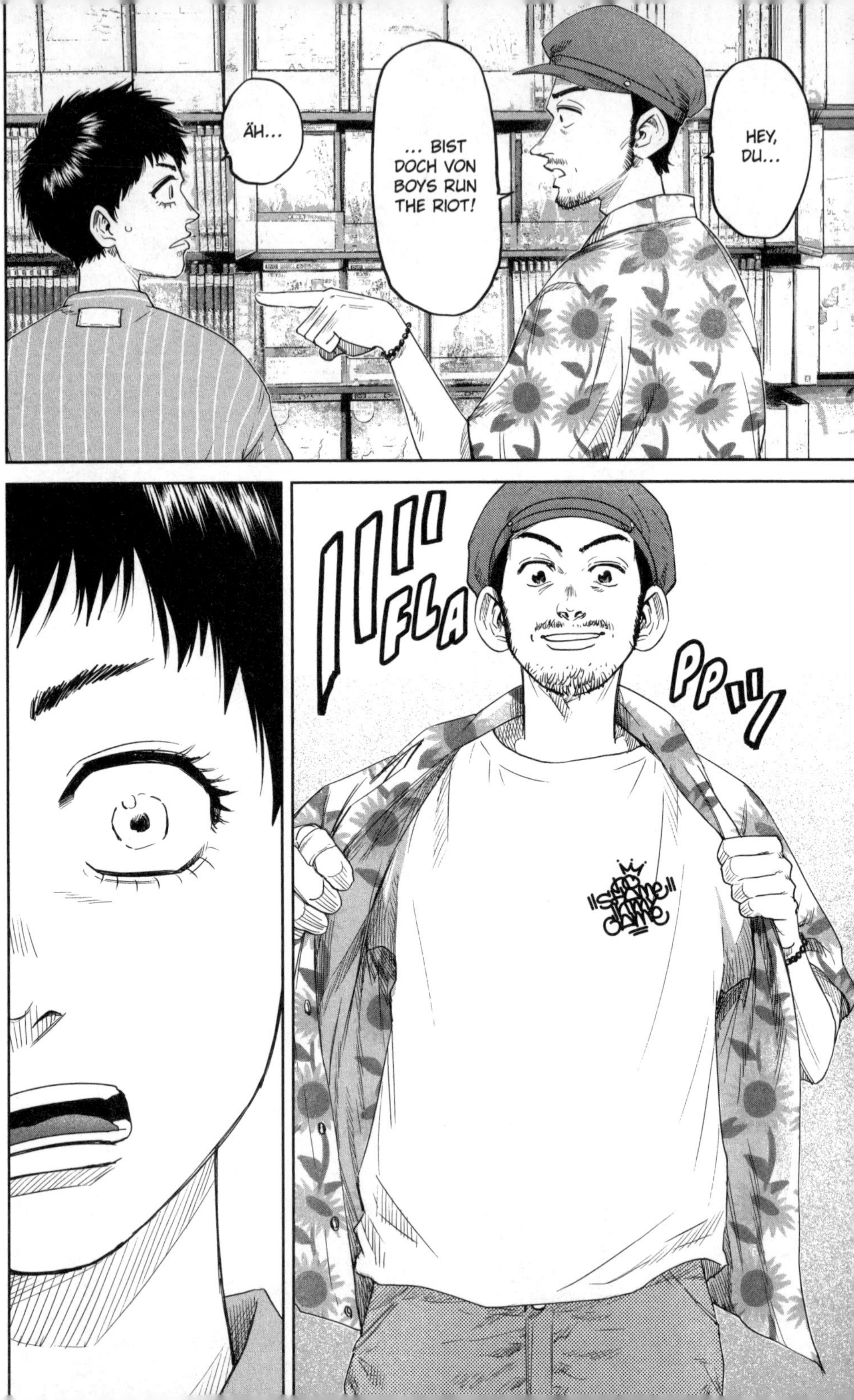
HEY, DU…
… BIST DOCH VON BOYS RUN THE RIOT!
ÄH…
FLAPP!!

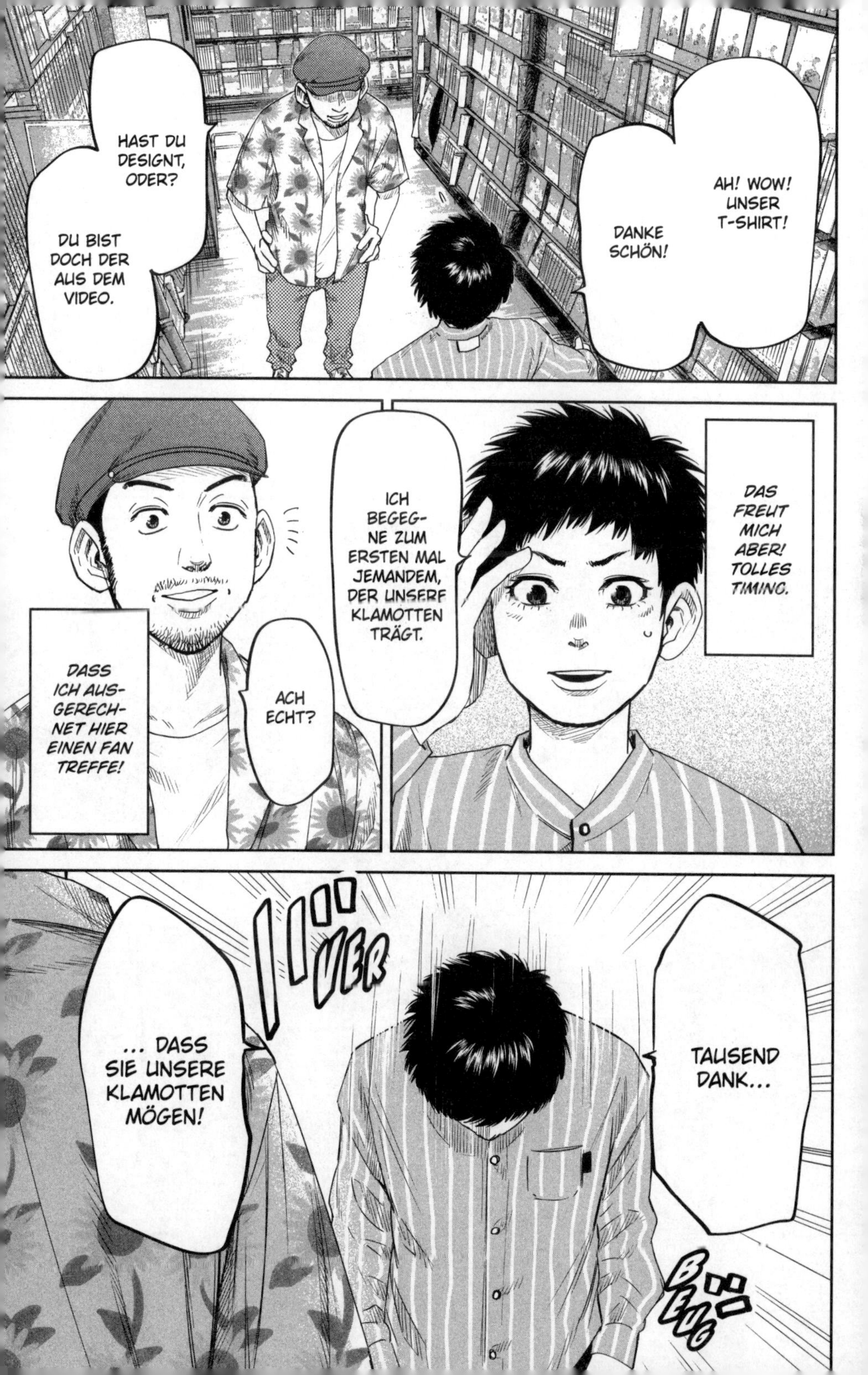
AH! WOW! UNSER T-SHIRT!
DANKE SCHÖN!
HAST DU DESIGNT, ODER?
DU BIST DOCH DER AUS DEM VIDEO.
DAS FREUT MICH ABER! TOLLES TIMING.
ICH BEGEGNE ZUM ERSTEN MAL JEMANDEM, DER UNSERE KLAMOTTEN TRÄGT.
ACH ECHT?
DASS ICH AUSGERECHNET HIER EINEN FAN TREFFE!
VER
TAUSEND DANK…
BEUG
… DASS SIE UNSERE KLAMOTTEN MÖGEN!

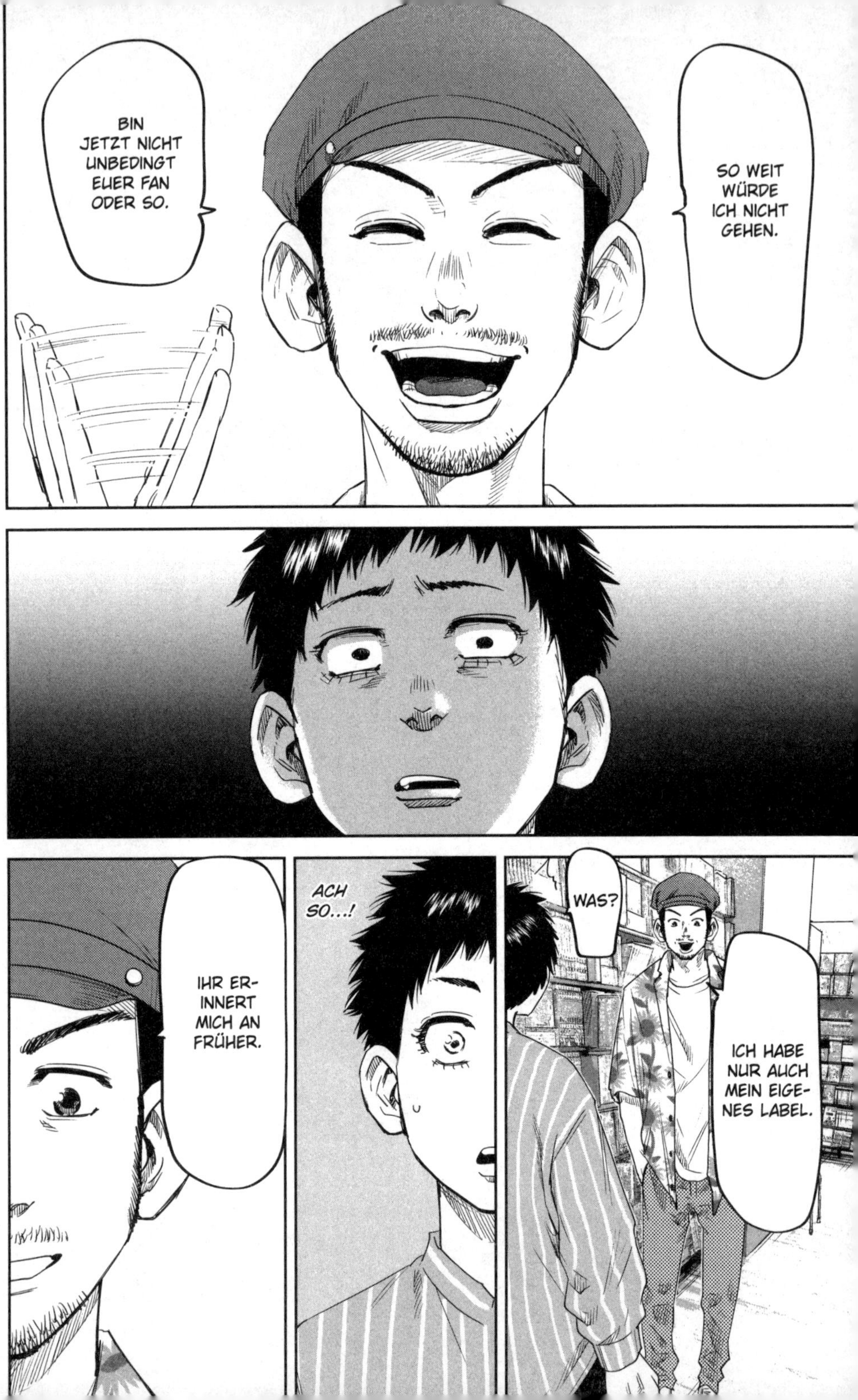
SO WEIT WÜRDE ICH NICHT GEHEN.
BIN JETZT NICHT UNBEDINGT EUER FAN ODER SO.
ICH HABE NUR AUCH MEIN EIGENES LABEL.
WAS?
ACH SO...!
IHR ERINNERT MICH AN FRÜHER.

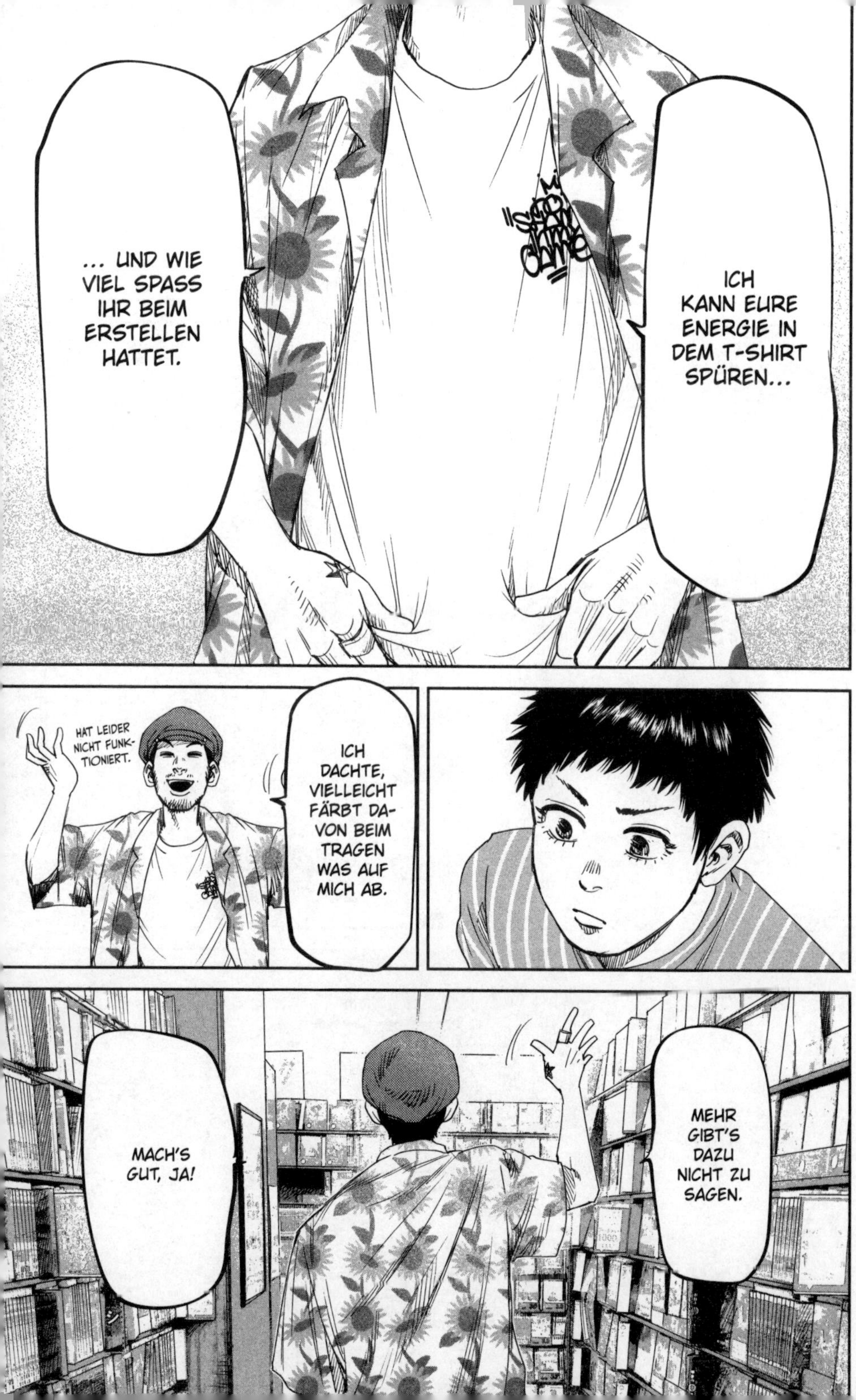
ICH KANN EURE ENERGIE IN DEM T-SHIRT SPÜREN...
... UND WIE VIEL SPASS IHR BEIM ERSTELLEN HATTET.
ICH DACHTE, VIELLEICHT FÄRBT DAVON BEIM TRAGEN WAS AUF MICH AB.
HAT LEIDER NICHT FUNKTIONIERT.
MEHR GIBT'S DAZU NICHT ZU SAGEN.
MACH'S GUT, JA!

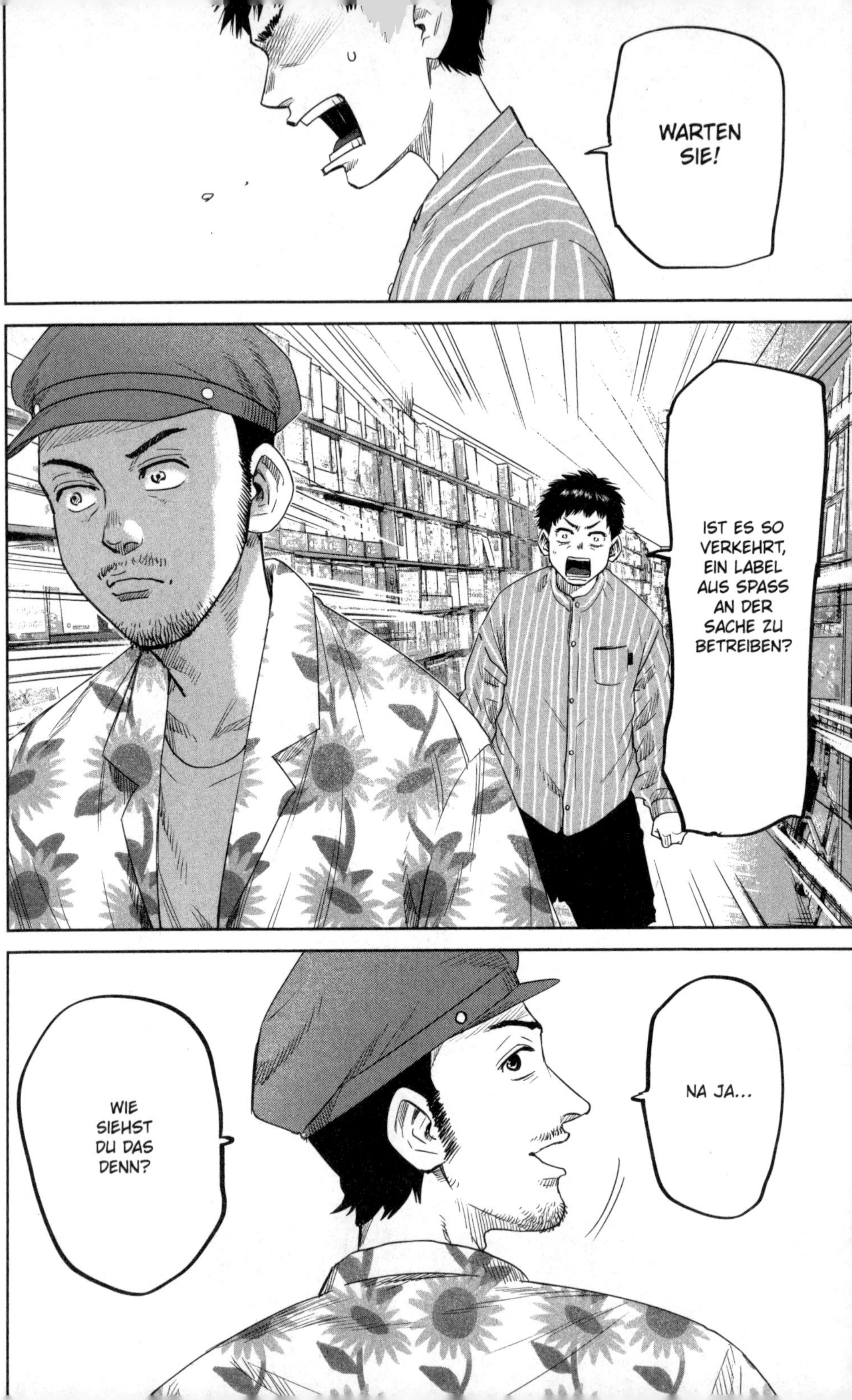
WARTEN SIE!
IST ES SO VERKEHRT, EIN LABEL AUS SPASS AN DER SACHE ZU BETREIBEN?
NA JA...
WIE SIEHST DU DAS DENN?

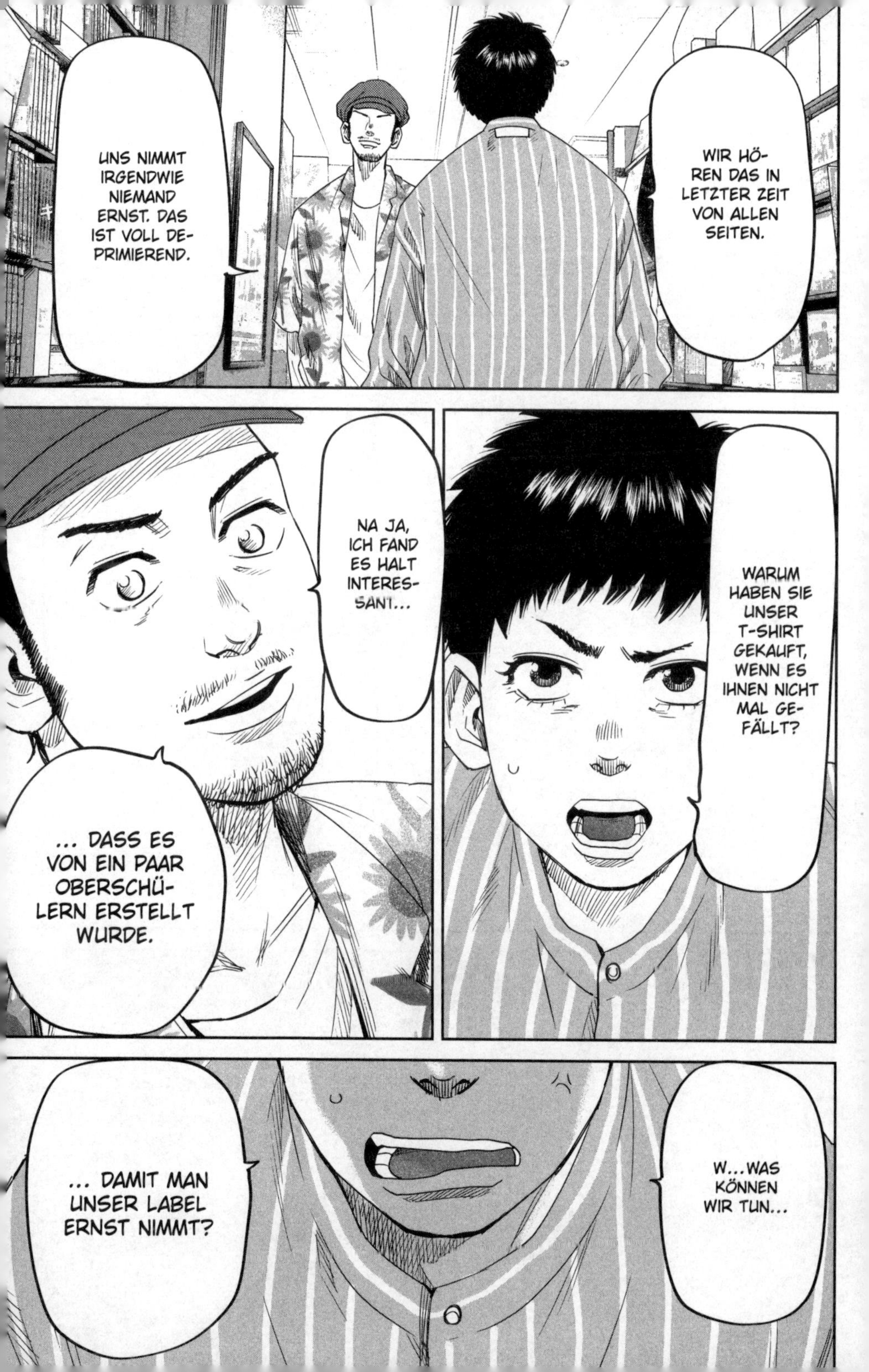
WIR HÖREN DAS IN LETZTER ZEIT VON ALLEN SEITEN.
UNS NIMMT IRGENDWIE NIEMAND ERNST. DAS IST VOLL DEPRIMIEREND.
WARUM HABEN SIE UNSER T-SHIRT GEKAUFT, WENN ES IHNEN NICHT MAL GEFÄLLT?
NA JA, ICH FAND ES HALT INTERESSANT…
… DASS ES VON EIN PAAR OBERSCHÜLERN ERSTELLT WURDE.
W…WAS KÖNNEN WIR TUN…
… DAMIT MAN UNSER LABEL ERNST NIMMT?

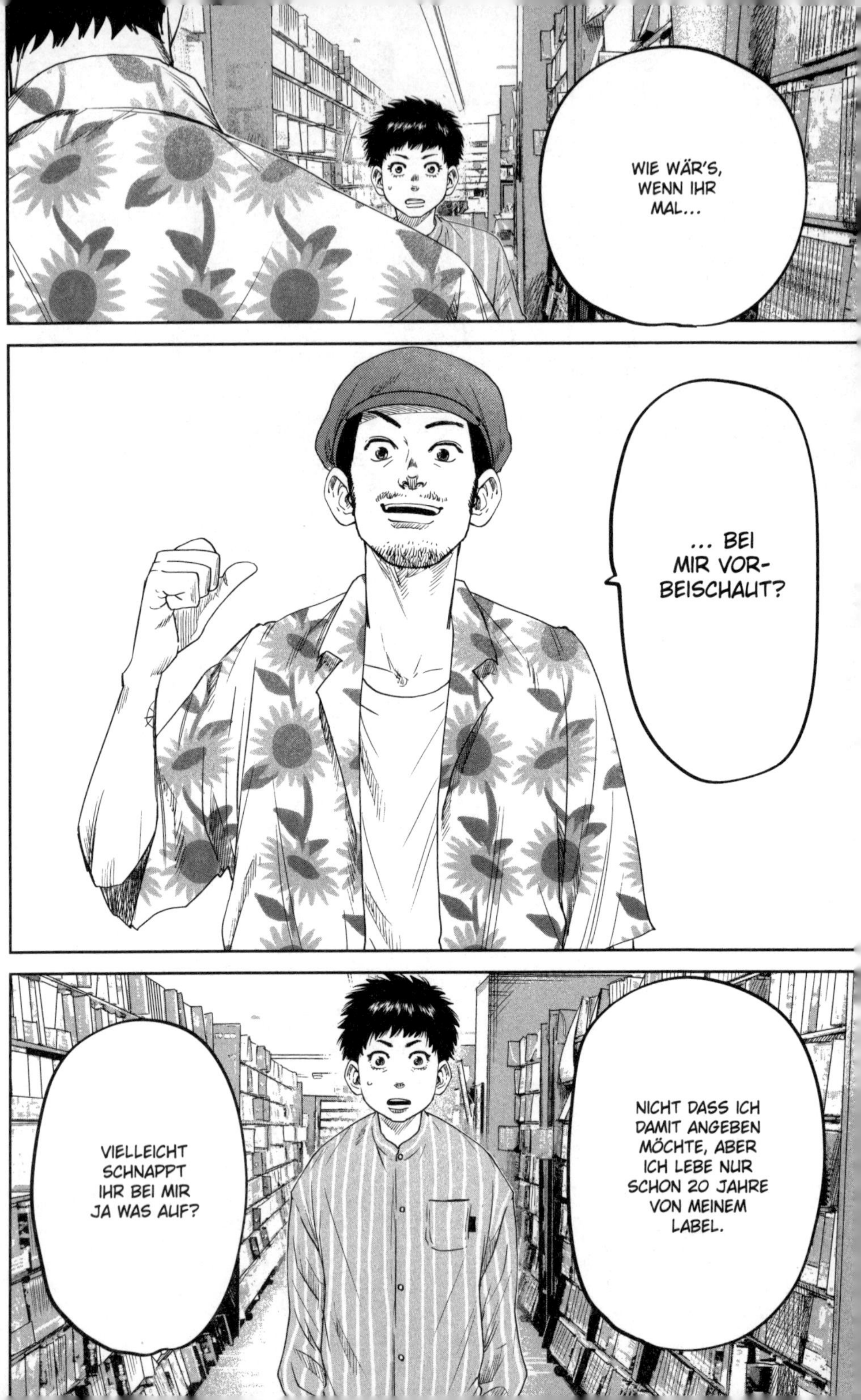
WIE WÄR'S, WENN IHR MAL...
... BEI MIR VOR-BEISCHAUT?
NICHT DASS ICH DAMIT ANGEBEN MÖCHTE, ABER ICH LEBE NUR SCHON 20 JAHRE VON MEINEM LABEL.
VIELLEICHT SCHNAPPT IHR BEI MIR JA WAS AUF?

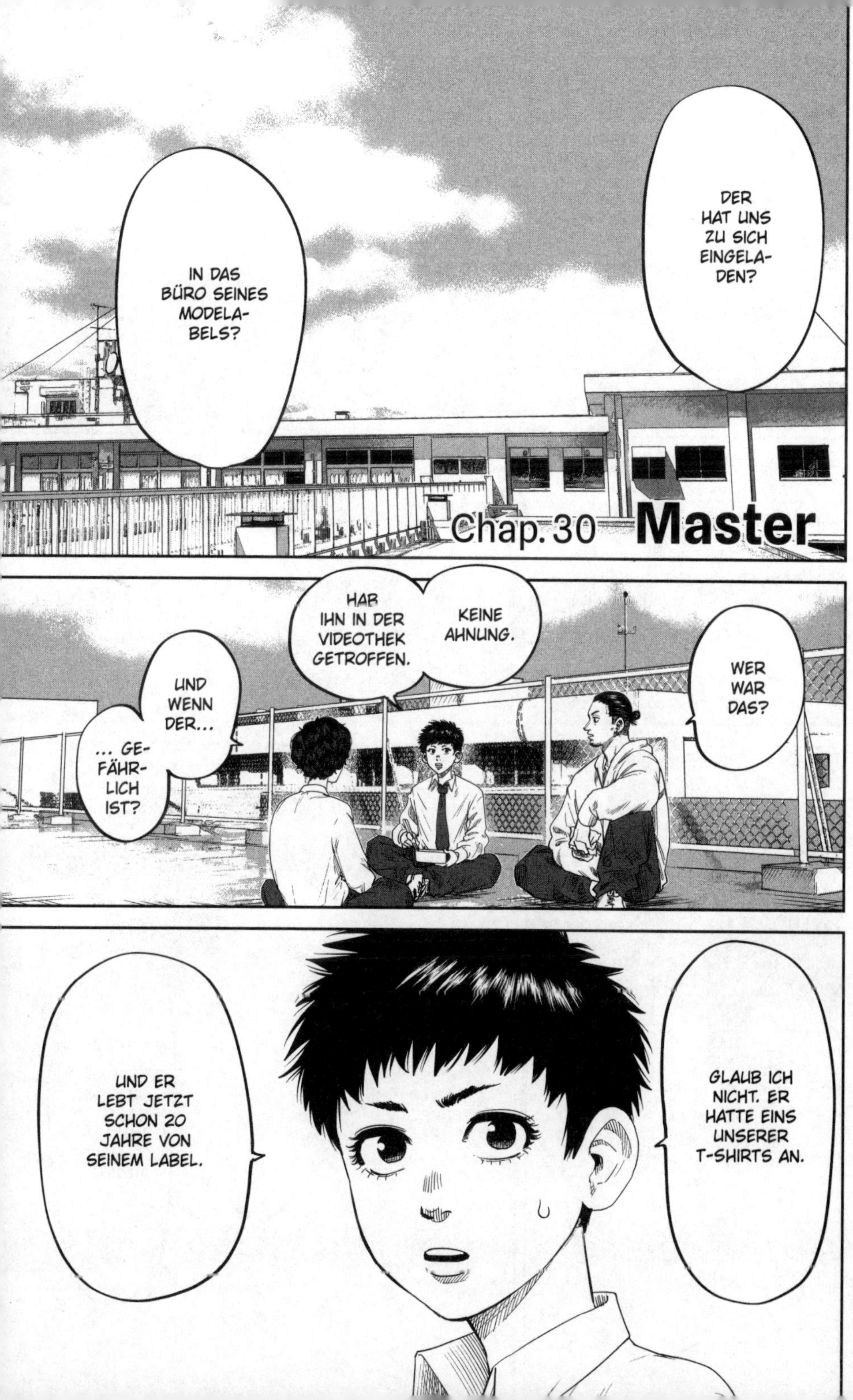
DER HAT UNS ZU SICH EINGELA-DEN?
IN DAS BÜRO SEINES MODELA-BELS?
Chap. 30 Master
WER WAR DAS?
KEINE AHNUNG.
HAB IHN IN DER VIDEOTHEK GETROFFEN.
UND WENN DER...
... GE-FÄHR-LICH IST?
GLAUB ICH NICHT. ER HATTE EINS UNSERER T-SHIRTS AN.
UND ER LEBT JETZT SCHON 20 JAHRE VON SEINEM LABEL.

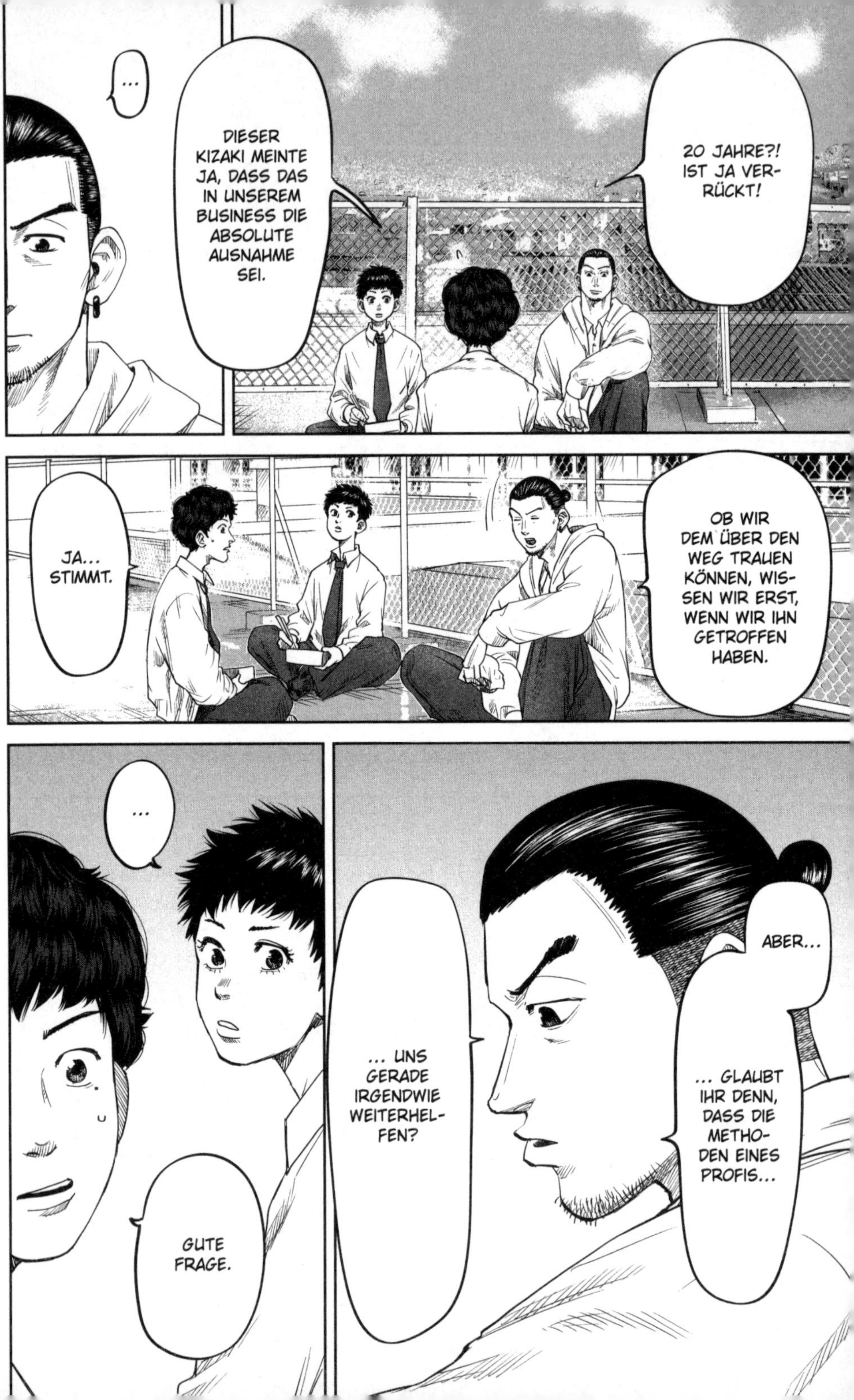
20 JAHRE?! IST JA VERRÜCKT!
DIESER KIZAKI MEINTE JA, DASS DAS IN UNSEREM BUSINESS DIE ABSOLUTE AUSNAHME SEI.
...
OB WIR DEM ÜBER DEN WEG TRAUEN KÖNNEN, WISSEN WIR ERST, WENN WIR IHN GETROFFEN HABEN.
JA... STIMMT.
ABER...
... GLAUBT IHR DENN, DASS DIE METHODEN EINES PROFIS...
... UNS GERADE IRGENDWIE WEITERHELFEN?
...
GUTE FRAGE.

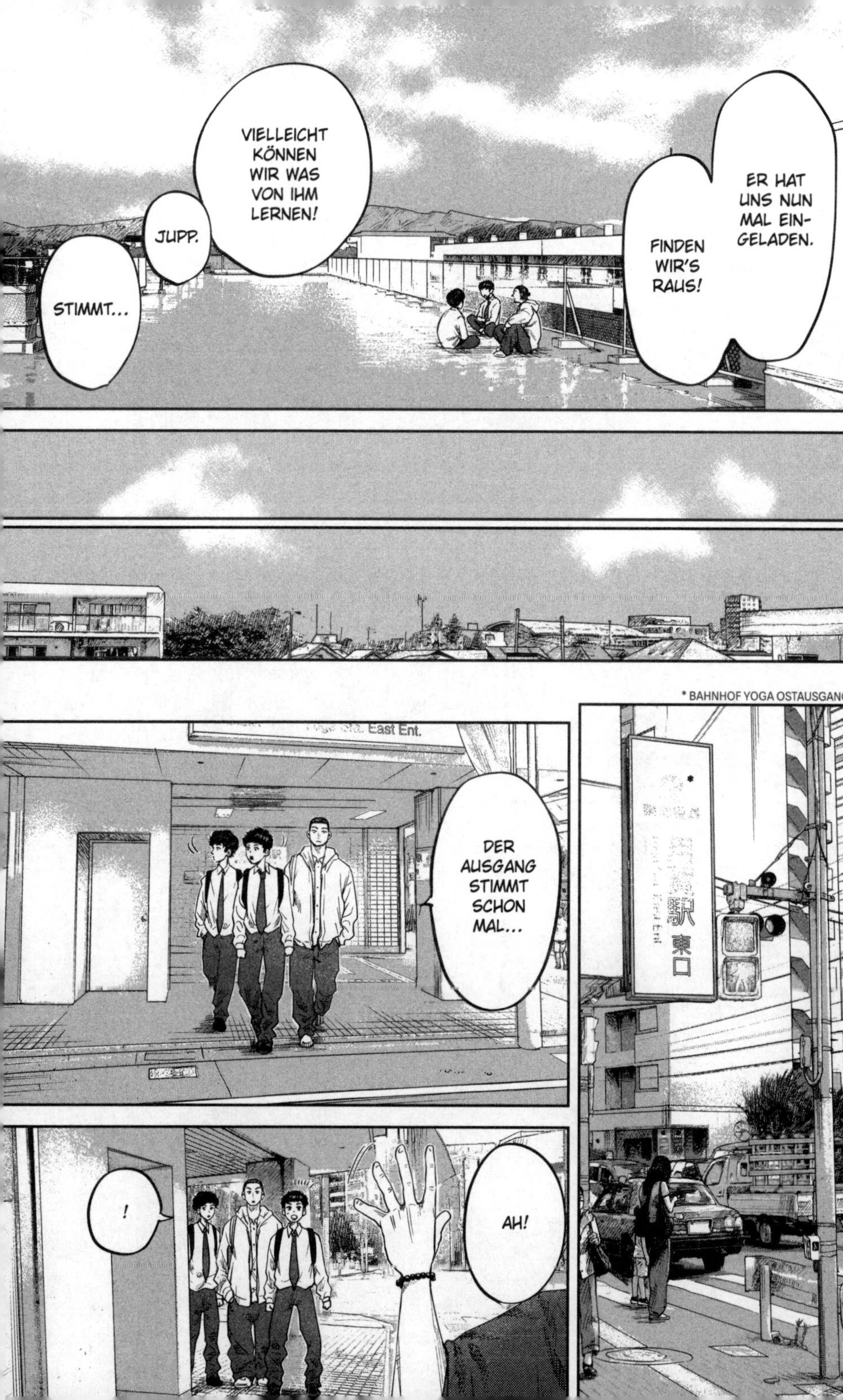
ER HAT UNS NUN MAL EIN-GELADEN.
FINDEN WIR'S RAUS!
VIELLEICHT KÖNNEN WIR WAS VON IHM LERNEN!
JUPP.
STIMMT…
* BAHNHOF YOGA OSTAUSGANG
East Ent.
DER AUSGANG STIMMT SCHON MAL…
AH!
!

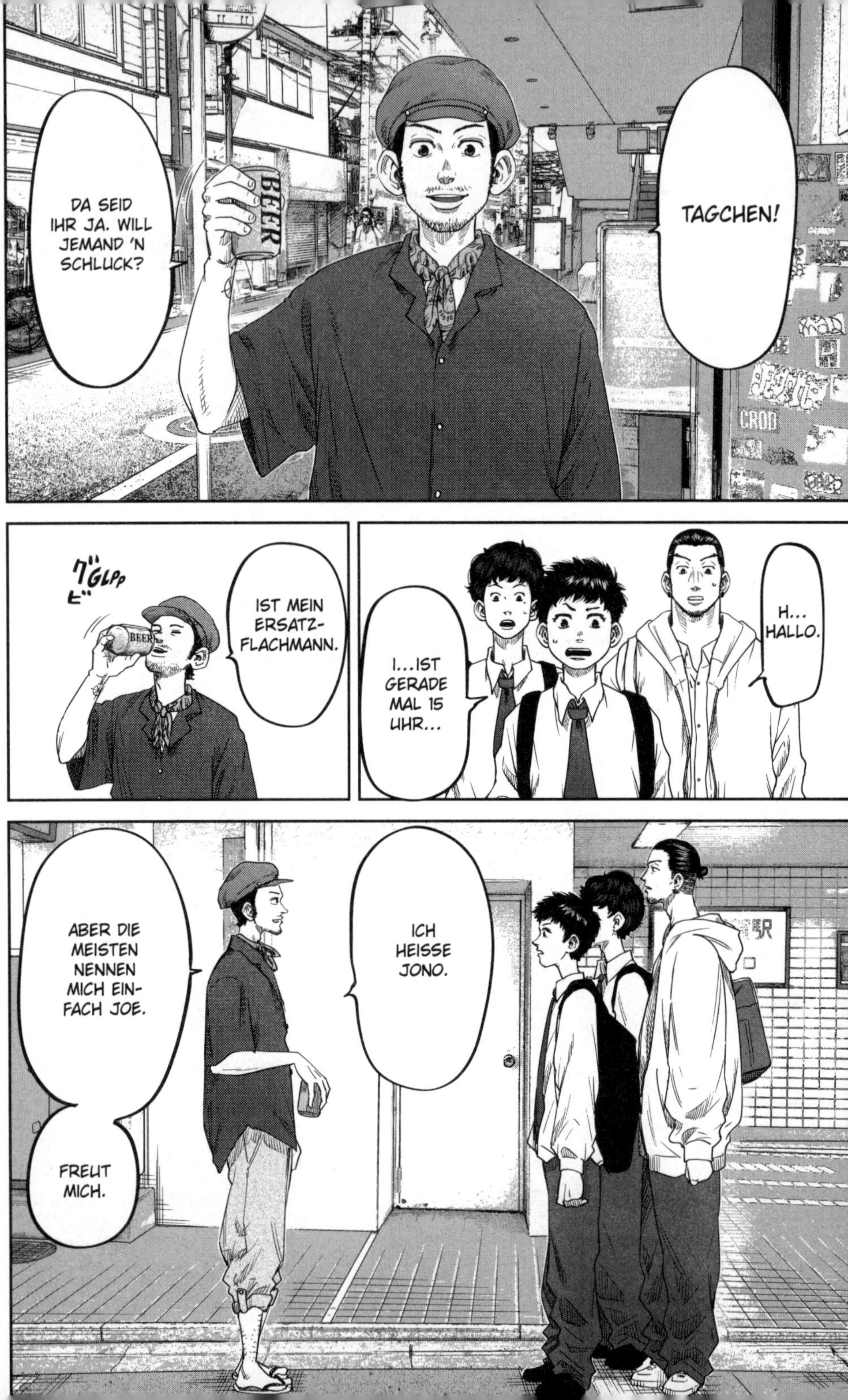

TAGCHEN!
DA SEID IHR JA. WILL JEMAND 'N SCHLUCK?
H... HALLO.
I...IST GERADE MAL 15 UHR...
GLPP
IST MEIN ERSATZ-FLACHMANN.
ICH HEISSE JONO.
ABER DIE MEISTEN NENNEN MICH EIN-FACH JOE.
FREUT MICH.

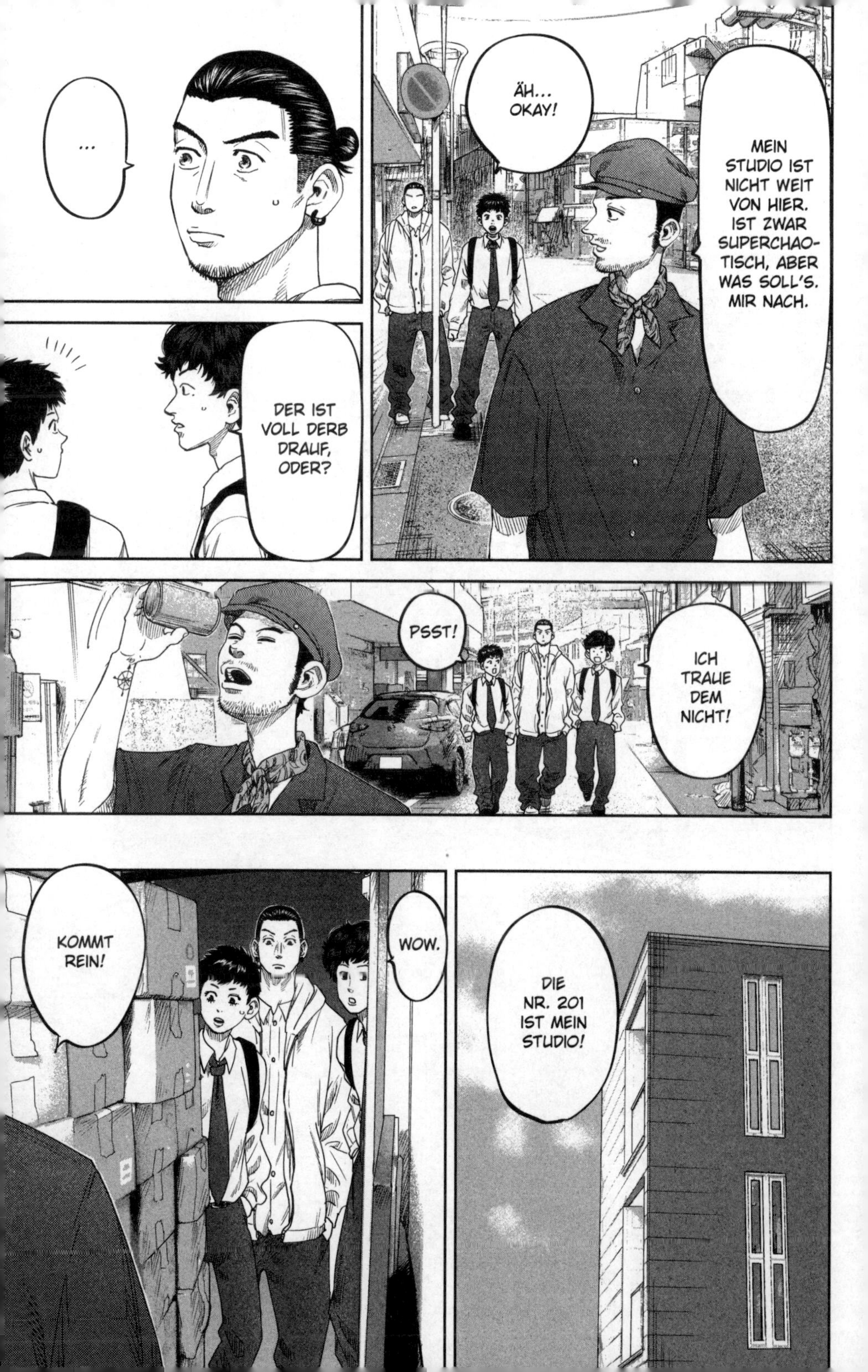
MEIN STUDIO IST NICHT WEIT VON HIER. IST ZWAR SUPERCHAOTISCH, ABER WAS SOLL'S. MIR NACH.
ÄH… OKAY!
…
DER IST VOLL DERB DRAUF, ODER?
ICH TRAUE DEM NICHT!
PSST!
DIE NR. 201 IST MEIN STUDIO!
WOW.
KOMMT REIN!

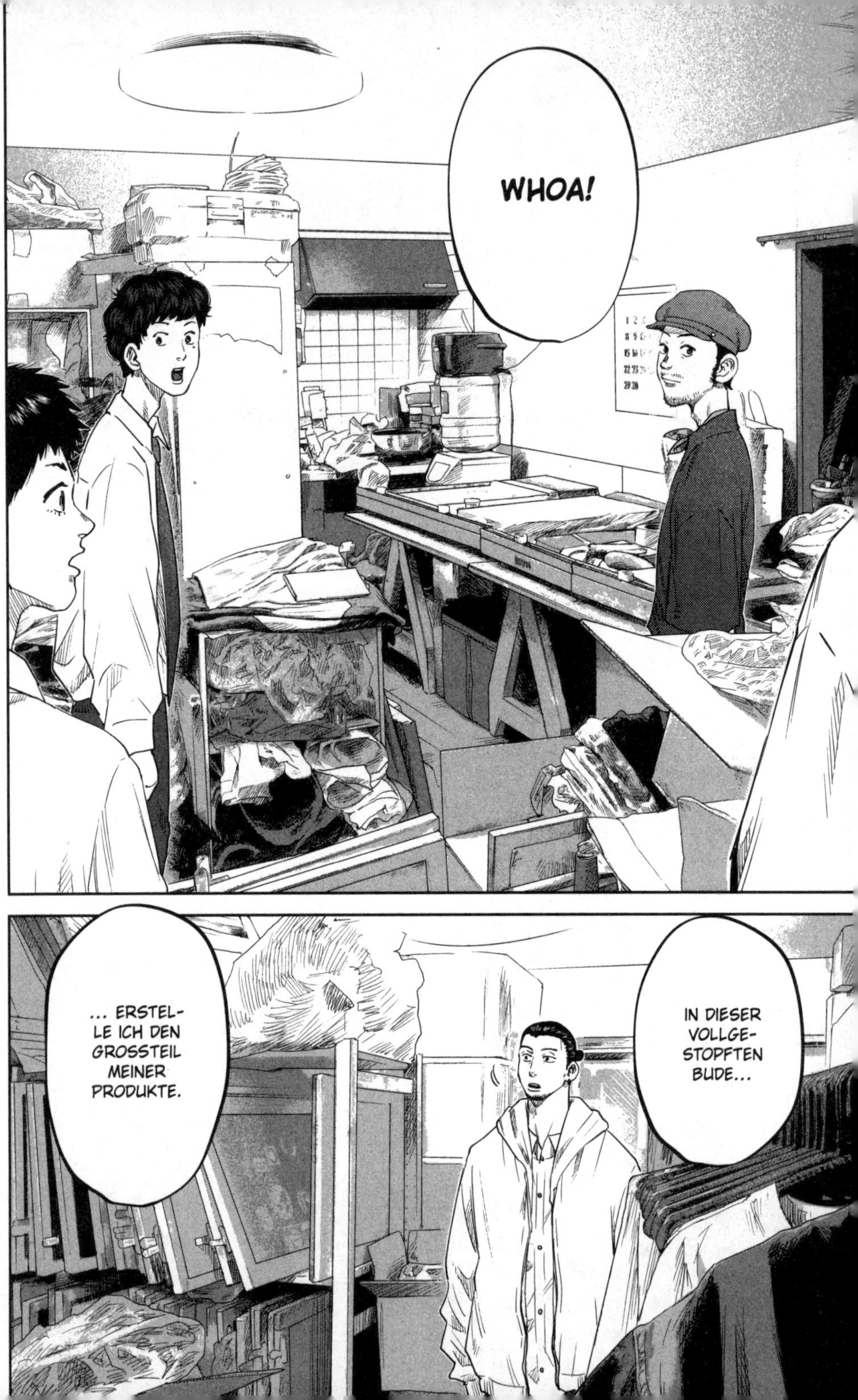
WHOA!
IN DIESER VOLLGE-STOPFTEN BUDE...
... ERSTEL-LE ICH DEN GROSSTEIL MEINER PRODUKTE.

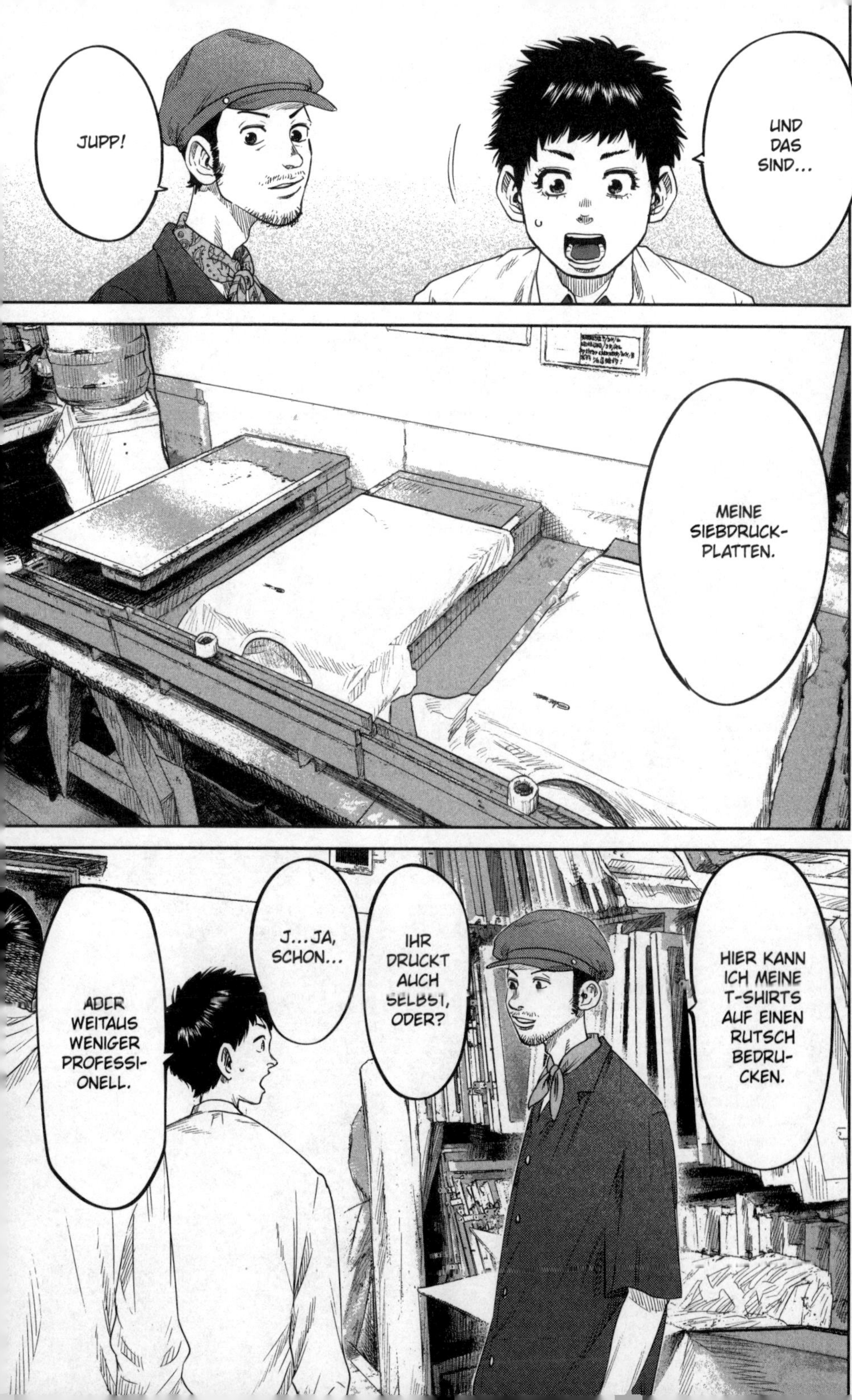
UND DAS SIND...
JUPP!
MEINE SIEBDRUCK-PLATTEN.
HIER KANN ICH MEINE T-SHIRTS AUF EINEN RUTSCH BEDRU-CKEN.
IHR DRUCKT AUCH SELBST, ODER?
J... JA, SCHON...
ABER WEITAUS WENIGER PROFESSI-ONELL.

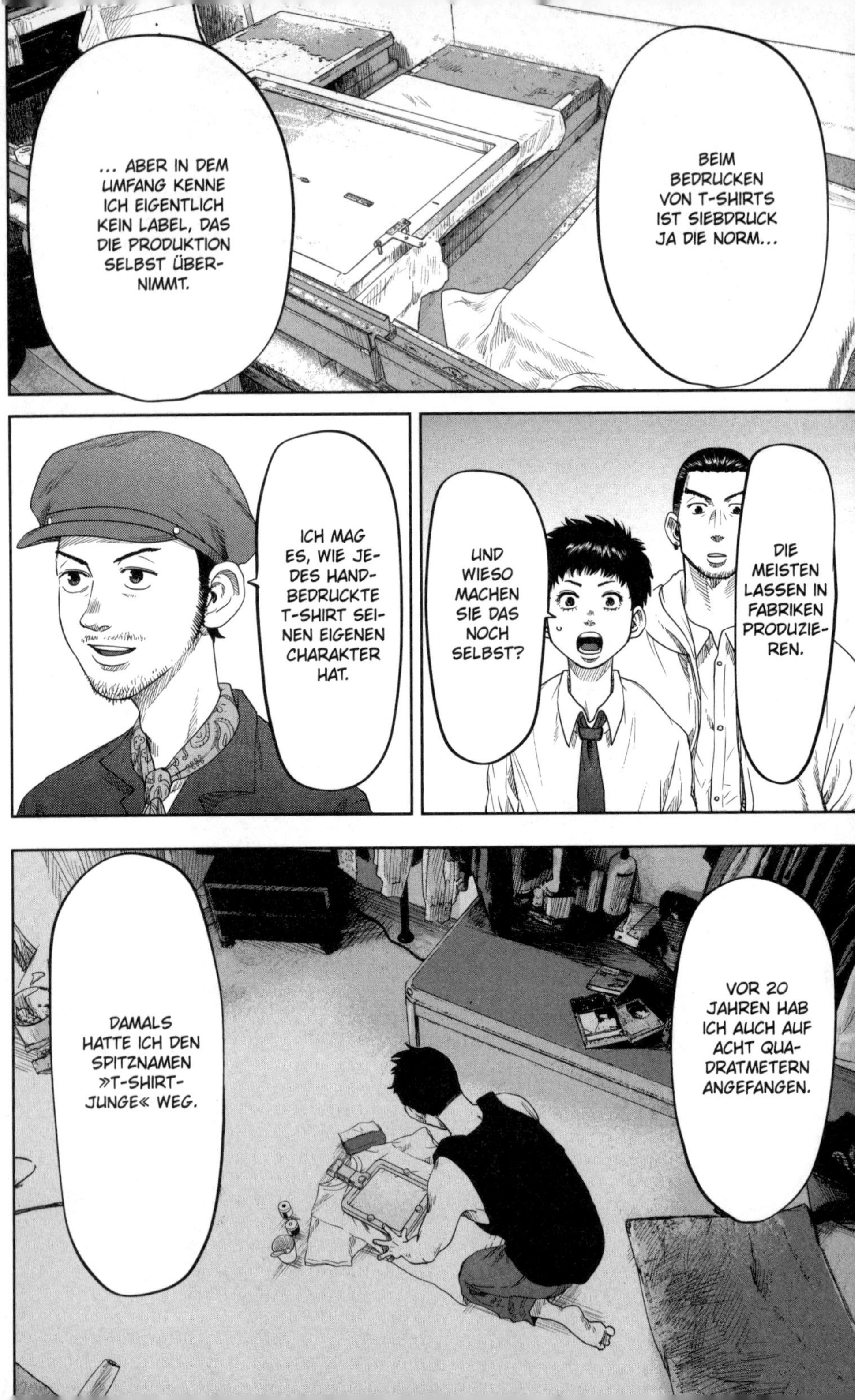
BEIM BEDRUCKEN VON T-SHIRTS IST SIEBDRUCK JA DIE NORM…
… ABER IN DEM UMFANG KENNE ICH EIGENTLICH KEIN LABEL, DAS DIE PRODUKTION SELBST ÜBERNIMMT.
DIE MEISTEN LASSEN IN FABRIKEN PRODUZIEREN.
UND WIESO MACHEN SIE DAS NOCH SELBST?
ICH MAG ES, WIE JEDES HANDBEDRUCKTE T-SHIRT SEINEN EIGENEN CHARAKTER HAT.
VOR 20 JAHREN HAB ICH AUCH AUF ACHT QUADRATMETERN ANGEFANGEN.
DAMALS HATTE ICH DEN SPITZNAMEN »T-SHIRT-JUNGE« WEG.

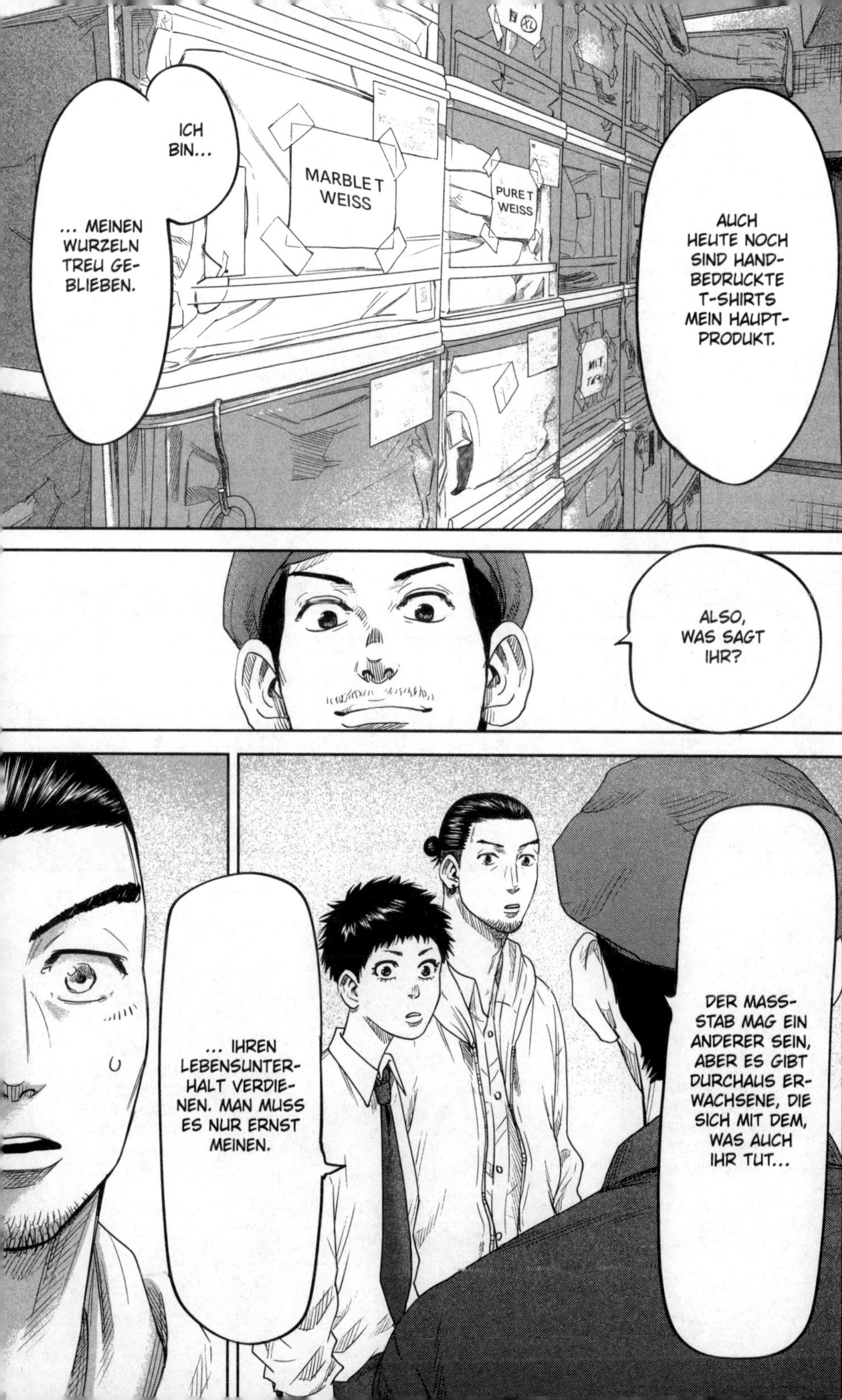
AUCH HEUTE NOCH SIND HAND-BEDRUCKTE T-SHIRTS MEIN HAUPT-PRODUKT.
MARBLE T WEISS
PURE T WEISS
ICH BIN…
… MEINEN WURZELN TREU GE-BLIEBEN.
ALSO, WAS SAGT IHR?
DER MASS-STAB MAG EIN ANDERER SEIN, ABER ES GIBT DURCHAUS ER-WACHSENE, DIE SICH MIT DEM, WAS AUCH IHR TUT…
… IHREN LEBENSUNTER-HALT VERDIE-NEN. MAN MUSS ES NUR ERNST MEINEN.

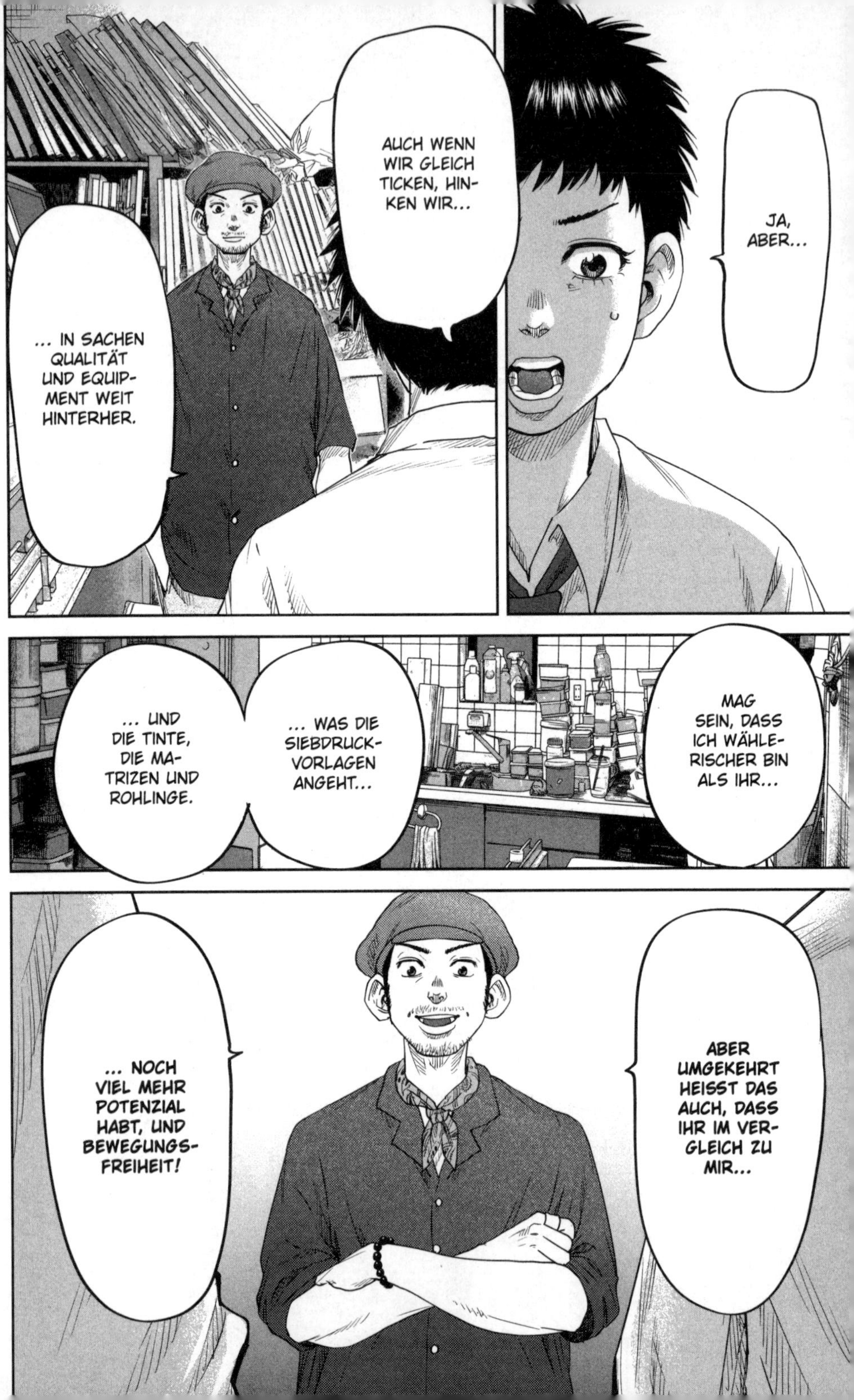
JA, ABER...
AUCH WENN WIR GLEICH TICKEN, HINKEN WIR...
... IN SACHEN QUALITÄT UND EQUIPMENT WEIT HINTERHER.
MAG SEIN, DASS ICH WÄHLERISCHER BIN ALS IHR...
... WAS DIE SIEBDRUCKVORLAGEN ANGEHT...
... UND DIE TINTE, DIE MATRIZEN UND ROHLINGE.
ABER UMGEKEHRT HEISST DAS AUCH, DASS IHR IM VERGLEICH ZU MIR...
... NOCH VIEL MEHR POTENZIAL HABT, UND BEWEGUNGSFREIHEIT!

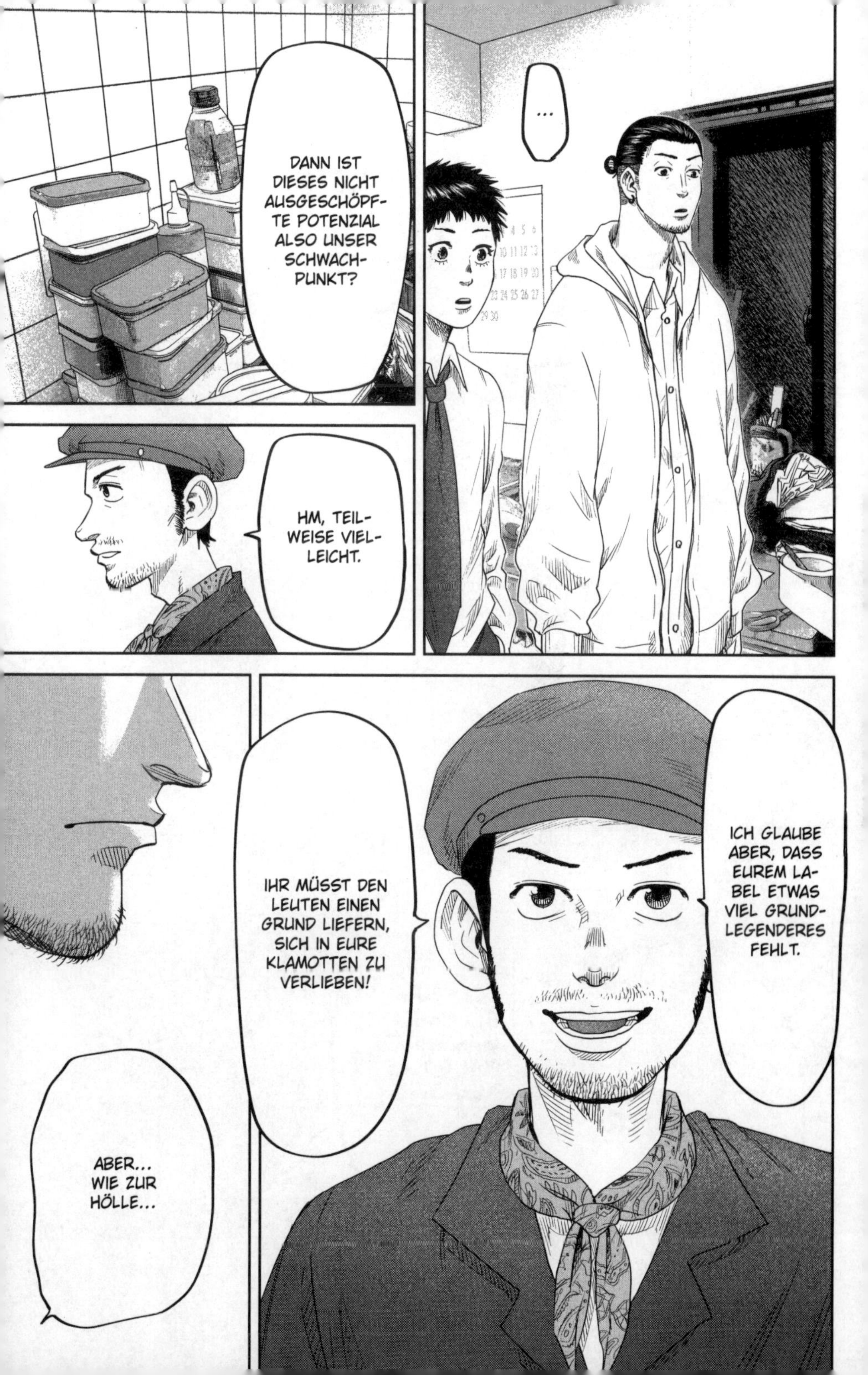
...
DANN IST DIESES NICHT AUSGESCHÖPFTE POTENZIAL ALSO UNSER SCHWACHPUNKT?
HM, TEILWEISE VIELLEICHT.
ICH GLAUBE ABER, DASS EUREM LABEL ETWAS VIEL GRUNDLEGENDERES FEHLT.
IHR MÜSST DEN LEUTEN EINEN GRUND LIEFERN, SICH IN EURE KLAMOTTEN ZU VERLIEBEN!
ABER... WIE ZUR HÖLLE...

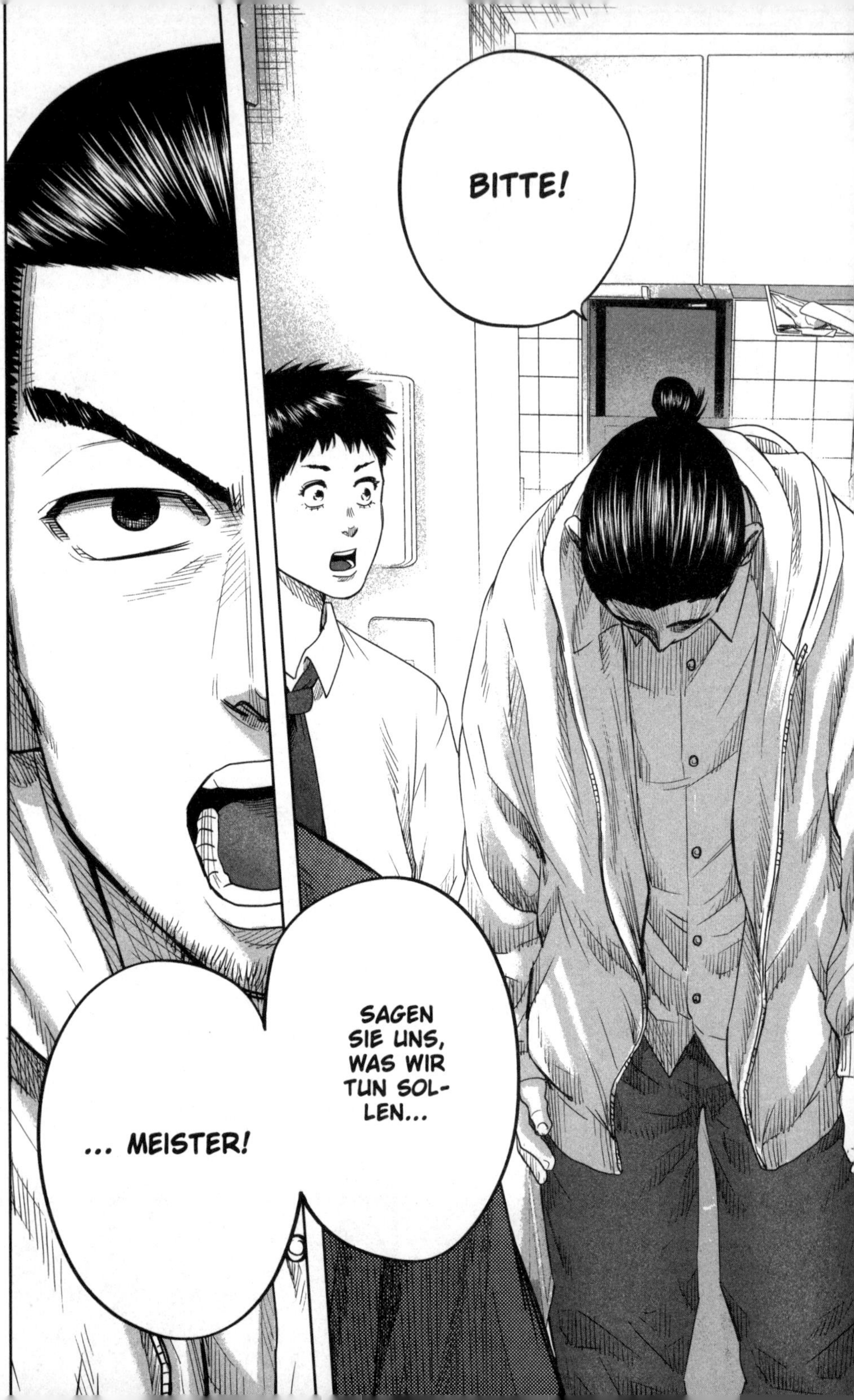
BITTE!
SAGEN SIE UNS, WAS WIR TUN SOL-LEN...
... MEISTER!

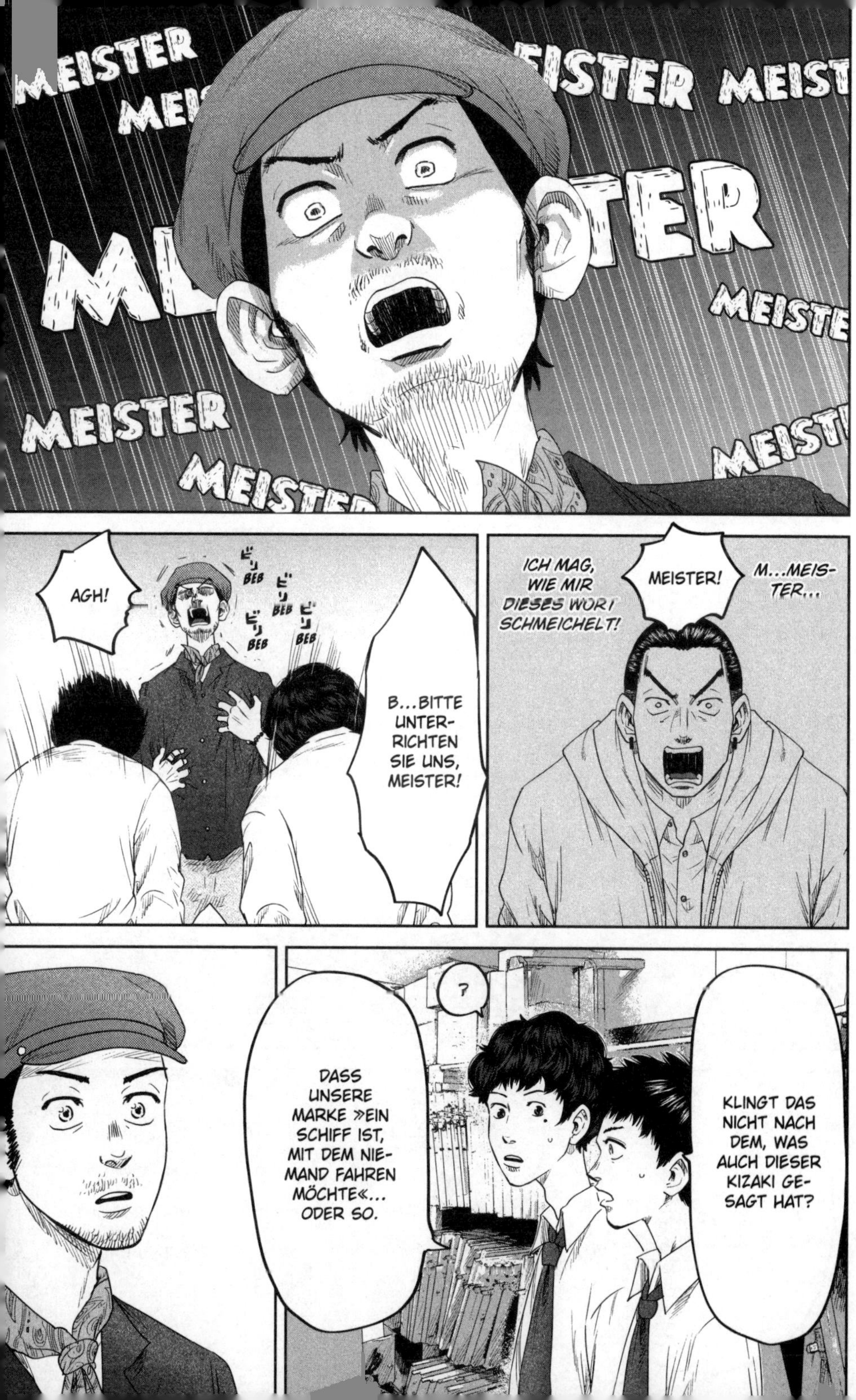
MEISTER
MEISTER
MEISTER
MEISTER
M...MEIS-TER...
MEISTER!
ICH MAG, WIE MIR DIESES WORT SCHMEICHELT!
B...BITTE UNTER-RICHTEN SIE UNS, MEISTER!
BEB
BEB
BEB
BEB
AGH!
KLINGT DAS NICHT NACH DEM, WAS AUCH DIESER KIZAKI GE-SAGT HAT?
?
DASS UNSERE MARKE »EIN SCHIFF IST, MIT DEM NIE-MAND FAHREN MÖCHTE«... ODER SO.

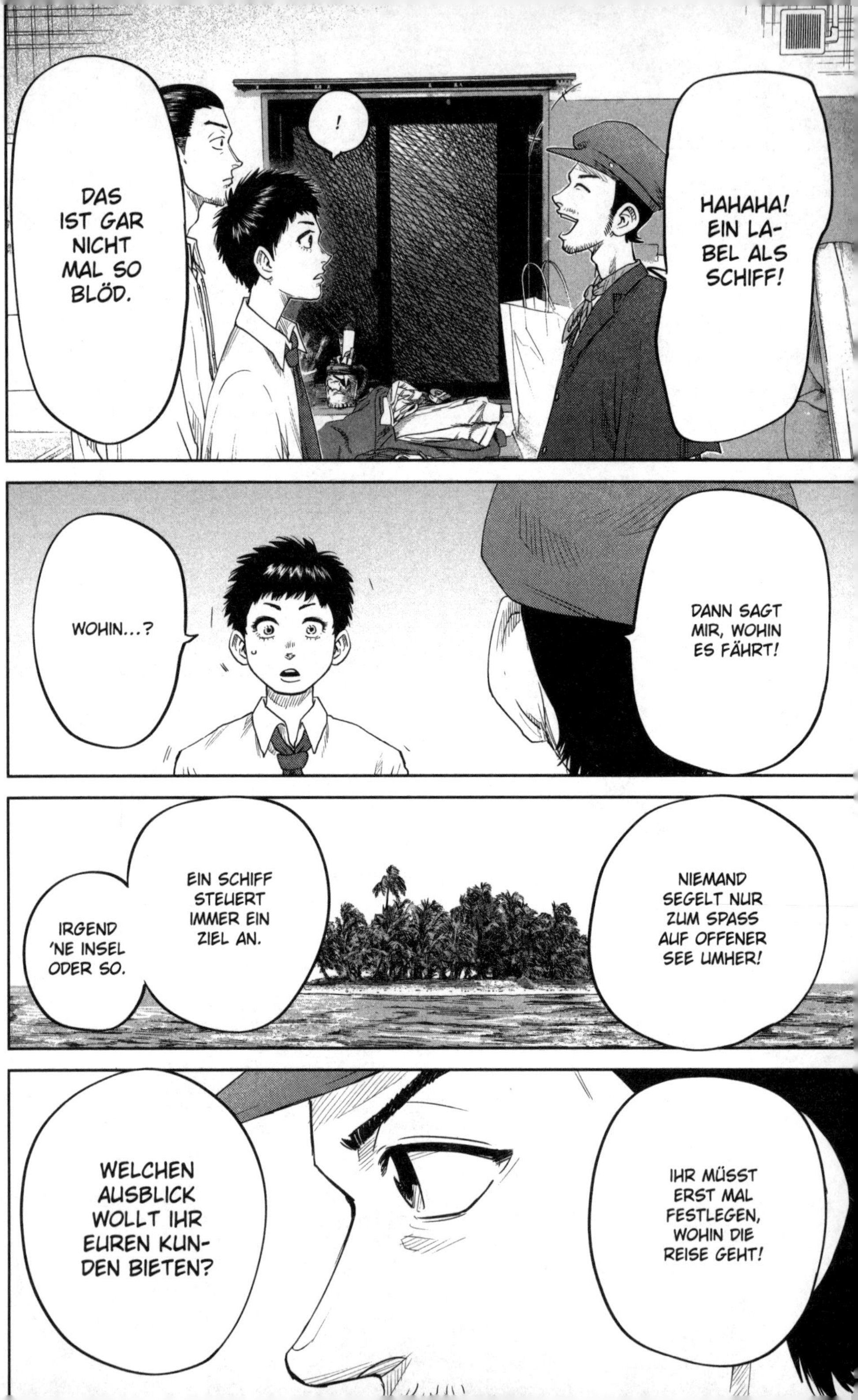
HAHAHA! EIN LABEL ALS SCHIFF!
!
DAS IST GAR NICHT MAL SO BLÖD.
DANN SAGT MIR, WOHIN ES FÄHRT!
WOHIN...?
NIEMAND SEGELT NUR ZUM SPASS AUF OFFENER SEE UMHER!
EIN SCHIFF STEUERT IMMER EIN ZIEL AN.
IRGEND 'NE INSEL ODER SO.
IHR MÜSST ERST MAL FESTLEGEN, WOHIN DIE REISE GEHT!
WELCHEN AUSBLICK WOLLT IHR EUREN KUNDEN BIETEN?

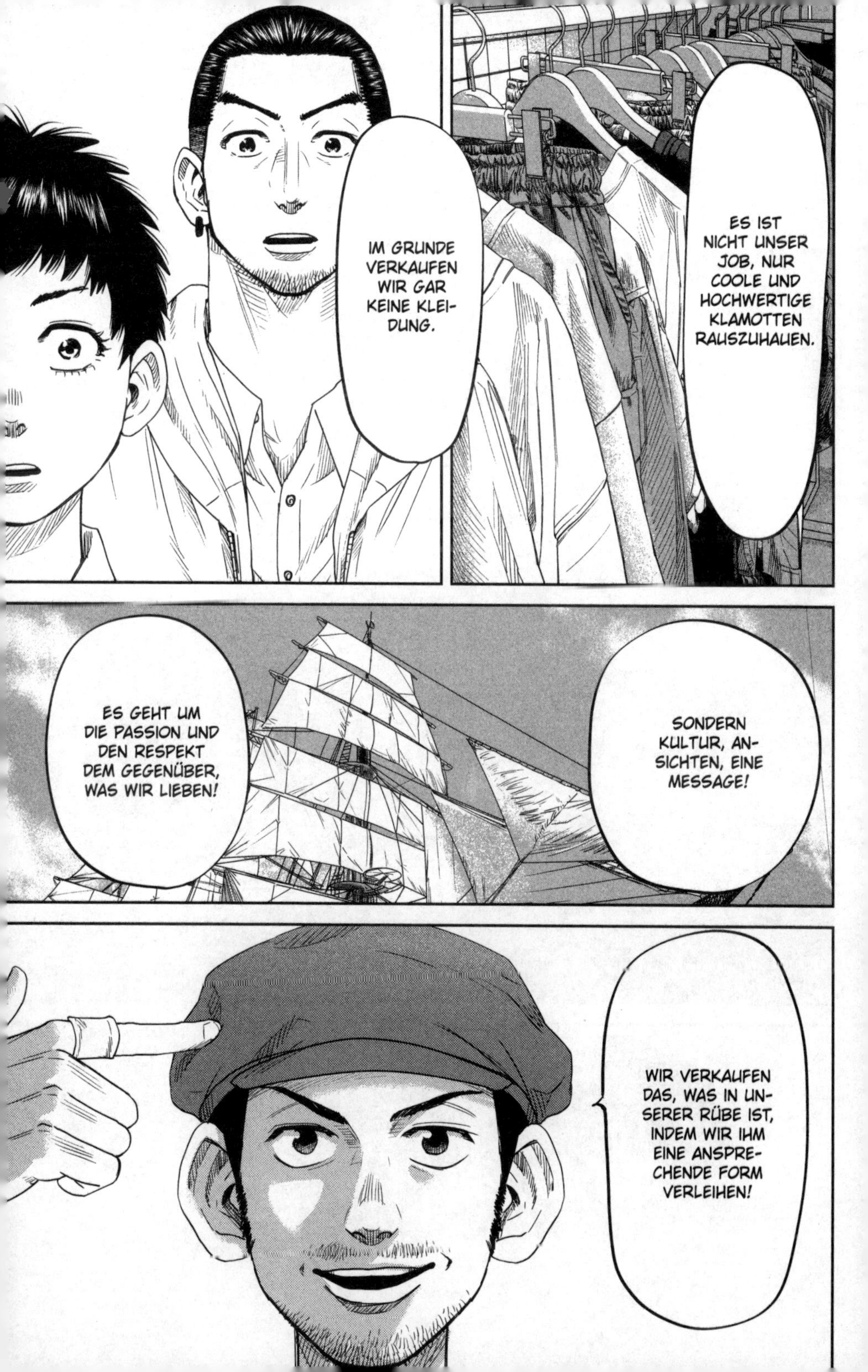
ES IST NICHT UNSER JOB, NUR COOLE UND HOCHWERTIGE KLAMOTTEN RAUSZUHAUEN.
IM GRUNDE VERKAUFEN WIR GAR KEINE KLEI-DUNG.
SONDERN KULTUR, AN-SICHTEN, EINE MESSAGE!
ES GEHT UM DIE PASSION UND DEN RESPEKT DEM GEGENÜBER, WAS WIR LIEBEN!
WIR VERKAUFEN DAS, WAS IN UN-SERER RÜBE IST, INDEM WIR IHM EINE ANSPRE-CHENDE FORM VERLEIHEN!

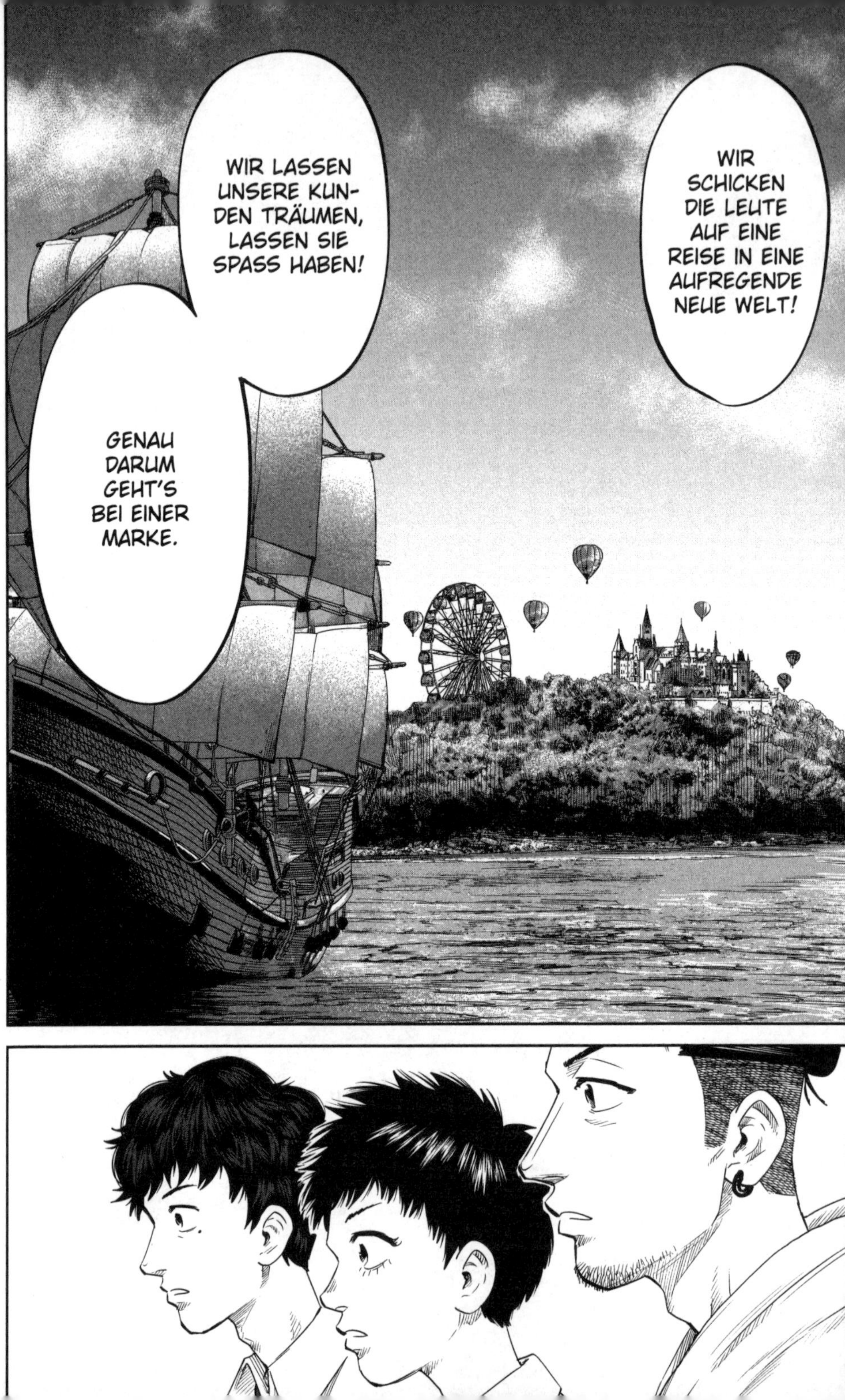
WIR SCHICKEN DIE LEUTE AUF EINE REISE IN EINE AUFREGENDE NEUE WELT!
WIR LASSEN UNSERE KUN-DEN TRÄUMEN, LASSEN SIE SPASS HABEN!
GENAU DARUM GEHT'S BEI EINER MARKE.

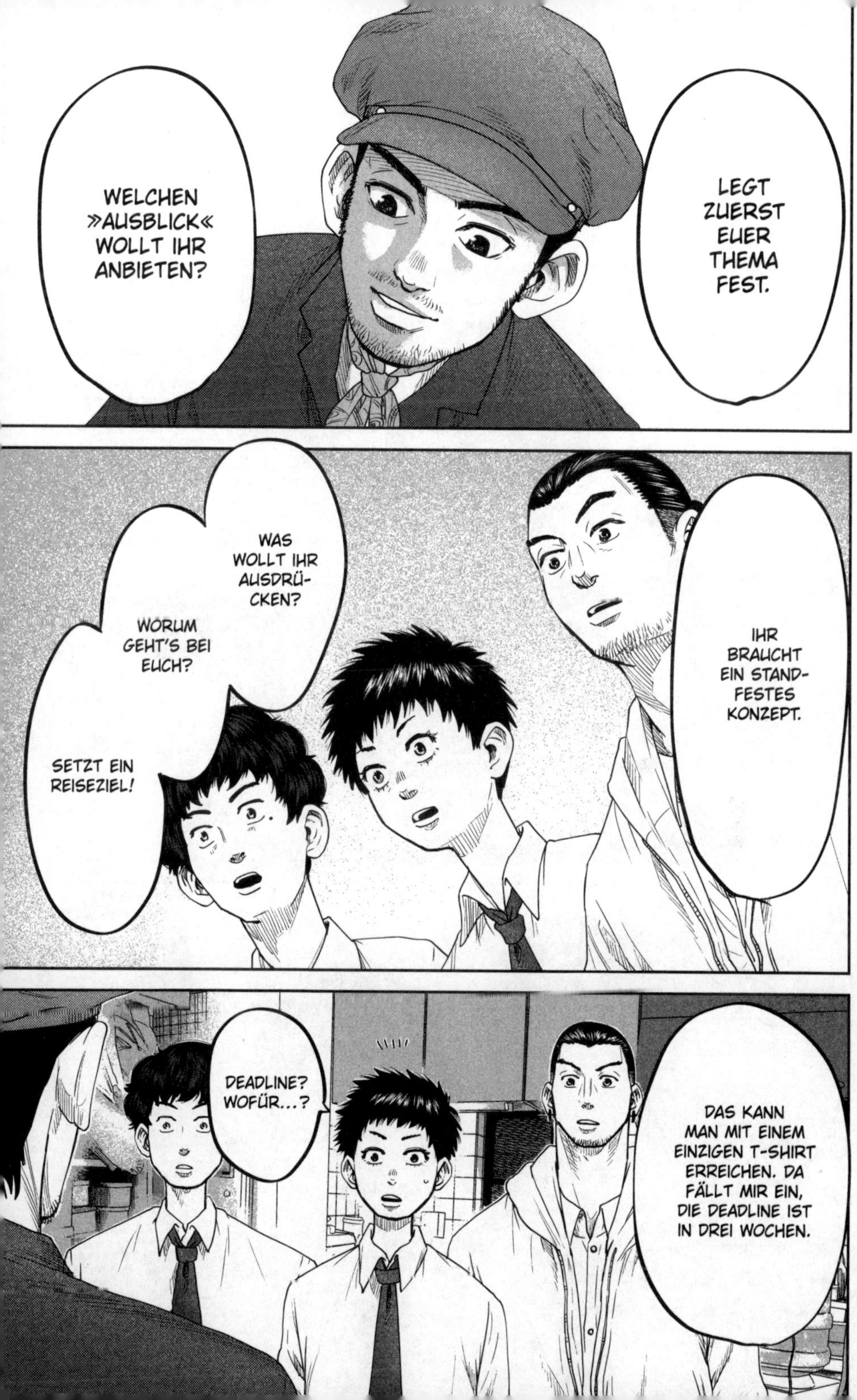
LEGT ZUERST EUER THEMA FEST.
WELCHEN »AUSBLICK« WOLLT IHR ANBIETEN?
IHR BRAUCHT EIN STAND-FESTES KONZEPT.
WAS WOLLT IHR AUSDRÜCKEN?
WORUM GEHT'S BEI EUCH?
SETZT EIN REISEZIEL!
DAS KANN MAN MIT EINEM EINZIGEN T-SHIRT ERREICHEN. DA FÄLLT MIR EIN, DIE DEADLINE IST IN DREI WOCHEN.
DEADLINE? WOFÜR…?

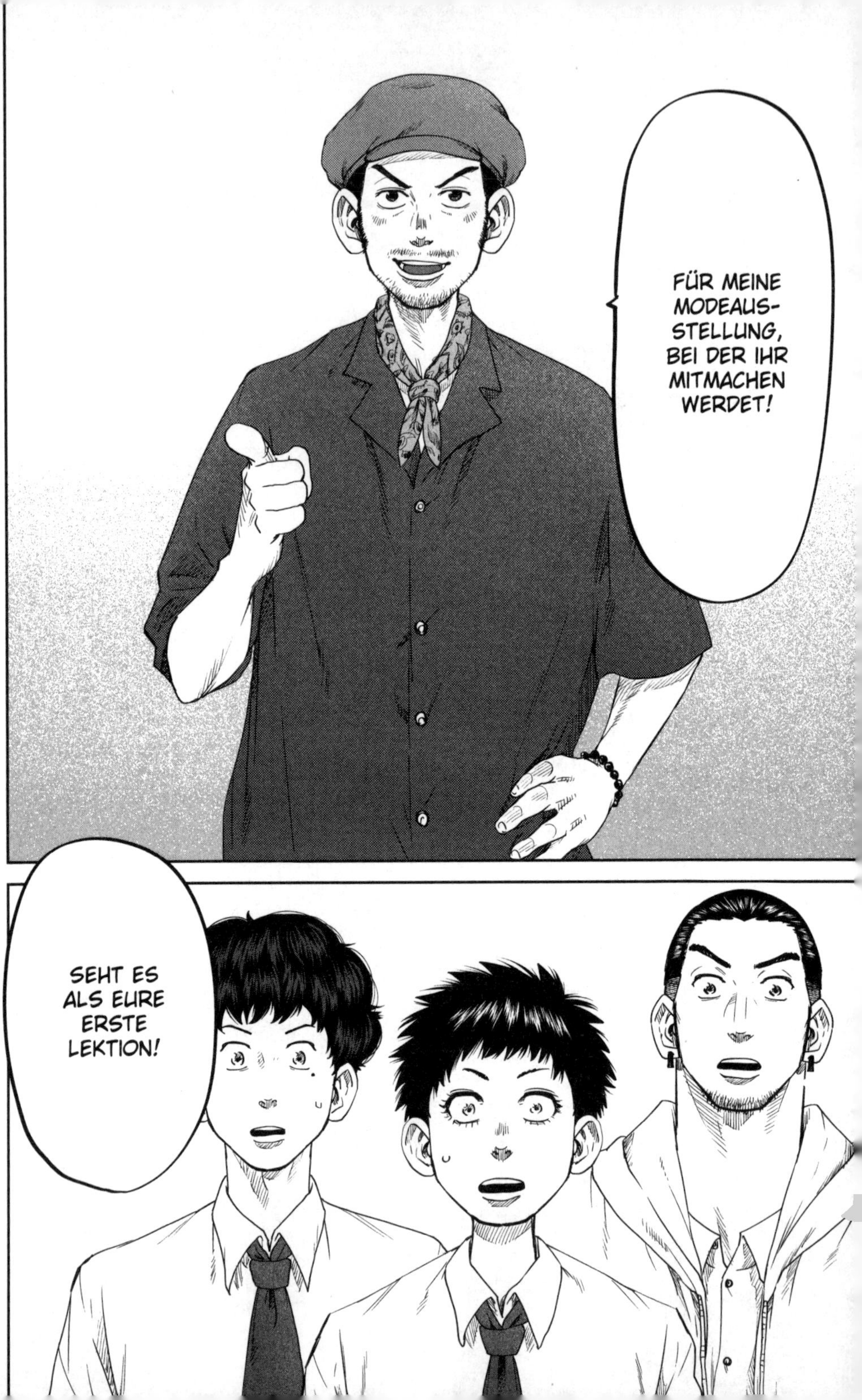
FÜR MEINE MODEAUS-STELLUNG, BEI DER IHR MITMACHEN WERDET!
SEHT ES ALS EURE ERSTE LEKTION!

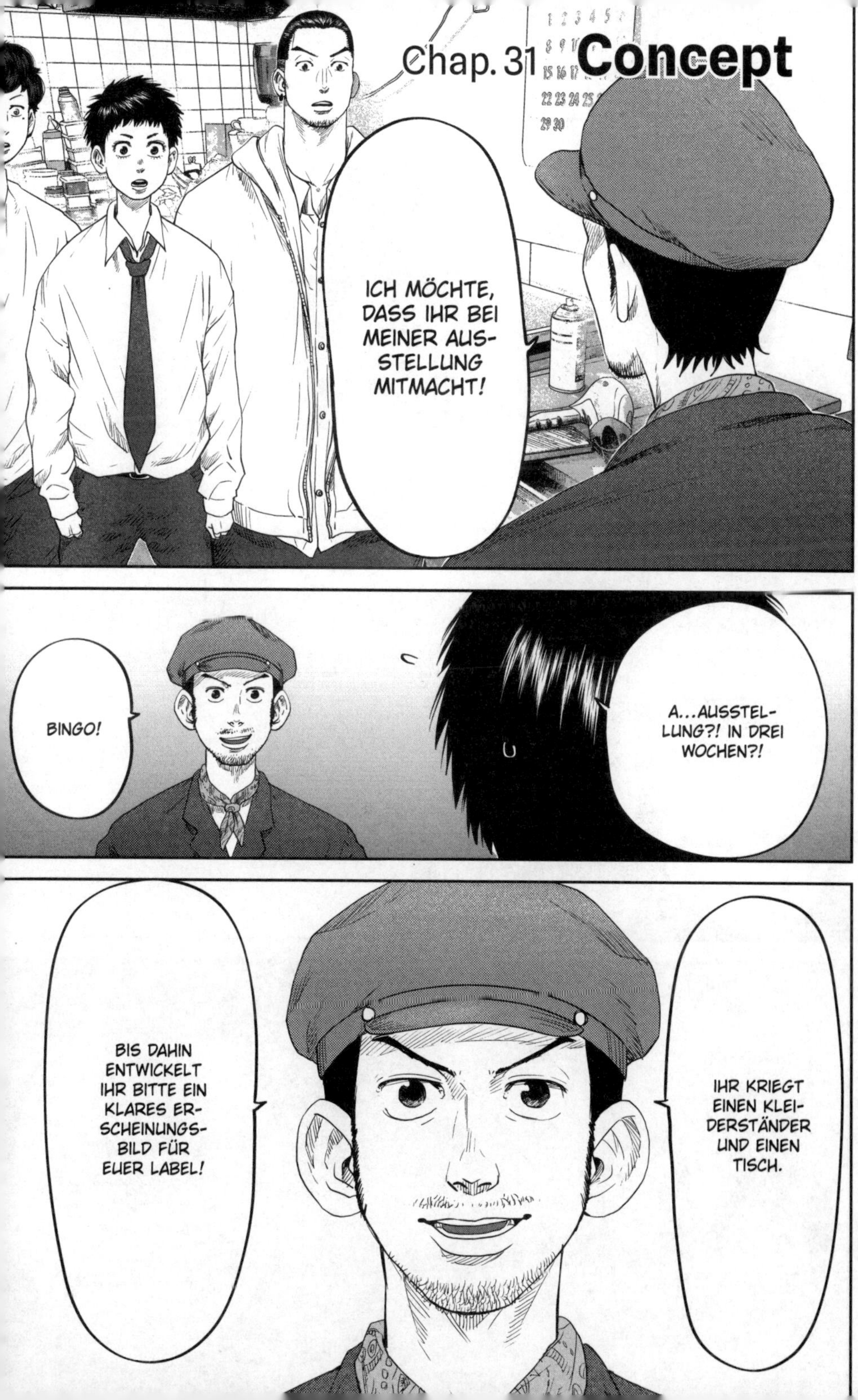
Chap. 31 Concept
ICH MÖCHTE, DASS IHR BEI MEINER AUS-STELLUNG MITMACHT!
A...AUSSTEL-LUNG?! IN DREI WOCHEN?!
BINGO!
IHR KRIEGT EINEN KLEI-DERSTÄNDER UND EINEN TISCH.
BIS DAHIN ENTWICKELT IHR BITTE EIN KLARES ER-SCHEINUNGS-BILD FÜR EUER LABEL!

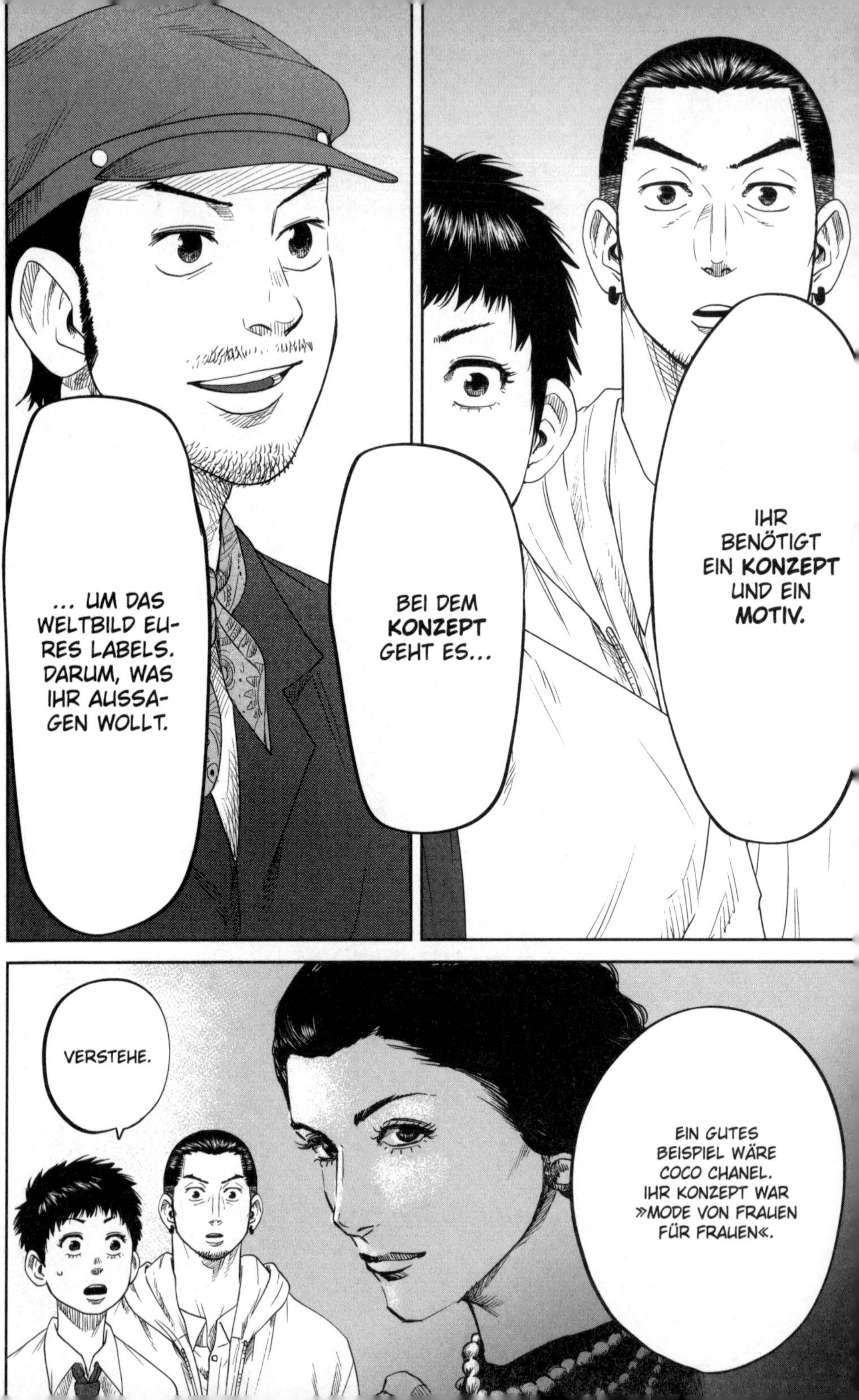
IHR BENÖTIGT EIN **KONZEPT** UND EIN **MOTIV.**
BEI DEM **KONZEPT** GEHT ES …
… UM DAS WELTBILD EURES LABELS. DARUM, WAS IHR AUSSAGEN WOLLT.
EIN GUTES BEISPIEL WÄRE COCO CHANEL. IHR KONZEPT WAR »MODE VON FRAUEN FÜR FRAUEN«.
VERSTEHE.

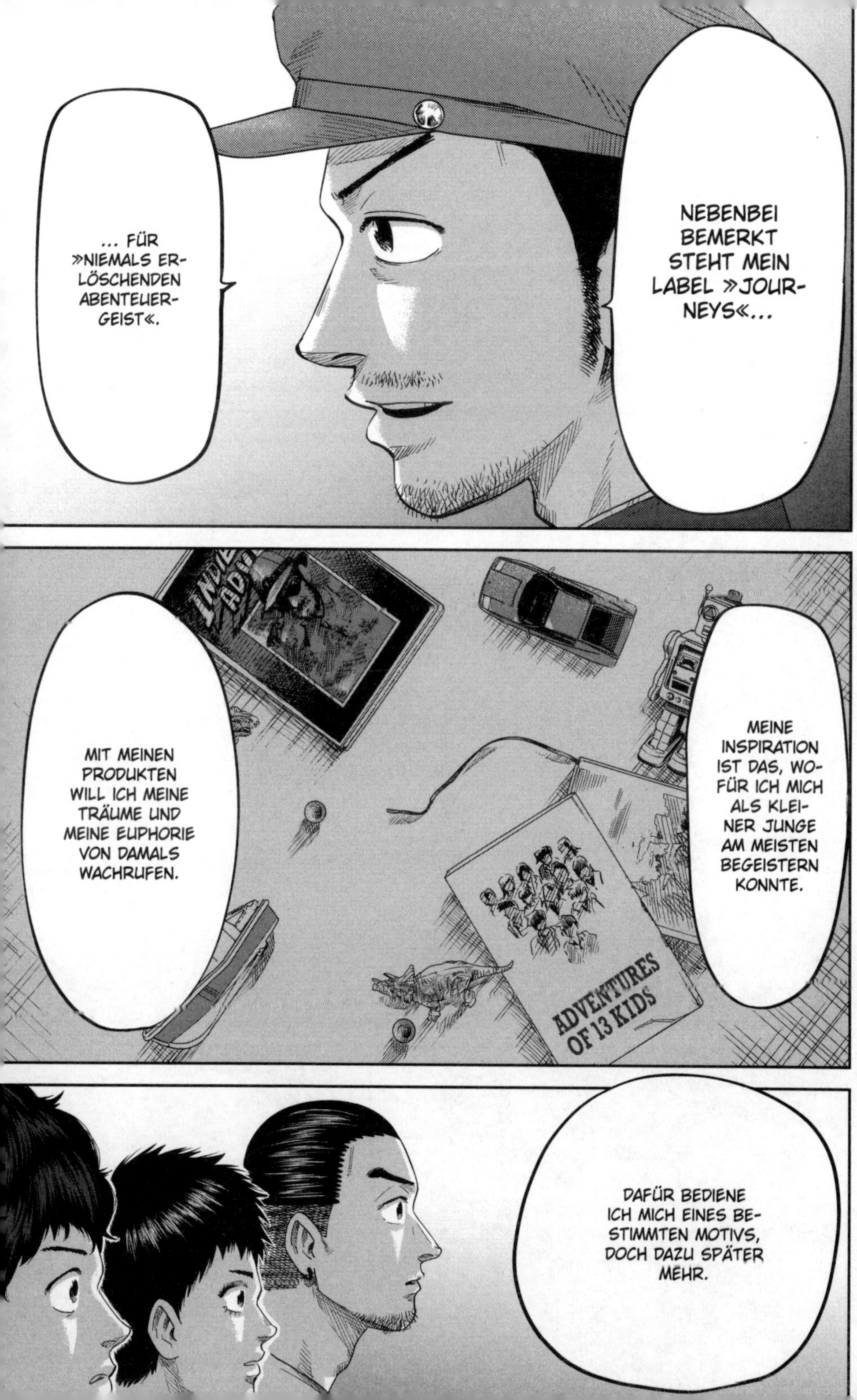
NEBENBEI BEMERKT STEHT MEIN LABEL »JOURNEYS«...
... FÜR »NIEMALS ERLÖSCHENDEN ABENTEUERGEIST«.
MEINE INSPIRATION IST DAS, WOFÜR ICH MICH ALS KLEINER JUNGE AM MEISTEN BEGEISTERN KONNTE.
MIT MEINEN PRODUKTEN WILL ICH MEINE TRÄUME UND MEINE EUPHORIE VON DAMALS WACHRUFEN.
ADVENTURES OF 13 KIDS
DAFÜR BEDIENE ICH MICH EINES BESTIMMTEN MOTIVS, DOCH DAZU SPÄTER MEHR.

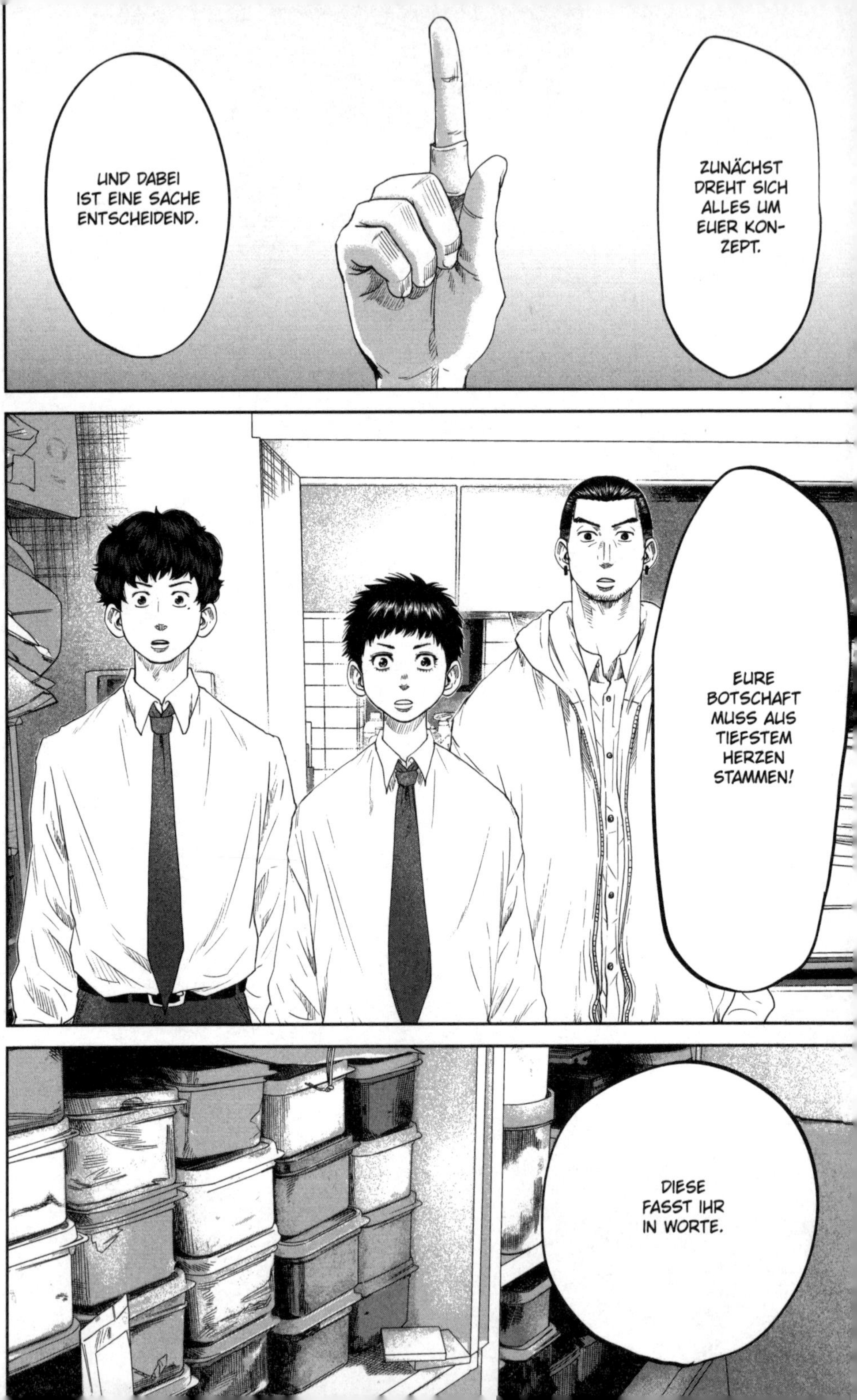
ZUNÄCHST DREHT SICH ALLES UM EUER KON-ZEPT.
UND DABEI IST EINE SACHE ENTSCHEIDEND.
EURE BOTSCHAFT MUSS AUS TIEFSTEM HERZEN STAMMEN!
DIESE FASST IHR IN WORTE.

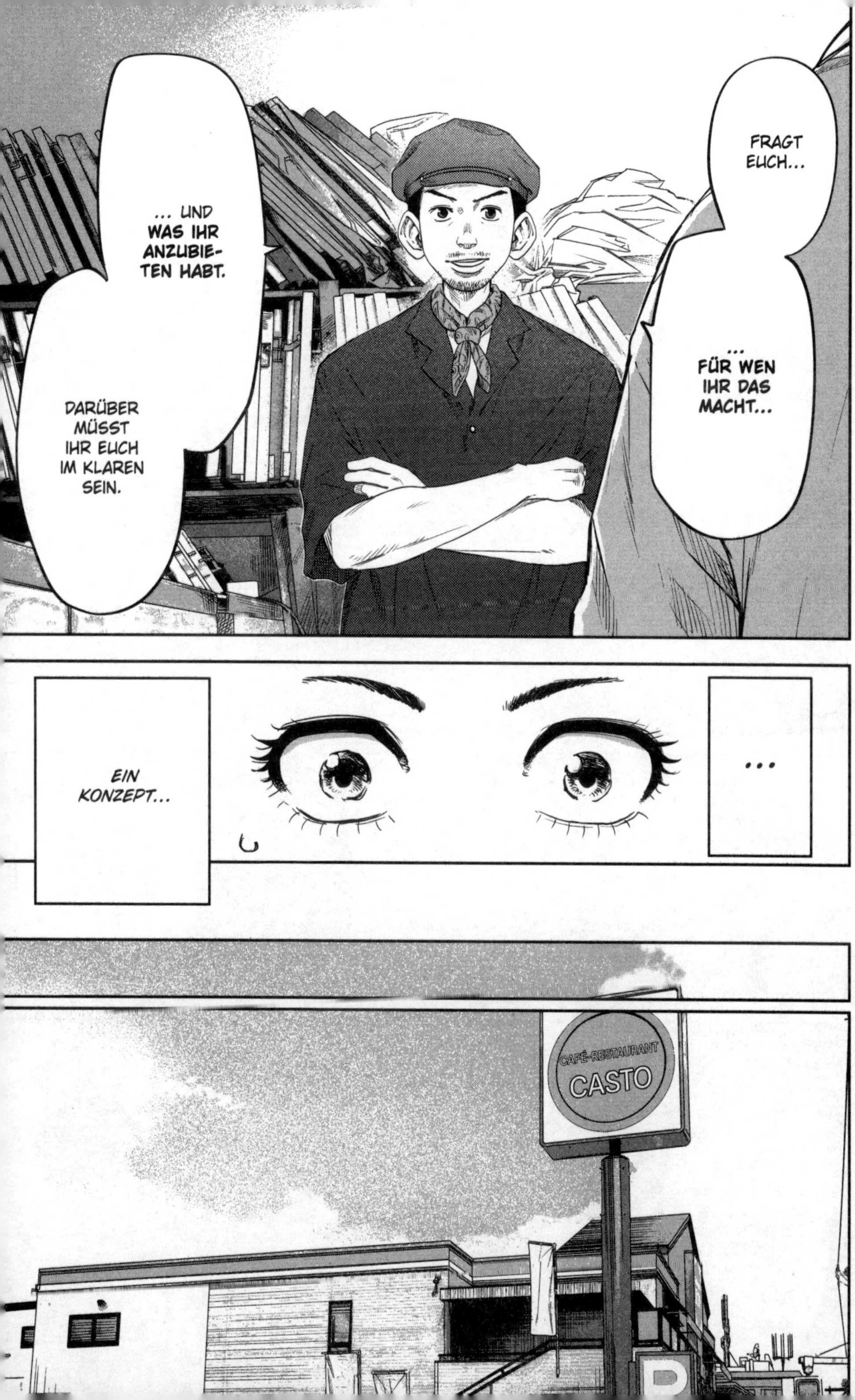
FRAGT EUCH…
… FÜR WEN IHR DAS MACHT…
… UND WAS IHR ANZUBIE-TEN HABT.
DARÜBER MÜSST IHR EUCH IM KLAREN SEIN.
…
EIN KONZEPT…
CAFÉ-RESTAURANT
CASTO

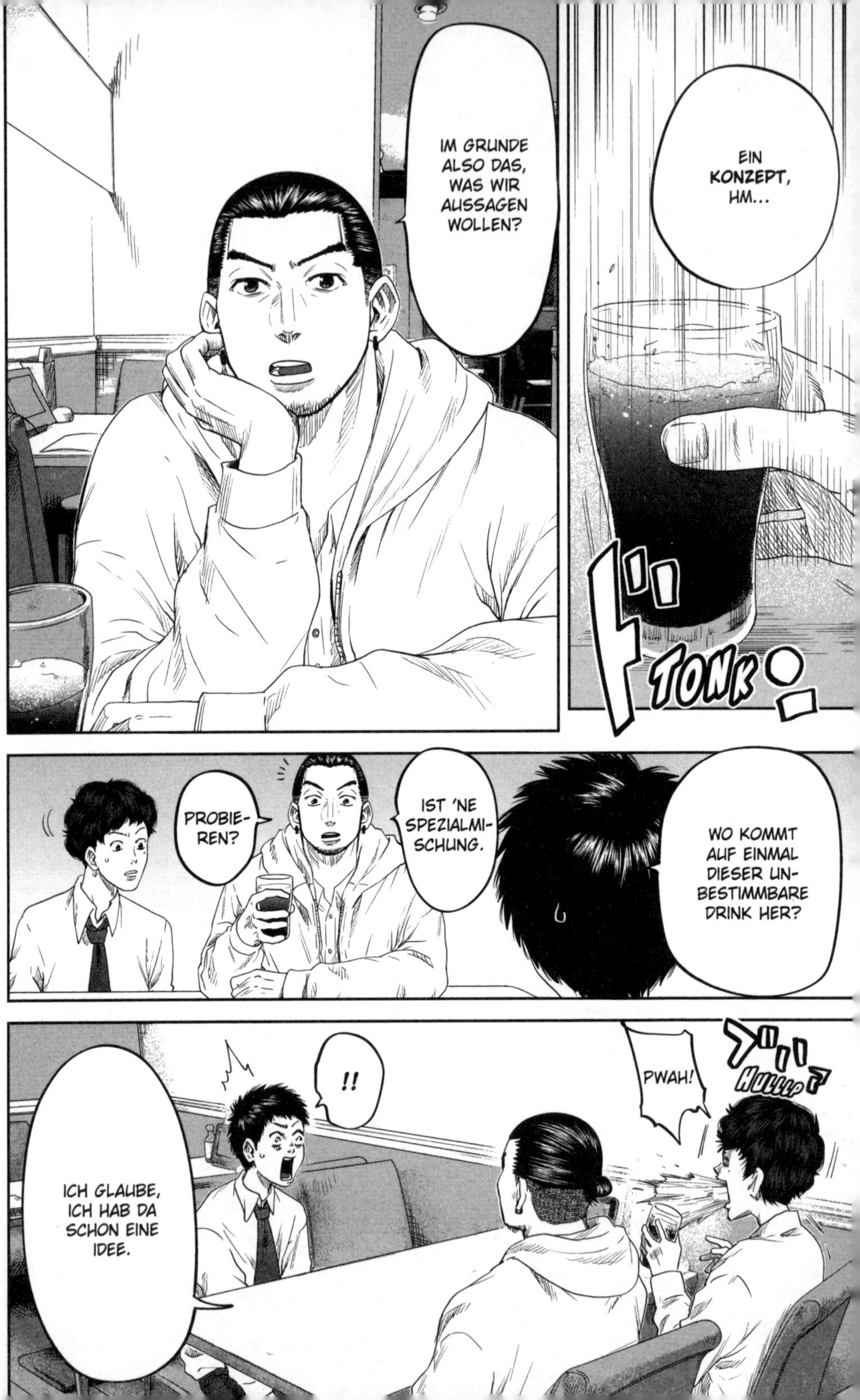
EIN KONZEPT, HM...
IM GRUNDE ALSO DAS, WAS WIR AUSSAGEN WOLLEN?
TONK
WO KOMMT AUF EINMAL DIESER UNBESTIMMBARE DRINK HER?
IST 'NE SPEZIALMISCHUNG.
PROBIEREN?
HULLLP
PWAH!
!!
ICH GLAUBE, ICH HAB DA SCHON EINE IDEE.

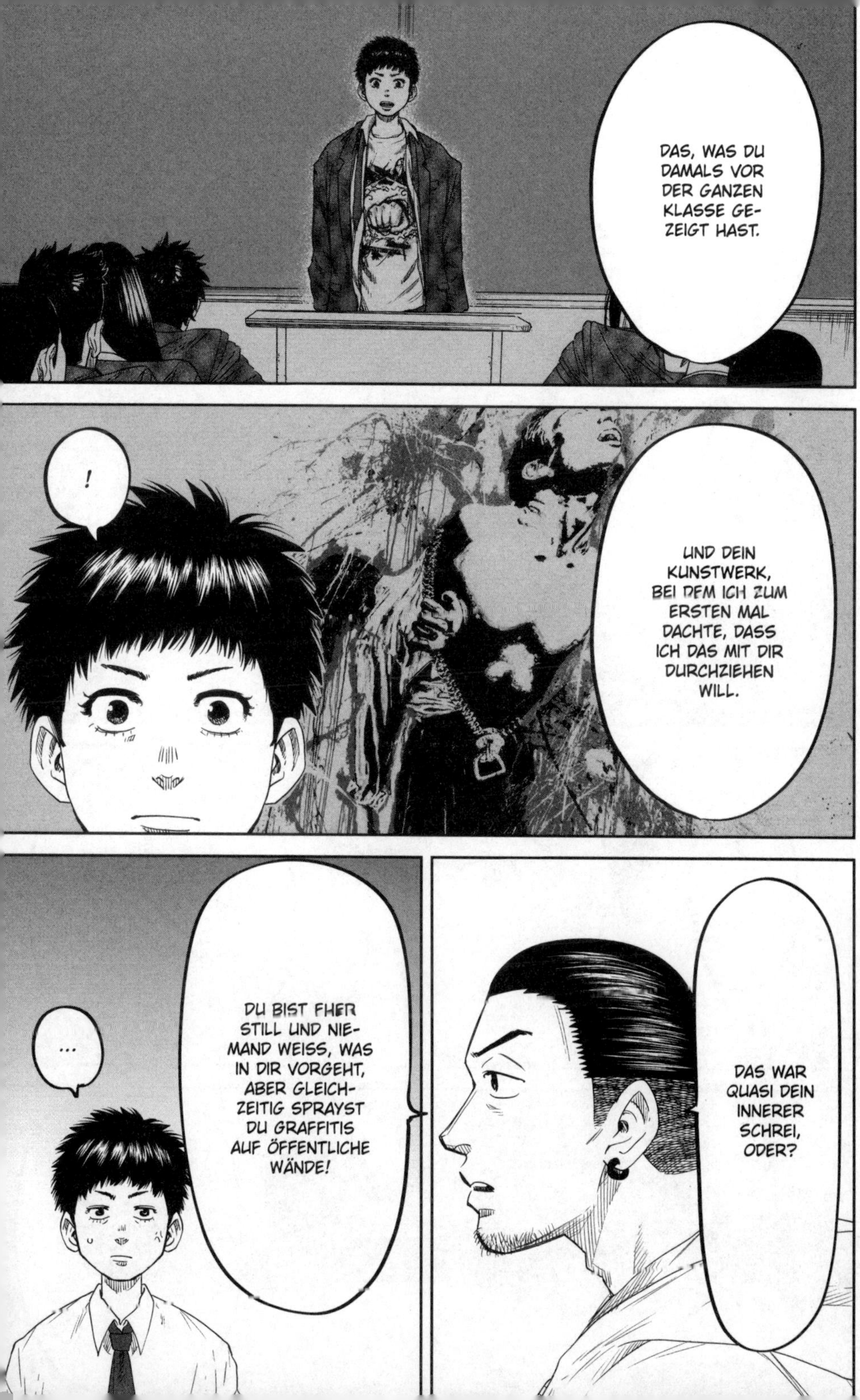
DAS, WAS DU DAMALS VOR DER GANZEN KLASSE GEZEIGT HAST.
UND DEIN KUNSTWERK, BEI DEM ICH ZUM ERSTEN MAL DACHTE, DASS ICH DAS MIT DIR DURCHZIEHEN WILL.
!
DAS WAR QUASI DEIN INNERER SCHREI, ODER?
DU BIST EHER STILL UND NIEMAND WEISS, WAS IN DIR VORGEHT, ABER GLEICHZEITIG SPRAYST DU GRAFFITIS AUF ÖFFENTLICHE WÄNDE!
...

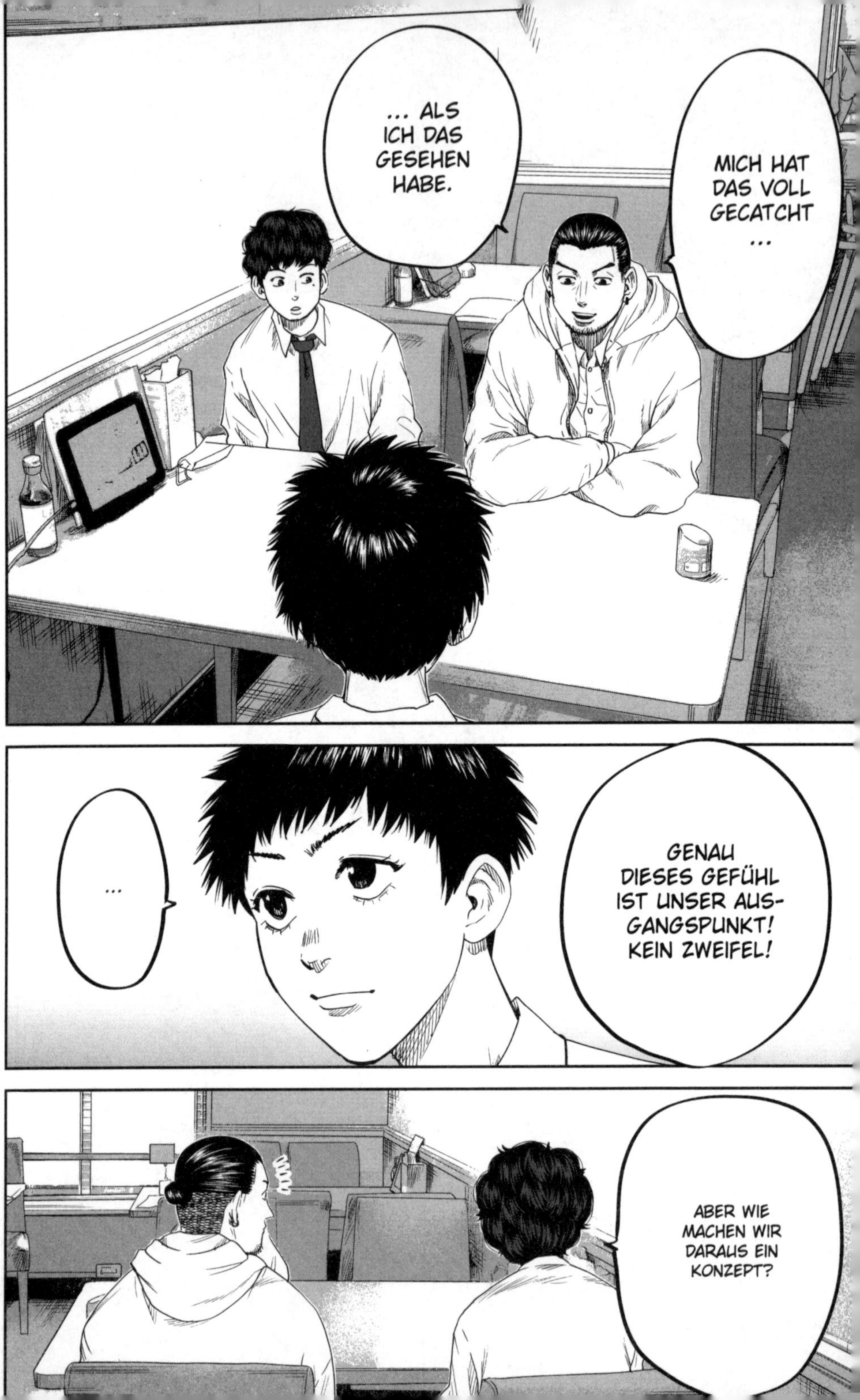
MICH HAT DAS VOLL GECATCHT ...
... ALS ICH DAS GESEHEN HABE.
GENAU DIESES GEFÜHL IST UNSER AUS-GANGSPUNKT! KEIN ZWEIFEL!
...
ABER WIE MACHEN WIR DARAUS EIN KONZEPT?

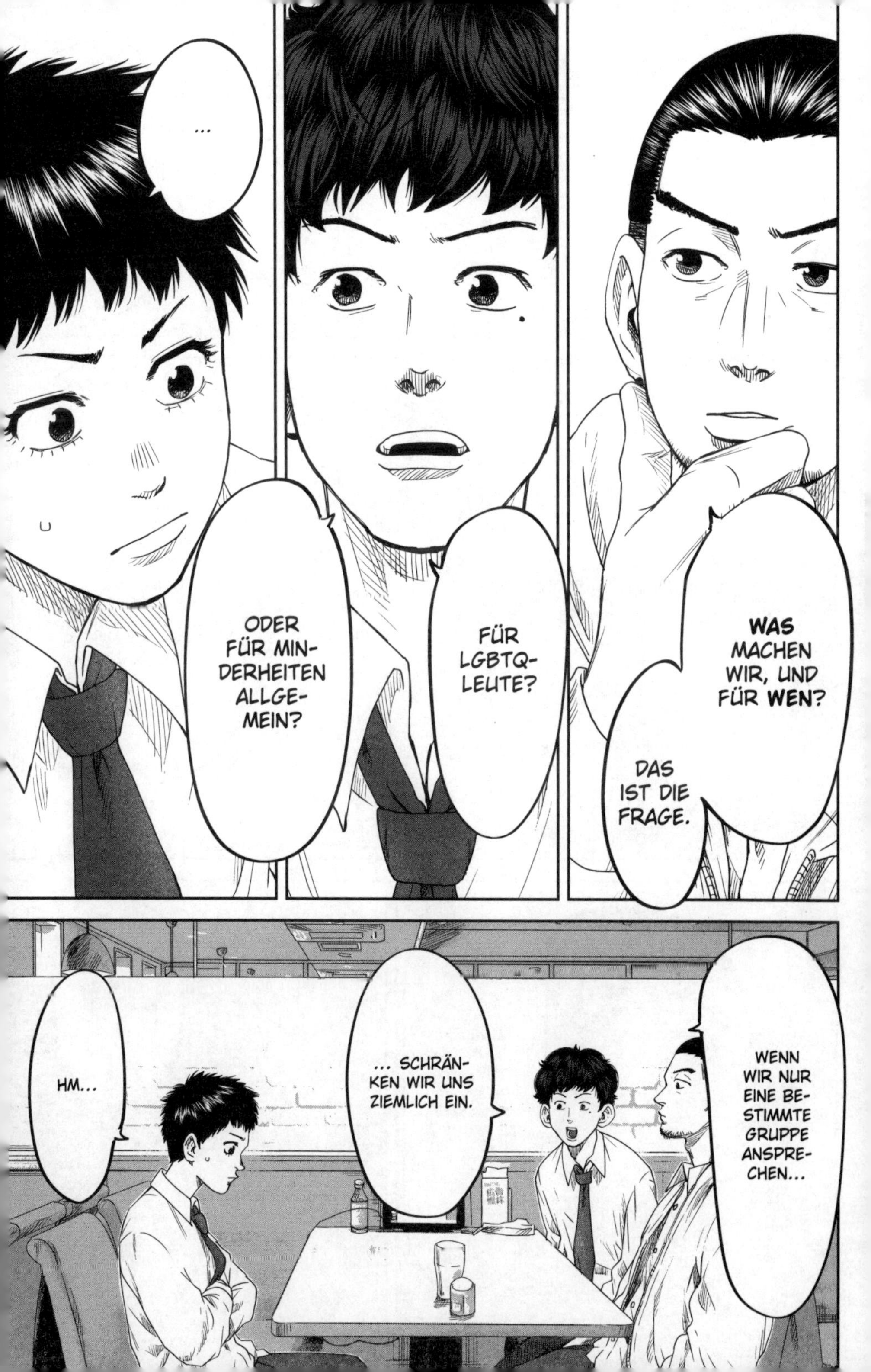
WAS MACHEN WIR, UND FÜR WEN?
DAS IST DIE FRAGE.
FÜR LGBTQ-LEUTE?
...
ODER FÜR MINDERHEITEN ALLGEMEIN?
WENN WIR NUR EINE BESTIMMTE GRUPPE ANSPRECHEN…
… SCHRÄNKEN WIR UNS ZIEMLICH EIN.
HM…

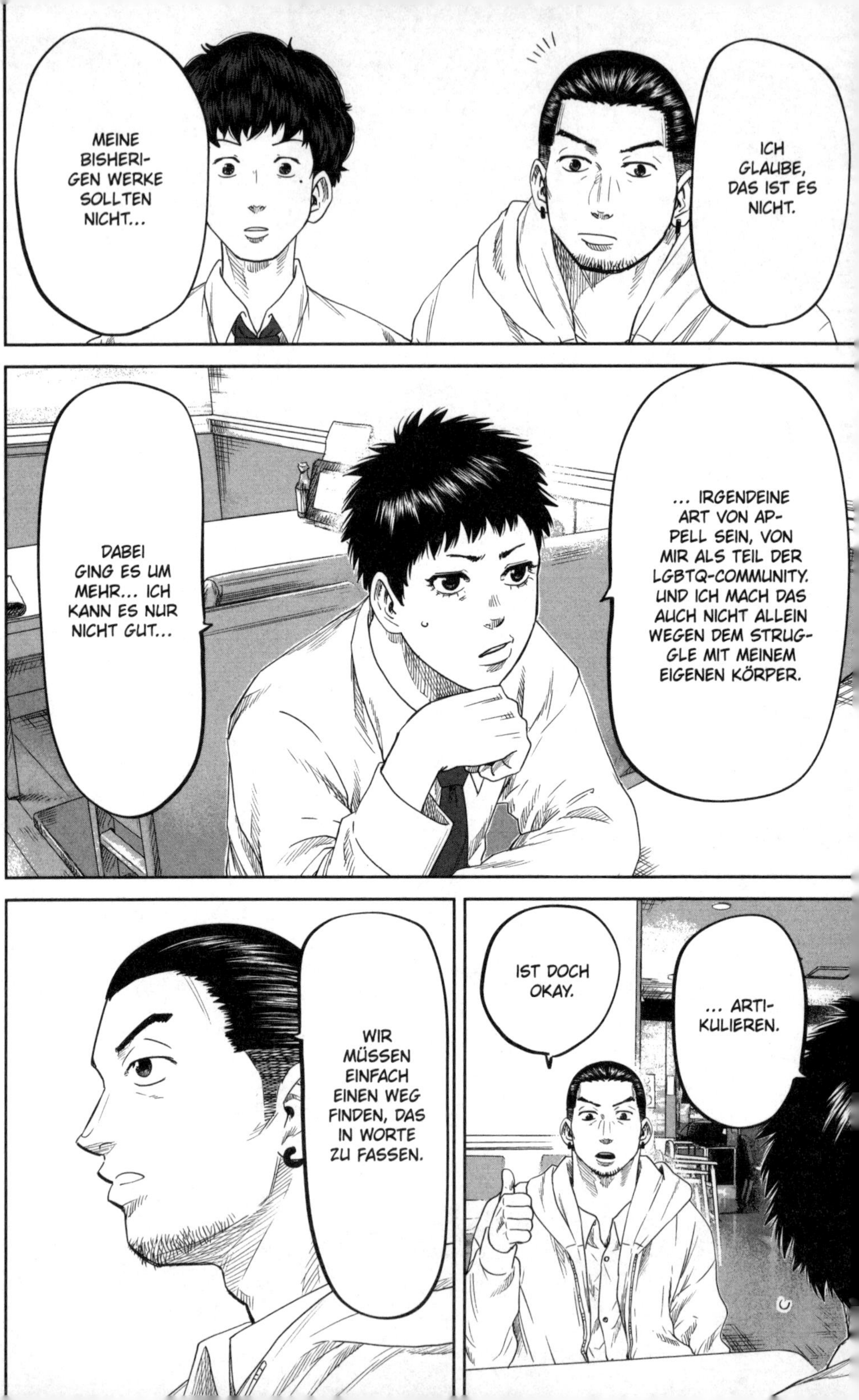
ICH GLAUBE, DAS IST ES NICHT.
MEINE BISHERIGEN WERKE SOLLTEN NICHT…
… IRGENDEINE ART VON APPELL SEIN, VON MIR ALS TEIL DER LGBTQ-COMMUNITY. UND ICH MACH DAS AUCH NICHT ALLEIN WEGEN DEM STRUGGLE MIT MEINEM EIGENEN KÖRPER.
DABEI GING ES UM MEHR… ICH KANN ES NUR NICHT GUT…
… ARTIKULIEREN.
IST DOCH OKAY.
WIR MÜSSEN EINFACH EINEN WEG FINDEN, DAS IN WORTE ZU FASSEN.

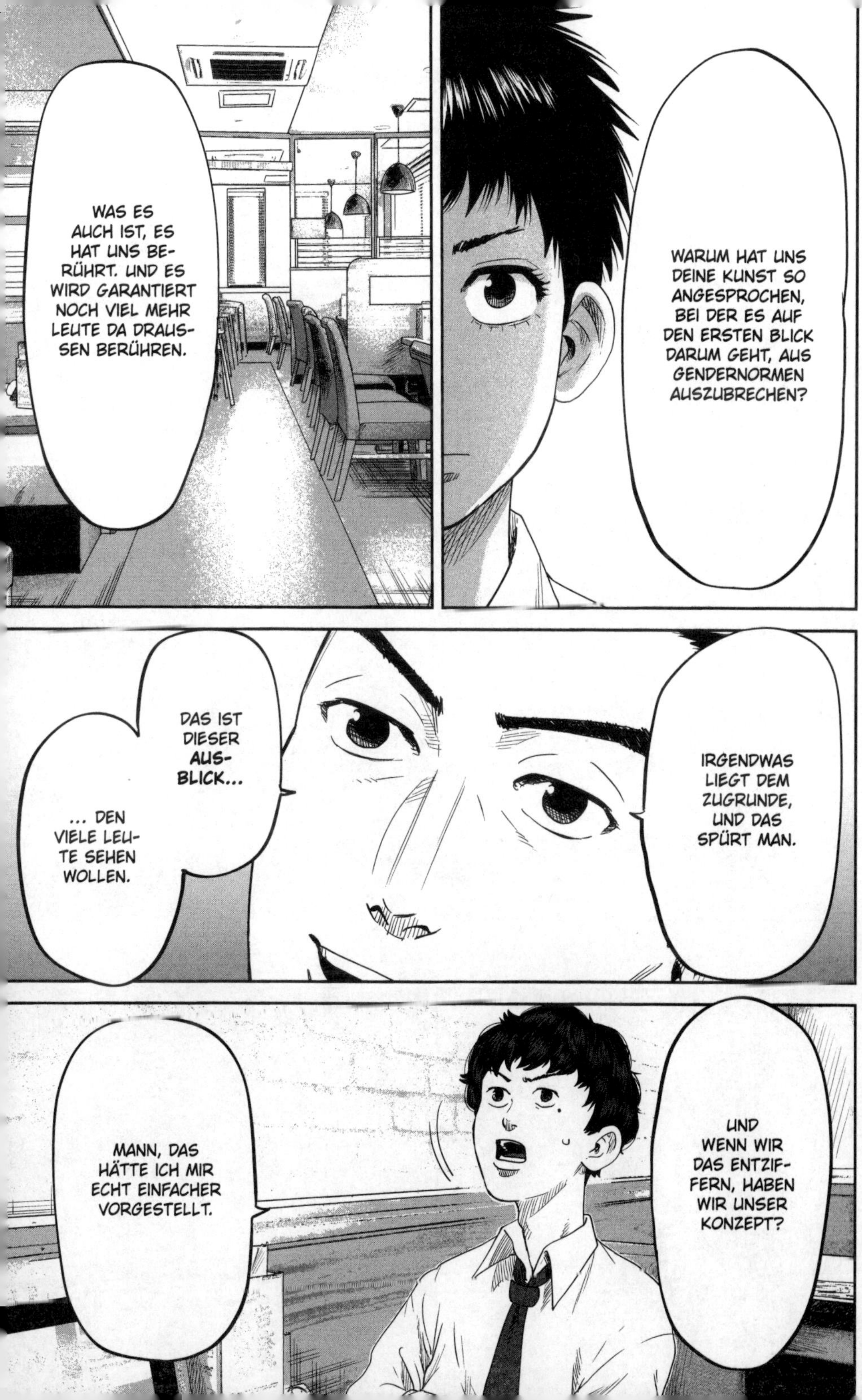
WARUM HAT UNS DEINE KUNST SO ANGESPROCHEN, BEI DER ES AUF DEN ERSTEN BLICK DARUM GEHT, AUS GENDERNORMEN AUSZUBRECHEN?
WAS ES AUCH IST, ES HAT UNS BE-RÜHRT. UND ES WIRD GARANTIERT NOCH VIEL MEHR LEUTE DA DRAUS-SEN BERÜHREN.
IRGENDWAS LIEGT DEM ZUGRUNDE, UND DAS SPÜRT MAN.
DAS IST DIESER **AUS-BLICK**...
... DEN VIELE LEU-TE SEHEN WOLLEN.
UND WENN WIR DAS ENTZIF-FERN, HABEN WIR UNSER KONZEPT?
MANN, DAS HÄTTE ICH MIR ECHT EINFACHER VORGESTELLT.

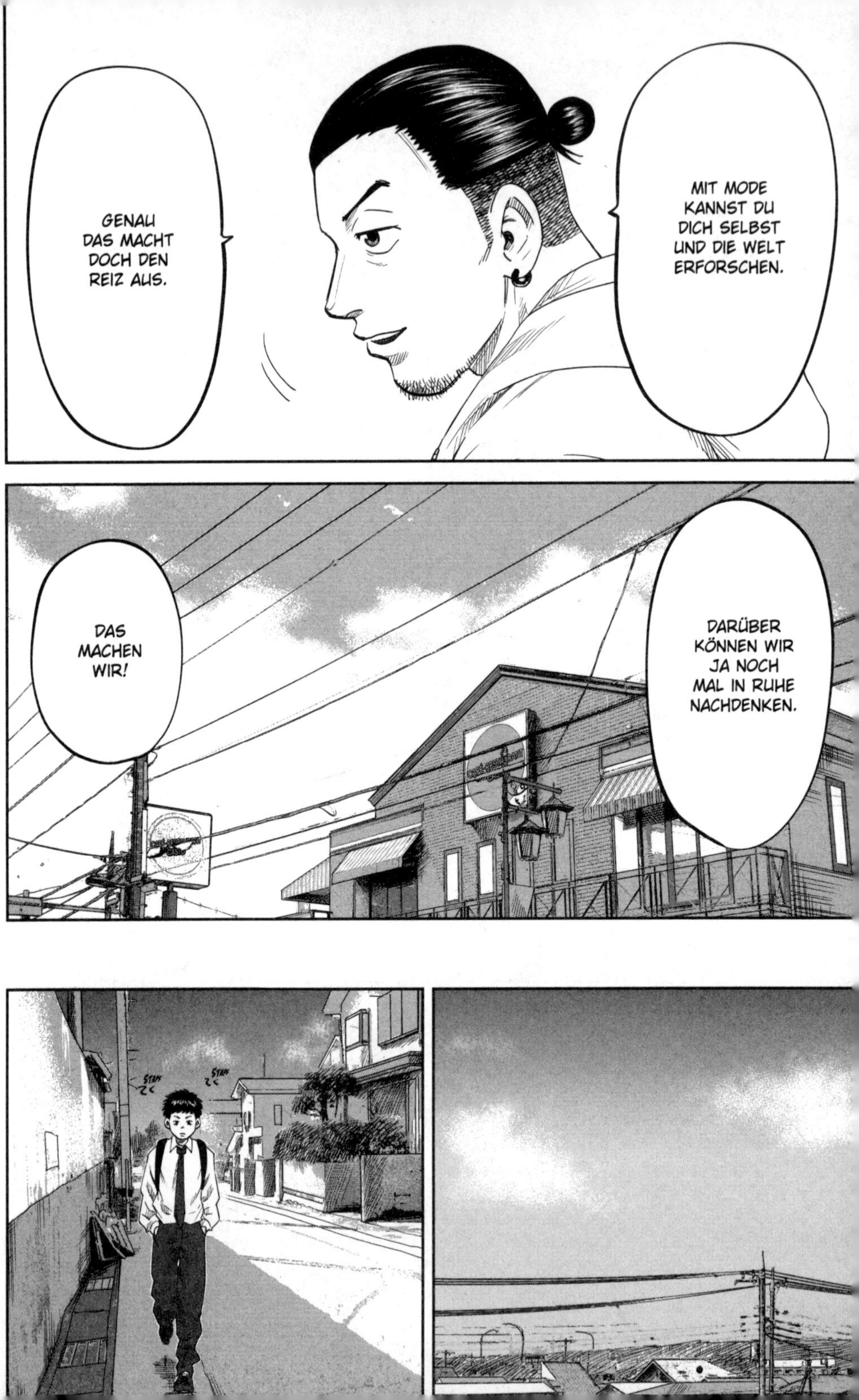
MIT MODE KANNST DU DICH SELBST UND DIE WELT ERFORSCHEN.
GENAU DAS MACHT DOCH DEN REIZ AUS.
DARÜBER KÖNNEN WIR JA NOCH MAL IN RUHE NACHDENKEN.
DAS MACHEN WIR!

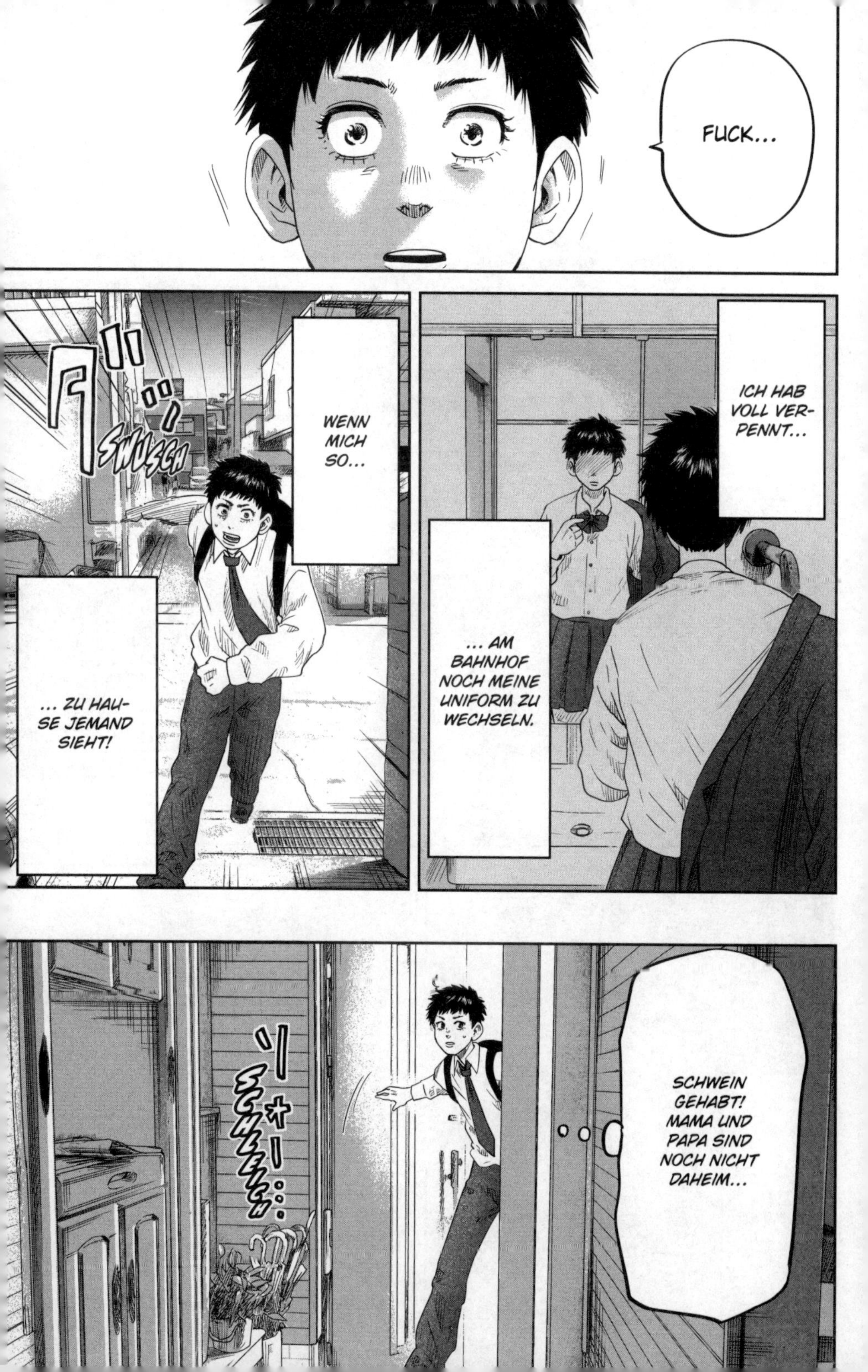
FUCK...
ICH HAB VOLL VER-PENNT...
... AM BAHNHOF NOCH MEINE UNIFORM ZU WECHSELN.
WENN MICH SO...
... ZU HAU-SE JEMAND SIEHT!
SWUSCH
SCHWEIN GEHABT! MAMA UND PAPA SIND NOCH NICHT DAHEIM...

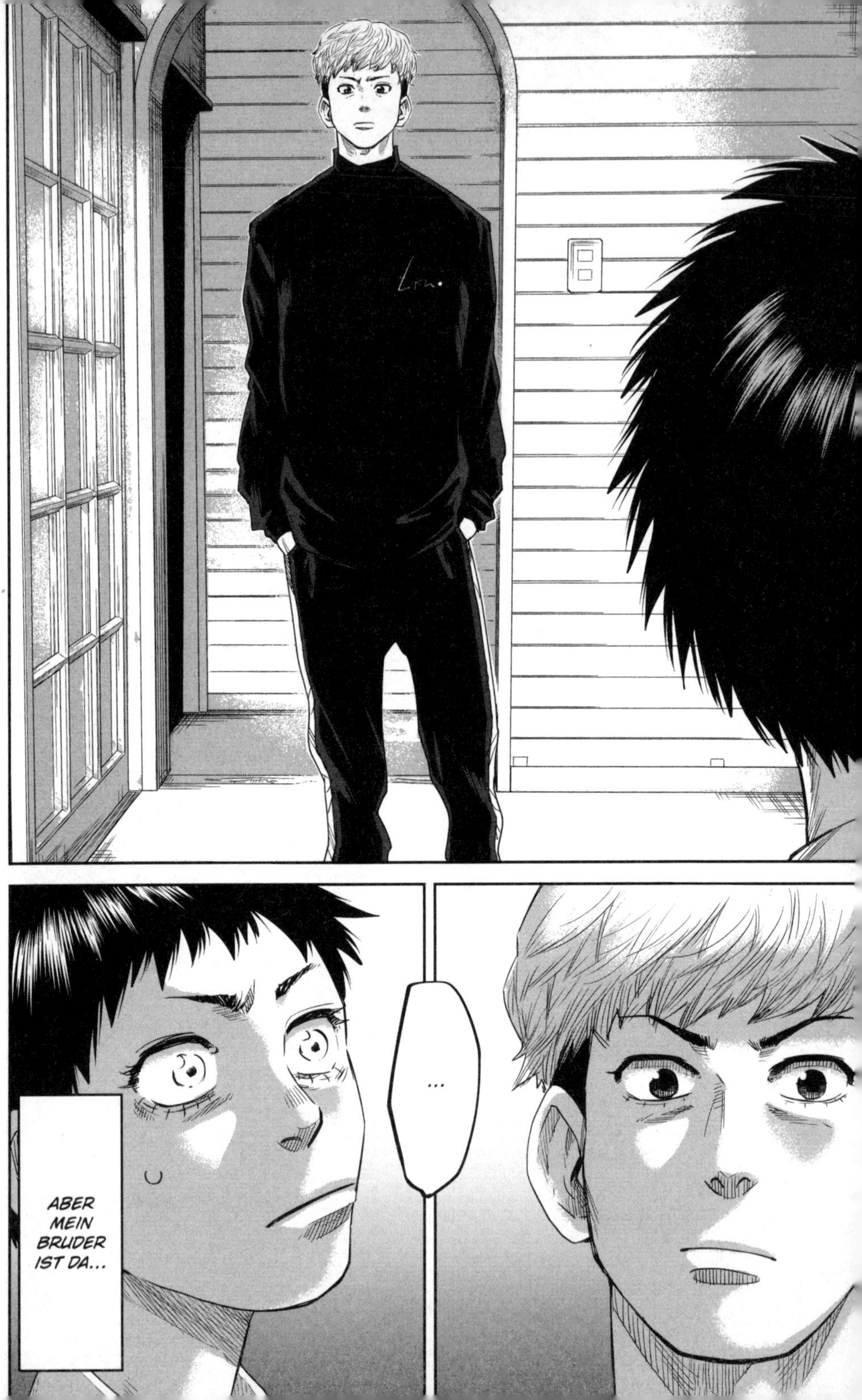
...
ABER MEIN BRUDER IST DA...

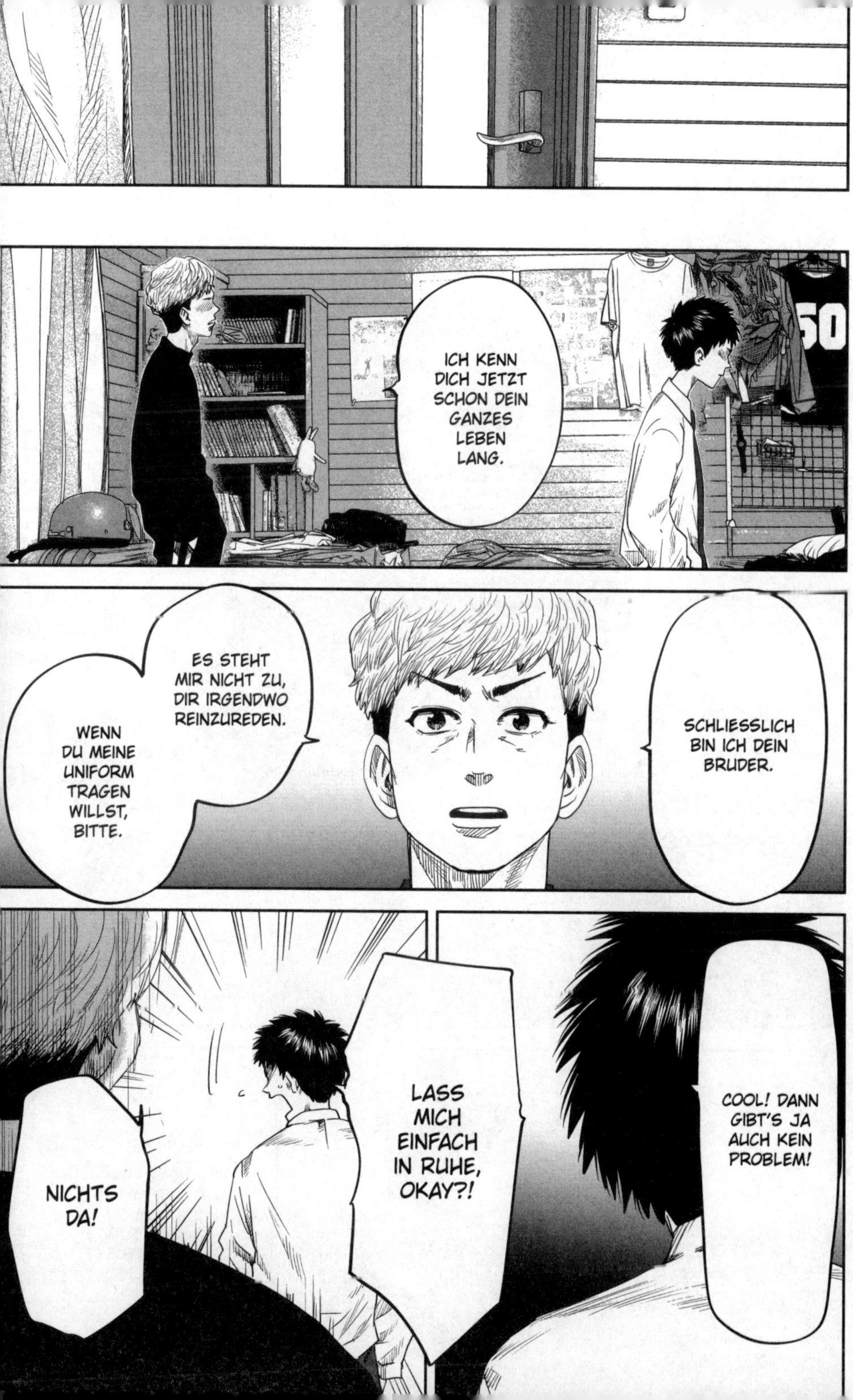
ICH KENN DICH JETZT SCHON DEIN GANZES LEBEN LANG.
SCHLIESSLICH BIN ICH DEIN BRUDER.
ES STEHT MIR NICHT ZU, DIR IRGENDWO REINZUREDEN.
WENN DU MEINE UNIFORM TRAGEN WILLST, BITTE.
COOL! DANN GIBT'S JA AUCH KEIN PROBLEM!
LASS MICH EINFACH IN RUHE, OKAY?!
NICHTS DA!

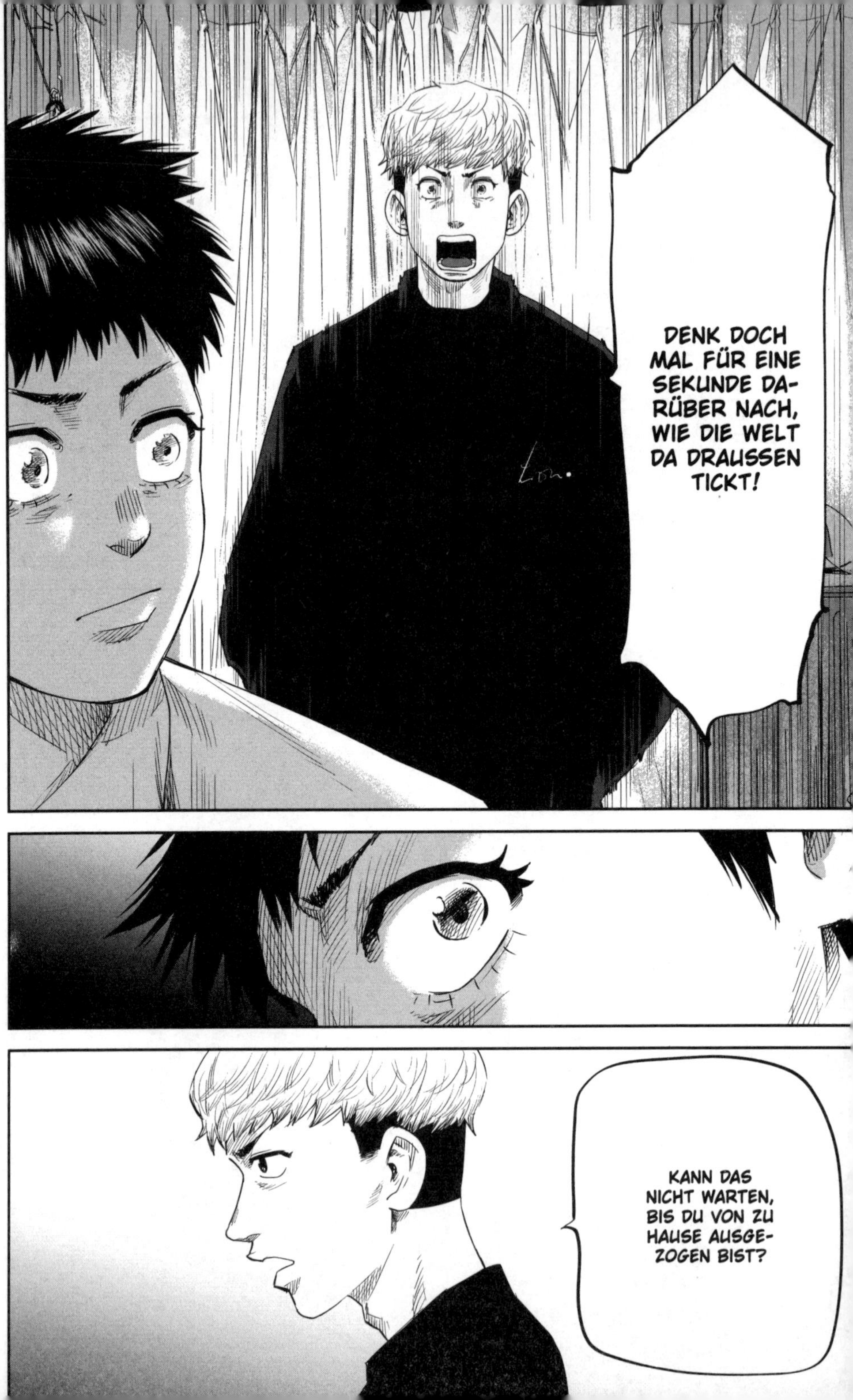
DENK DOCH MAL FÜR EINE SEKUNDE DARÜBER NACH, WIE DIE WELT DA DRAUSSEN TICKT!
KANN DAS NICHT WARTEN, BIS DU VON ZU HAUSE AUSGEZOGEN BIST?

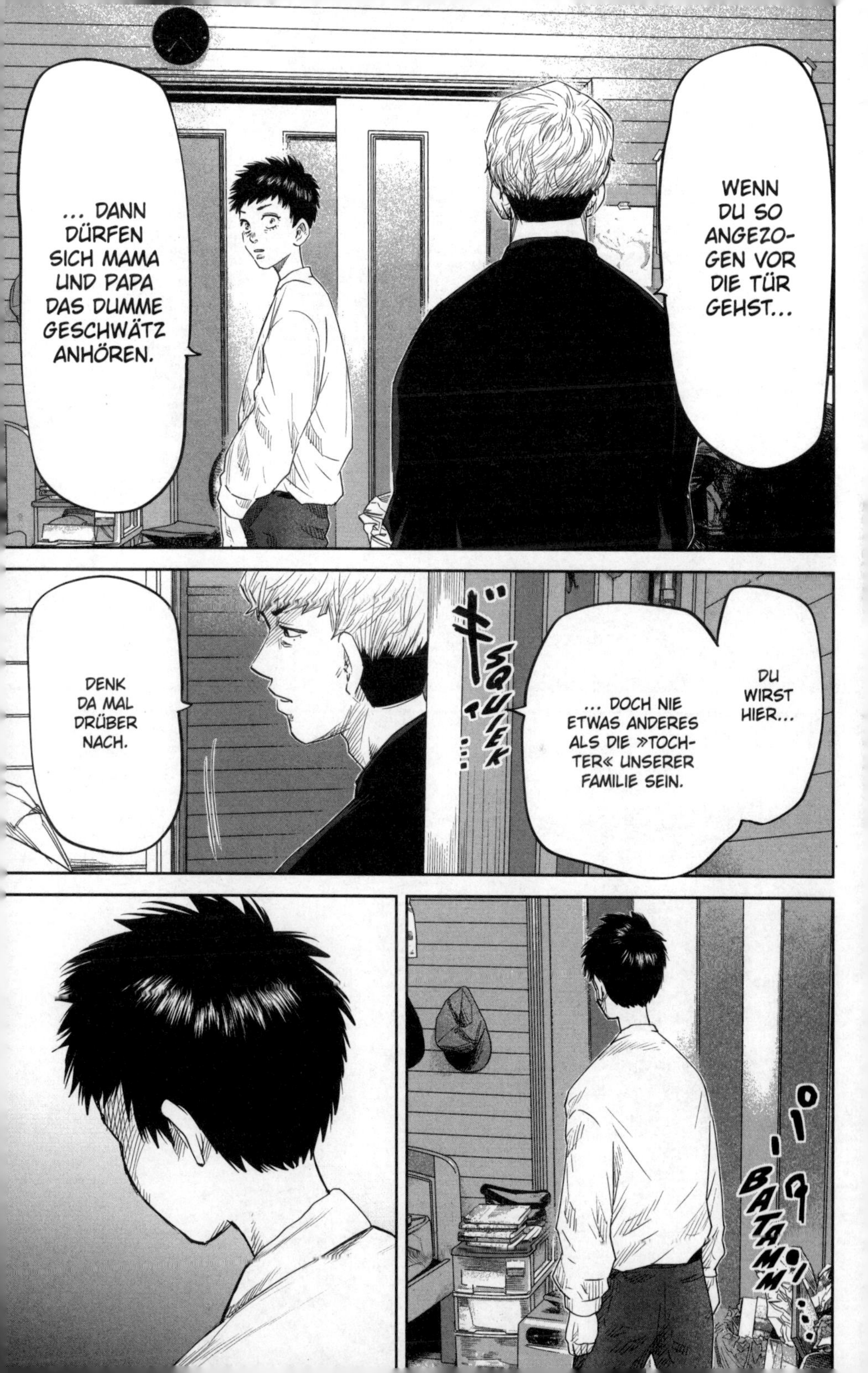
WENN DU SO ANGEZOGEN VOR DIE TÜR GEHST…
… DANN DÜRFEN SICH MAMA UND PAPA DAS DUMME GESCHWÄTZ ANHÖREN.
DU WIRST HIER…
… DOCH NIE ETWAS ANDERES ALS DIE »TOCHTER« UNSERER FAMILIE SEIN.
SQUIEK …
DENK DA MAL DRÜBER NACH.
BATAMM …

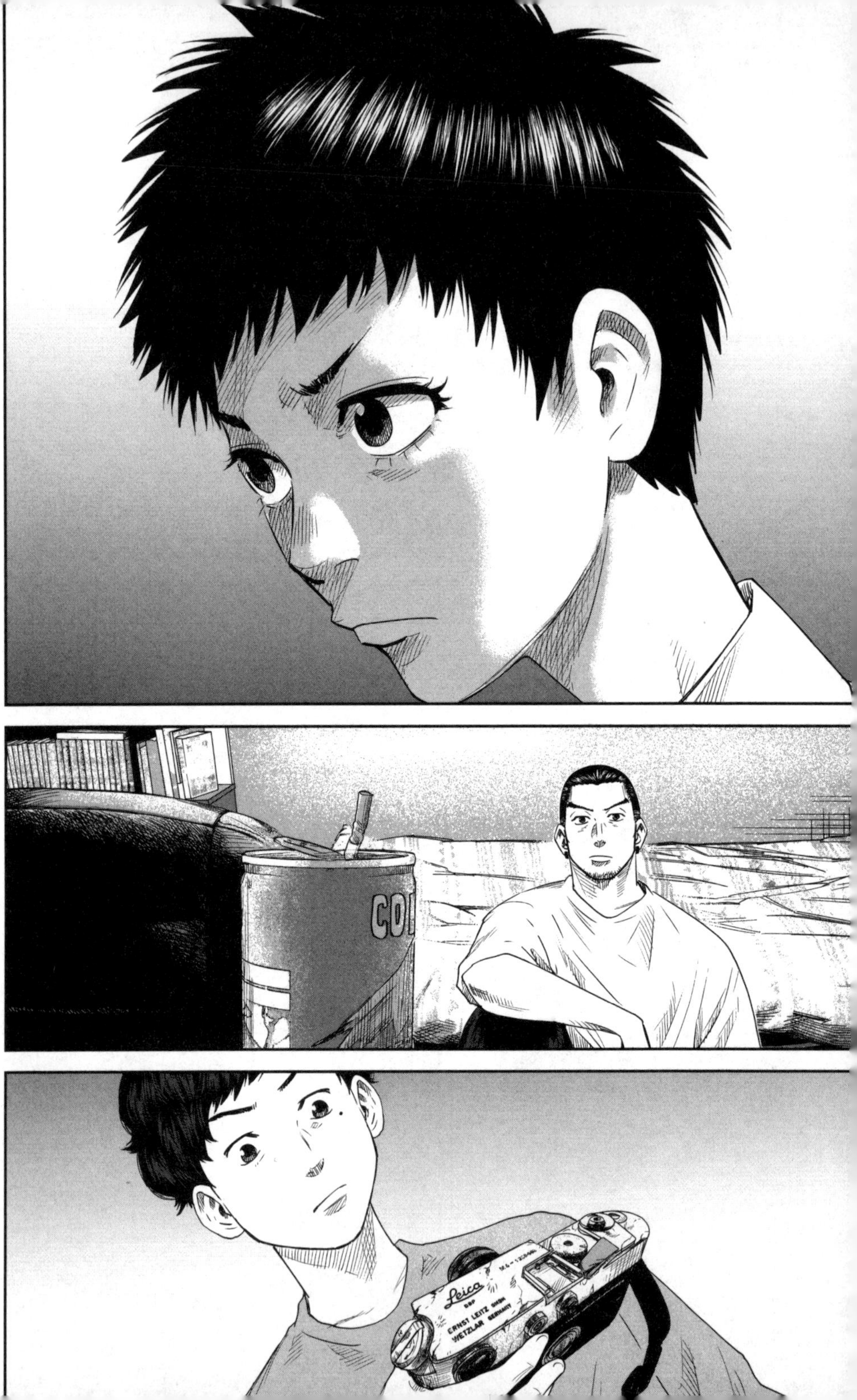
COL
Leica
DBP
ERNST LEITZ GMBH
WETZLAR GERMANY

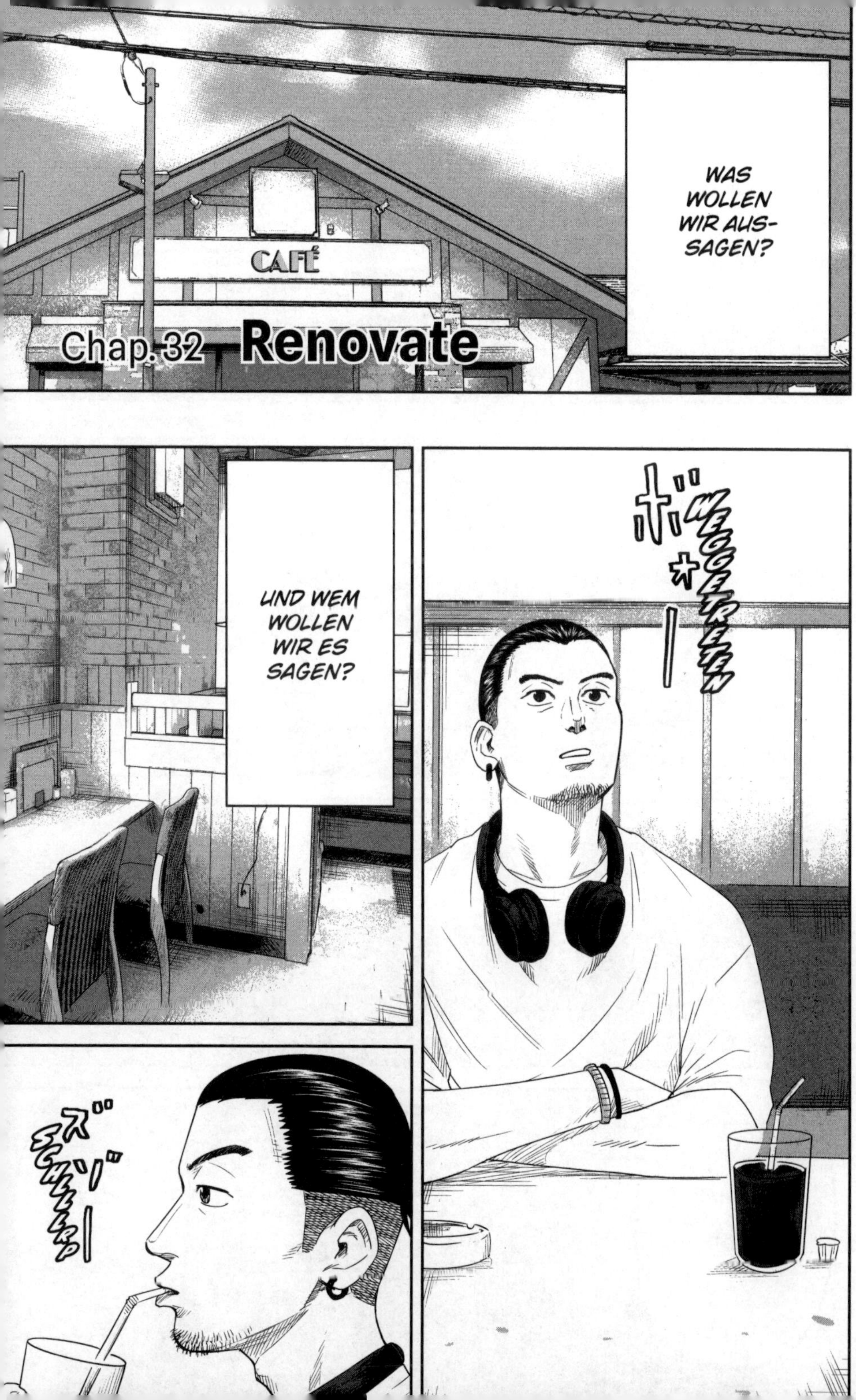
CAFÉ
Chap. 32 Renovate
WAS WOLLEN WIR AUSSAGEN?
ボォーッ
WEGGETRETEN
UND WEM WOLLEN WIR ES SAGEN?
ズゾー
SCHLLRP

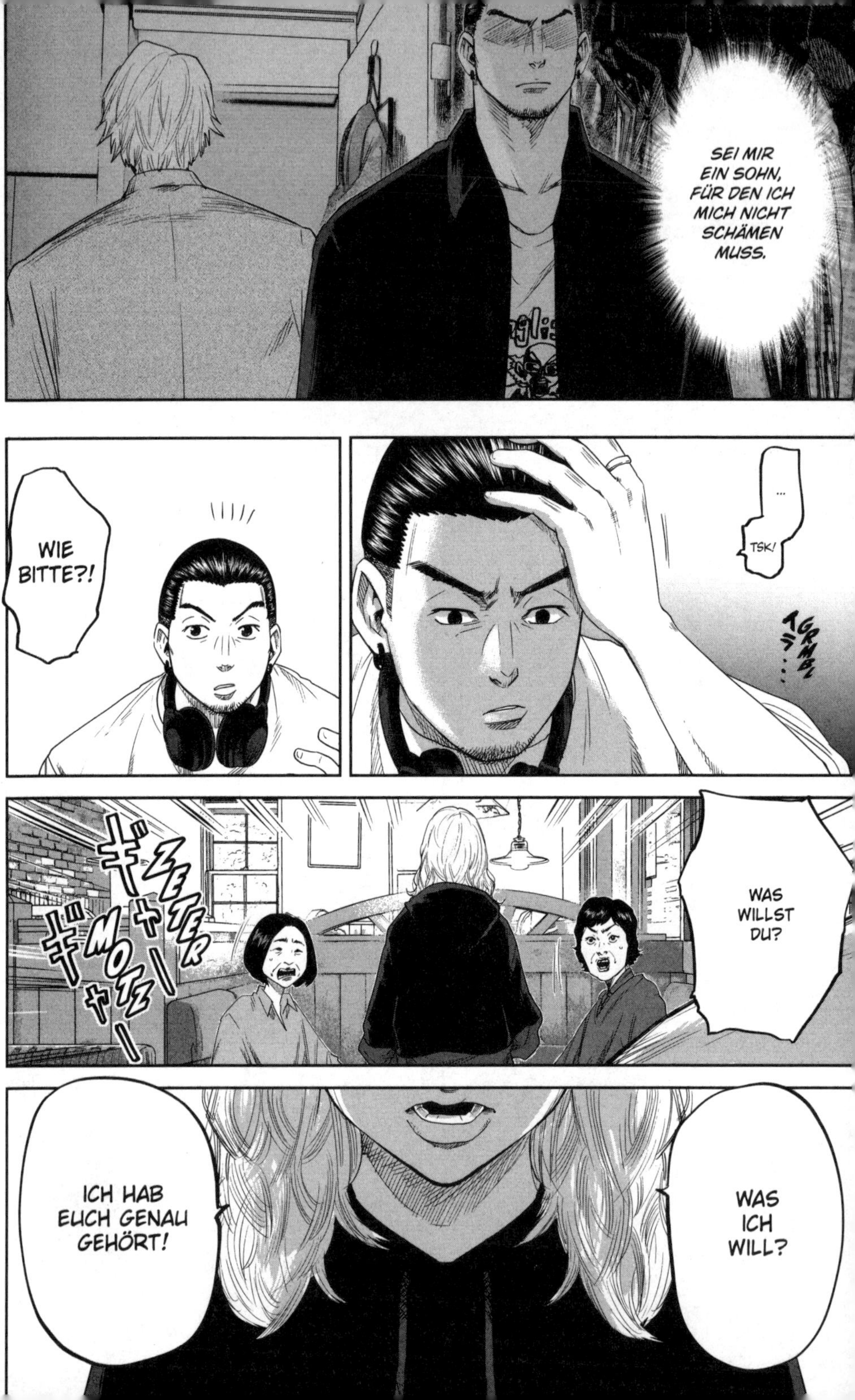
SEI MIR EIN SOHN, FÜR DEN ICH MICH NICHT SCHÄMEN MUSS.
...
TSK!
GRMBL...
WIE BITTE?!
WAS WILLST DU?
ZETER
MOTZ
WAS ICH WILL?
ICH HAB EUCH GENAU GEHÖRT!

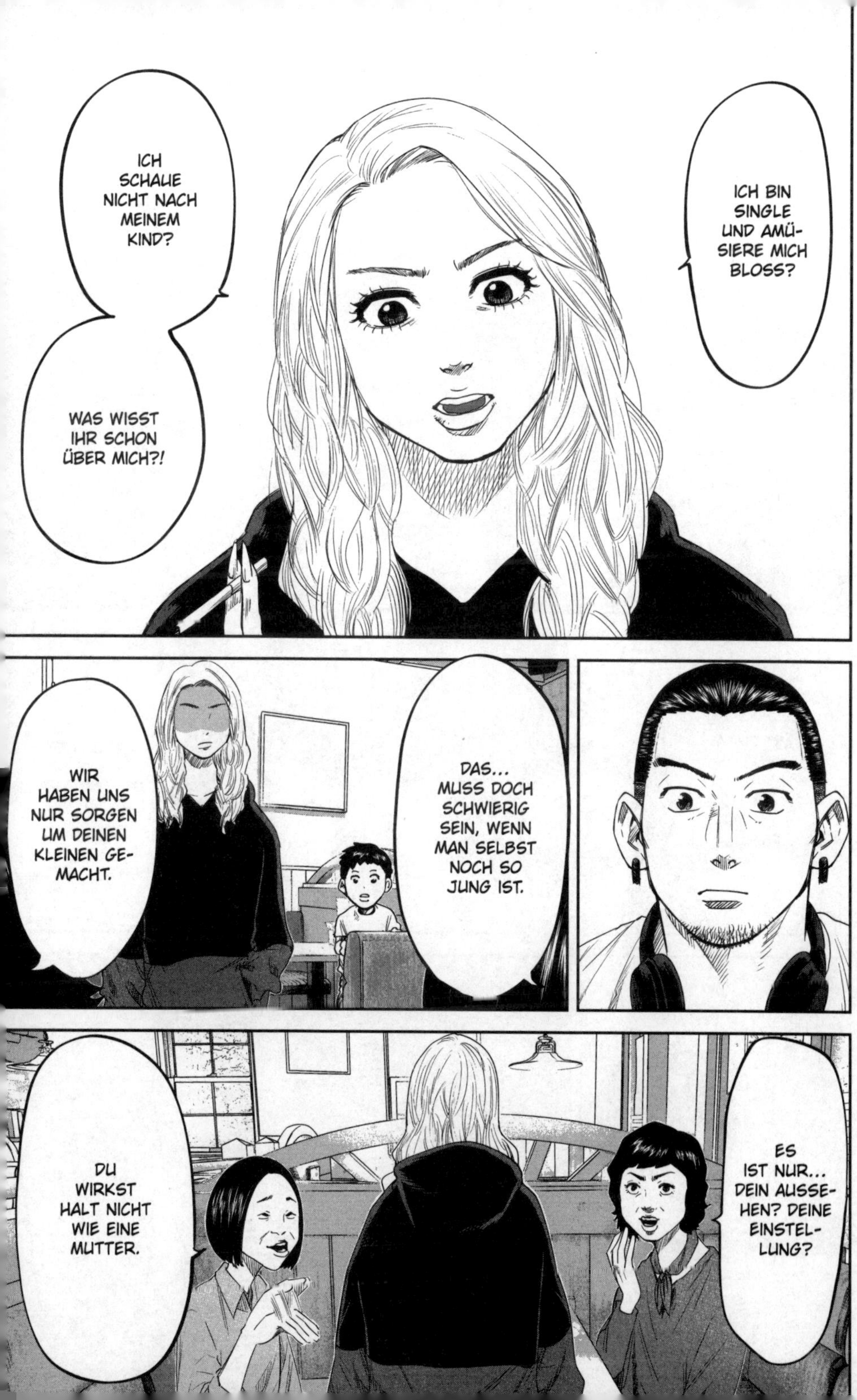
ICH BIN SINGLE UND AMÜSIERE MICH BLOSS?
ICH SCHAUE NICHT NACH MEINEM KIND?
WAS WISST IHR SCHON ÜBER MICH?!
DAS… MUSS DOCH SCHWIERIG SEIN, WENN MAN SELBST NOCH SO JUNG IST.
WIR HABEN UNS NUR SORGEN UM DEINEN KLEINEN GEMACHT.
ES IST NUR… DEIN AUSSEHEN? DEINE EINSTELLUNG?
DU WIRKST HALT NICHT WIE EINE MUTTER.

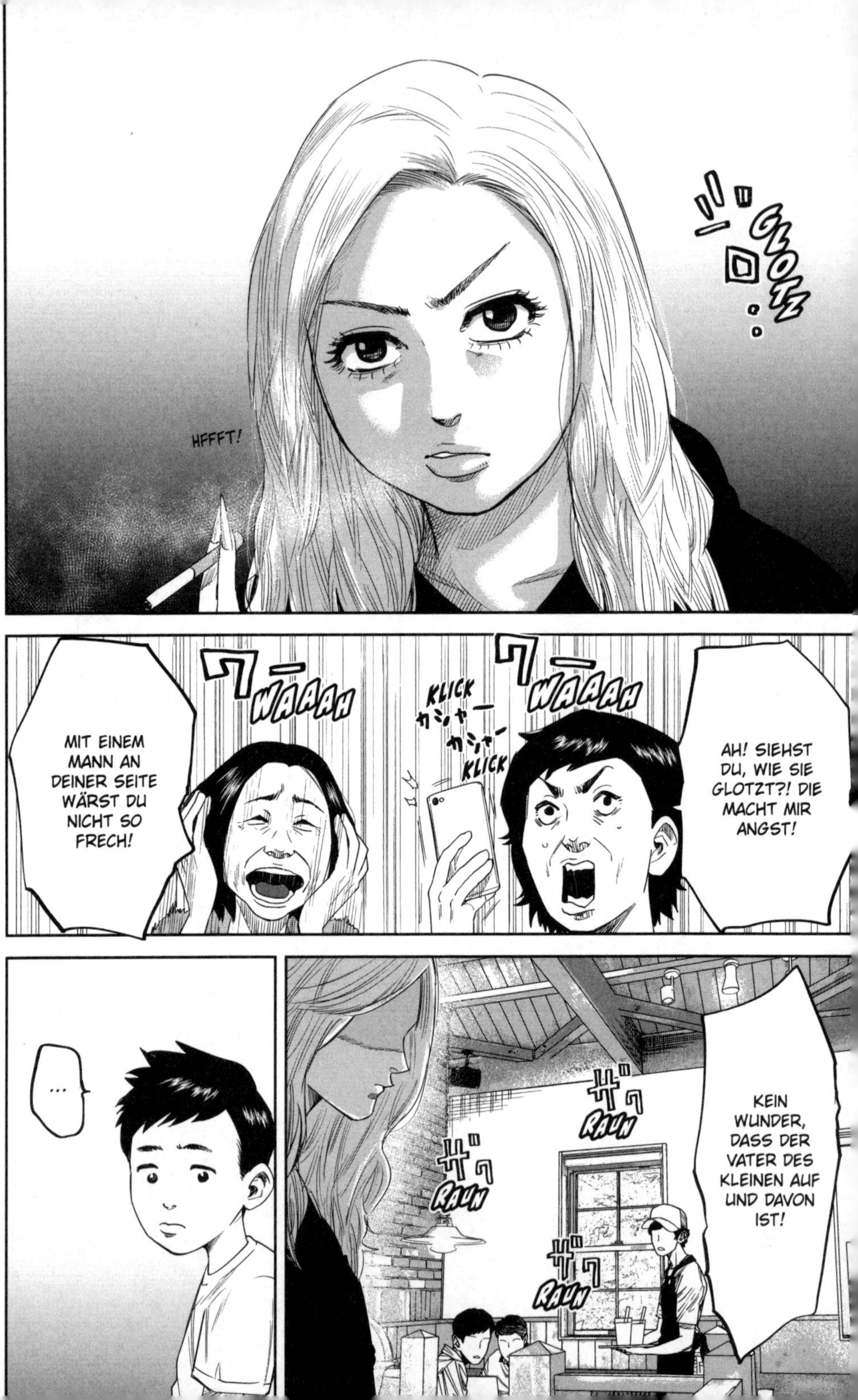
GLOTZ
HFFFT!
AH! SIEHST DU, WIE SIE GLOTZT?! DIE MACHT MIR ANGST!
WAAAAH
KLICK
カシャー
カシャー
KLICK
WAAAAH
MIT EINEM MANN AN DEINER SEITE WÄRST DU NICHT SO FRECH!
KEIN WUNDER, DASS DER VATER DES KLEINEN AUF UND DAVON IST!
ザワ
RAUN
ザワ
RAUN
ザワ
RAUN
...

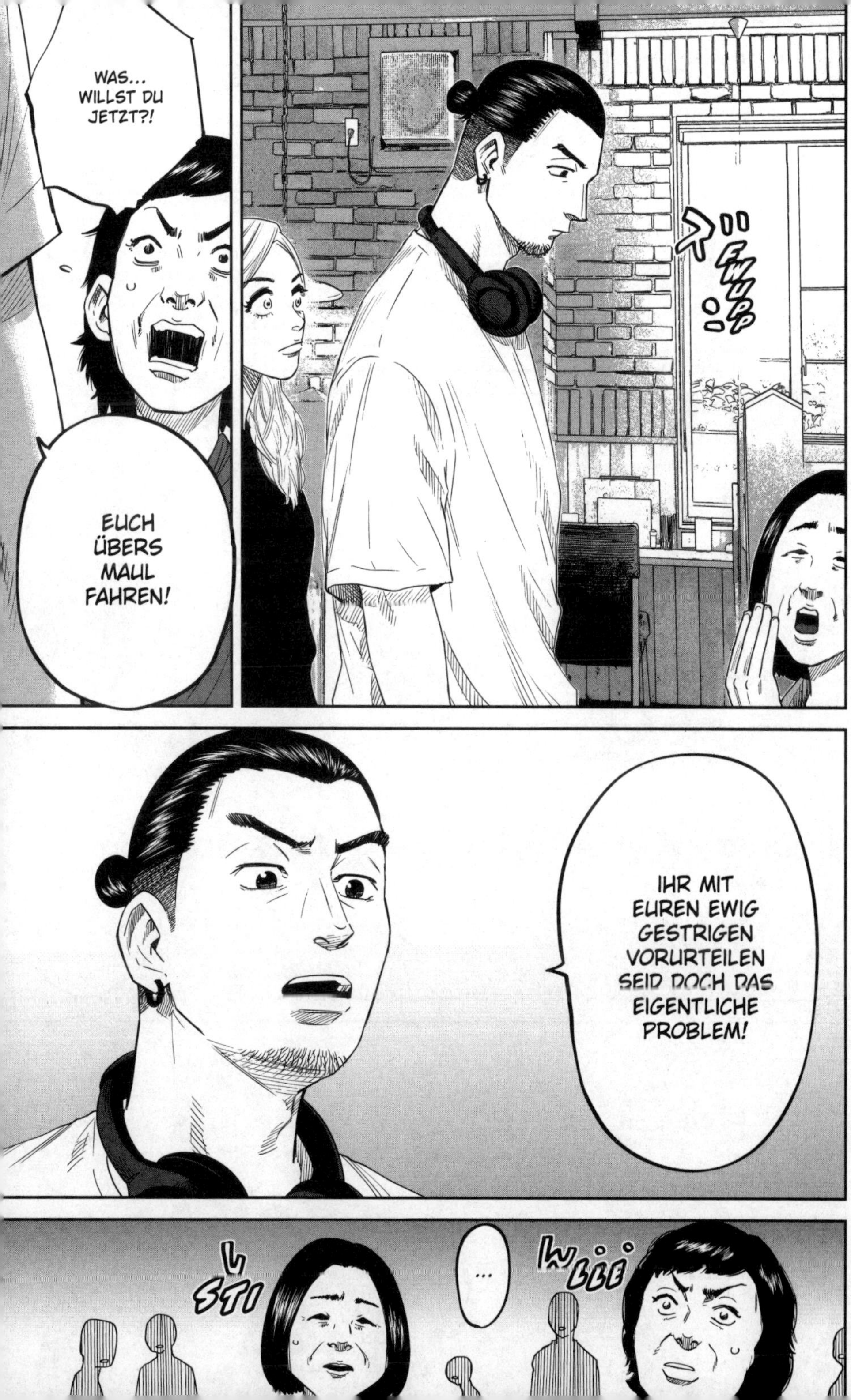
WAS… WILLST DU JETZT?!
EUCH ÜBERS MAUL FAHREN!
FWUPP
IHR MIT EUREN EWIG GESTRIGEN VORURTEILEN SEID DOCH DAS EIGENTLICHE PROBLEM!
…
STI
WBBE

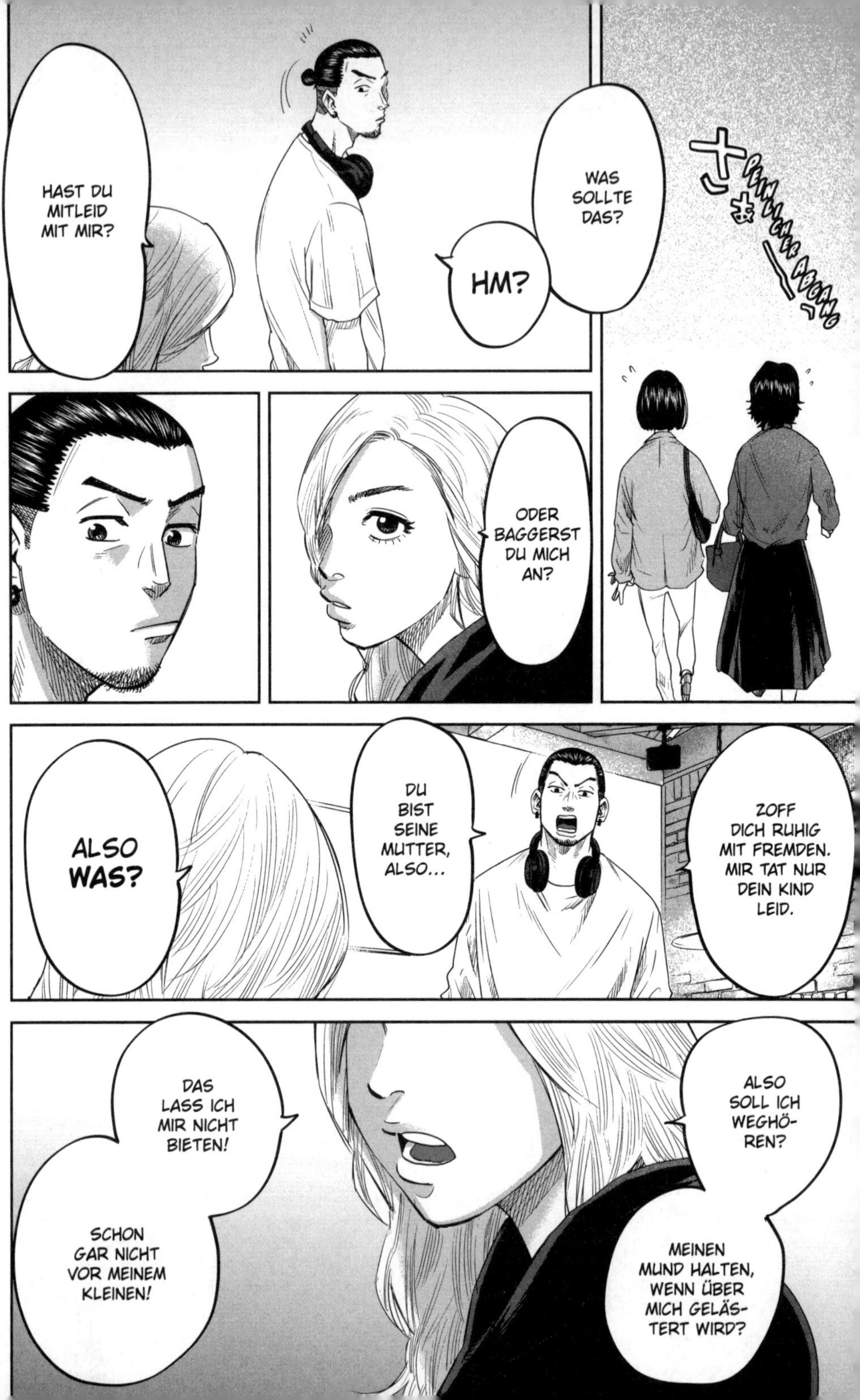
PEINLICHER ABGANG
WAS SOLLTE DAS?
HM?
HAST DU MITLEID MIT MIR?
ODER BAGGERST DU MICH AN?
ZOFF DICH RUHIG MIT FREMDEN. MIR TAT NUR DEIN KIND LEID.
DU BIST SEINE MUTTER, ALSO...
ALSO WAS?
ALSO SOLL ICH WEGHÖREN?
MEINEN MUND HALTEN, WENN ÜBER MICH GELÄSTERT WIRD?
DAS LASS ICH MIR NICHT BIETEN!
SCHON GAR NICHT VOR MEINEM KLEINEN!

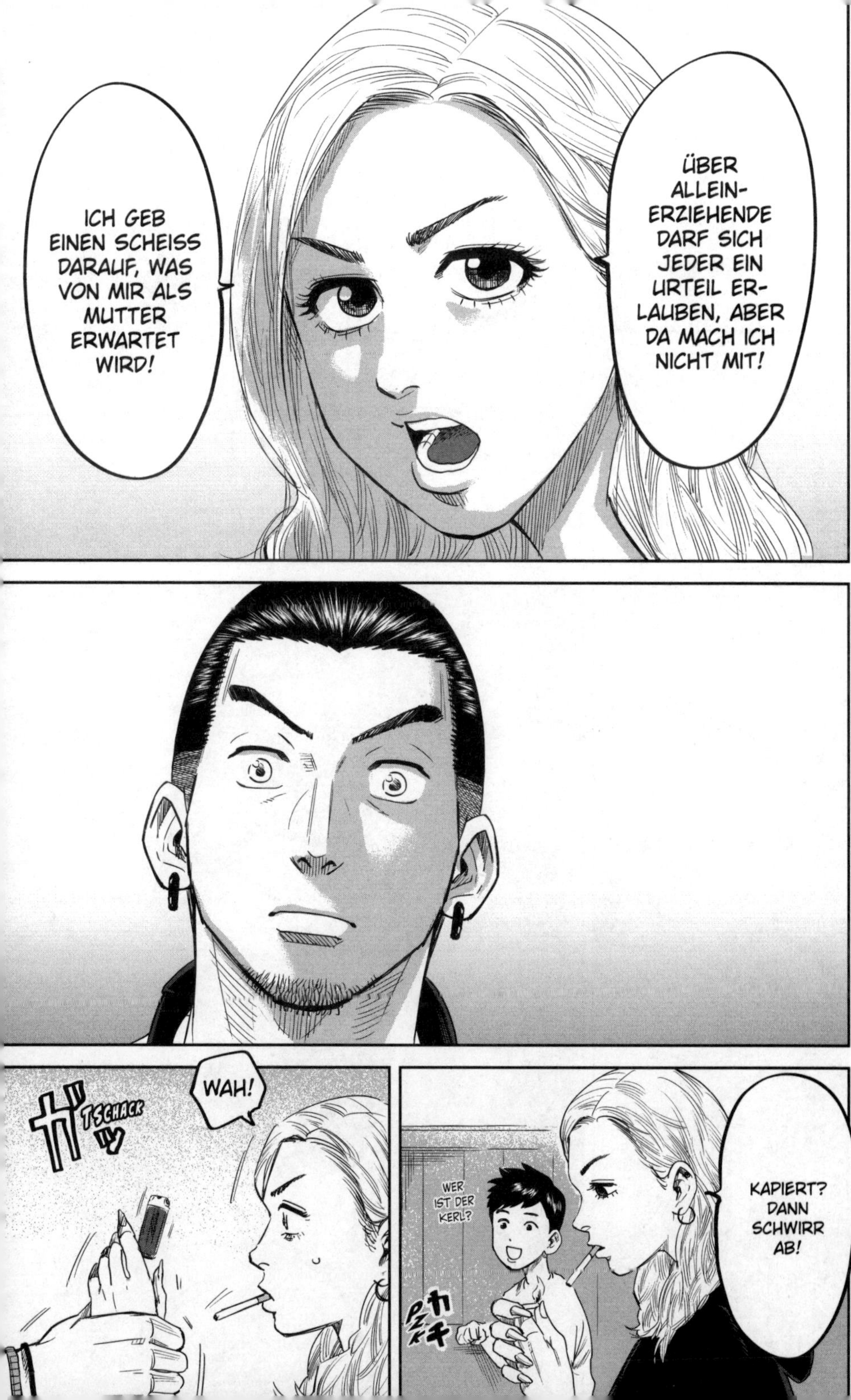
ÜBER ALLEIN-ERZIEHENDE DARF SICH JEDER EIN URTEIL ER-LAUBEN, ABER DA MACH ICH NICHT MIT!
ICH GEB EINEN SCHEISS DARAUF, WAS VON MIR ALS MUTTER ERWARTET WIRD!
KAPIERT? DANN SCHWIRR AB!
WER IST DER KERL?
PZK
WAH!
TSCHACK

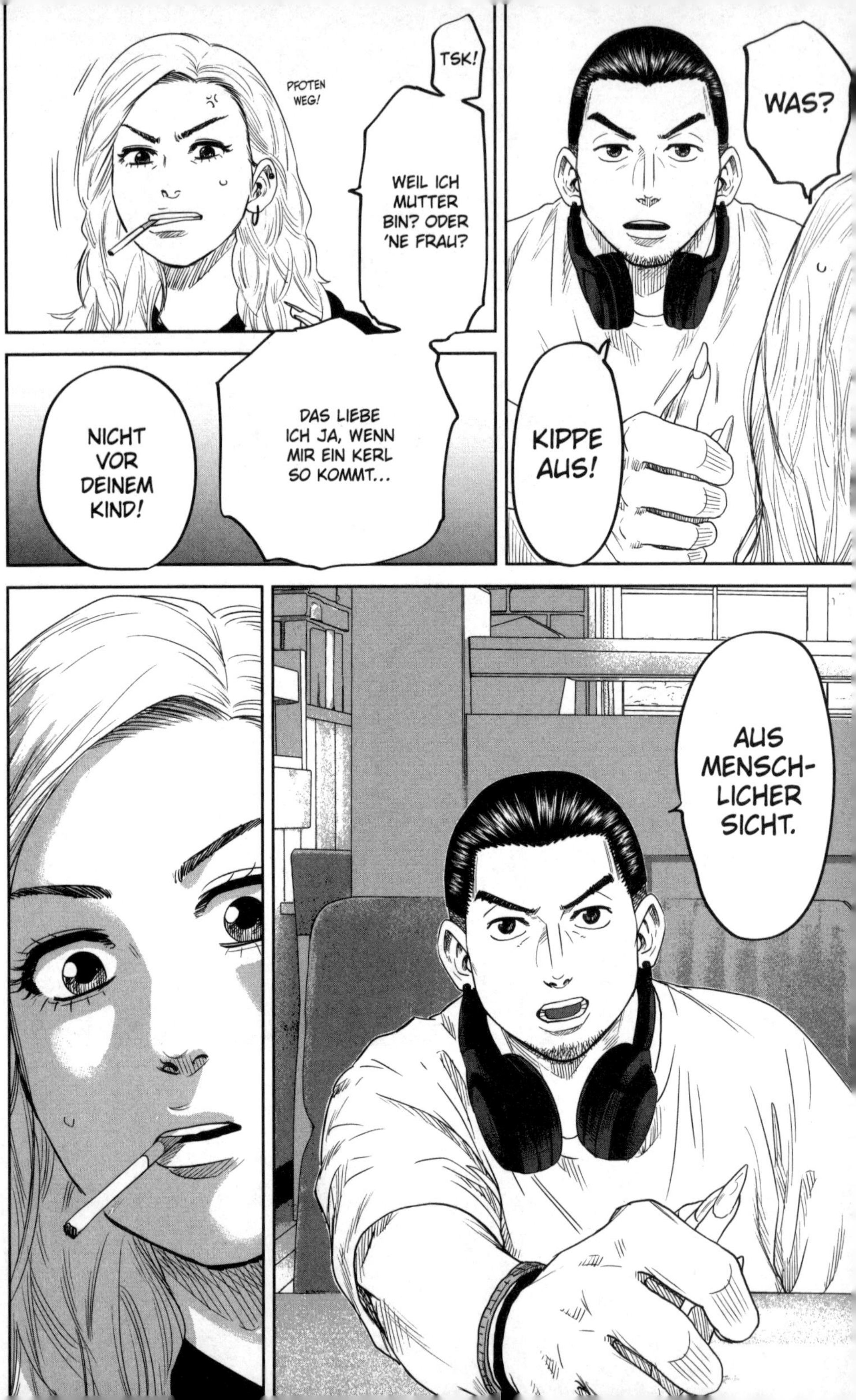
WAS?
TSK!
PFOTEN WEG!
WEIL ICH MUTTER BIN? ODER 'NE FRAU?
KIPPE AUS!
DAS LIEBE ICH JA, WENN MIR EIN KERL SO KOMMT…
NICHT VOR DEINEM KIND!
AUS MENSCH-LICHER SICHT.

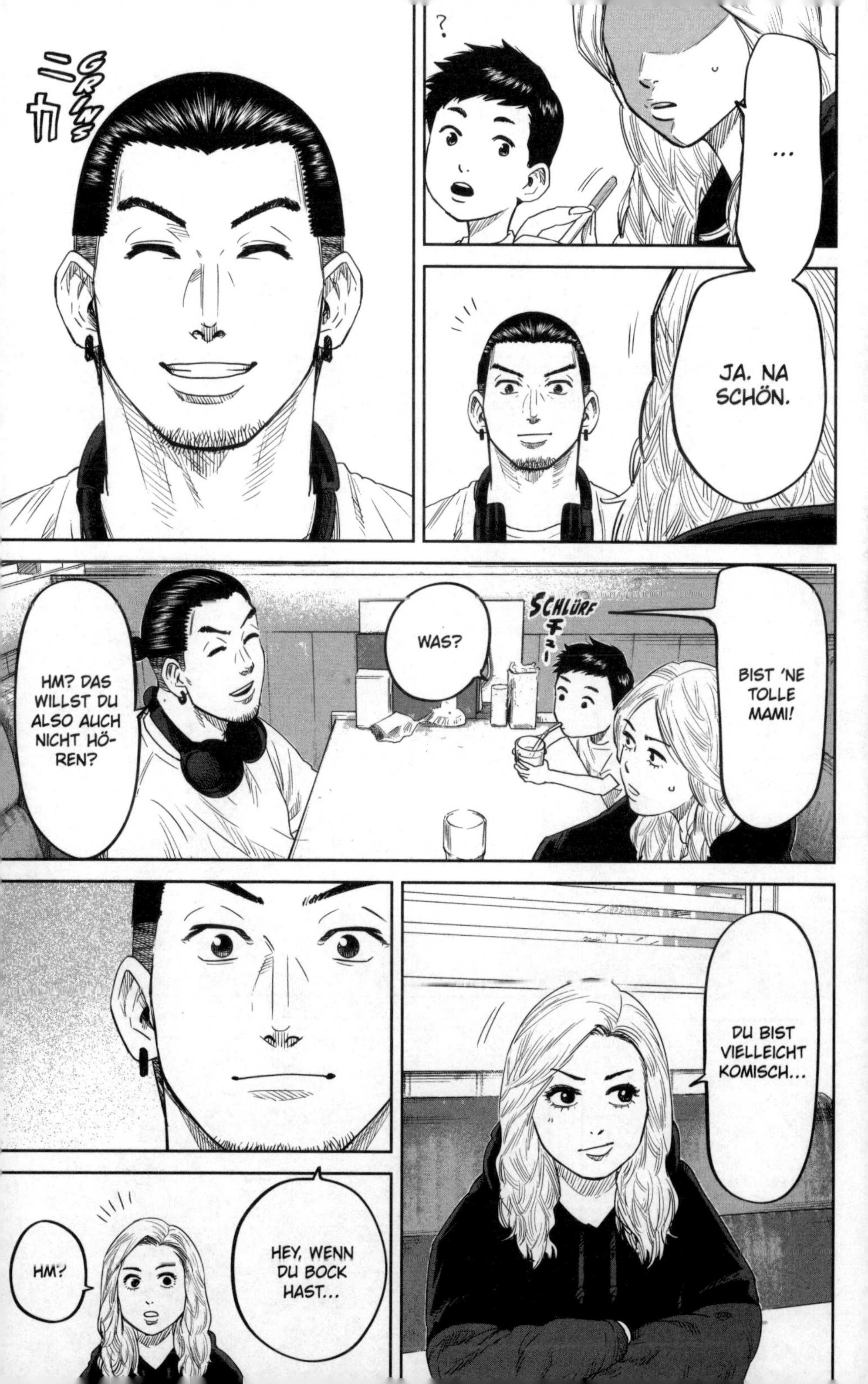
?
...
JA. NA SCHÖN.
GRINS
ニカ
BIST 'NE TOLLE MAMI!
SCHLÜRF
チュー
WAS?
HM? DAS WILLST DU ALSO AUCH NICHT HÖREN?
DU BIST VIELLEICHT KOMISCH...
HEY, WENN DU BOCK HAST...
HM?

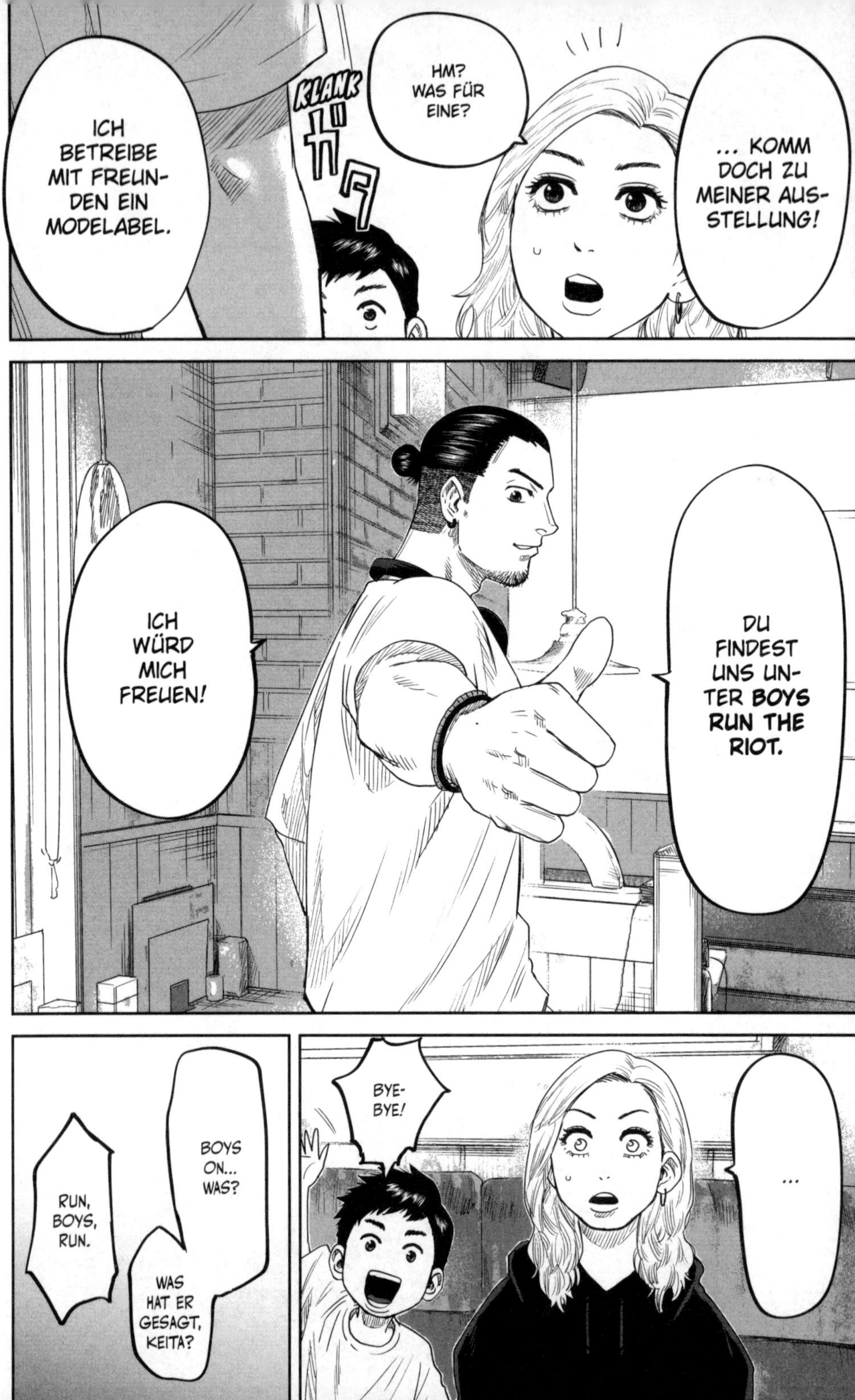
... KOMM DOCH ZU MEINER AUSSTELLUNG!
HM? WAS FÜR EINE?
KLANK
ICH BETREIBE MIT FREUNDEN EIN MODELABEL.
DU FINDEST UNS UNTER BOYS RUN THE RIOT.
ICH WÜRD MICH FREUEN!
...
BYE-BYE!
BOYS ON... WAS?
WAS HAT ER GESAGT, KEITA?
RUN, BOYS, RUN.

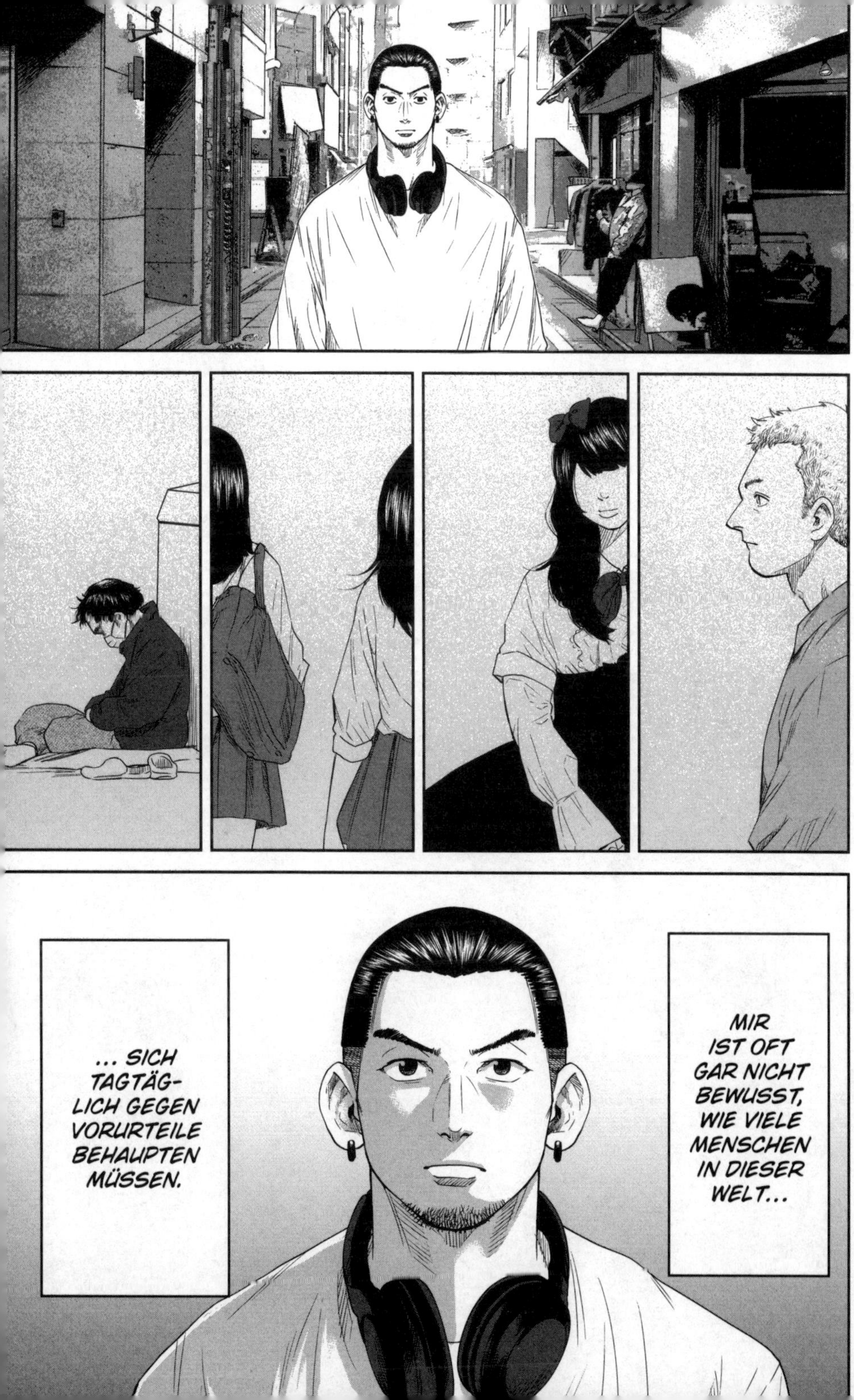
MIR IST OFT GAR NICHT BEWUSST, WIE VIELE MENSCHEN IN DIESER WELT...
... SICH TAGTÄG-LICH GEGEN VORURTEILE BEHAUPTEN MÜSSEN.

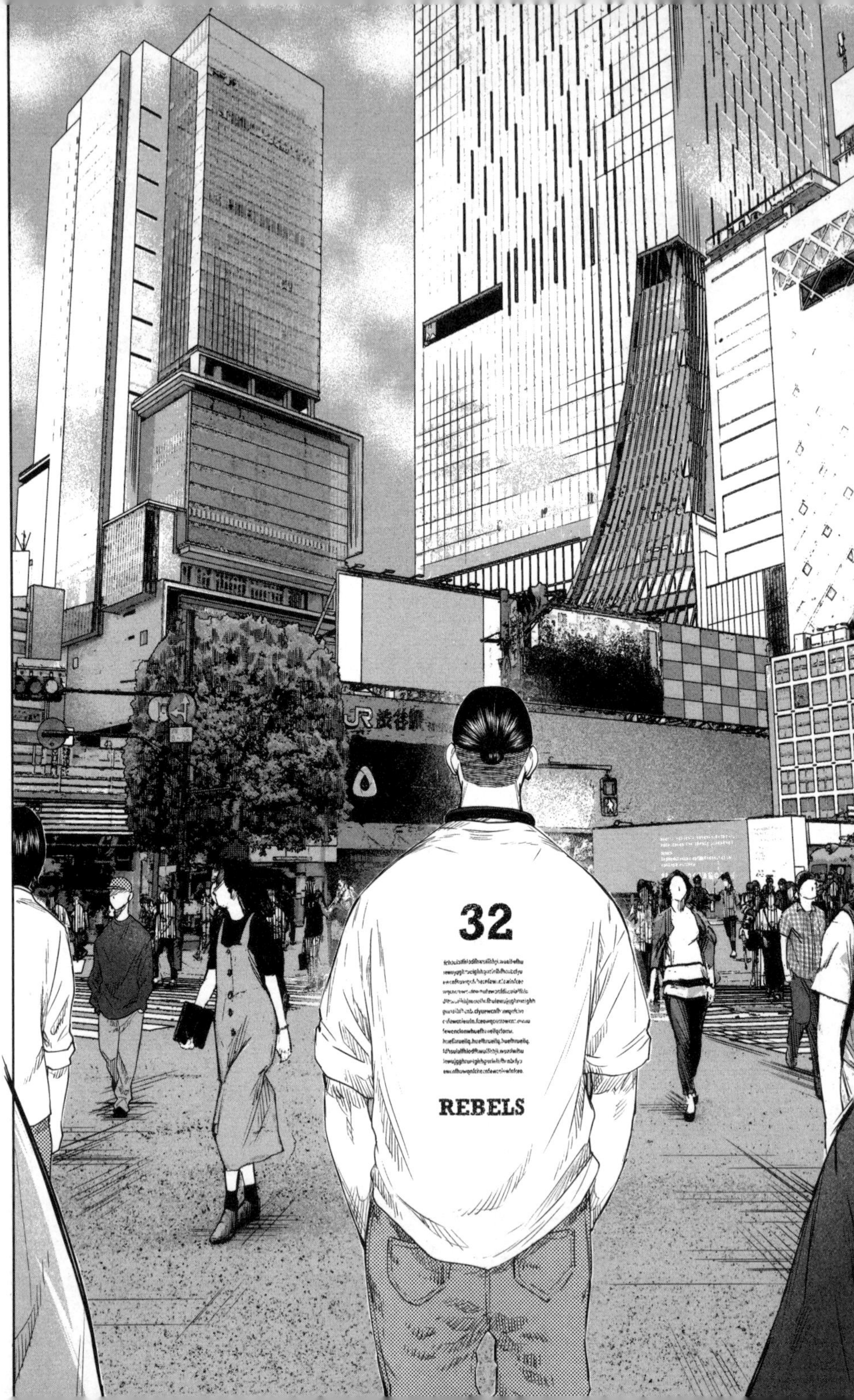
JR 渋谷駅
32
REBELS

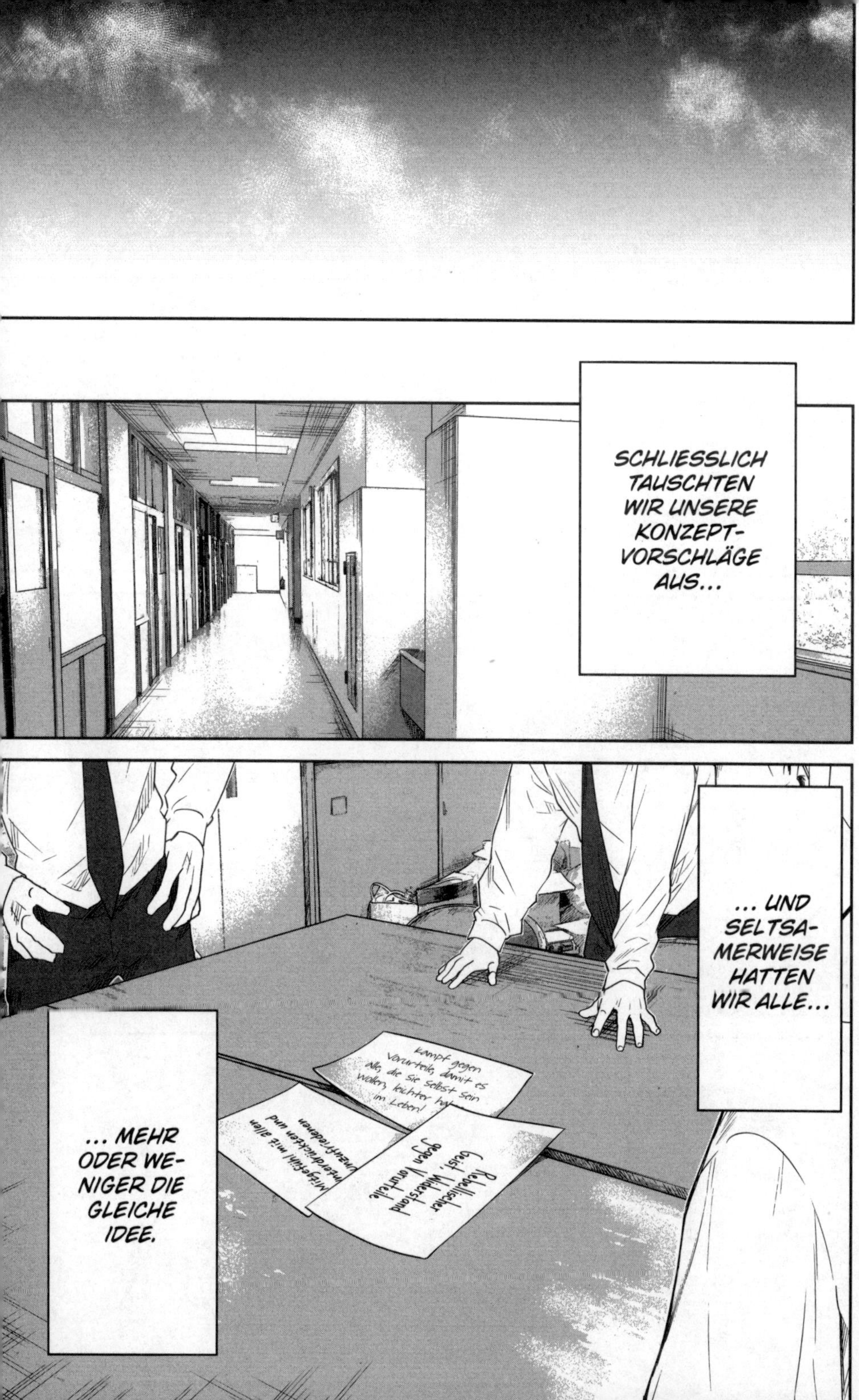
SCHLIESSLICH TAUSCHTEN WIR UNSERE KONZEPT-VORSCHLÄGE AUS...
... UND SELTSAMERWEISE HATTEN WIR ALLE...
... MEHR ODER WENIGER DIE GLEICHE IDEE.
Rebellischer Geist, Widerstand gegen Vorurteile

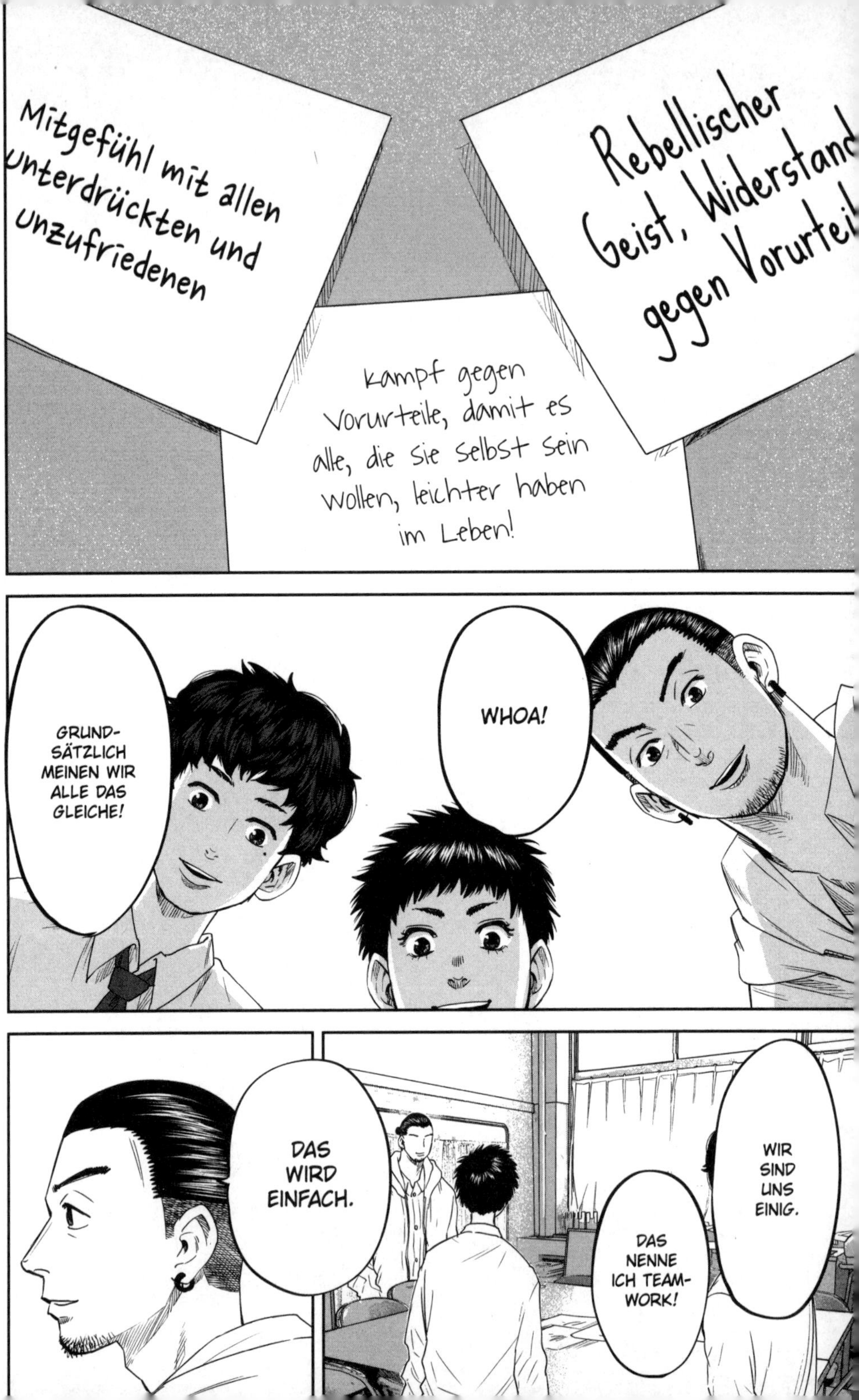
Rebellischer Geist, Widerstand gegen Vorurteil
Mitgefühl mit allen unterdrückten und unzufriedenen
kampf gegen Vorurteile, damit es alle, die sie selbst sein wollen, leichter haben im Leben!
WHOA!
GRUND-SÄTZLICH MEINEN WIR ALLE DAS GLEICHE!
WIR SIND UNS EINIG.
DAS NENNE ICH TEAM-WORK!
DAS WIRD EINFACH.

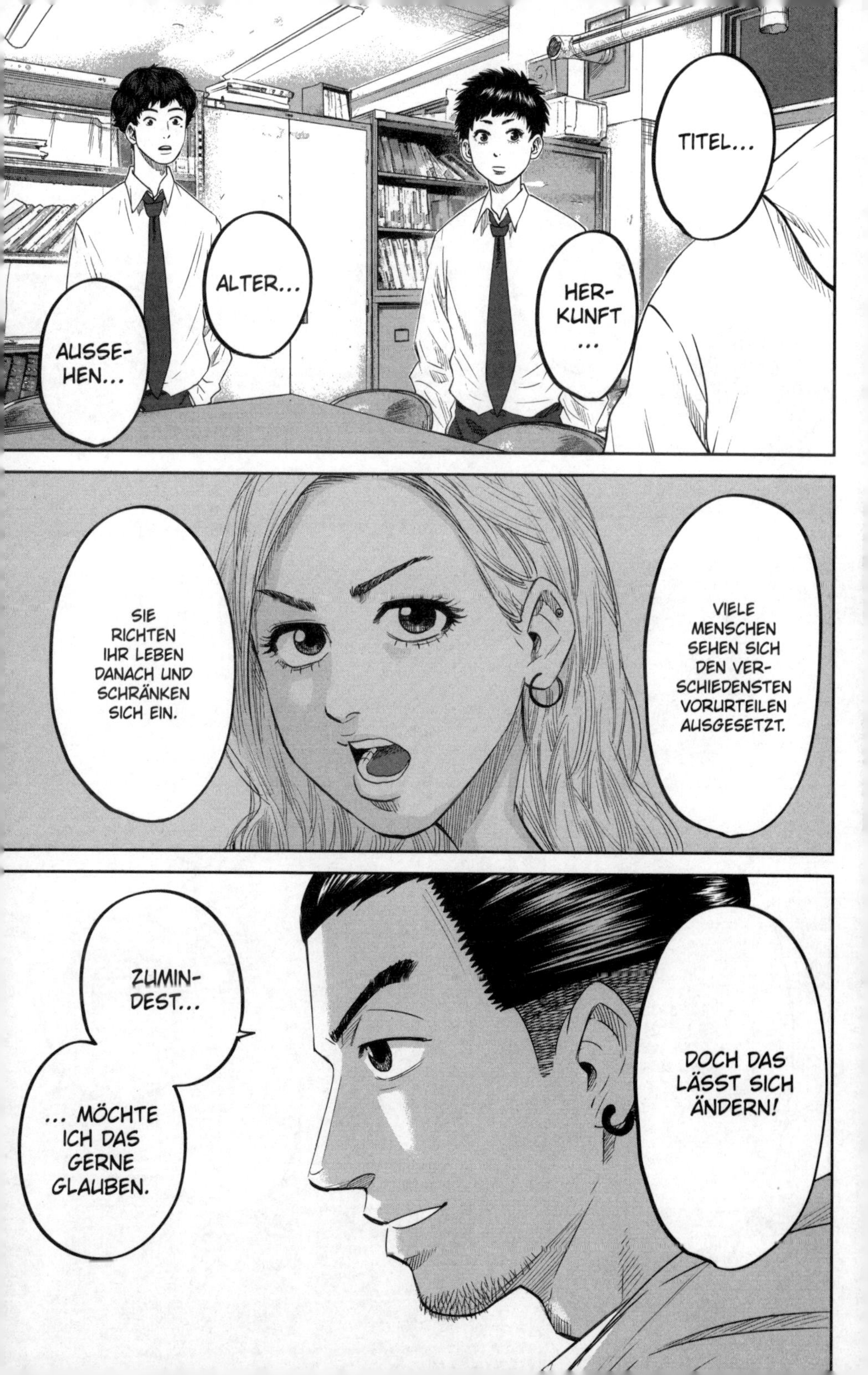
TITEL...
HER-KUNFT...
ALTER...
AUSSE-HEN...
VIELE MENSCHEN SEHEN SICH DEN VER-SCHIEDENSTEN VORURTEILEN AUSGESETZT.
SIE RICHTEN IHR LEBEN DANACH UND SCHRÄNKEN SICH EIN.
DOCH DAS LÄSST SICH ÄNDERN!
ZUMIN-DEST...
... MÖCHTE ICH DAS GERNE GLAUBEN.

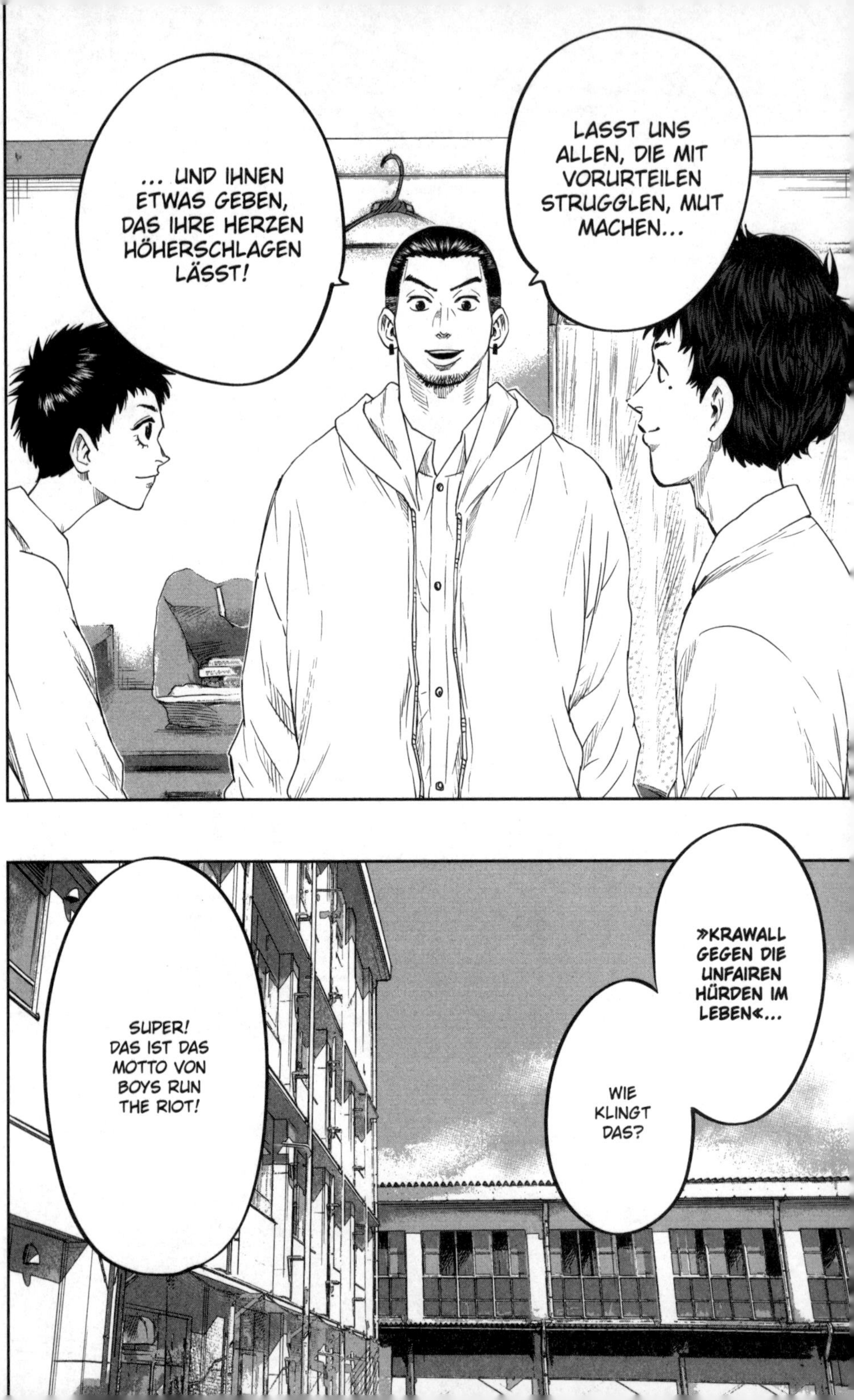
LASST UNS ALLEN, DIE MIT VORURTEILEN STRUGGLEN, MUT MACHEN…
… UND IHNEN ETWAS GEBEN, DAS IHRE HERZEN HÖHERSCHLAGEN LÄSST!
»KRAWALL GEGEN DIE UNFAIREN HÜRDEN IM LEBEN«…
WIE KLINGT DAS?
SUPER! DAS IST DAS MOTTO VON BOYS RUN THE RIOT!

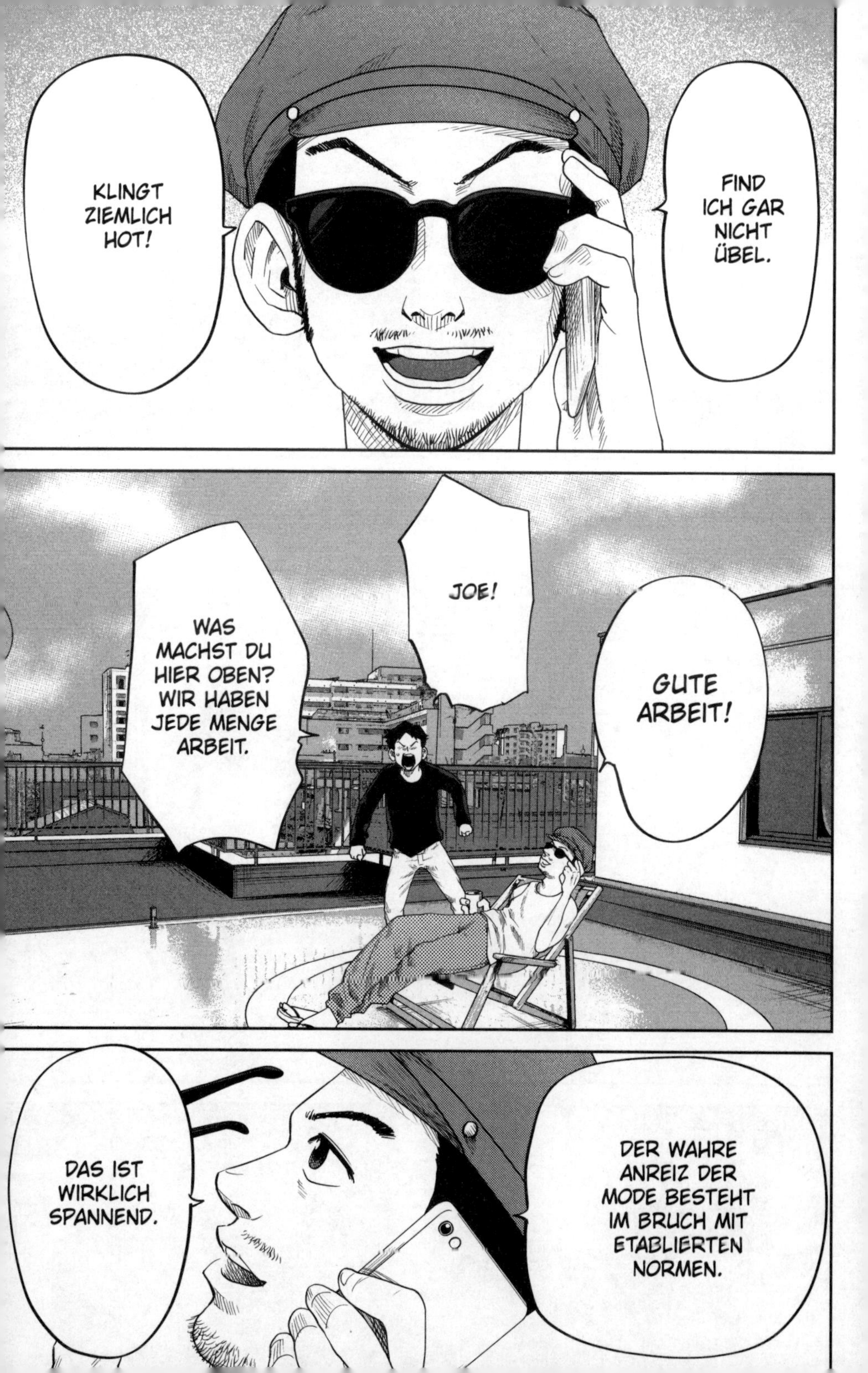
FIND ICH GAR NICHT ÜBEL.
KLINGT ZIEMLICH HOT!
GUTE ARBEIT!
JOE!
WAS MACHST DU HIER OBEN? WIR HABEN JEDE MENGE ARBEIT.
DER WAHRE ANREIZ DER MODE BESTEHT IM BRUCH MIT ETABLIERTEN NORMEN.
DAS IST WIRKLICH SPANNEND.

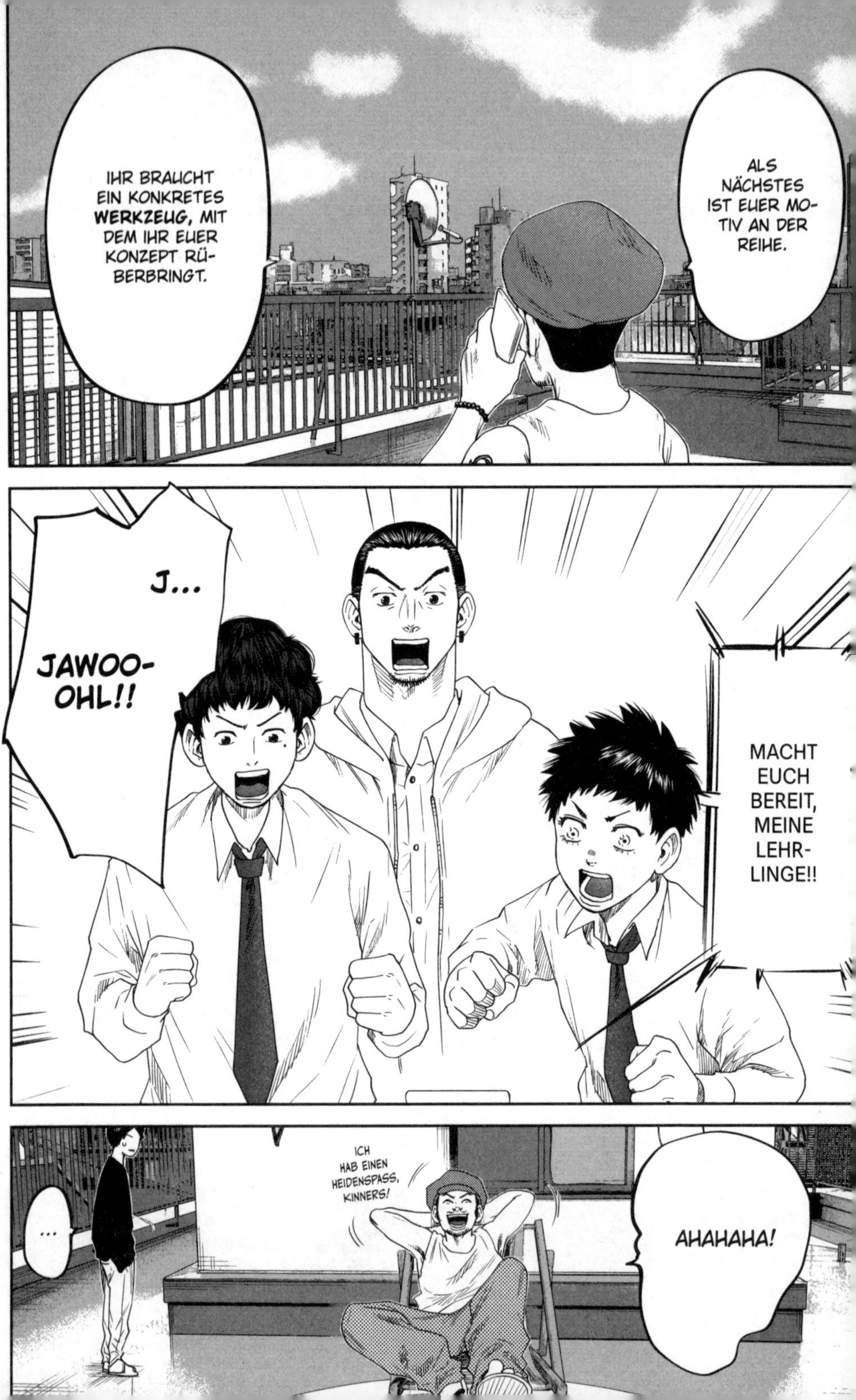
ALS NÄCHSTES IST EUER MOTIV AN DER REIHE.
IHR BRAUCHT EIN KONKRETES **WERKZEUG**, MIT DEM IHR EUER KONZEPT RÜBERBRINGT.
MACHT EUCH BEREIT, MEINE LEHRLINGE!!
J...
JAWOOOHL!!
AHAHAHA!
ICH HAB EINEN HEIDENSPASS, KINNERS!
...

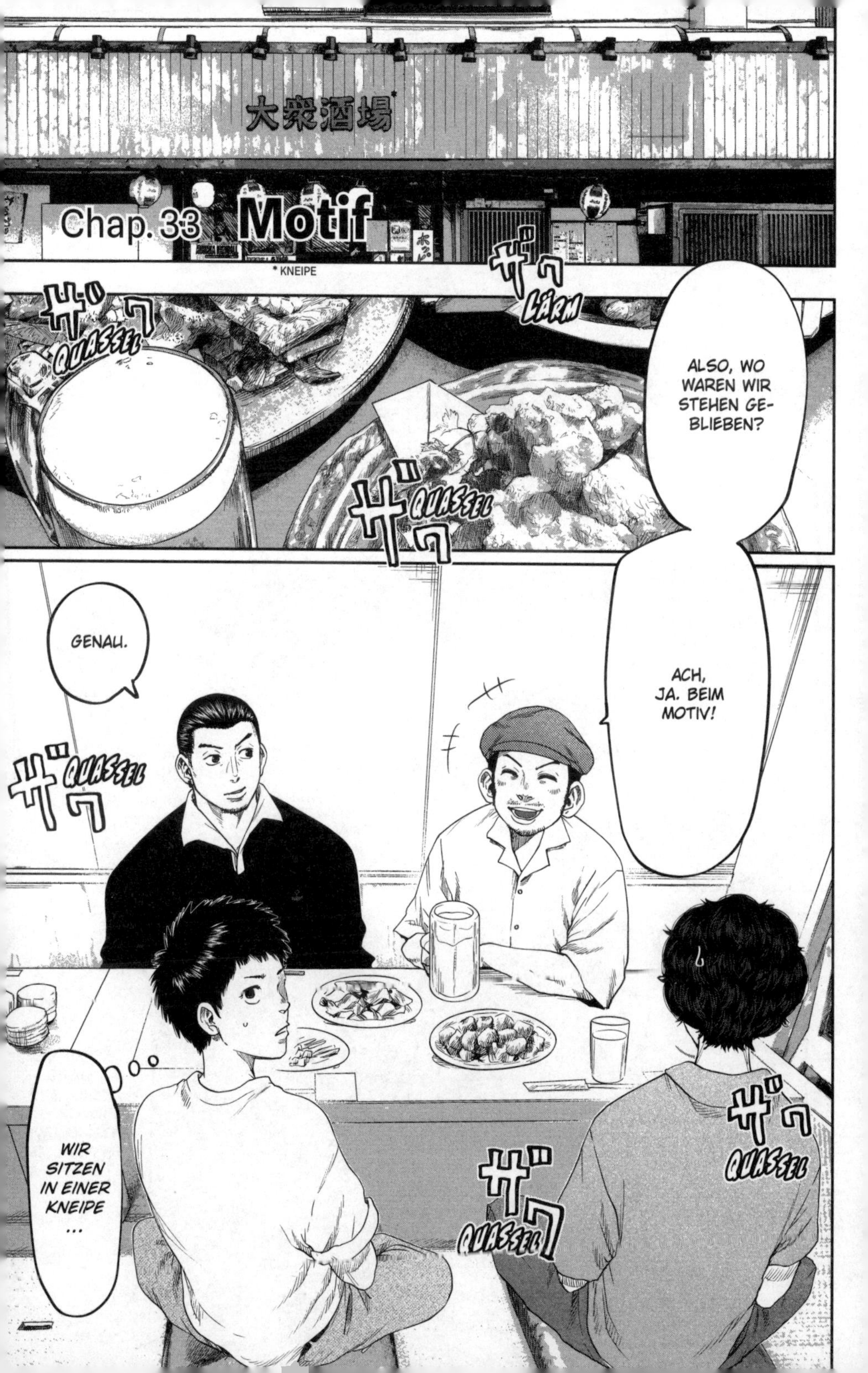
大衆酒場*
Chap. 33 Motif
* KNEIPE
ザワ LÄRM
ALSO, WO WAREN WIR STEHEN GE-BLIEBEN?
ザワ QUASSEL
ザワ QUASSEL
ACH, JA. BEIM MOTIV!
GENAU.
ザワ QUASSEL
ザワ QUASSEL
ザワ QUASSEL
WIR SITZEN IN EINER KNEIPE ...

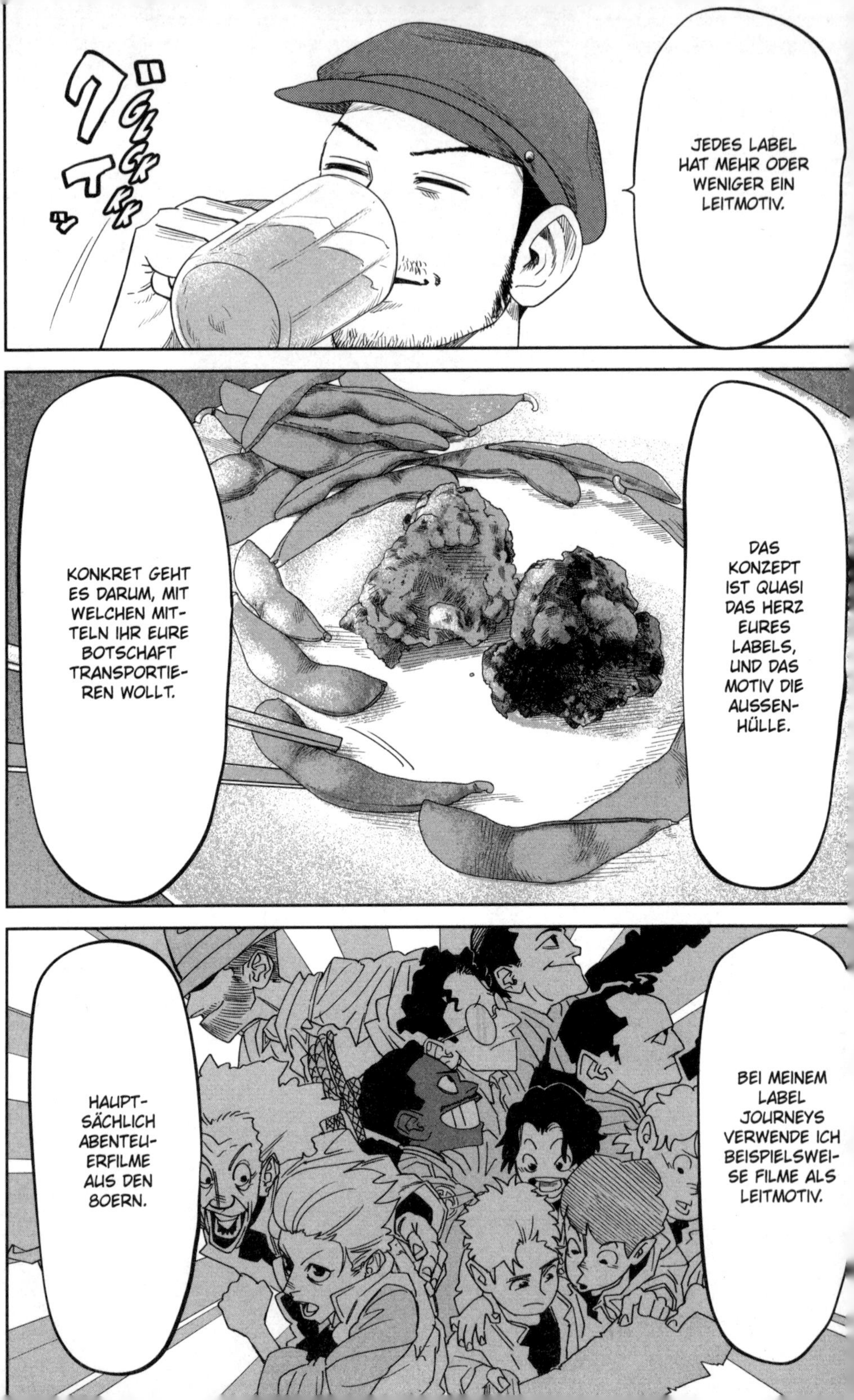
JEDES LABEL HAT MEHR ODER WENIGER EIN LEITMOTIV.
DAS KONZEPT IST QUASI DAS HERZ EURES LABELS, UND DAS MOTIV DIE AUSSENHÜLLE.
KONKRET GEHT ES DARUM, MIT WELCHEN MITTELN IHR EURE BOTSCHAFT TRANSPORTIEREN WOLLT.
BEI MEINEM LABEL JOURNEYS VERWENDE ICH BEISPIELSWEISE FILME ALS LEITMOTIV.
HAUPTSÄCHLICH ABENTEUERFILME AUS DEN 80ERN.

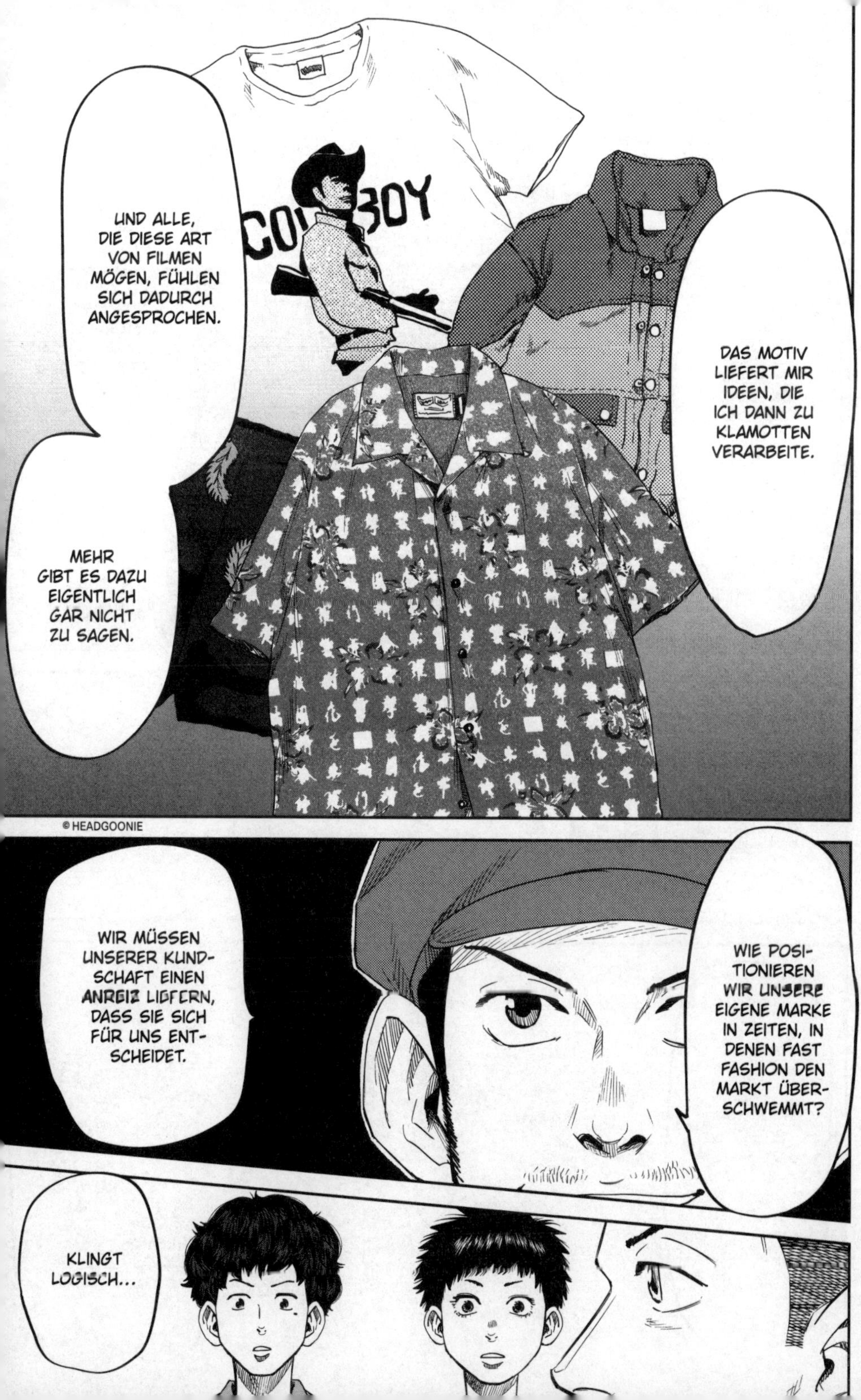
UND ALLE, DIE DIESE ART VON FILMEN MÖGEN, FÜHLEN SICH DADURCH ANGESPROCHEN.
COWBOY
DAS MOTIV LIEFERT MIR IDEEN, DIE ICH DANN ZU KLAMOTTEN VERARBEITE.
MEHR GIBT ES DAZU EIGENTLICH GAR NICHT ZU SAGEN.
© HEADGOONIE
WIE POSITIONIEREN WIR UNSERE EIGENE MARKE IN ZEITEN, IN DENEN FAST FASHION DEN MARKT ÜBERSCHWEMMT?
WIR MÜSSEN UNSERER KUNDSCHAFT EINEN ANREIZ LIEFERN, DASS SIE SICH FÜR UNS ENTSCHEIDET.
KLINGT LOGISCH…

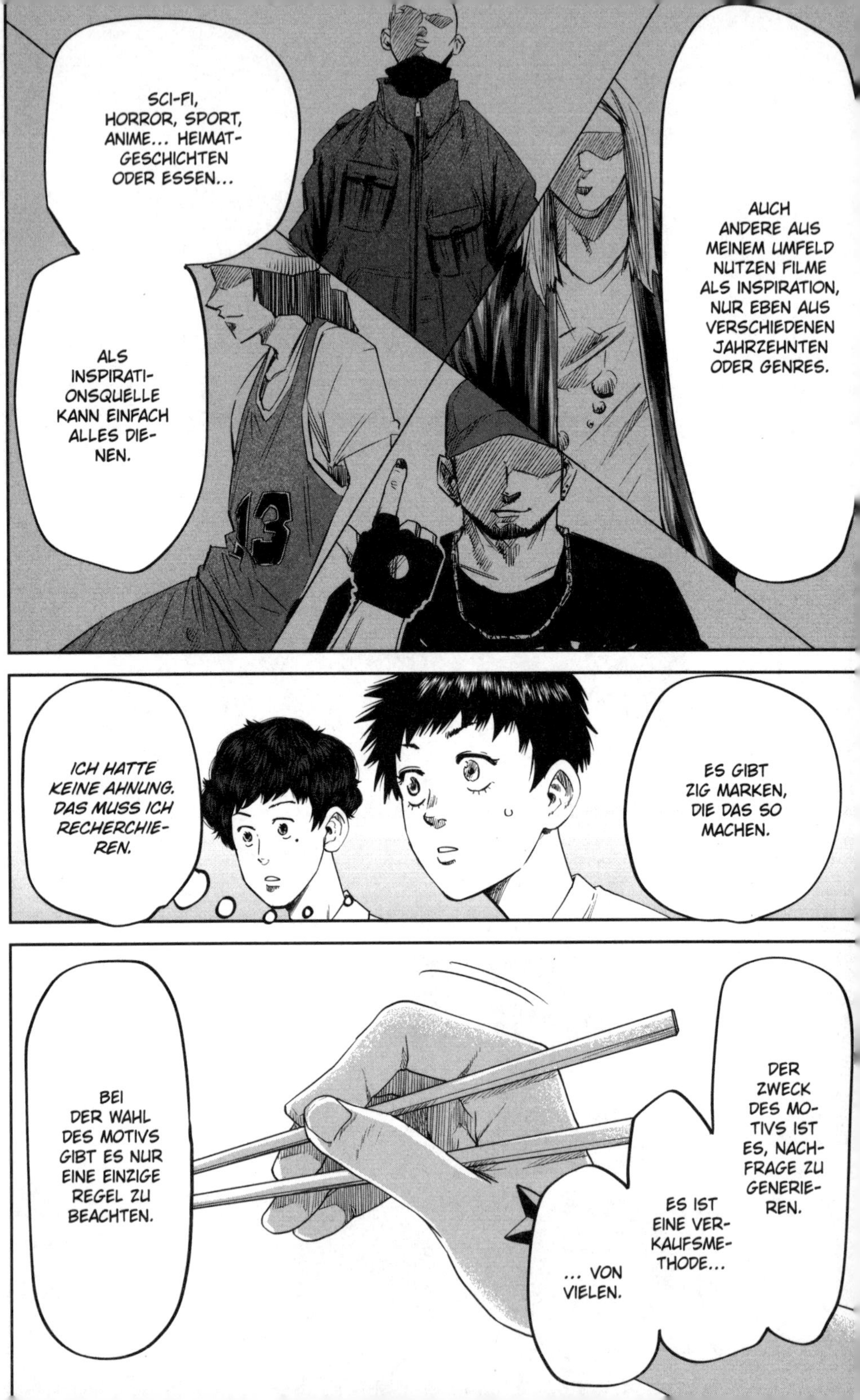
AUCH ANDERE AUS MEINEM UMFELD NUTZEN FILME ALS INSPIRATION, NUR EBEN AUS VERSCHIEDENEN JAHRZEHNTEN ODER GENRES.
SCI-FI, HORROR, SPORT, ANIME… HEIMAT-GESCHICHTEN ODER ESSEN…
ALS INSPIRATIONSQUELLE KANN EINFACH ALLES DIENEN.
ES GIBT ZIG MARKEN, DIE DAS SO MACHEN.
ICH HATTE KEINE AHNUNG. DAS MUSS ICH RECHERCHIEREN.
DER ZWECK DES MOTIVS IST ES, NACHFRAGE ZU GENERIEREN.
ES IST EINE VERKAUFSMETHODE…
… VON VIELEN.
BEI DER WAHL DES MOTIVS GIBT ES NUR EINE EINZIGE REGEL ZU BEACHTEN.

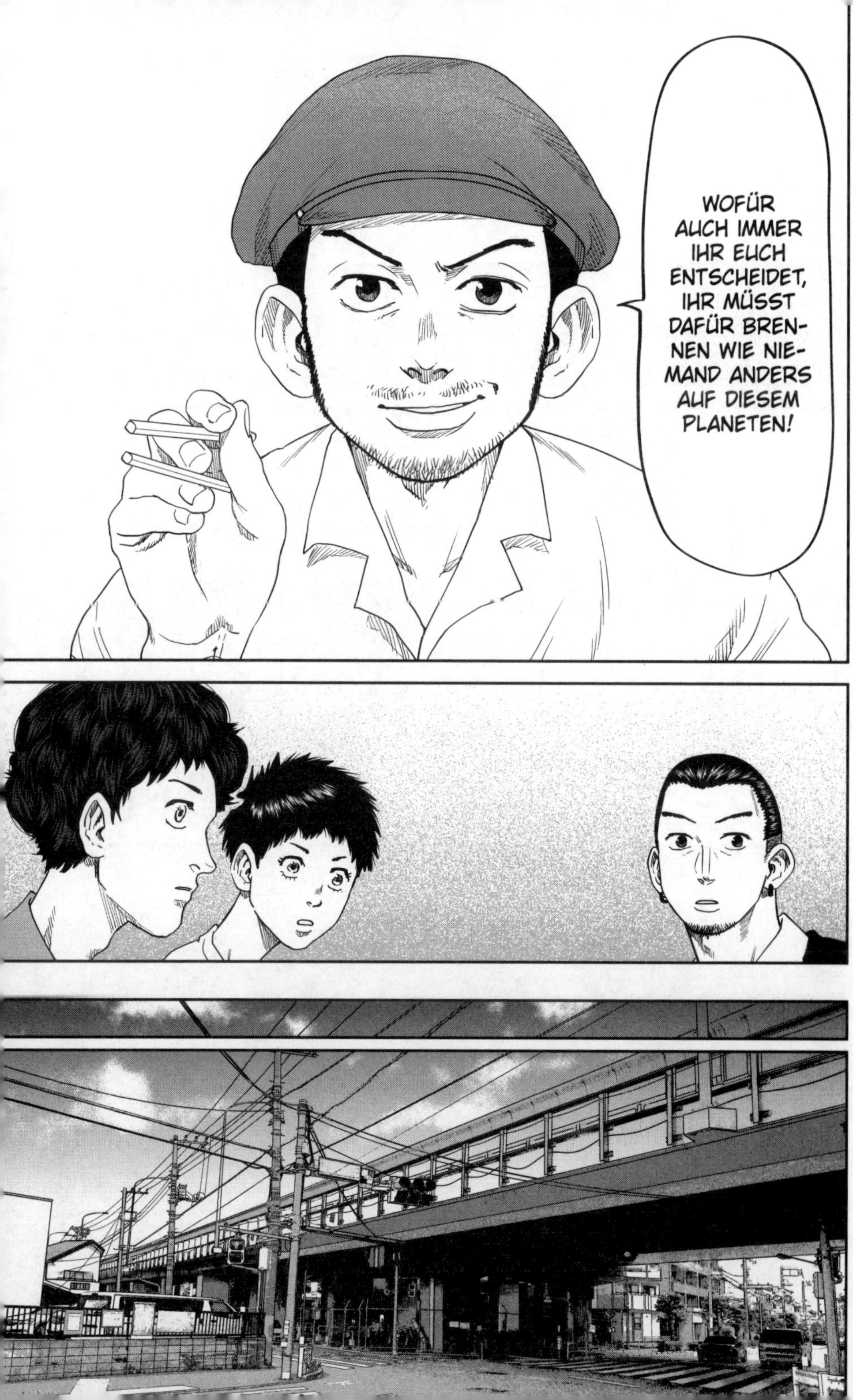
WOFÜR AUCH IMMER IHR EUCH ENTSCHEIDET, IHR MÜSST DAFÜR BRENNEN WIE NIEMAND ANDERS AUF DIESEM PLANETEN!

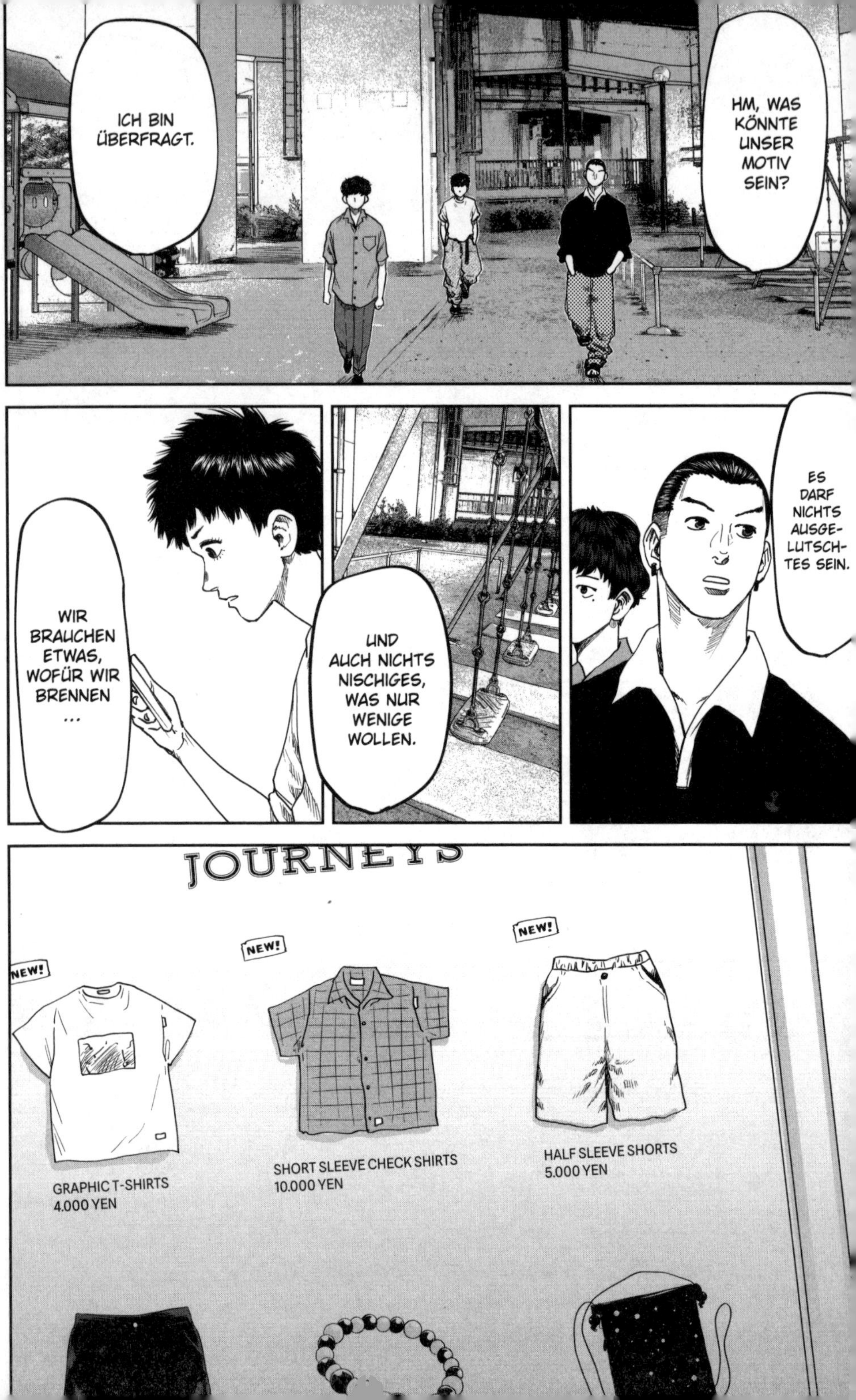
HM, WAS KÖNNTE UNSER MOTIV SEIN?
ICH BIN ÜBERFRAGT.
ES DARF NICHTS AUSGE-
LUTSCH-
TES SEIN.
UND AUCH NICHTS NISCHIGES, WAS NUR WENIGE WOLLEN.
WIR BRAUCHEN ETWAS, WOFÜR WIR BRENNEN …
JOURNEYS
NEW!
HALF SLEEVE SHORTS
5.000 YEN
NEW!
SHORT SLEEVE CHECK SHIRTS
10.000 YEN
NEW!
GRAPHIC T-SHIRTS
4.000 YEN

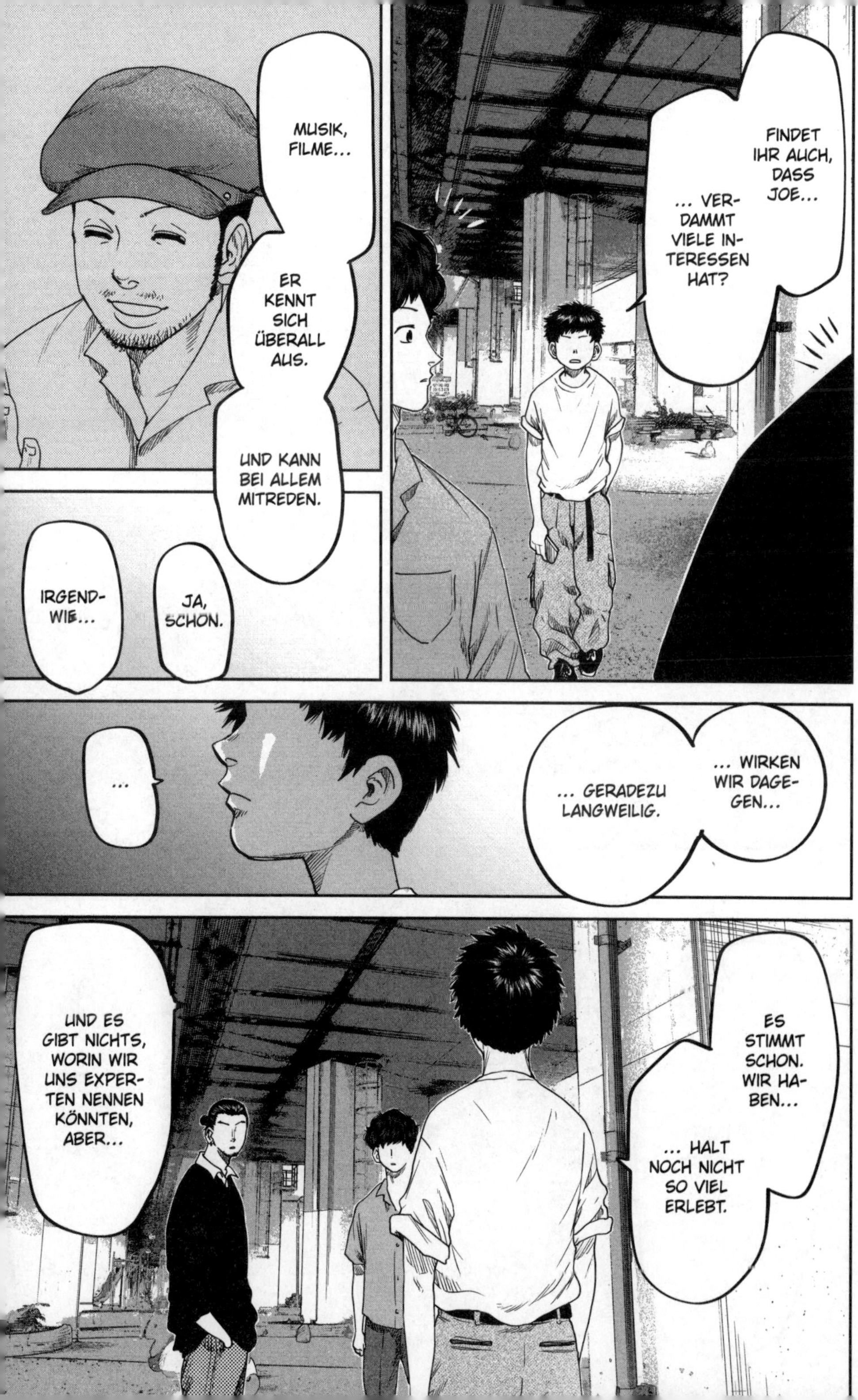
FINDET IHR AUCH, DASS JOE...
... VERDAMMT VIELE INTERESSEN HAT?
MUSIK, FILME...
ER KENNT SICH ÜBERALL AUS.
UND KANN BEI ALLEM MITREDEN.
JA, SCHON.
IRGENDWIE...
... WIRKEN WIR DAGEGEN...
... GERADEZU LANGWEILIG.
...
ES STIMMT SCHON. WIR HABEN...
... HALT NOCH NICHT SO VIEL ERLEBT.
UND ES GIBT NICHTS, WORIN WIR UNS EXPERTEN NENNEN KÖNNTEN, ABER...

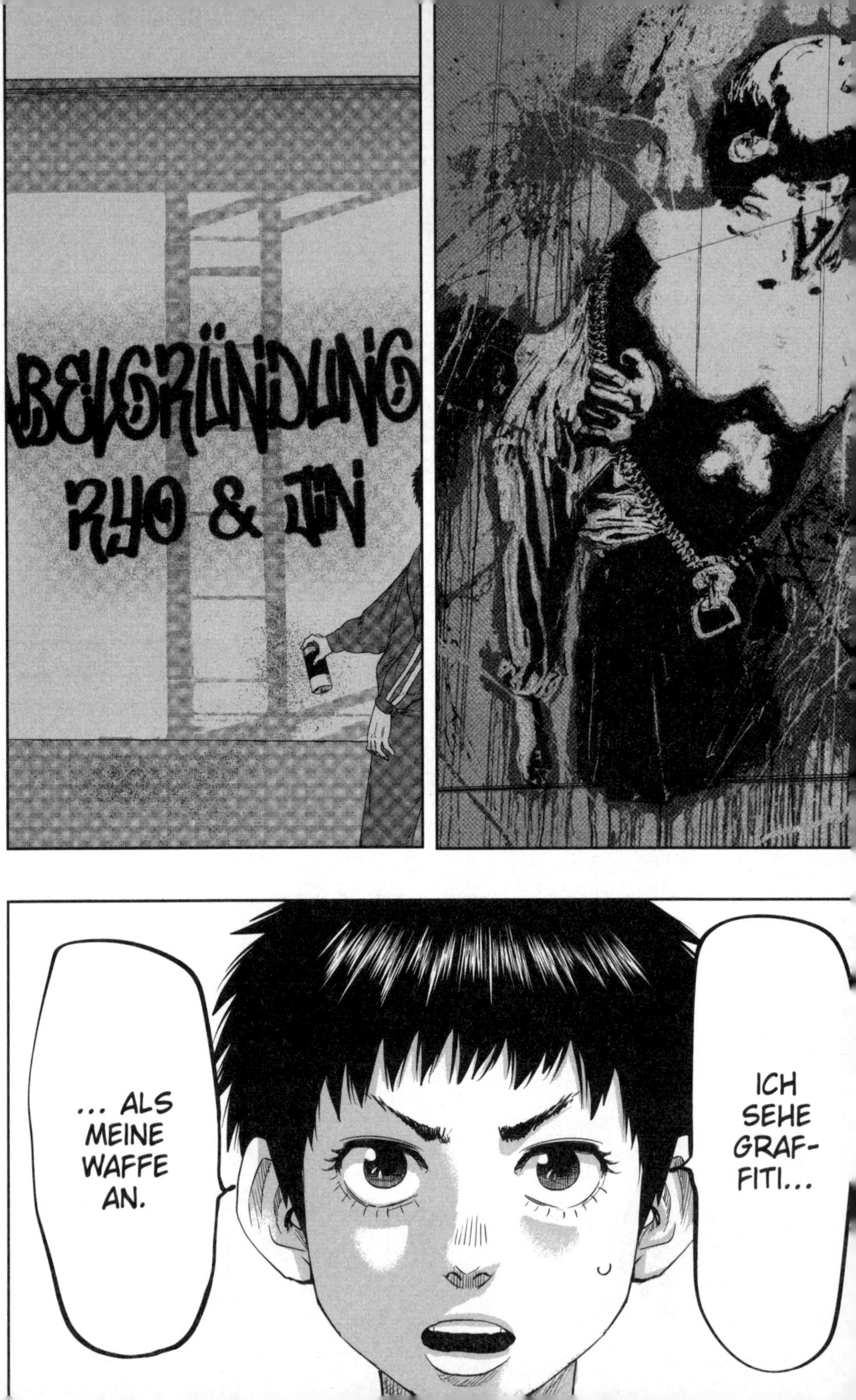
RYO & JIN
ICH SEHE GRAFFITI...
... ALS MEINE WAFFE AN.

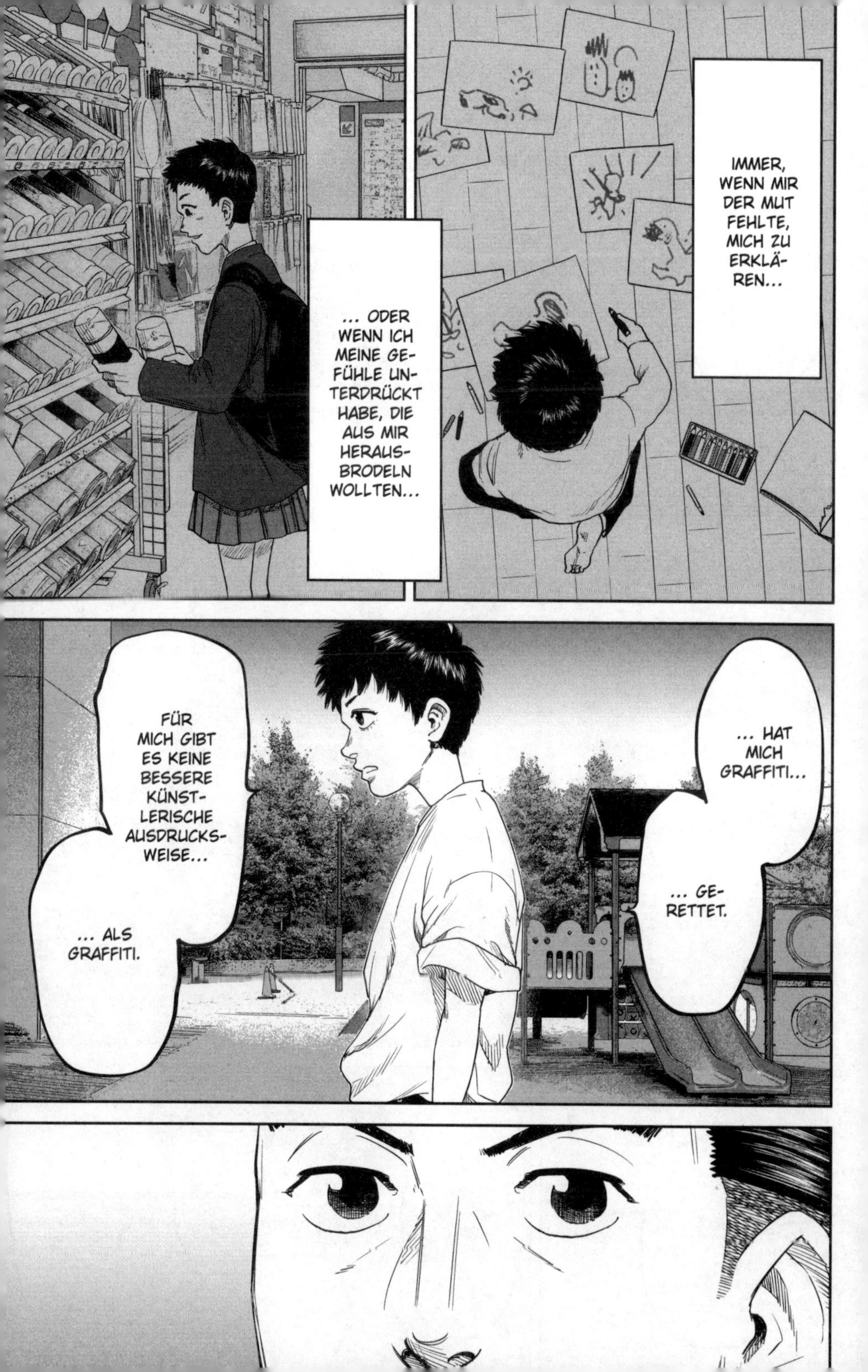
IMMER, WENN MIR DER MUT FEHLTE, MICH ZU ERKLÄREN…
… ODER WENN ICH MEINE GEFÜHLE UNTERDRÜCKT HABE, DIE AUS MIR HERAUSBRODELN WOLLTEN…
… HAT MICH GRAFFITI…
… GERETTET.
FÜR MICH GIBT ES KEINE BESSERE KÜNSTLERISCHE AUSDRUCKSWEISE…
… ALS GRAFFITI.

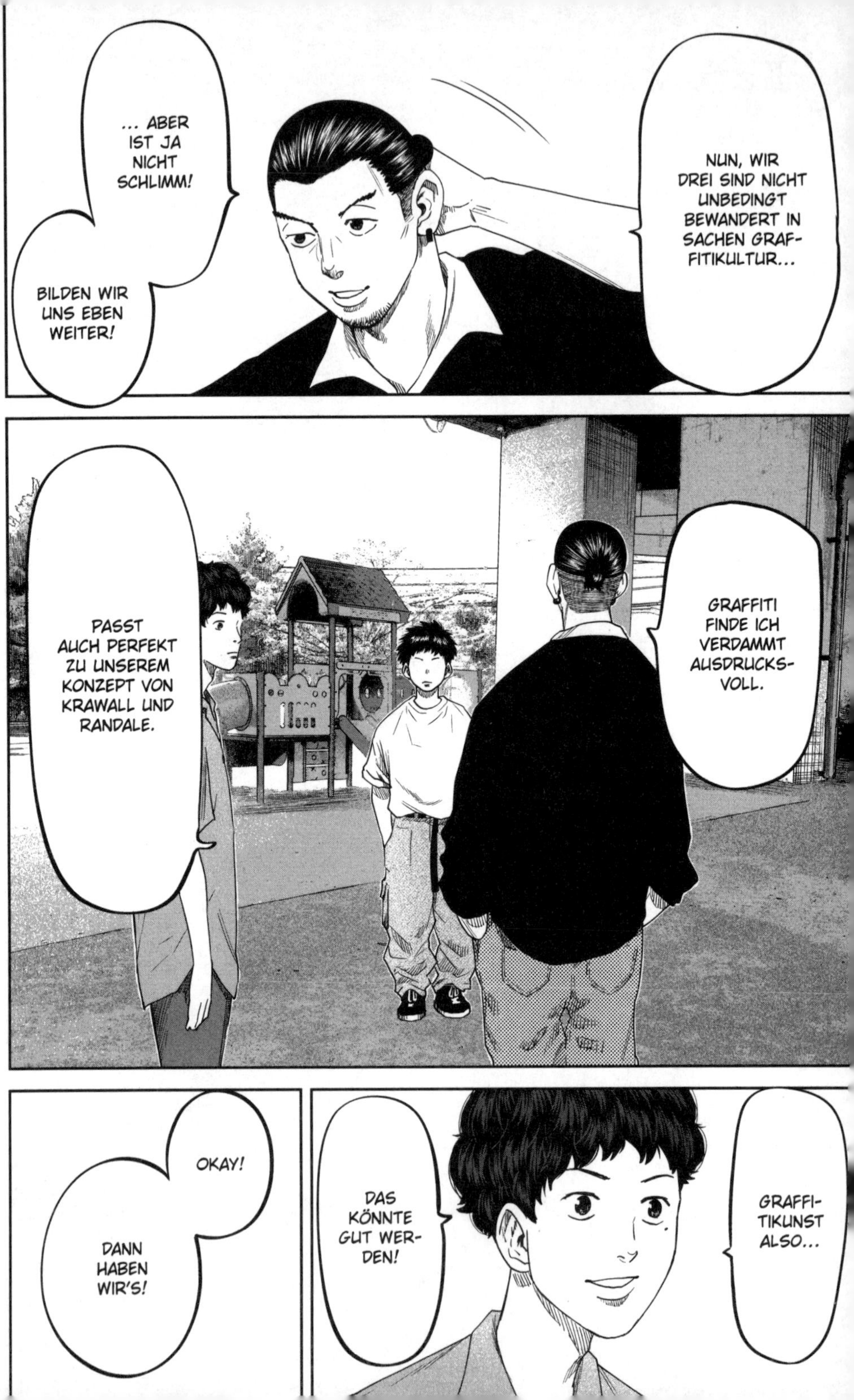
NUN, WIR DREI SIND NICHT UNBEDINGT BEWANDERT IN SACHEN GRAFFITIKULTUR...
... ABER IST JA NICHT SCHLIMM!
BILDEN WIR UNS EBEN WEITER!
GRAFFITI FINDE ICH VERDAMMT AUSDRUCKSVOLL.
PASST AUCH PERFEKT ZU UNSEREM KONZEPT VON KRAWALL UND RANDALE.
GRAFFITIKUNST ALSO...
DAS KÖNNTE GUT WERDEN!
OKAY!
DANN HABEN WIR'S!

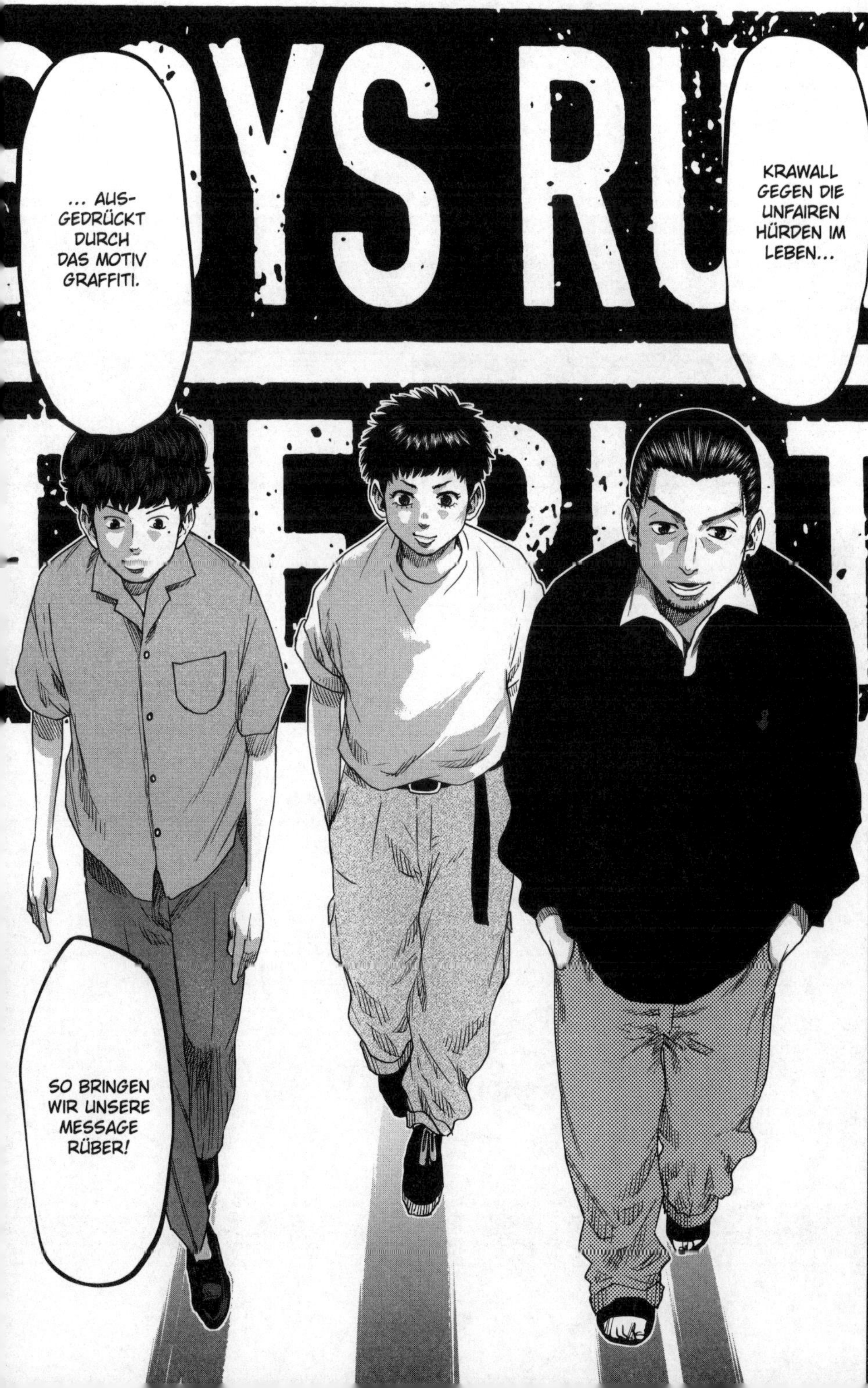
KRAWALL GEGEN DIE UNFAIREN HÜRDEN IM LEBEN…
… AUS-GEDRÜCKT DURCH DAS MOTIV GRAFFITI.
SO BRINGEN WIR UNSERE MESSAGE RÜBER!

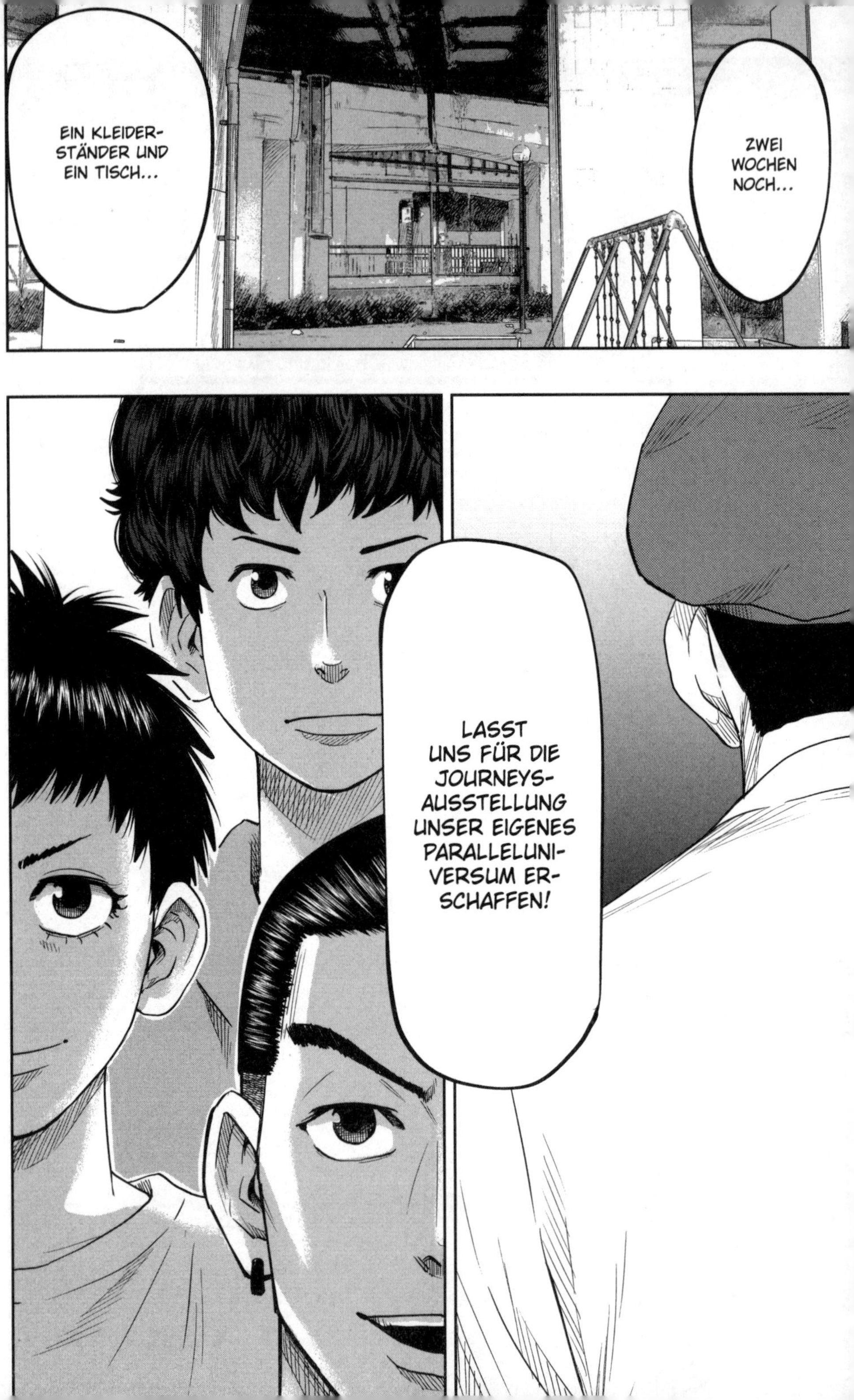
ZWEI WOCHEN NOCH…
EIN KLEIDER-STÄNDER UND EIN TISCH…
LASST UNS FÜR DIE JOURNEYS-AUSSTELLUNG UNSER EIGENES PARALLELUNI-VERSUM ER-SCHAFFEN!

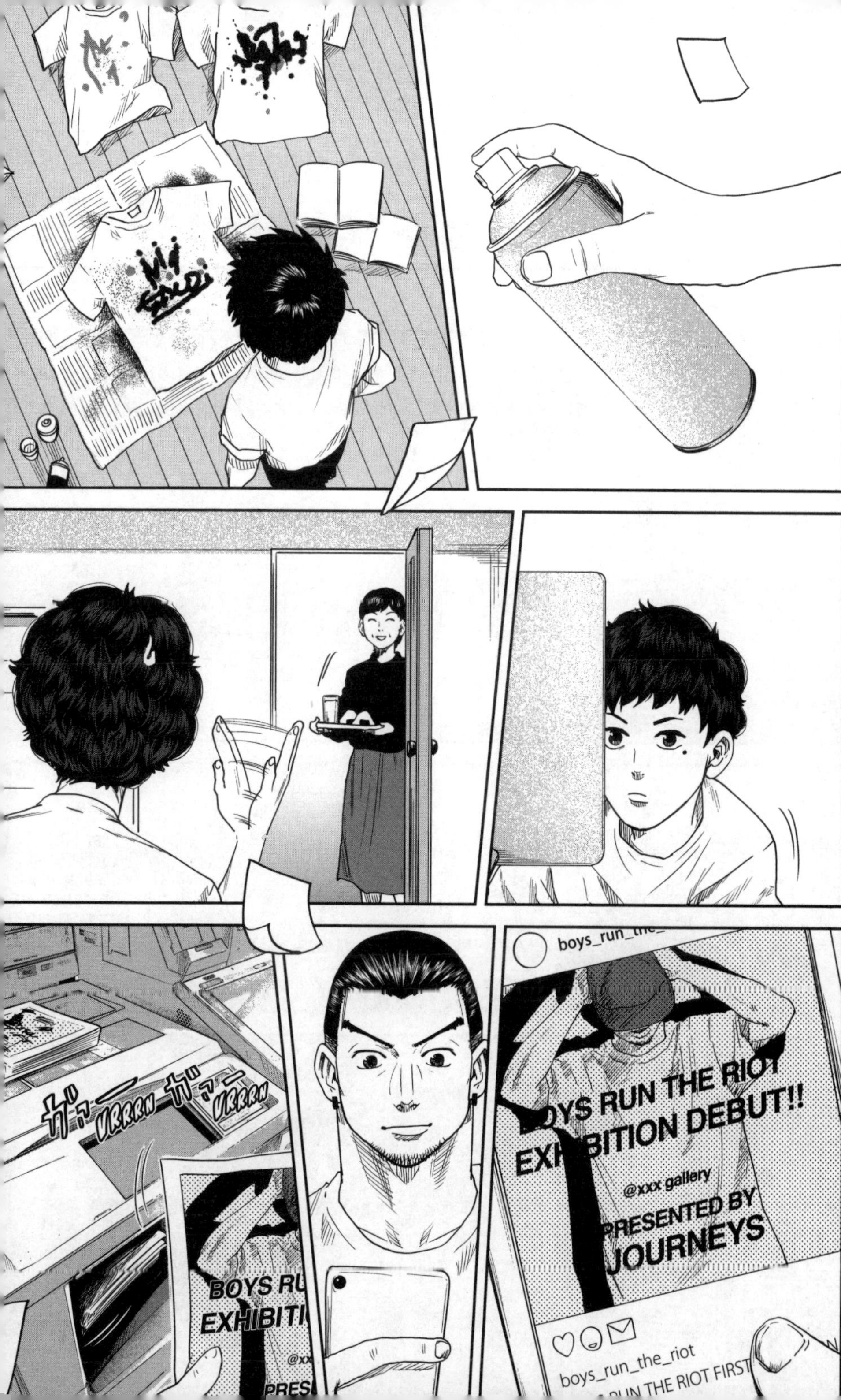
VRRRN
VRRRN
boys_run_the_
OYS RUN THE RIOT
EXH BITION DEBUT!!
@xxx gallery
PRESENTED BY
JOURNEYS
boys_run_the_riot
RUN THE RIOT FIRST
BOYS RU
EXHIBITI

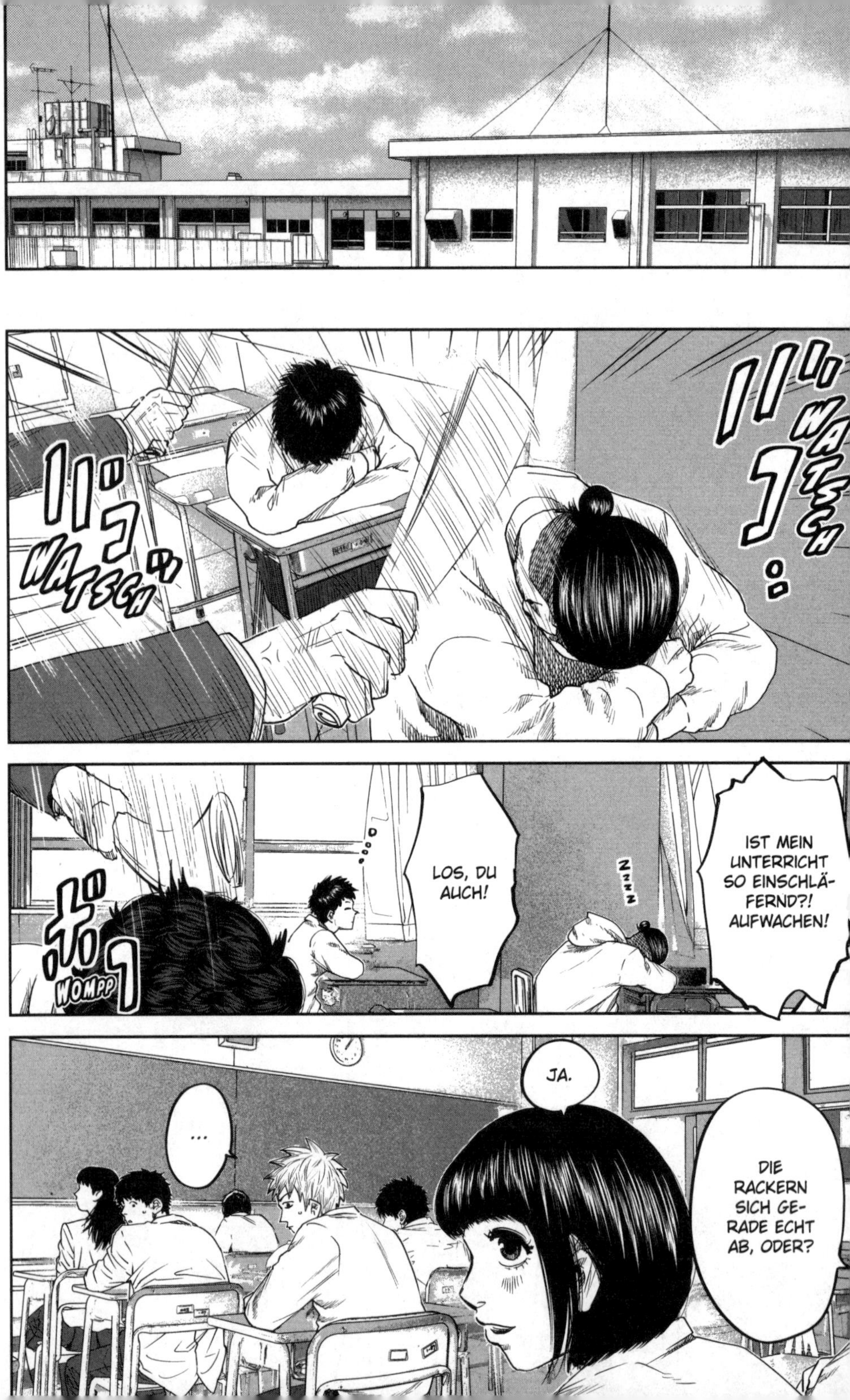
WATSCH
WATSCH
IST MEIN UNTERRICHT SO EINSCHLÄFERND?! AUFWACHEN!
ZZZ
LOS, DU AUCH!
WOMPP
JA.
DIE RACKERN SICH GERADE ECHT AB, ODER?
...

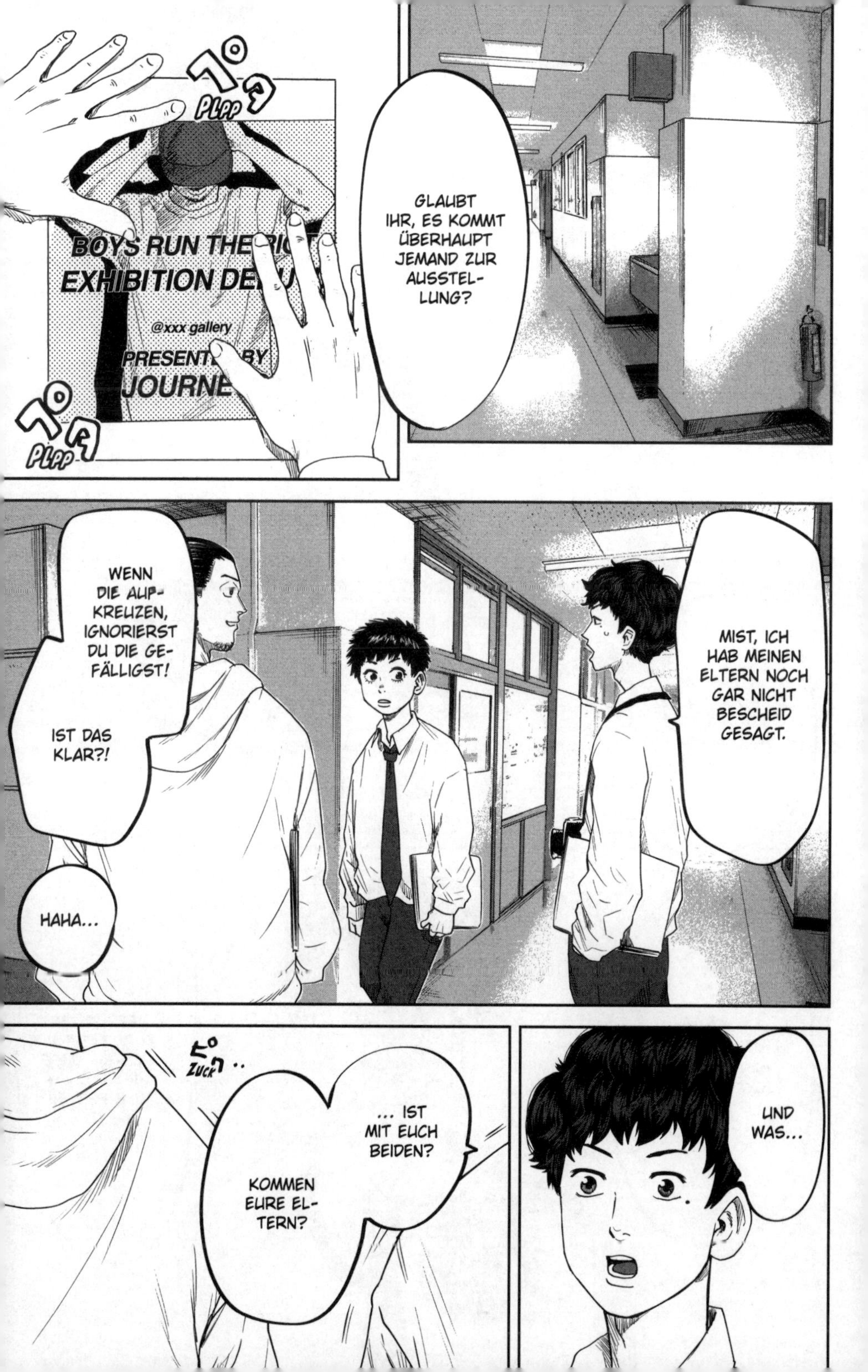
GLAUBT IHR, ES KOMMT ÜBERHAUPT JEMAND ZUR AUSSTEL-LUNG?
PLPP
PLPP
@xxx gallery
MIST, ICH HAB MEINEN ELTERN NOCH GAR NICHT BESCHEID GESAGT.
WENN DIE AUF-KREUZEN, IGNORIERST DU DIE GE-FÄLLIGST!
IST DAS KLAR?!
HAHA...
UND WAS...
... IST MIT EUCH BEIDEN?
KOMMEN EURE EL-TERN?
ZUCK

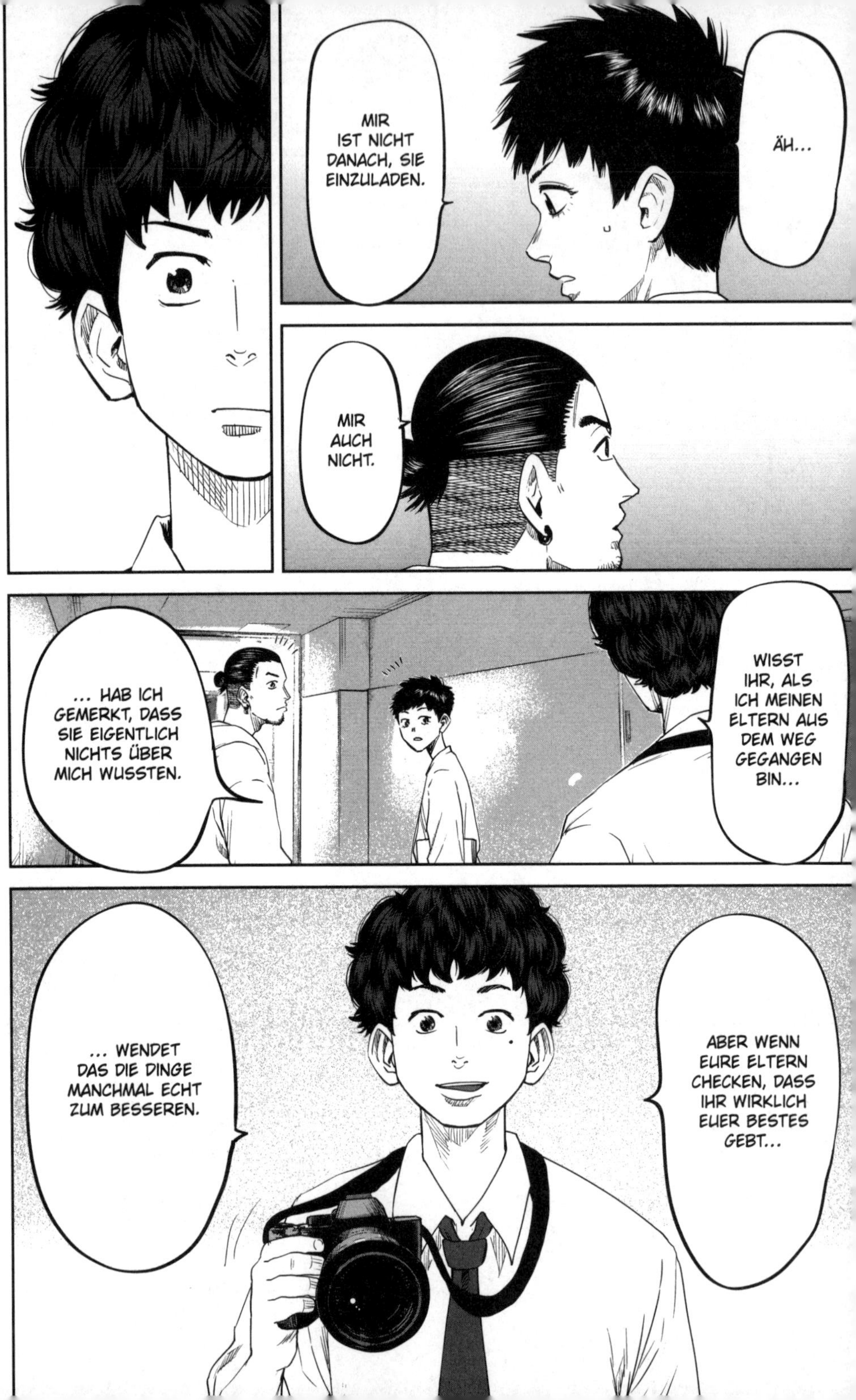
ÄH…
MIR IST NICHT DANACH, SIE EINZULADEN.
MIR AUCH NICHT.
WISST IHR, ALS ICH MEINEN ELTERN AUS DEM WEG GEGANGEN BIN…
… HAB ICH GEMERKT, DASS SIE EIGENTLICH NICHTS ÜBER MICH WUSSTEN.
ABER WENN EURE ELTERN CHECKEN, DASS IHR WIRKLICH EUER BESTES GEBT…
… WENDET DAS DIE DINGE MANCHMAL ECHT ZUM BESSEREN.

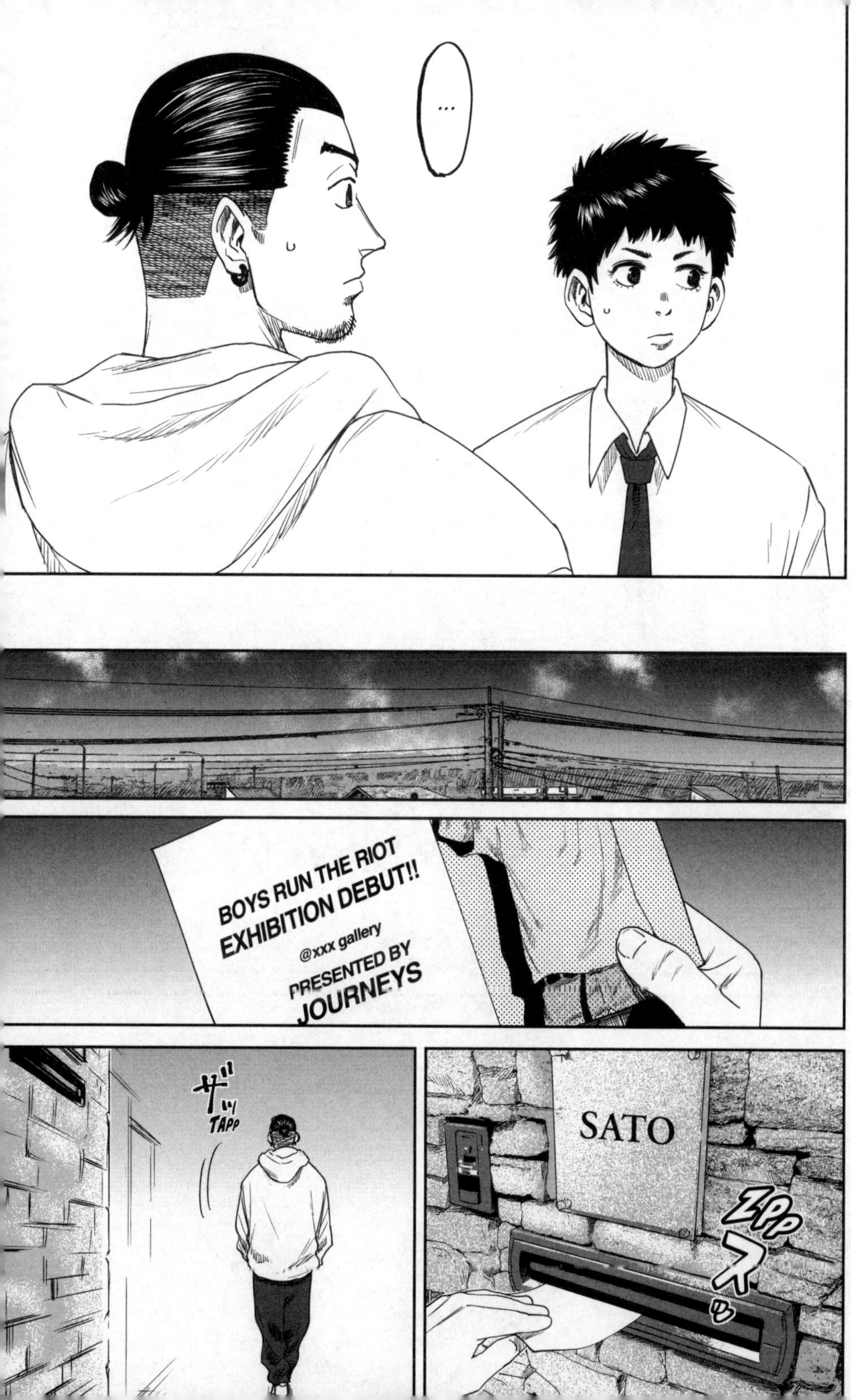
...
BOYS RUN THE RIOT
EXHIBITION DEBUT!!
@xxx gallery
PRESENTED BY
JOURNEYS
SATO
ZPP
ス
ザッ
TAPP

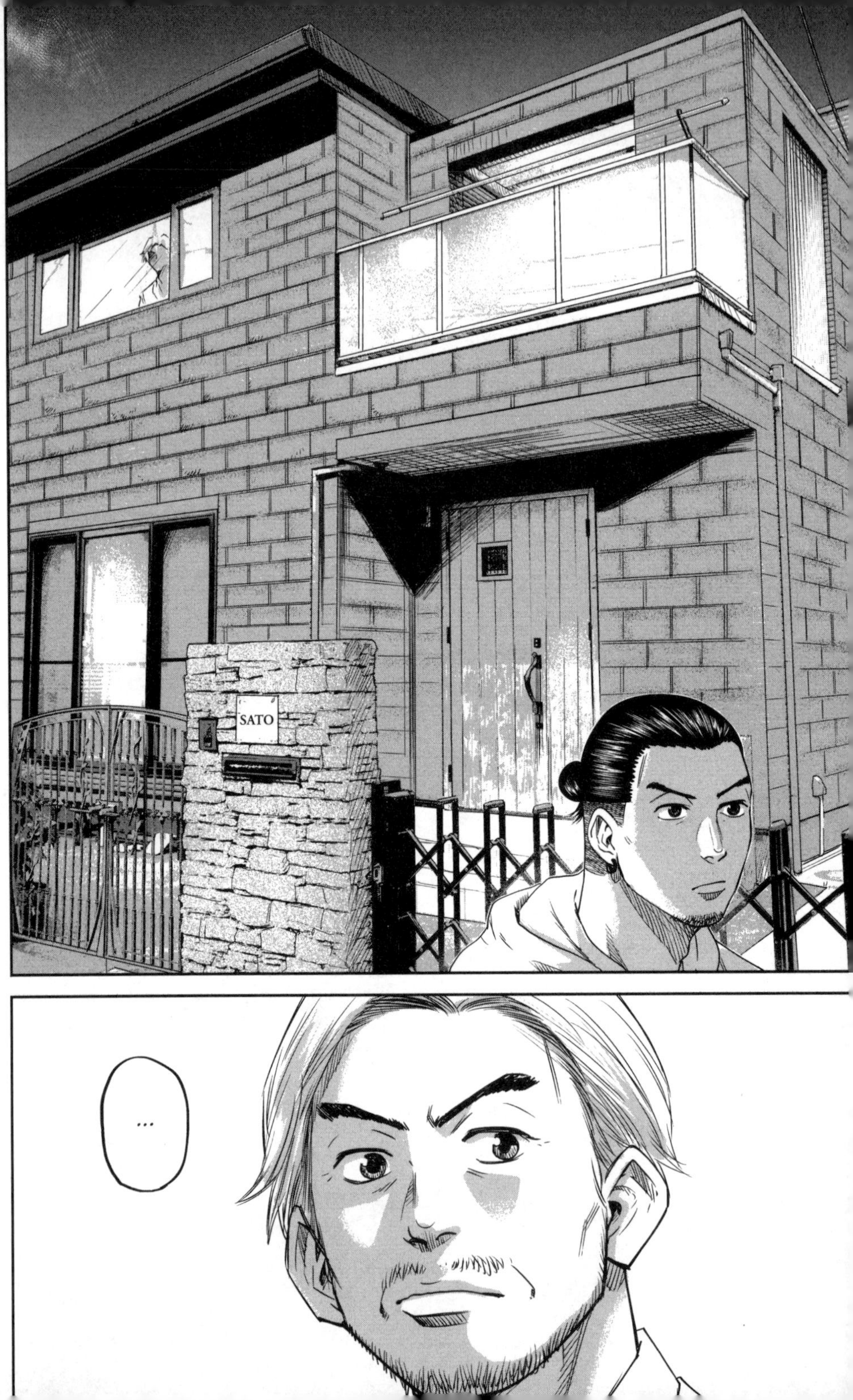
SATO
...

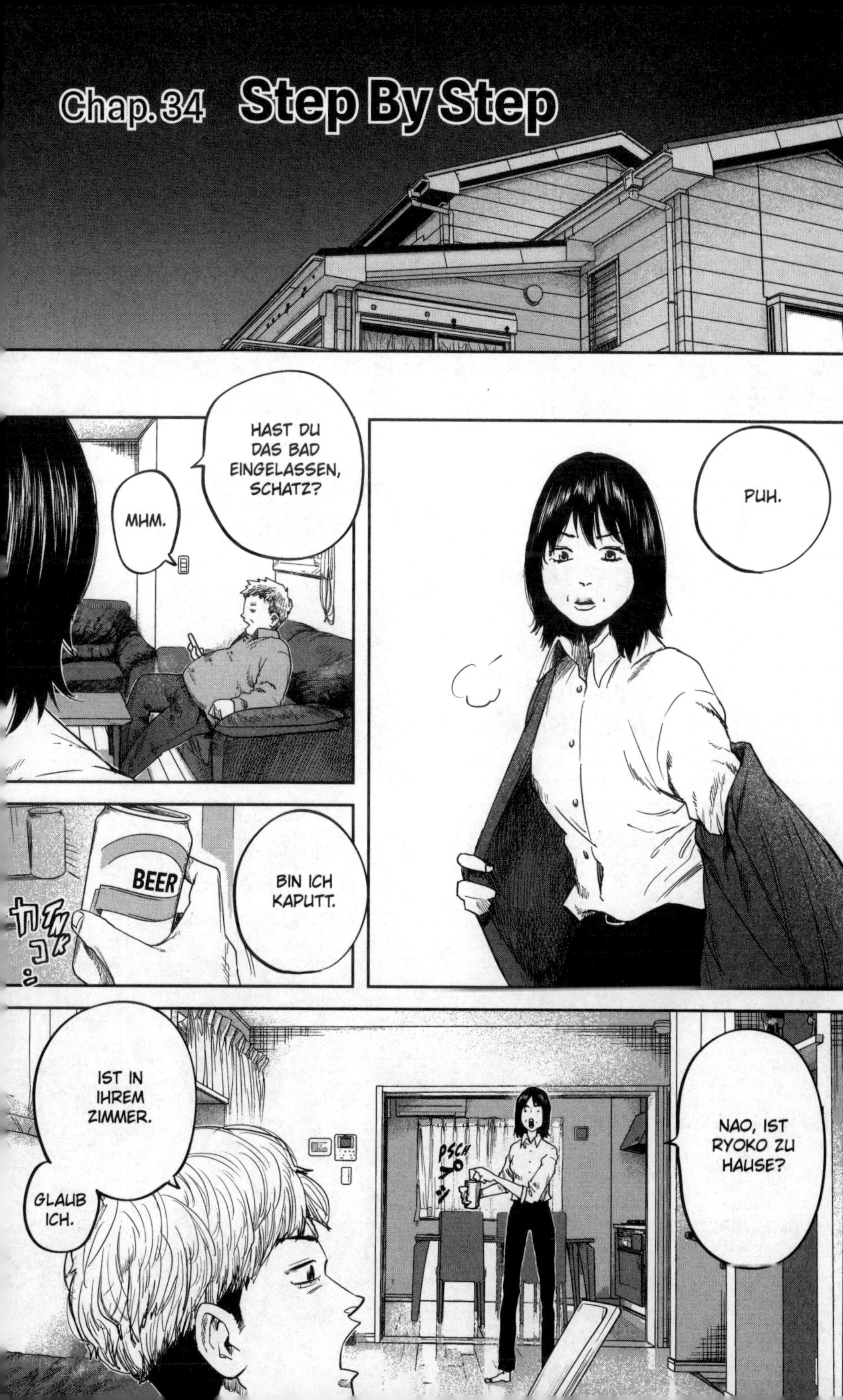
Chap. 34 Step By Step
PUH.
HAST DU DAS BAD EINGELASSEN, SCHATZ?
MHM.
BIN ICH KAPUTT.
BEER
NAO, IST RYOKO ZU HAUSE?
PSCH
IST IN IHREM ZIMMER.
GLAUB ICH.

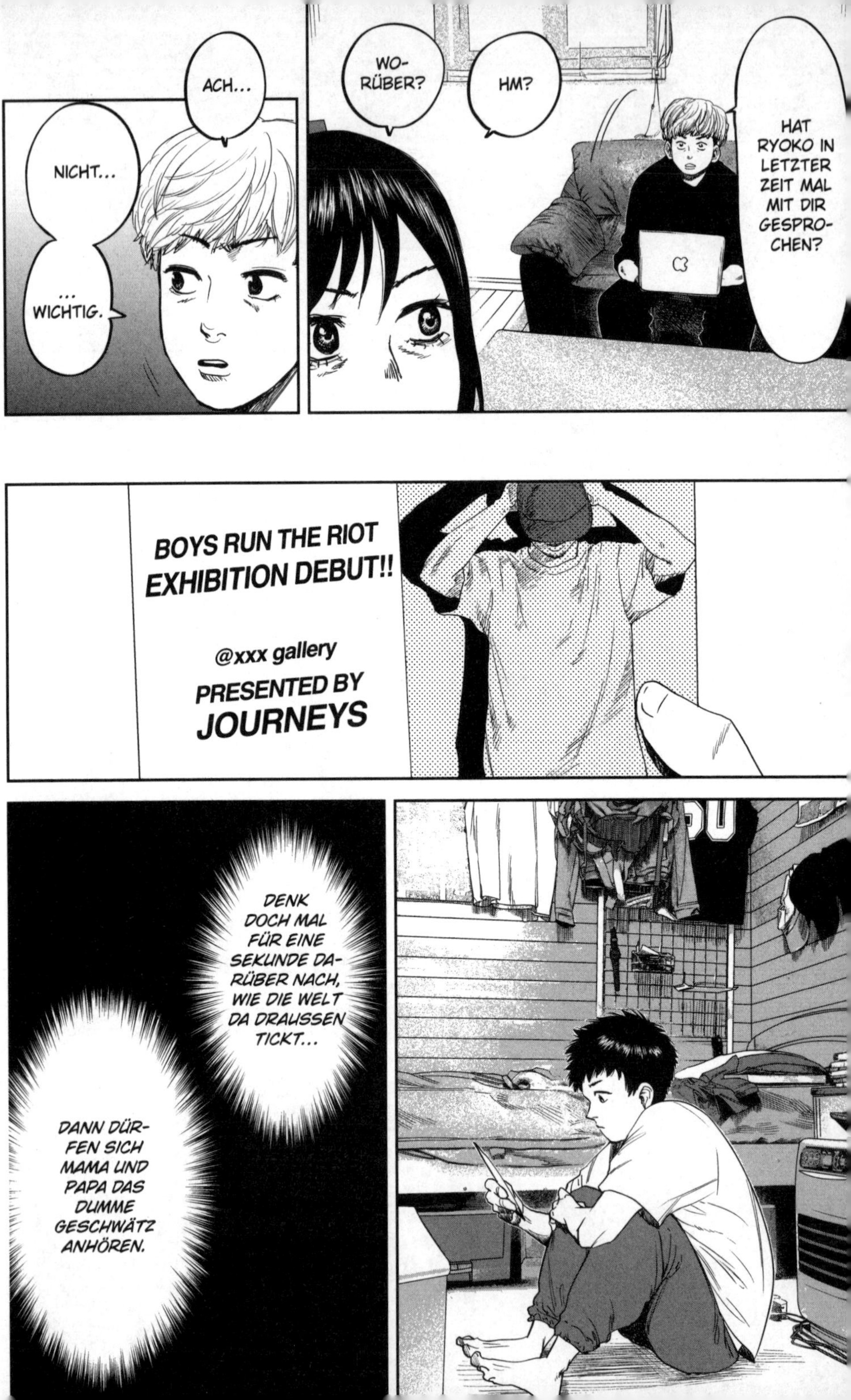
HAT RYOKO IN LETZTER ZEIT MAL MIT DIR GESPRO-CHEN?
HM?
WO-RÜBER?
ACH…
NICHT…
… WICHTIG.
BOYS RUN THE RIOT EXHIBITION DEBUT!!
@xxx gallery
PRESENTED BY JOURNEYS
DENK DOCH MAL FÜR EINE SEKUNDE DA-RÜBER NACH, WIE DIE WELT DA DRAUSSEN TICKT…
DANN DÜR-FEN SICH MAMA UND PAPA DAS DUMME GESCHWÄTZ ANHÖREN.

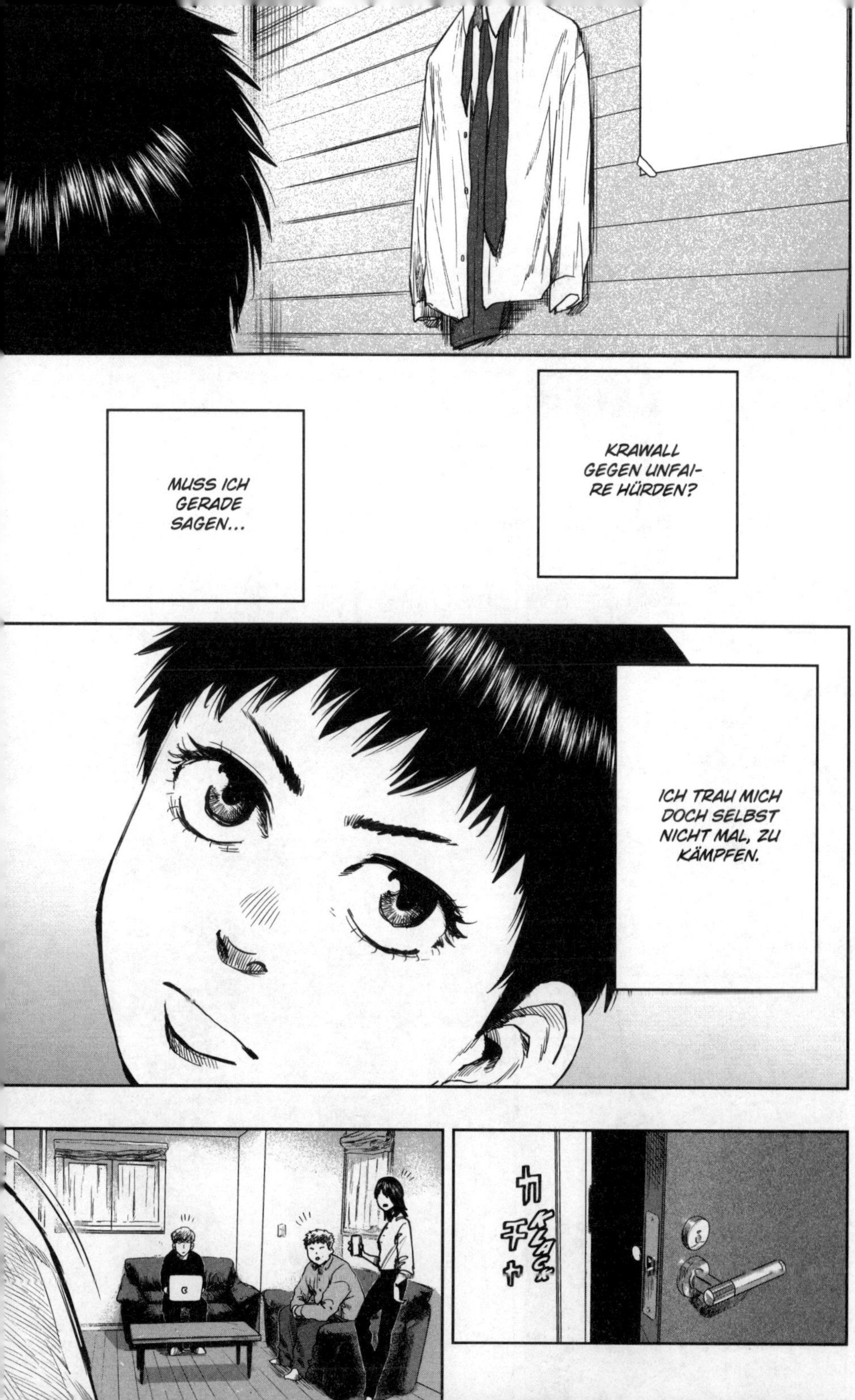
KRAWALL GEGEN UNFAIRE HÜRDEN?
MUSS ICH GERADE SAGEN...
ICH TRAU MICH DOCH SELBST NICHT MAL, ZU KÄMPFEN.
KLACK
カチャ

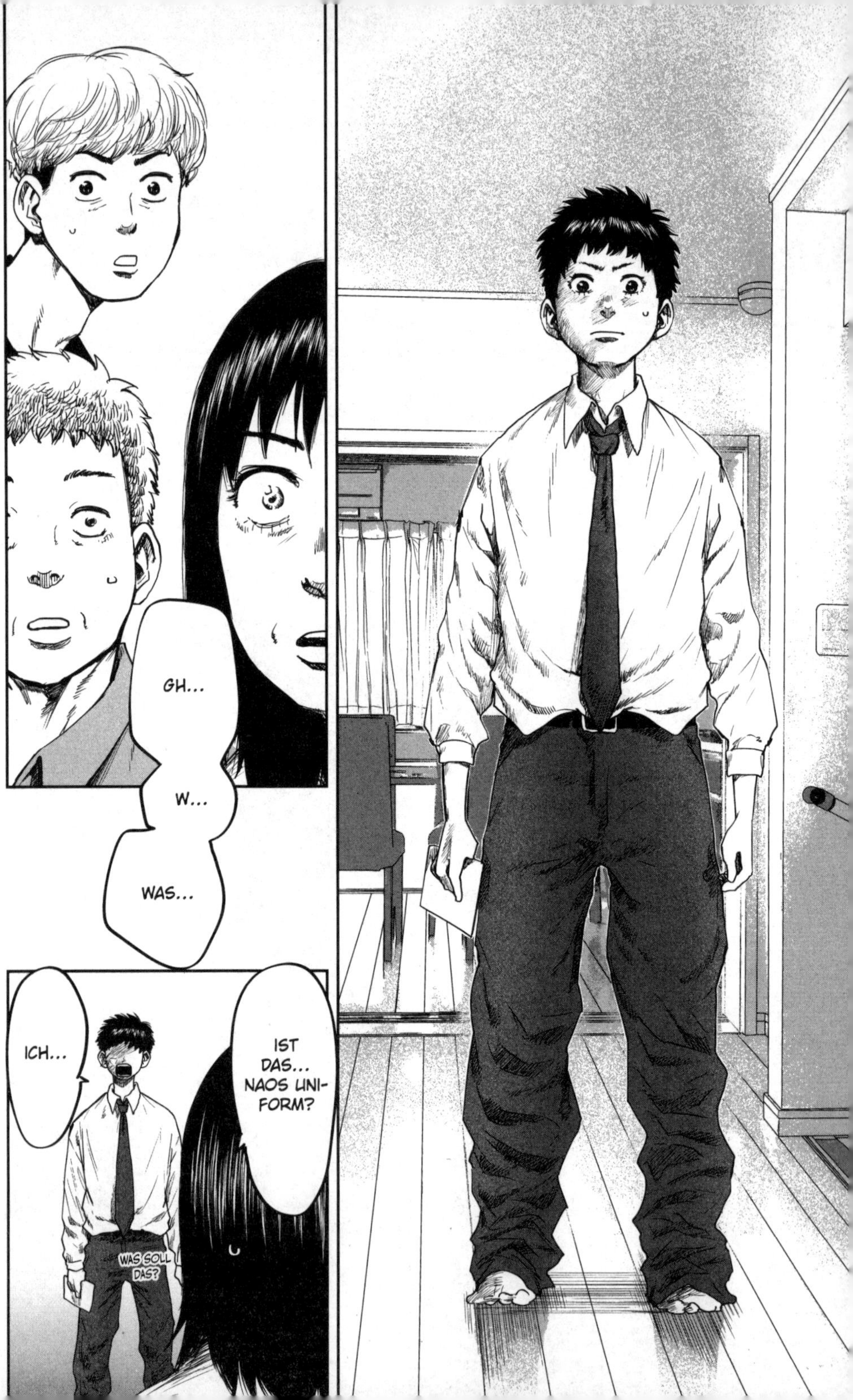
GH...
W...
WAS...
IST DAS... NAOS UNI-FORM?
ICH...
WAS SOLL DAS?

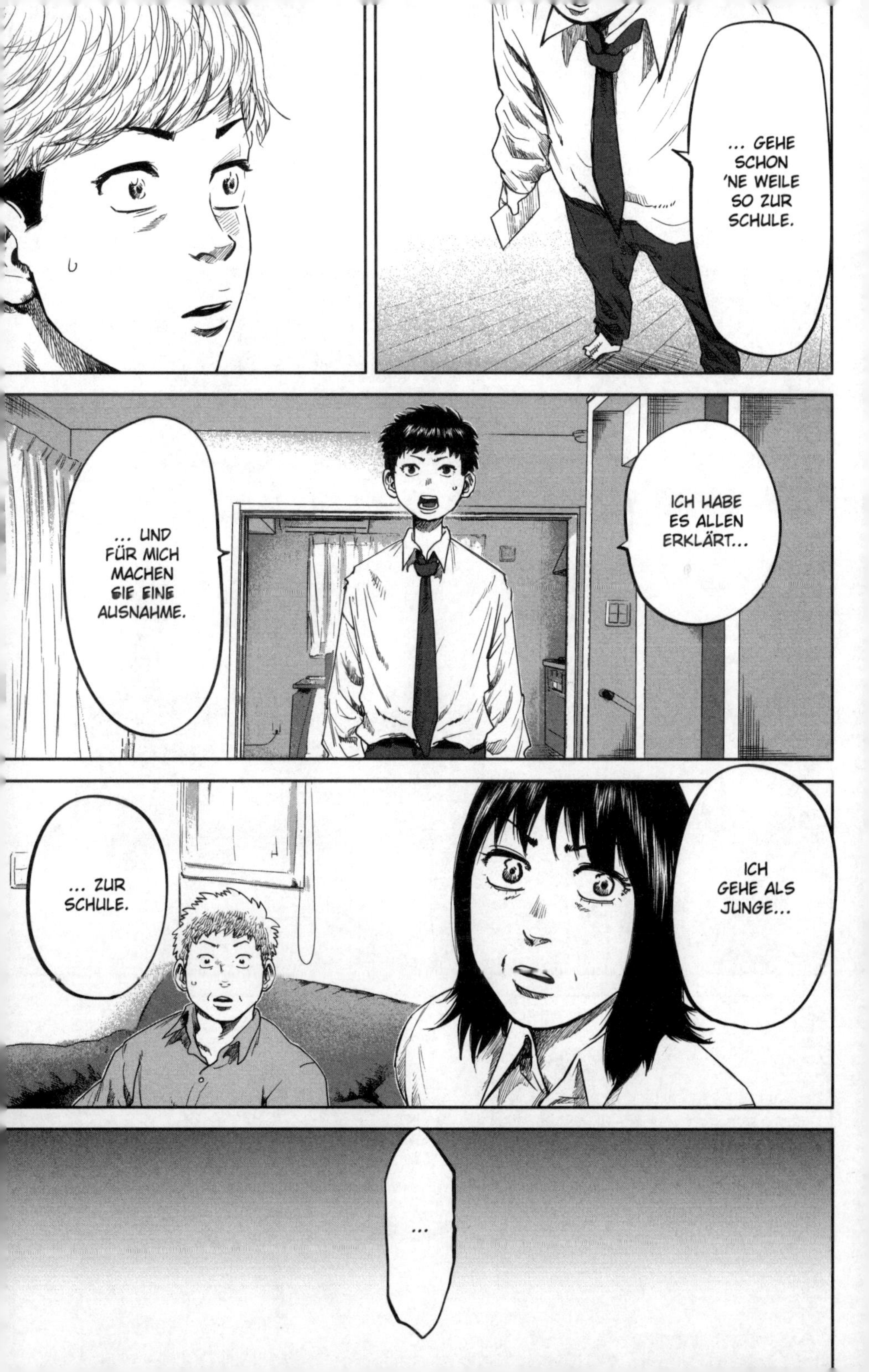
… GEHE SCHON 'NE WEILE SO ZUR SCHULE.
ICH HABE ES ALLEN ERKLÄRT…
… UND FÜR MICH MACHEN SIE EINE AUSNAHME.
ICH GEHE ALS JUNGE…
… ZUR SCHULE.
…

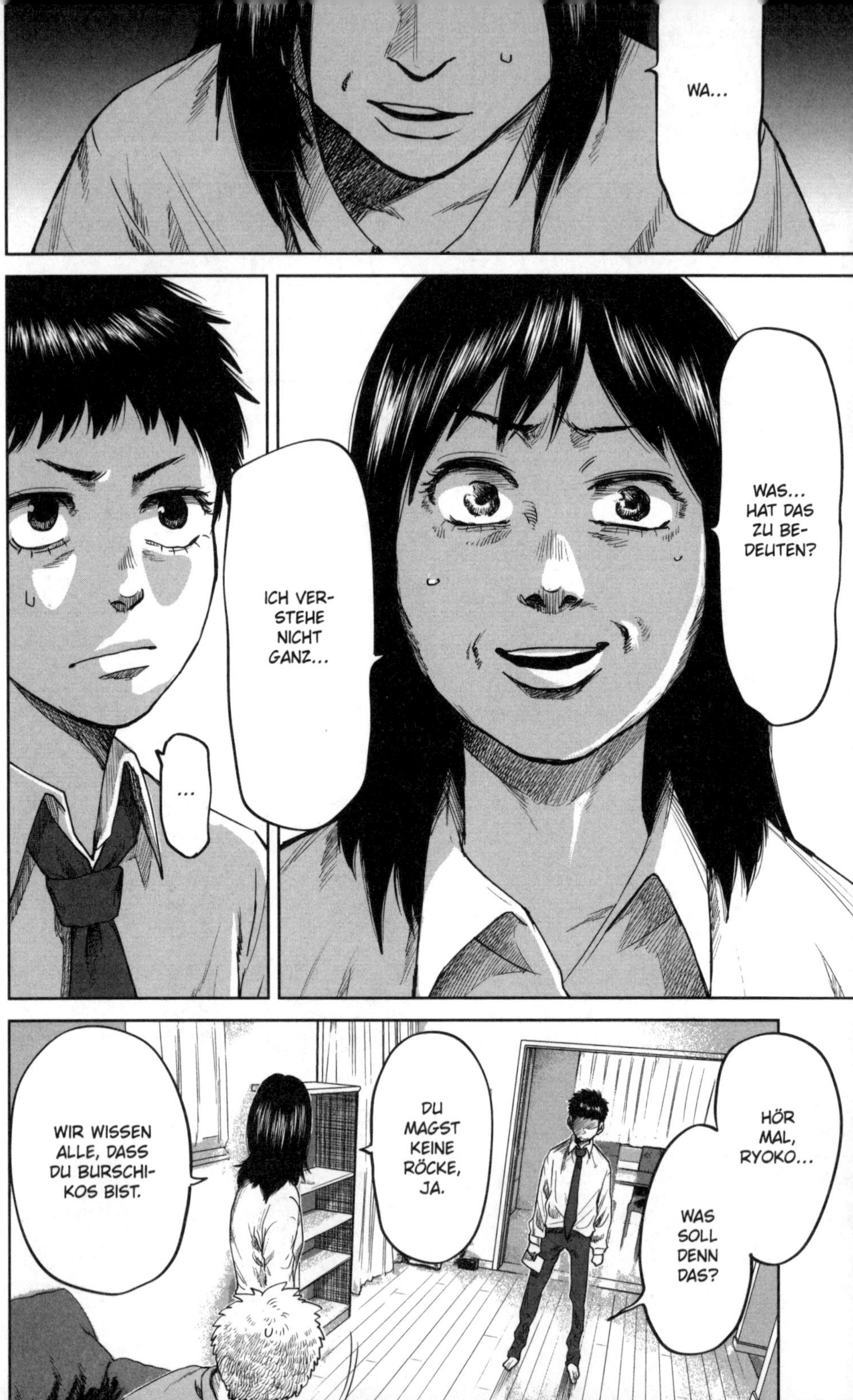
WA…
WAS… HAT DAS ZU BE-DEUTEN?
ICH VER-STEHE NICHT GANZ…
…
HÖR MAL, RYOKO…
WAS SOLL DENN DAS?
DU MAGST KEINE RÖCKE, JA.
WIR WISSEN ALLE, DASS DU BURSCHI-KOS BIST.

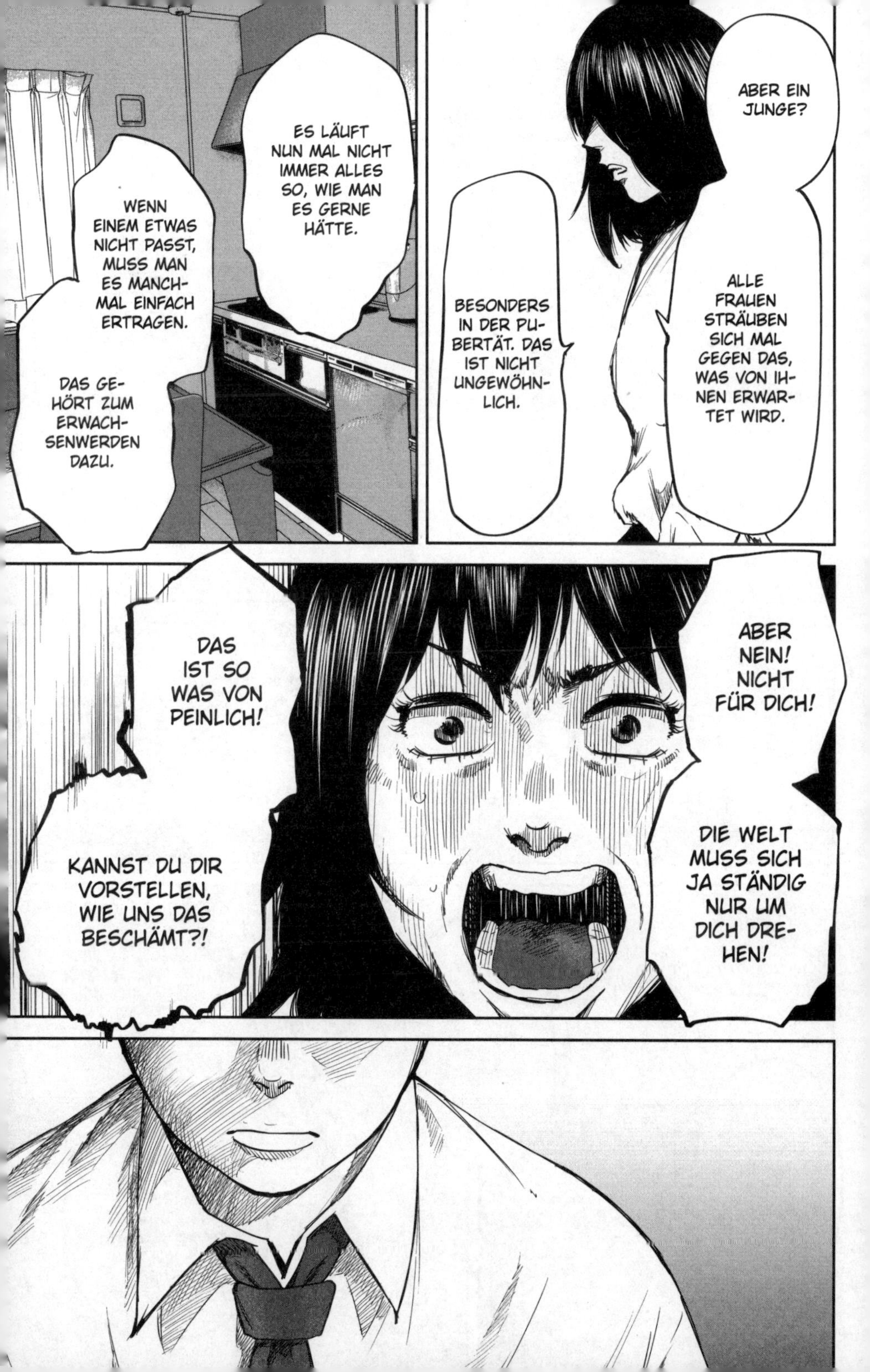

ABER EIN JUNGE?
ALLE FRAUEN STRÄUBEN SICH MAL GEGEN DAS, WAS VON IHNEN ERWARTET WIRD.
BESONDERS IN DER PUBERTÄT. DAS IST NICHT UNGEWÖHNLICH.
ES LÄUFT NUN MAL NICHT IMMER ALLES SO, WIE MAN ES GERNE HÄTTE.
WENN EINEM ETWAS NICHT PASST, MUSS MAN ES MANCHMAL EINFACH ERTRAGEN.
DAS GEHÖRT ZUM ERWACHSENWERDEN DAZU.
ABER NEIN! NICHT FÜR DICH!
DIE WELT MUSS SICH JA STÄNDIG NUR UM DICH DREHEN!
DAS IST SO WAS VON PEINLICH!
KANNST DU DIR VORSTELLEN, WIE UNS DAS BESCHÄMT?!

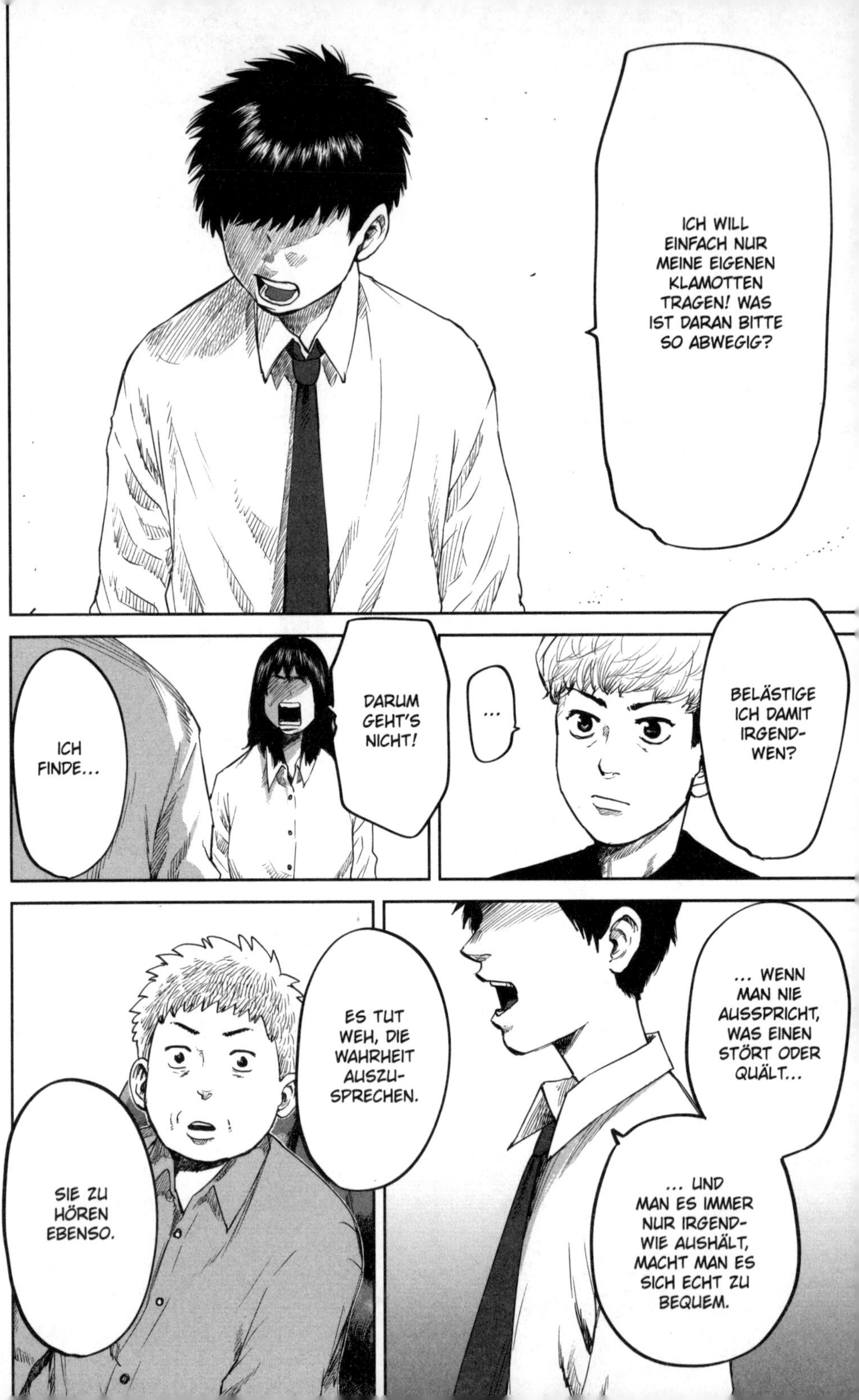
ICH WILL EINFACH NUR MEINE EIGENEN KLAMOTTEN TRAGEN! WAS IST DARAN BITTE SO ABWEGIG?
BELÄSTIGE ICH DAMIT IRGENDWEN?
...
DARUM GEHT'S NICHT!
ICH FINDE...
... WENN MAN NIE AUSSPRICHT, WAS EINEN STÖRT ODER QUÄLT...
... UND MAN ES IMMER NUR IRGENDWIE AUSHÄLT, MACHT MAN ES SICH ECHT ZU BEQUEM.
ES TUT WEH, DIE WAHRHEIT AUSZUSPRECHEN.
SIE ZU HÖREN EBENSO.

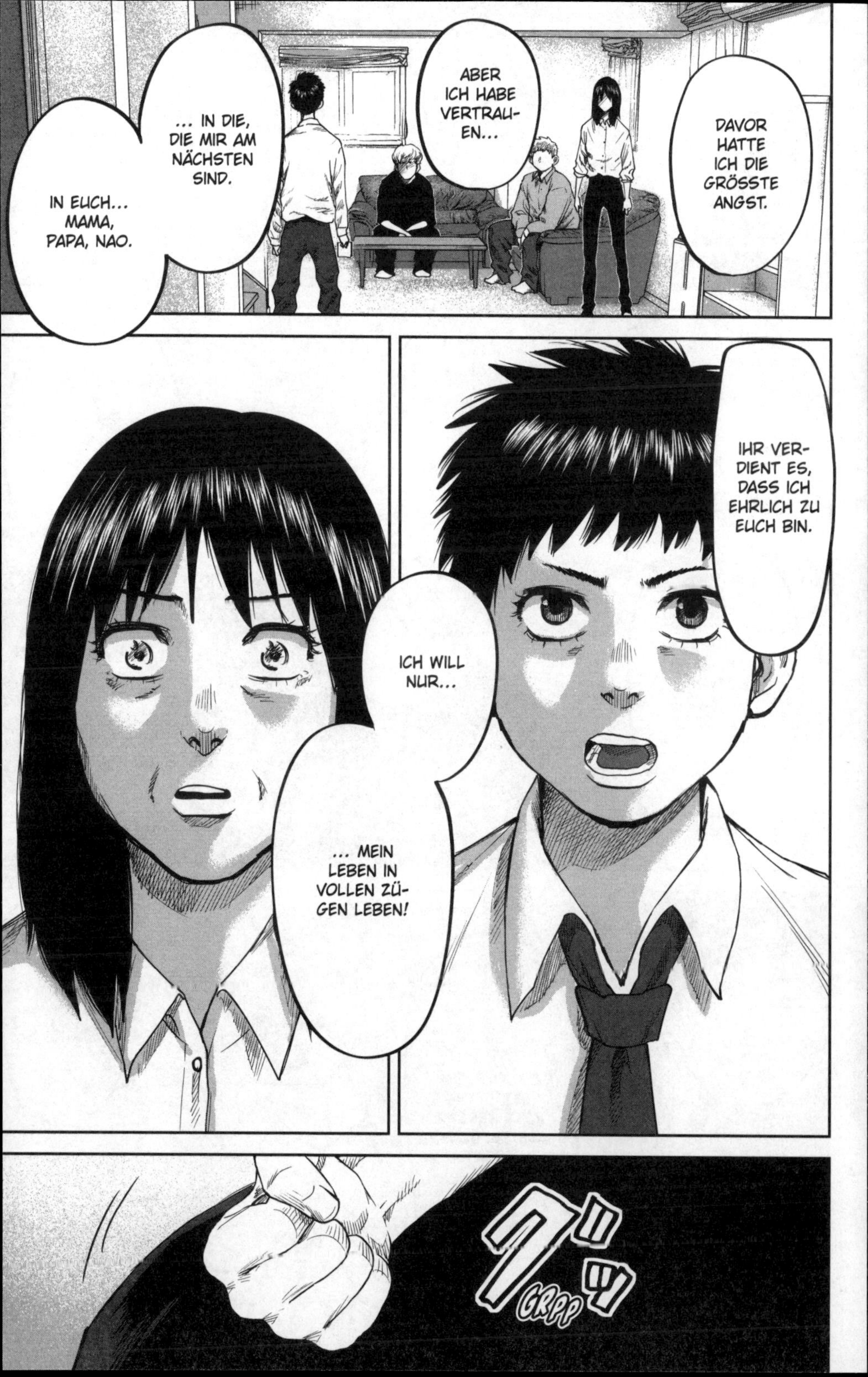
DAVOR HATTE ICH DIE GRÖSSTE ANGST.
ABER ICH HABE VERTRAU-EN...
... IN DIE, DIE MIR AM NÄCHSTEN SIND.
IN EUCH... MAMA, PAPA, NAO.
IHR VER-DIENT ES, DASS ICH EHRLICH ZU EUCH BIN.
ICH WILL NUR...
... MEIN LEBEN IN VOLLEN ZÜ-GEN LEBEN!
グッ
GRPP

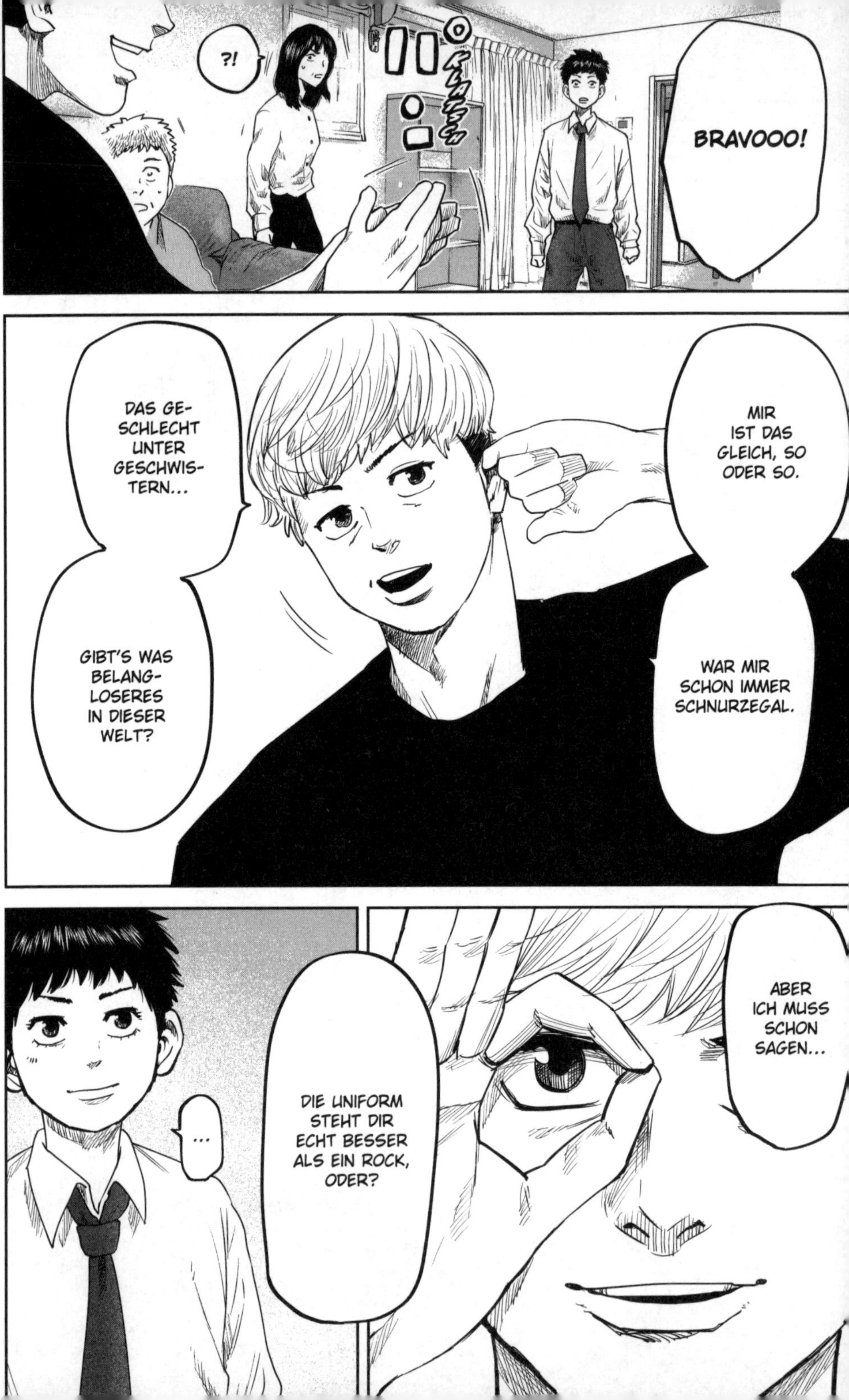
BRAVOOO!
KLATSCH
?!
MIR IST DAS GLEICH, SO ODER SO.
WAR MIR SCHON IMMER SCHNURZEGAL.
DAS GESCHLECHT UNTER GESCHWISTERN…
GIBT'S WAS BELANGLOSERES IN DIESER WELT?
ABER ICH MUSS SCHON SAGEN…
DIE UNIFORM STEHT DIR ECHT BESSER ALS EIN ROCK, ODER?
…

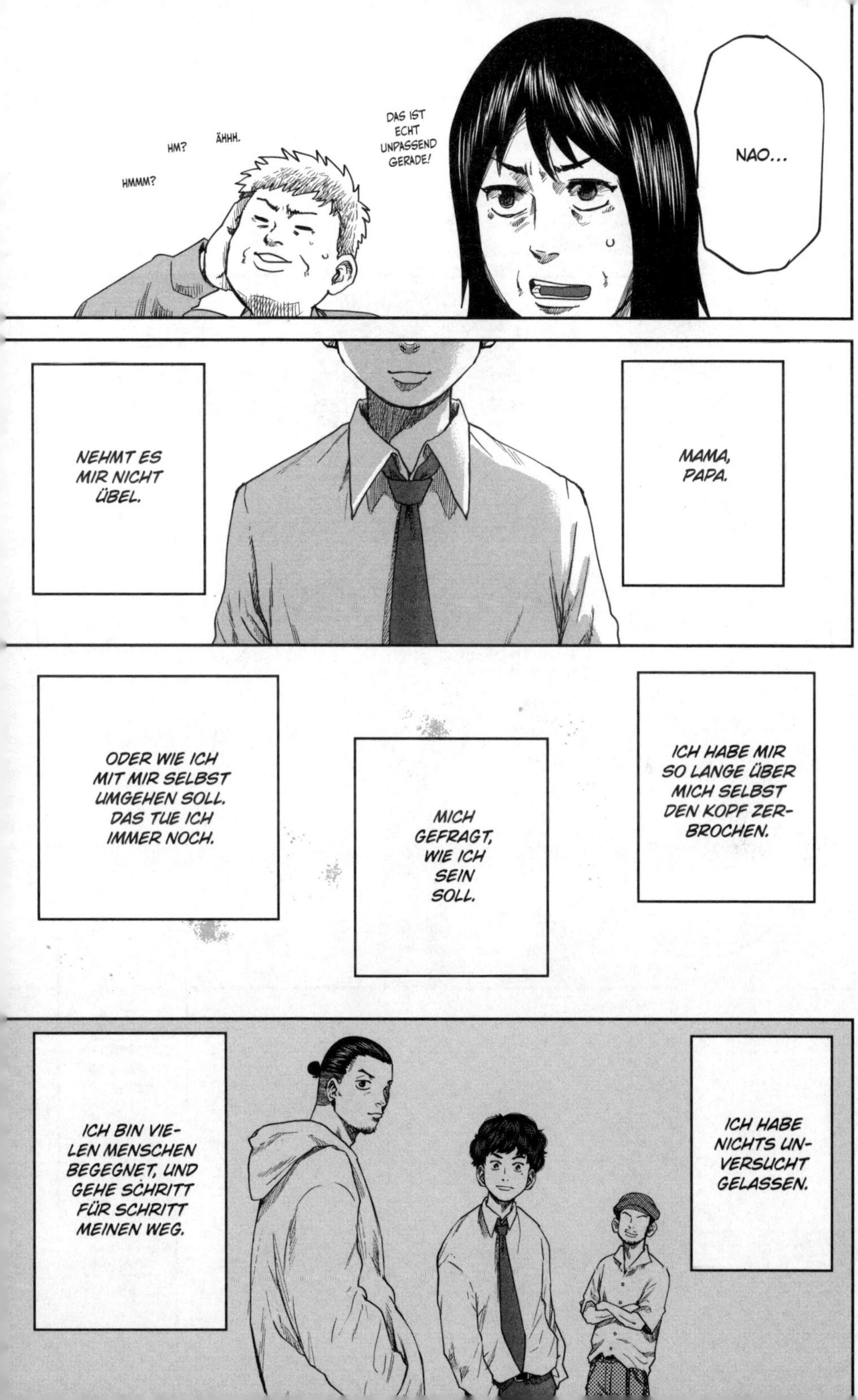
NAO…
DAS IST ECHT UNPASSEND GERADE!
ÄHHH.
HM?
HMMM?
MAMA, PAPA.
NEHMT ES MIR NICHT ÜBEL.
ICH HABE MIR SO LANGE ÜBER MICH SELBST DEN KOPF ZERBROCHEN.
MICH GEFRAGT, WIE ICH SEIN SOLL.
ODER WIE ICH MIT MIR SELBST UMGEHEN SOLL. DAS TUE ICH IMMER NOCH.
ICH HABE NICHTS UNVERSUCHT GELASSEN.
ICH BIN VIELEN MENSCHEN BEGEGNET, UND GEHE SCHRITT FÜR SCHRITT MEINEN WEG.

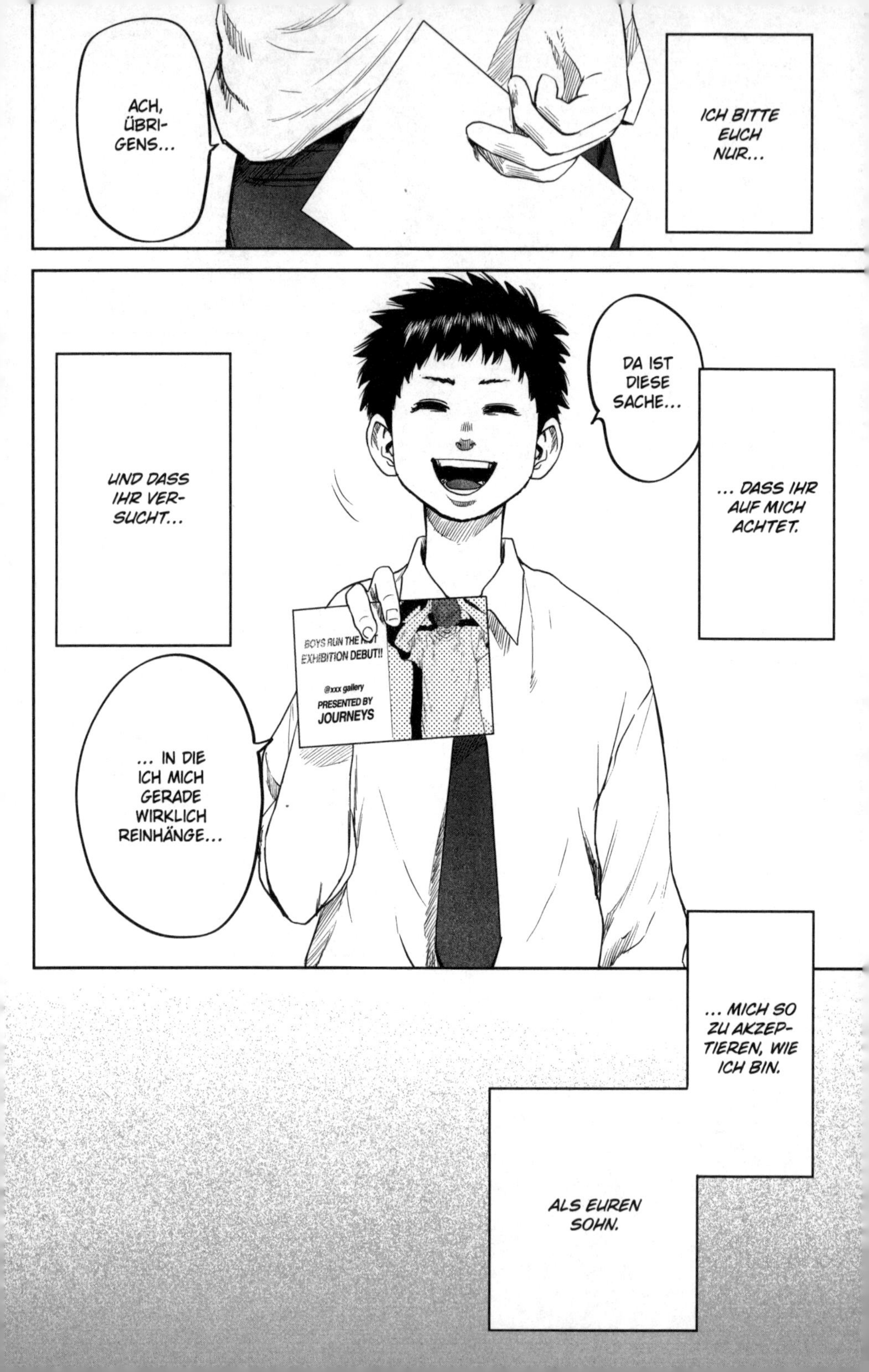
ICH BITTE EUCH NUR…
ACH, ÜBRIGENS…
DA IST DIESE SACHE…
… DASS IHR AUF MICH ACHTET.
UND DASS IHR VERSUCHT…
BOYS RUN THE
EXHIBITION DEBUT!!
@xxx gallery
PRESENTED BY JOURNEYS
… IN DIE ICH MICH GERADE WIRKLICH REINHÄNGE…
… MICH SO ZU AKZEPTIEREN, WIE ICH BIN.
ALS EUREN SOHN.

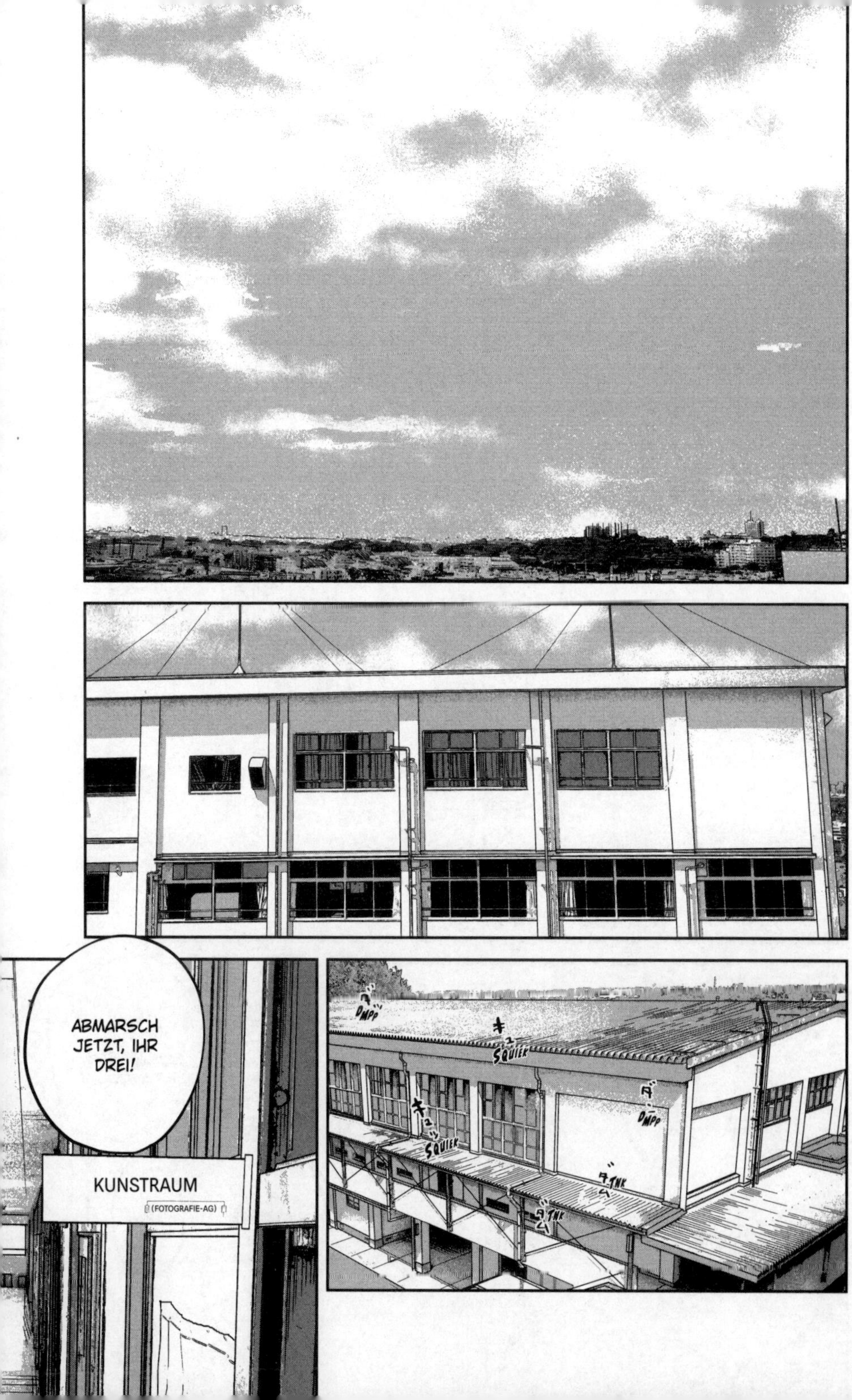
DMPP
SQUIEK
SQUIEK
DMPP
TNK
TNK
ABMARSCH JETZT, IHR DREI!
KUNSTRAUM
(FOTOGRAFIE-AG)

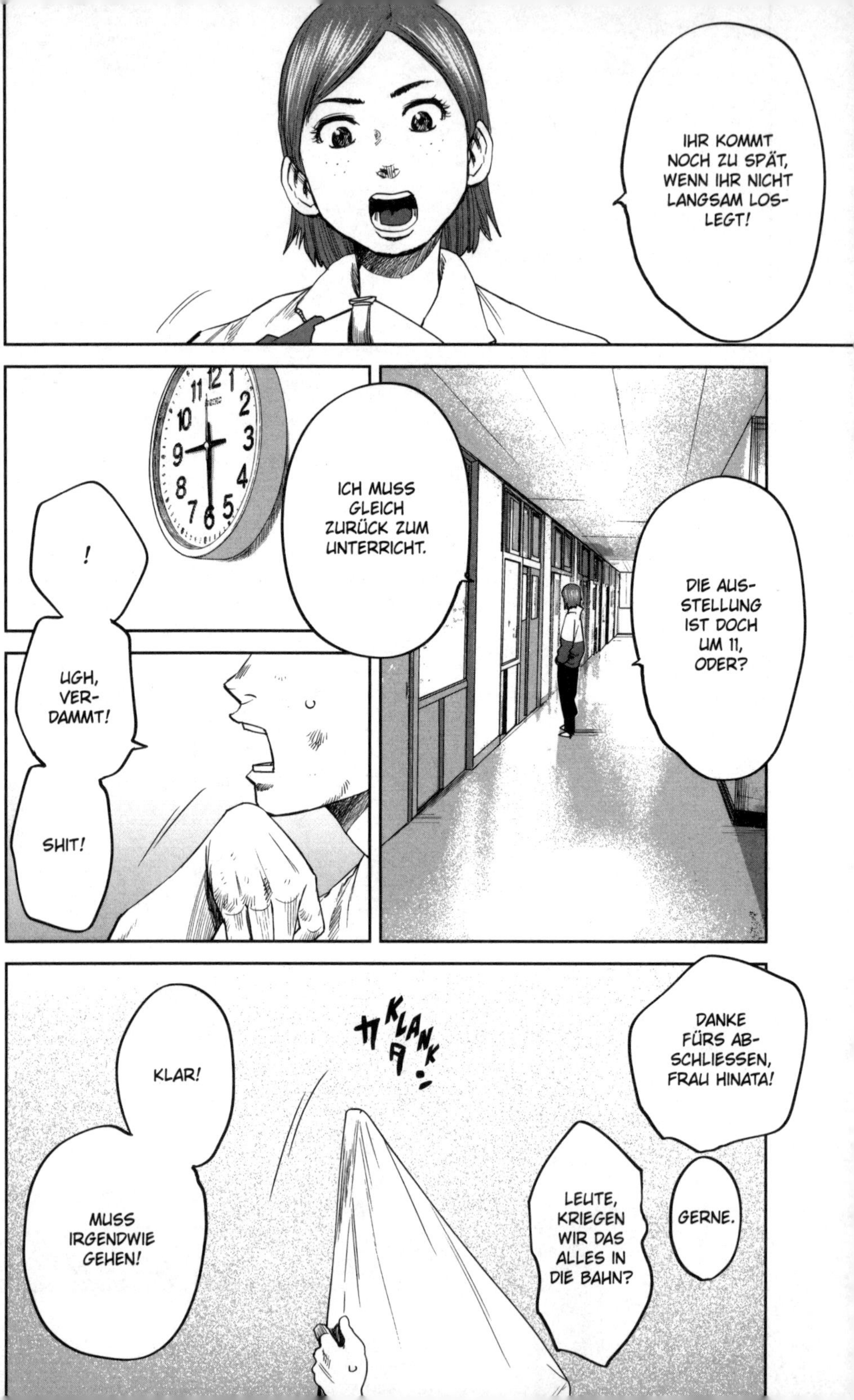
IHR KOMMT NOCH ZU SPÄT, WENN IHR NICHT LANGSAM LOSLEGT!
DIE AUSSTELLUNG IST DOCH UM 11, ODER?
ICH MUSS GLEICH ZURÜCK ZUM UNTERRICHT.
!
UGH, VERDAMMT!
SHIT!
DANKE FÜRS ABSCHLIESSEN, FRAU HINATA!
GERNE.
LEUTE, KRIEGEN WIR DAS ALLES IN DIE BAHN?
KLANK
KLAR!
MUSS IRGENDWIE GEHEN!

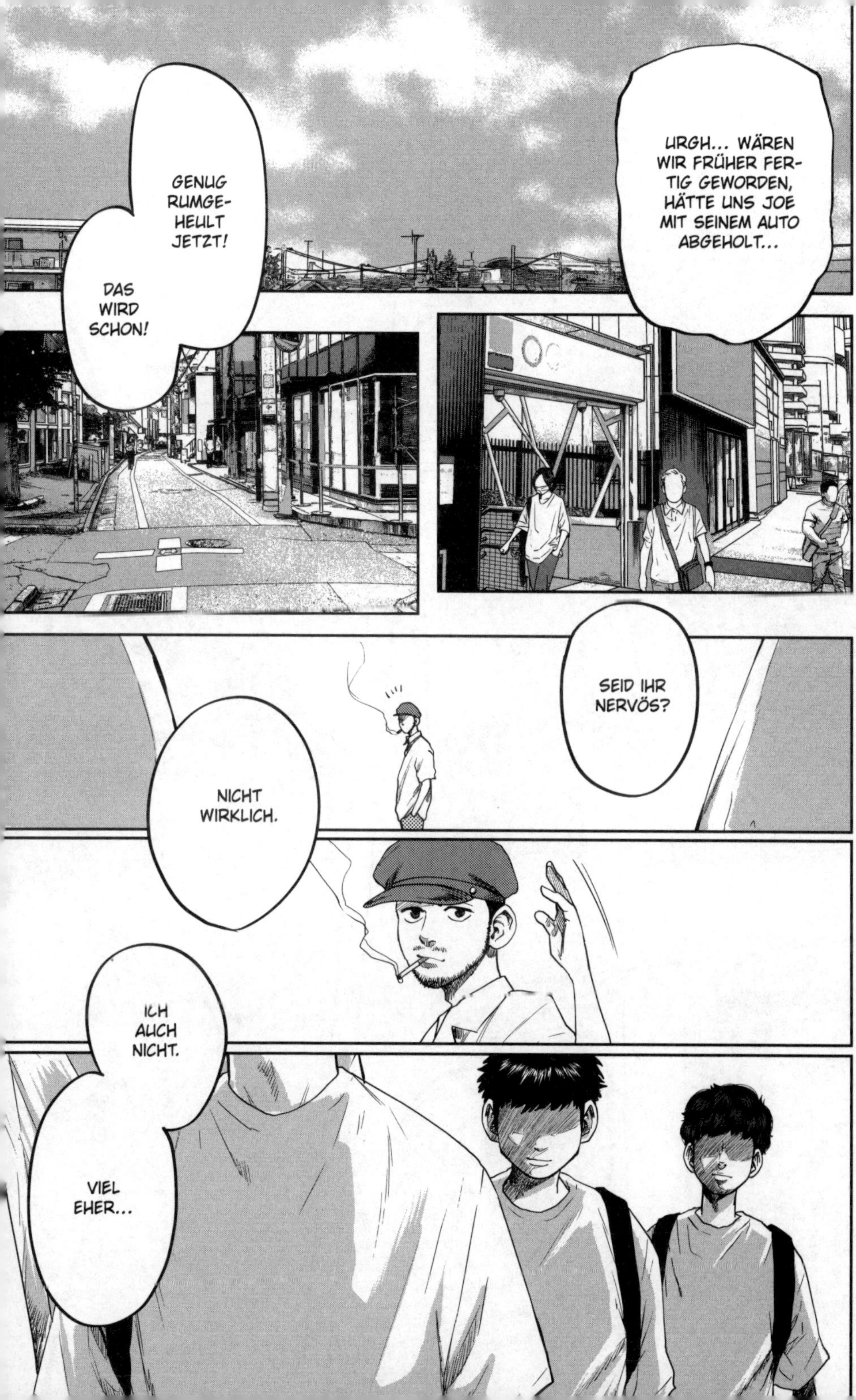
URGH… WÄREN WIR FRÜHER FER-TIG GEWORDEN, HÄTTE UNS JOE MIT SEINEM AUTO ABGEHOLT…
GENUG RUMGE-HEULT JETZT!
DAS WIRD SCHON!
SEID IHR NERVÖS?
NICHT WIRKLICH.
ICH AUCH NICHT.
VIEL EHER…

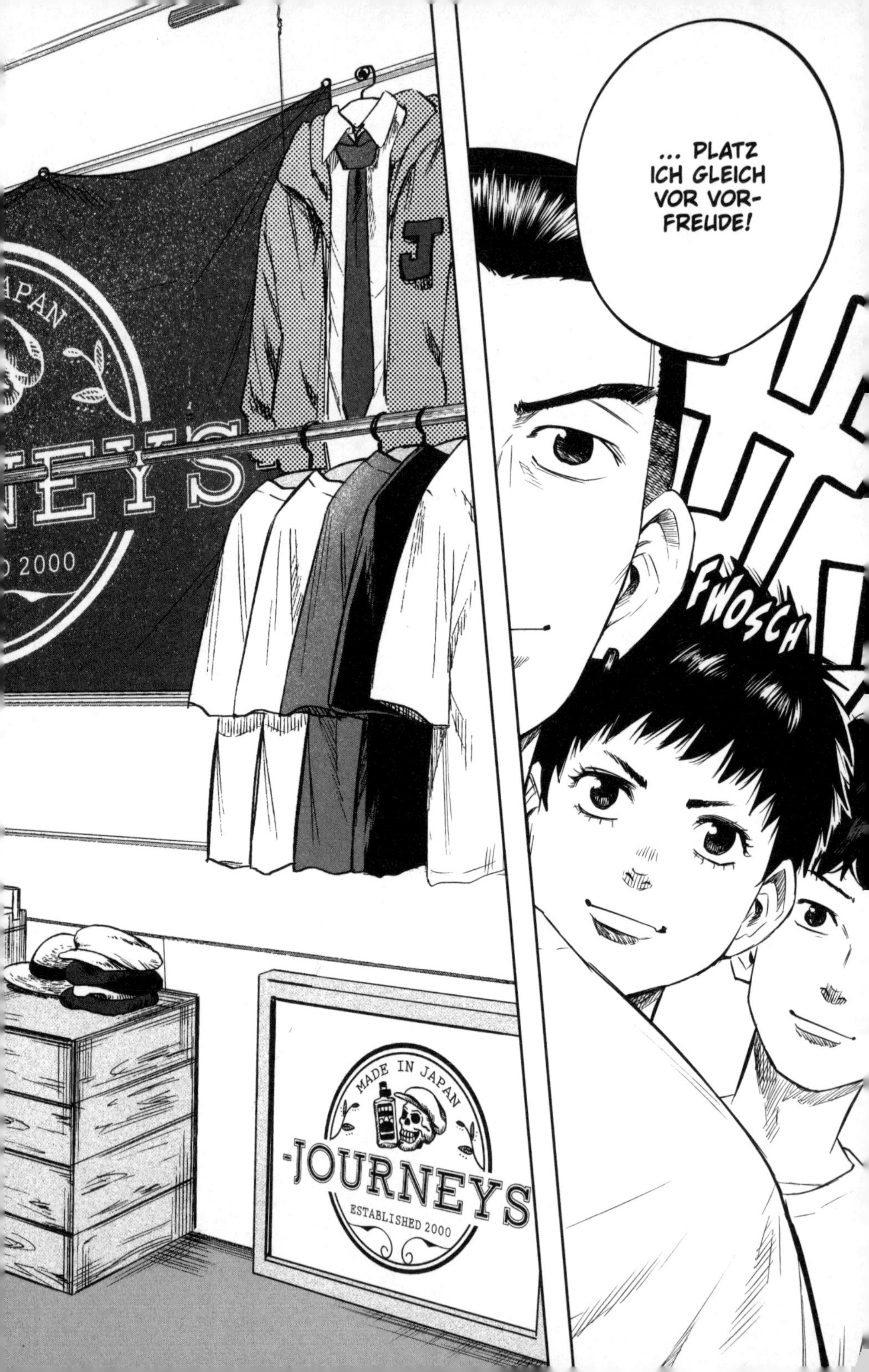
... PLATZ ICH GLEICH VOR VORFREUDE!
FWOSCH
MADE IN JAPAN
JOURNEYS
ESTABLISHED 2000

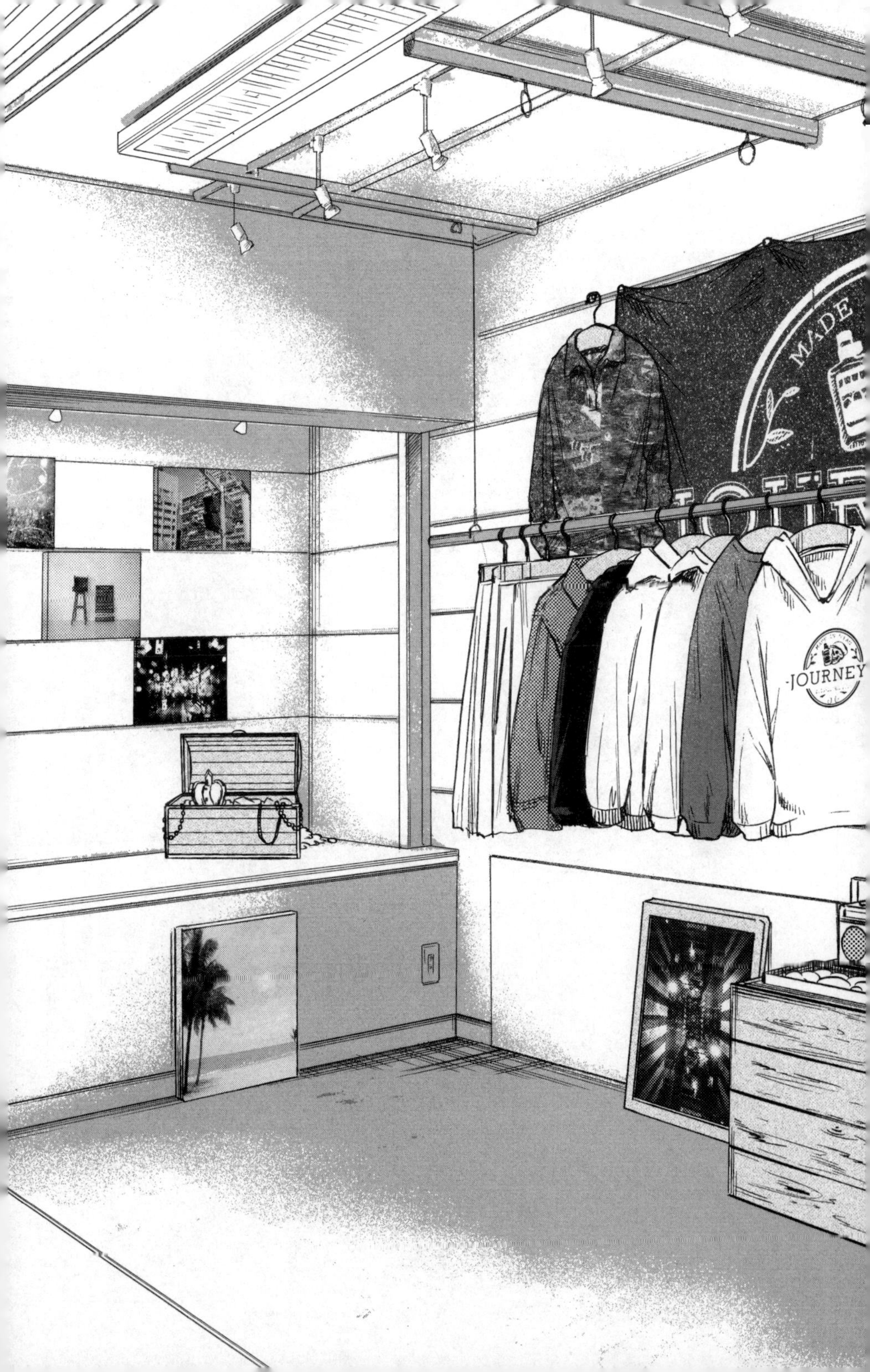
MADE
JOURNEY

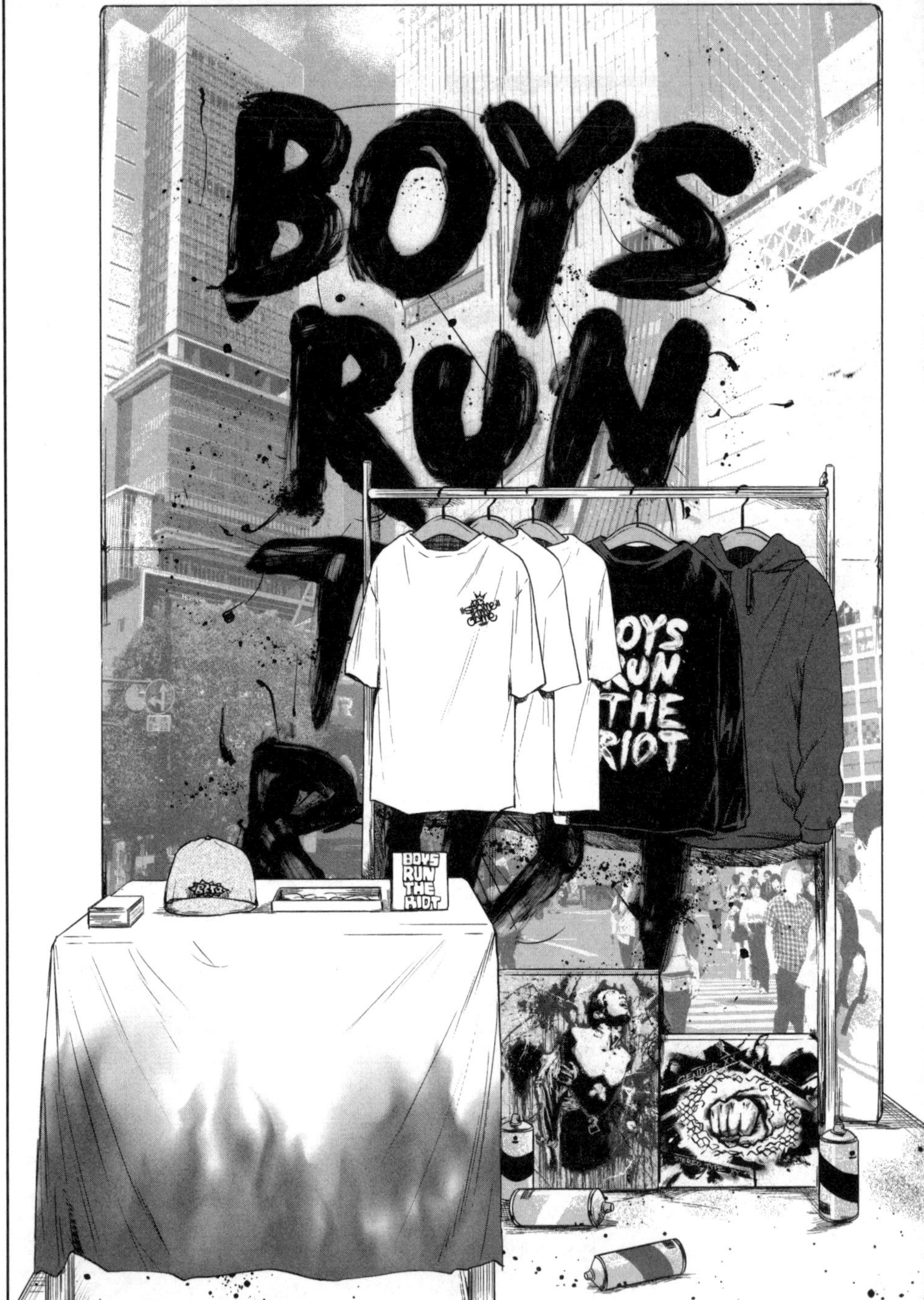
BOYS RUN
BOYS RUN THE RIOT

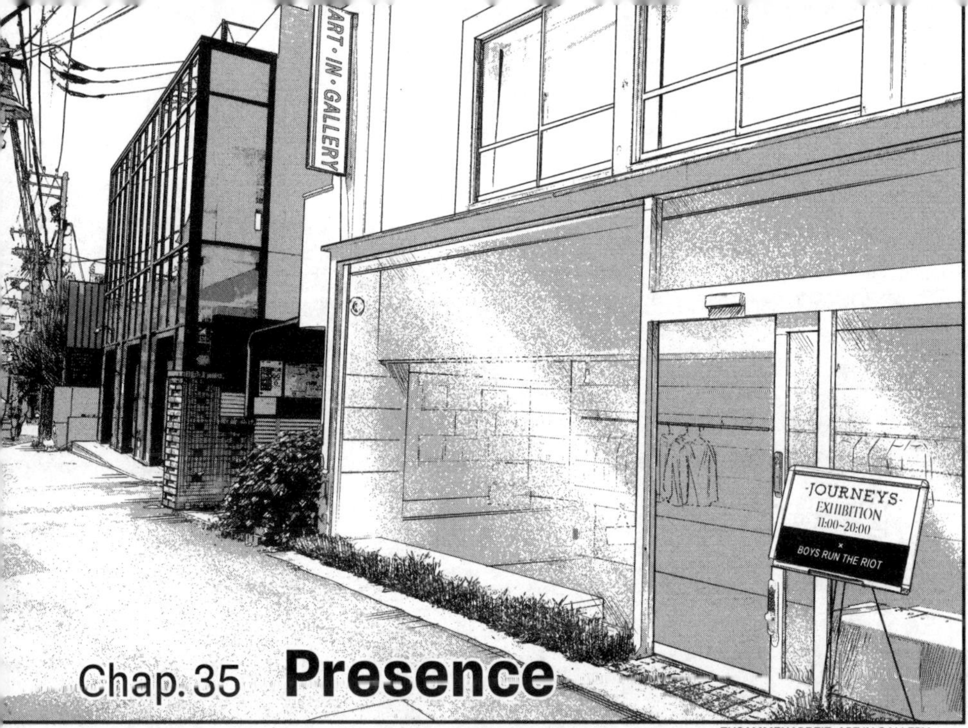

ZUSAMMENARBEIT: ART IN GALLERY

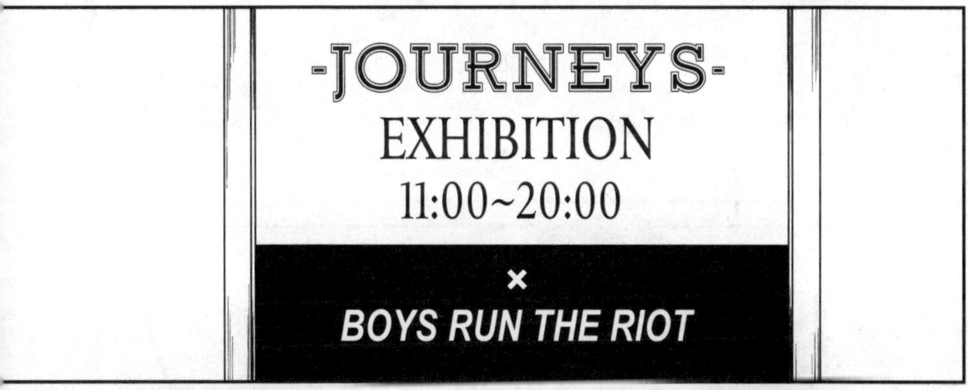

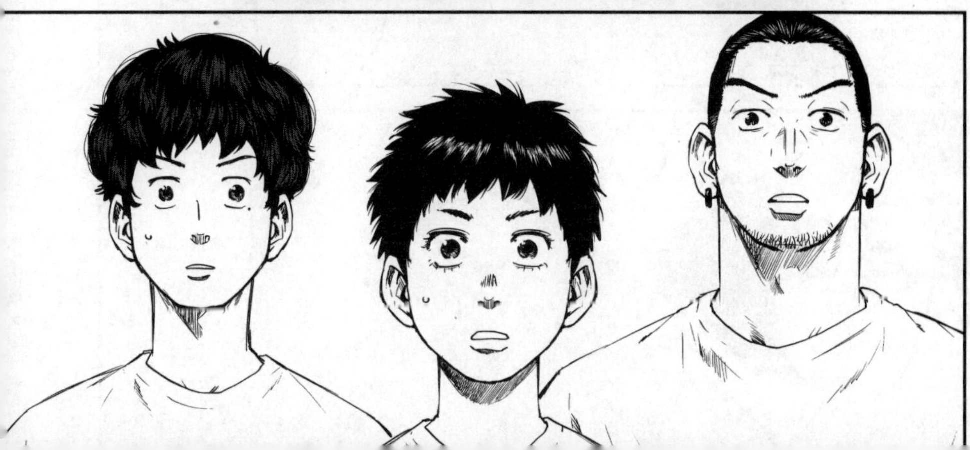

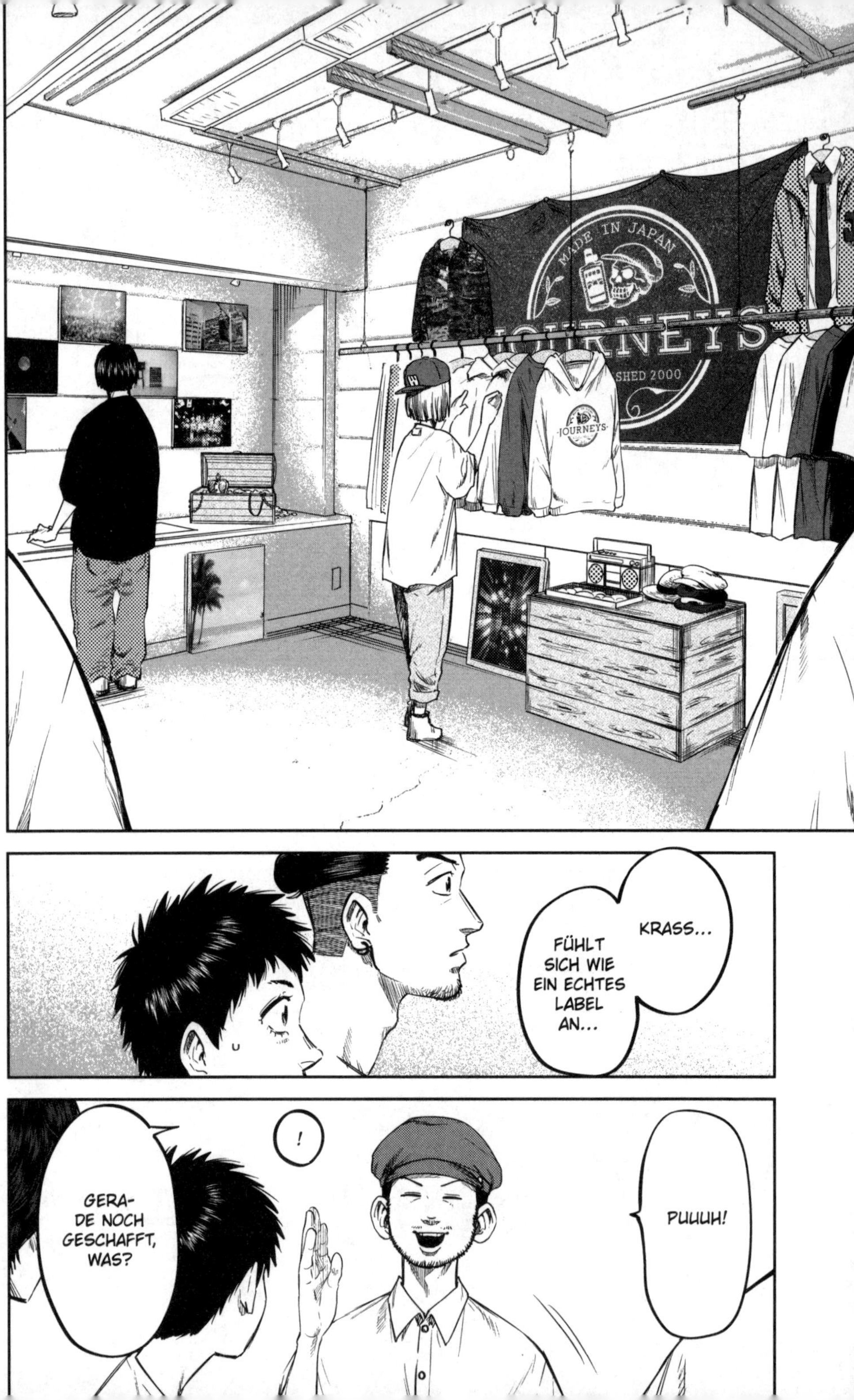
MADE IN JAPAN
JOURNEYS
JOURNEYS
KRASS… FÜHLT SICH WIE EIN ECHTES LABEL AN…
PUUUH!
!
GERA-DE NOCH GESCHAFFT, WAS?

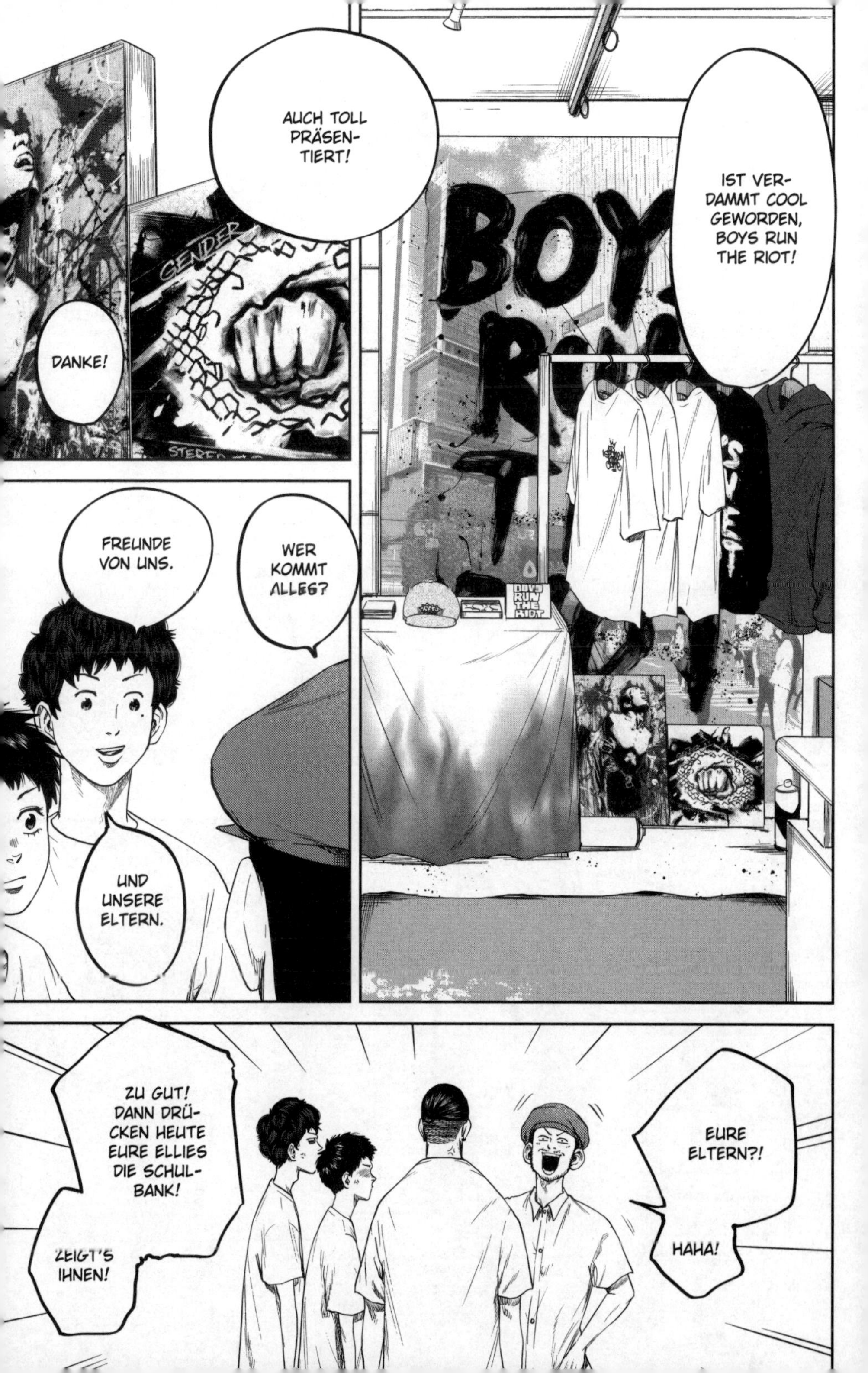
IST VERDAMMT COOL GEWORDEN, BOYS RUN THE RIOT!
AUCH TOLL PRÄSENTIERT!
DANKE!
GENDER
BOYS RUN THE RIOT
WER KOMMT ALLES?
FREUNDE VON UNS.
UND UNSERE ELTERN.
EURE ELTERN?!
HAHA!
ZU GUT! DANN DRÜCKEN HEUTE EURE ELLIES DIE SCHULBANK!
ZEIGT'S IHNEN!

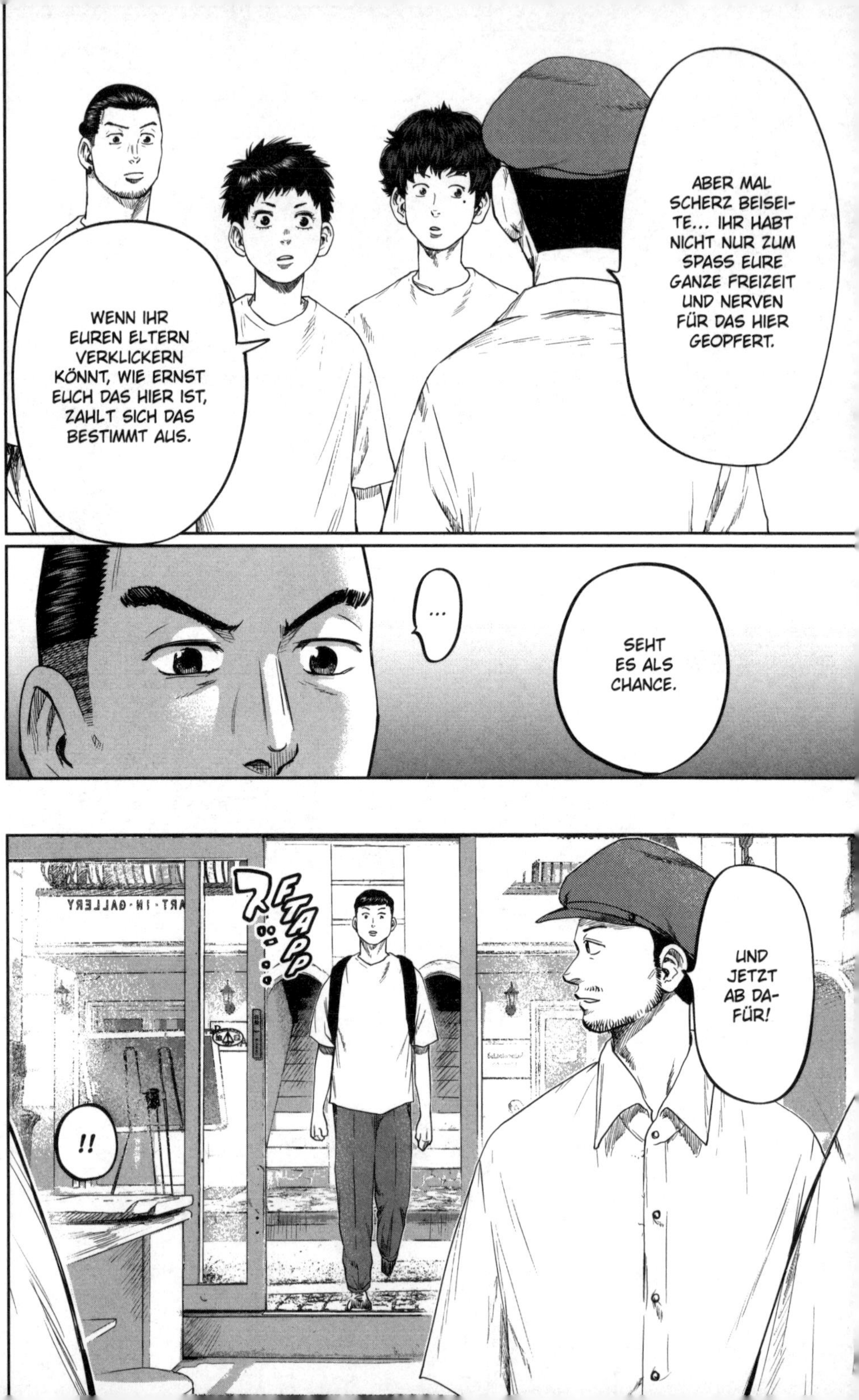
ABER MAL SCHERZ BEISEITE… IHR HABT NICHT NUR ZUM SPASS EURE GANZE FREIZEIT UND NERVEN FÜR DAS HIER GEOPFERT.
WENN IHR EUREN ELTERN VERKLICKERN KÖNNT, WIE ERNST EUCH DAS HIER IST, ZAHLT SICH DAS BESTIMMT AUS.
SEHT ES ALS CHANCE.
…
UND JETZT AB DAFÜR!
FTAPP
!!

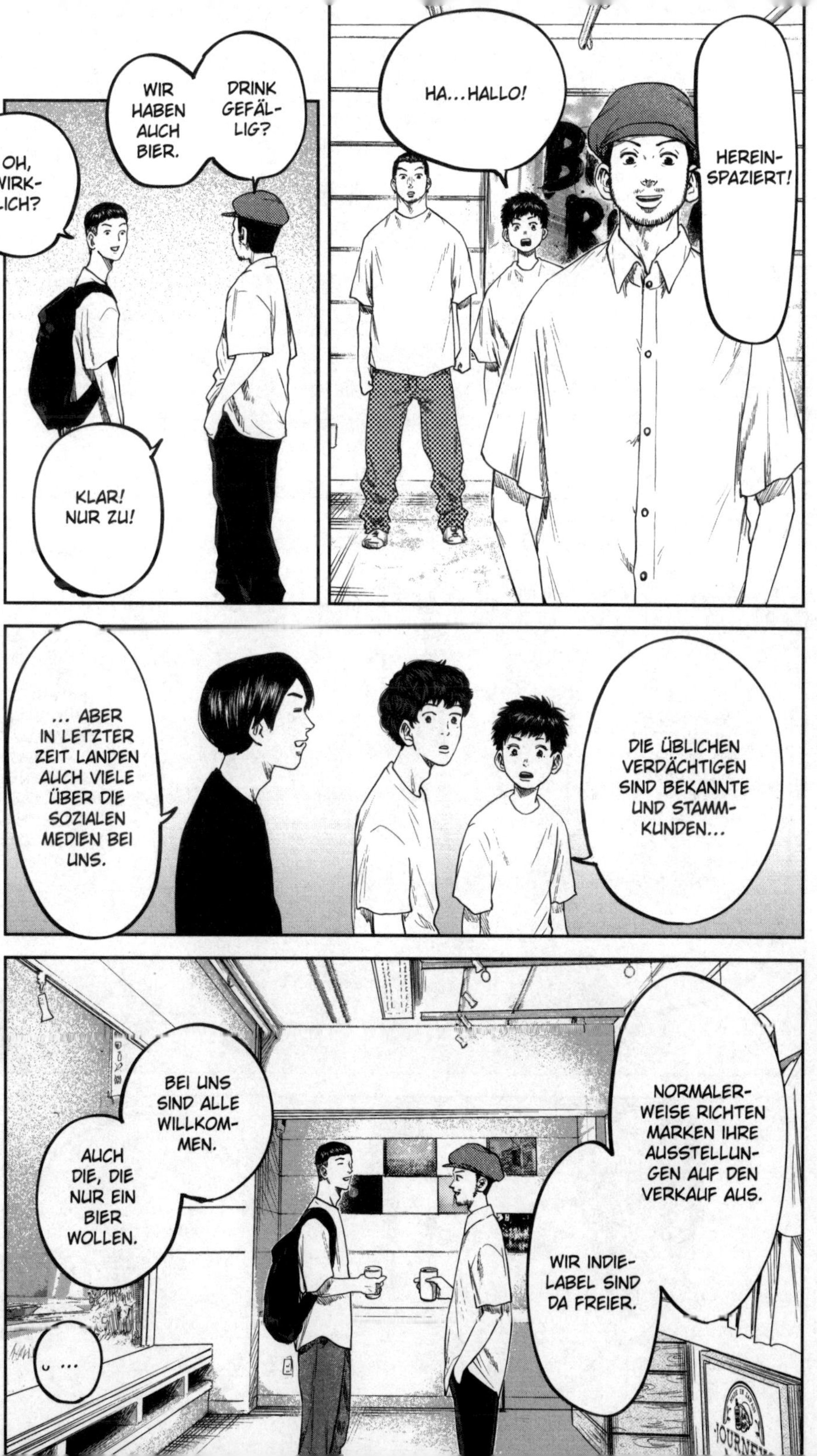
HEREINSPAZIERT!
HA… HALLO!
DRINK GEFÄLLIG?
WIR HABEN AUCH BIER.
OH, WIRKLICH?
KLAR! NUR ZU!
DIE ÜBLICHEN VERDÄCHTIGEN SIND BEKANNTE UND STAMMKUNDEN…
… ABER IN LETZTER ZEIT LANDEN AUCH VIELE ÜBER DIE SOZIALEN MEDIEN BEI UNS.
NORMALERWEISE RICHTEN MARKEN IHRE AUSSTELLUNGEN AUF DEN VERKAUF AUS.
WIR INDIE-LABEL SIND DA FREIER.
BEI UNS SIND ALLE WILLKOMMEN.
AUCH DIE, DIE NUR EIN BIER WOLLEN.
…

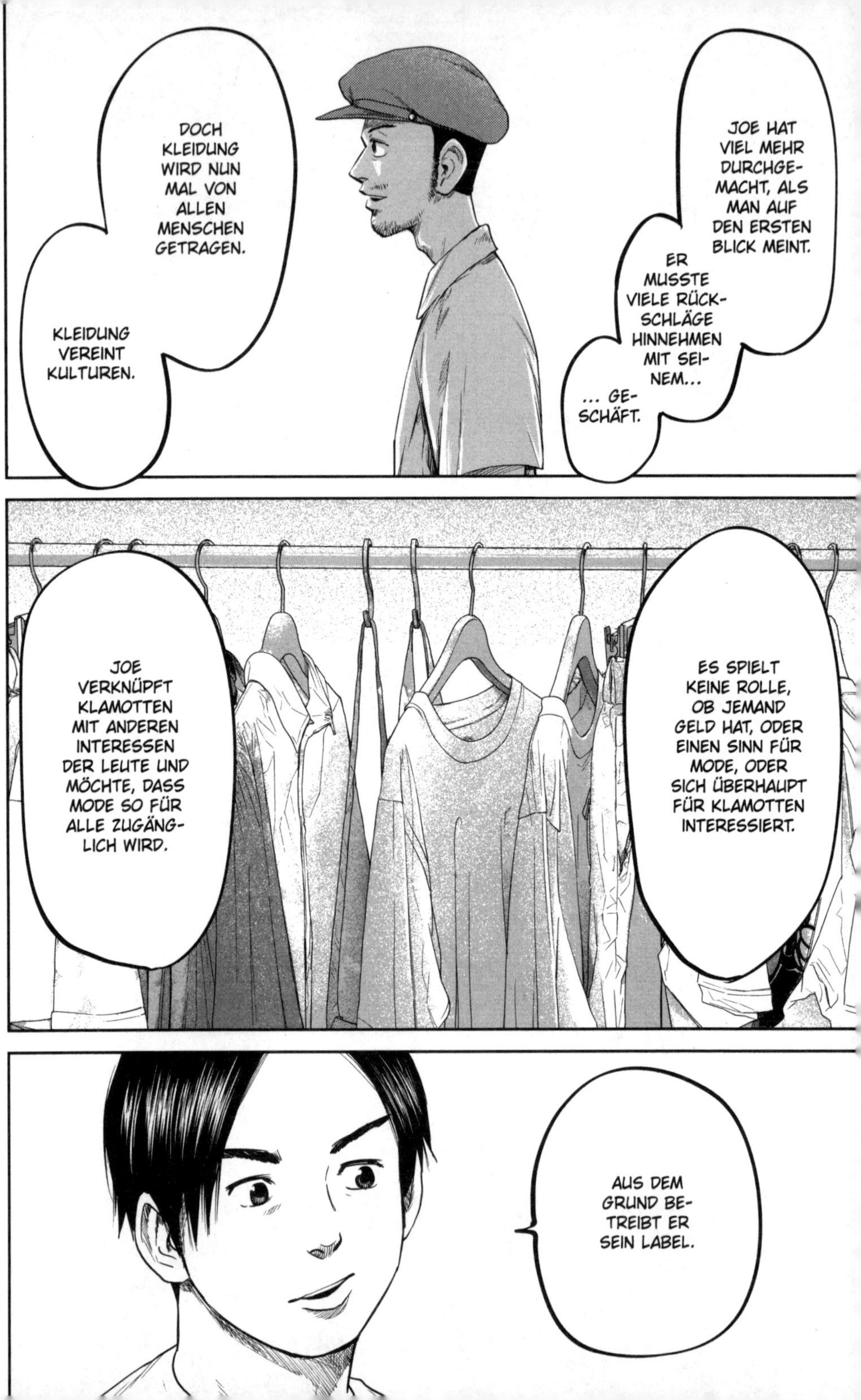
JOE HAT VIEL MEHR DURCHGE-MACHT, ALS MAN AUF DEN ERSTEN BLICK MEINT.
ER MUSSTE VIELE RÜCK-SCHLÄGE HINNEHMEN MIT SEI-NEM...
... GE-SCHÄFT.
DOCH KLEIDUNG WIRD NUN MAL VON ALLEN MENSCHEN GETRAGEN.
KLEIDUNG VEREINT KULTUREN.
ES SPIELT KEINE ROLLE, OB JEMAND GELD HAT, ODER EINEN SINN FÜR MODE, ODER SICH ÜBERHAUPT FÜR KLAMOTTEN INTERESSIERT.
JOE VERKNÜPFT KLAMOTTEN MIT ANDEREN INTERESSEN DER LEUTE UND MÖCHTE, DASS MODE SO FÜR ALLE ZUGÄNG-LICH WIRD.
AUS DEM GRUND BE-TREIBT ER SEIN LABEL.

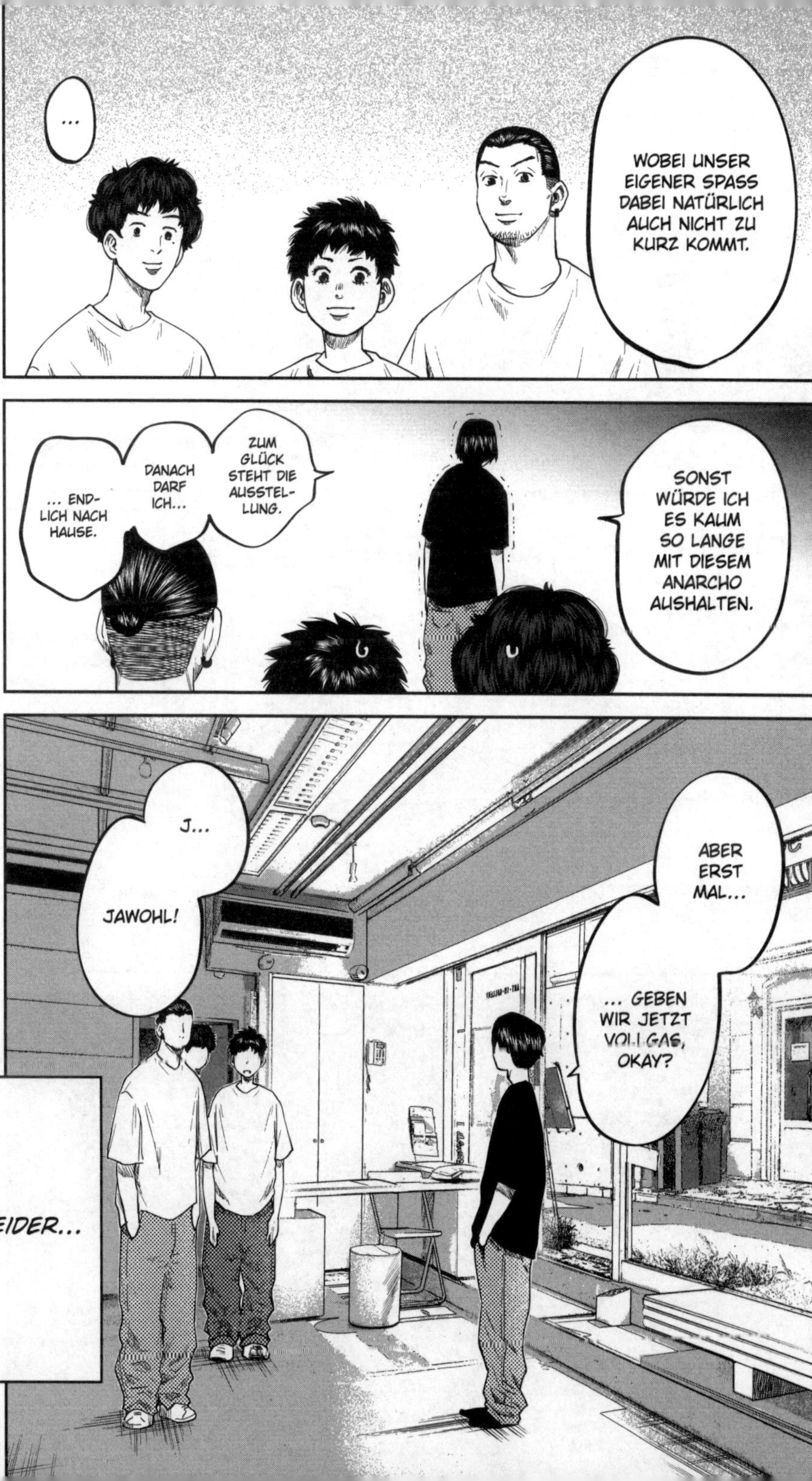
WOBEI UNSER EIGENER SPASS DABEI NATÜRLICH AUCH NICHT ZU KURZ KOMMT.
...
SONST WÜRDE ICH ES KAUM SO LANGE MIT DIESEM ANARCHO AUSHALTEN.
ZUM GLÜCK STEHT DIE AUSSTEL-LUNG.
DANACH DARF ICH...
... END-LICH NACH HAUSE.
ABER ERST MAL...
... GEBEN WIR JETZT VOLLGAS, OKAY?
J...
JAWOHL!
LEIDER...

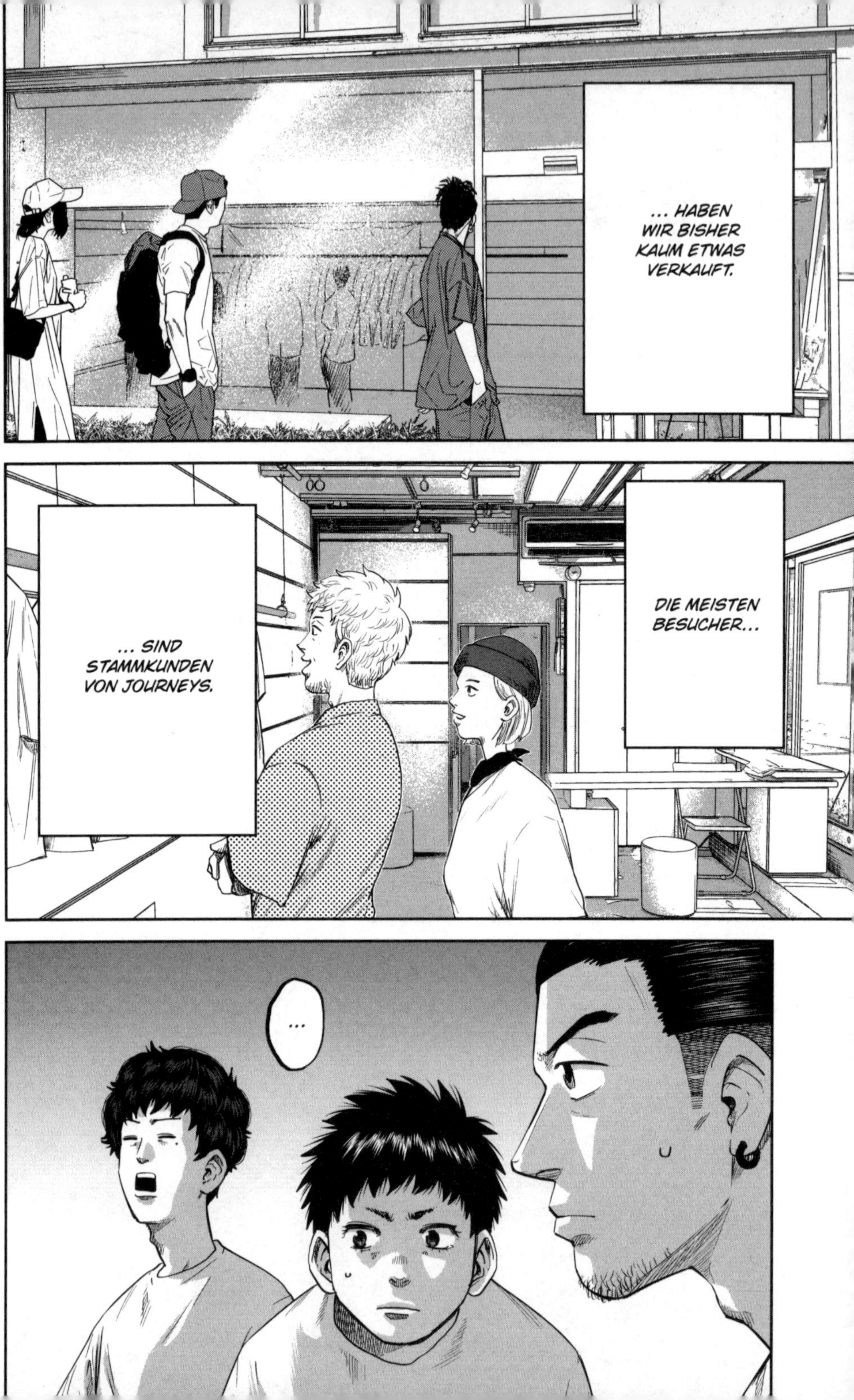
... HABEN WIR BISHER KAUM ETWAS VERKAUFT.
DIE MEISTEN BESUCHER...
... SIND STAMMKUNDEN VON JOURNEYS.
...

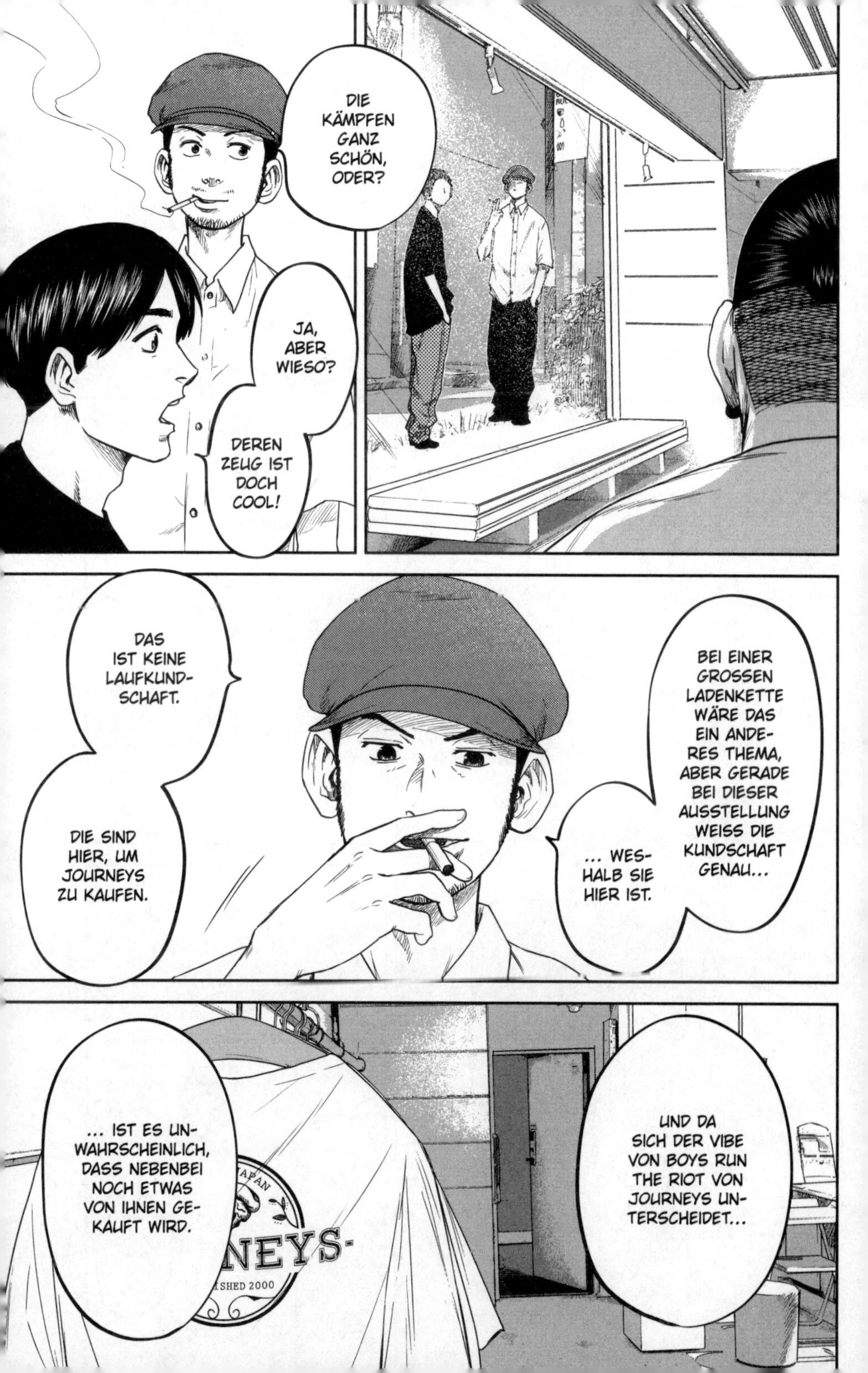

DIE KÄMPFEN GANZ SCHÖN, ODER?
JA, ABER WIESO?
DEREN ZEUG IST DOCH COOL!
BEI EINER GROSSEN LADENKETTE WÄRE DAS EIN ANDERES THEMA, ABER GERADE BEI DIESER AUSSTELLUNG WEISS DIE KUNDSCHAFT GENAU...
... WESHALB SIE HIER IST.
DAS IST KEINE LAUFKUNDSCHAFT.
DIE SIND HIER, UM JOURNEYS ZU KAUFEN.
UND DA SICH DER VIBE VON BOYS RUN THE RIOT VON JOURNEYS UNTERSCHEIDET...
... IST ES UNWAHRSCHEINLICH, DASS NEBENBEI NOCH ETWAS VON IHNEN GEKAUFT WIRD.

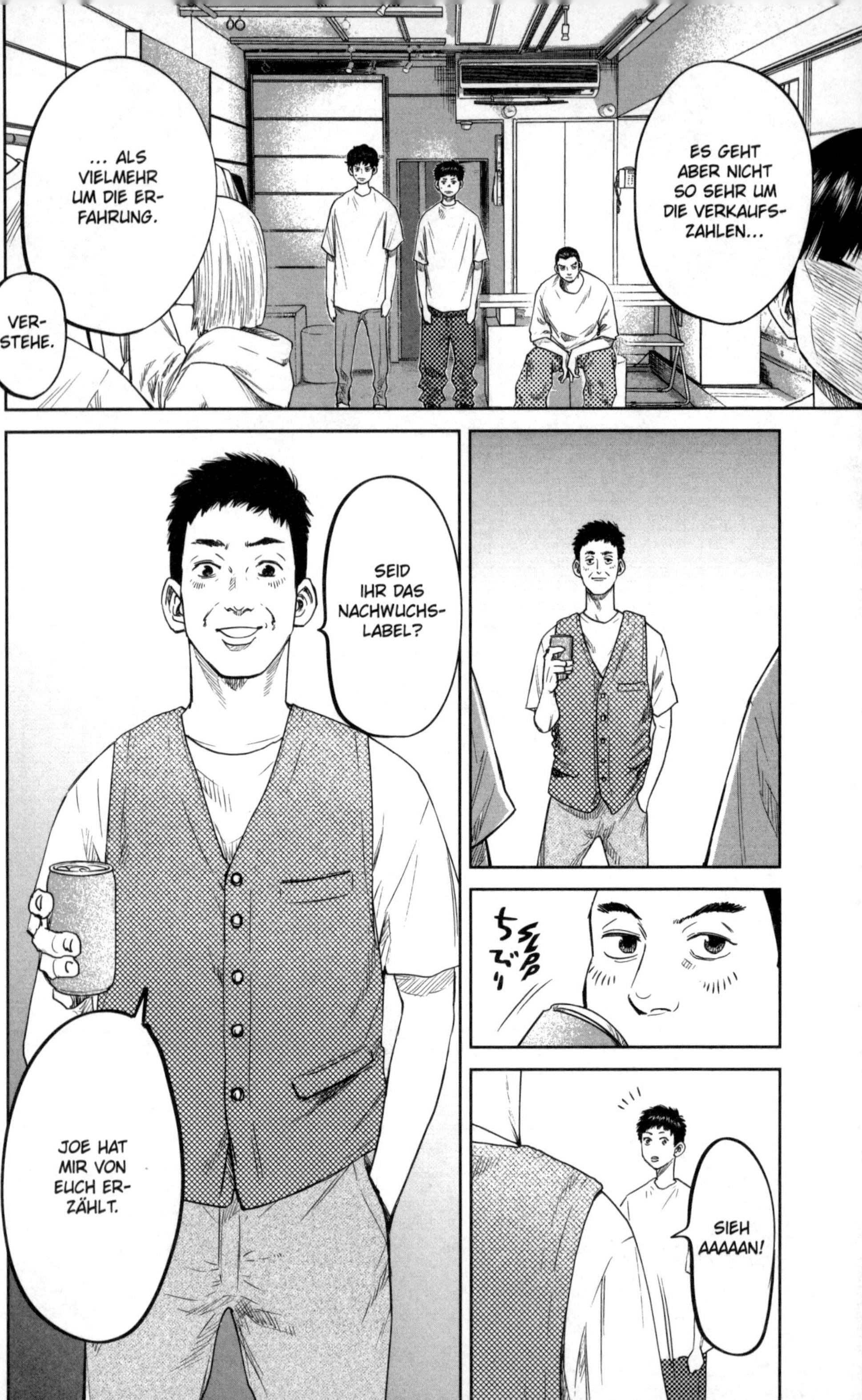
ES GEHT ABER NICHT SO SEHR UM DIE VERKAUFS-ZAHLEN…
… ALS VIELMEHR UM DIE ER-FAHRUNG.
VER-STEHE.
SEID IHR DAS NACHWUCHS-LABEL?
JOE HAT MIR VON EUCH ER-ZÄHLT.
SLPP
SIEH AAAAAN!

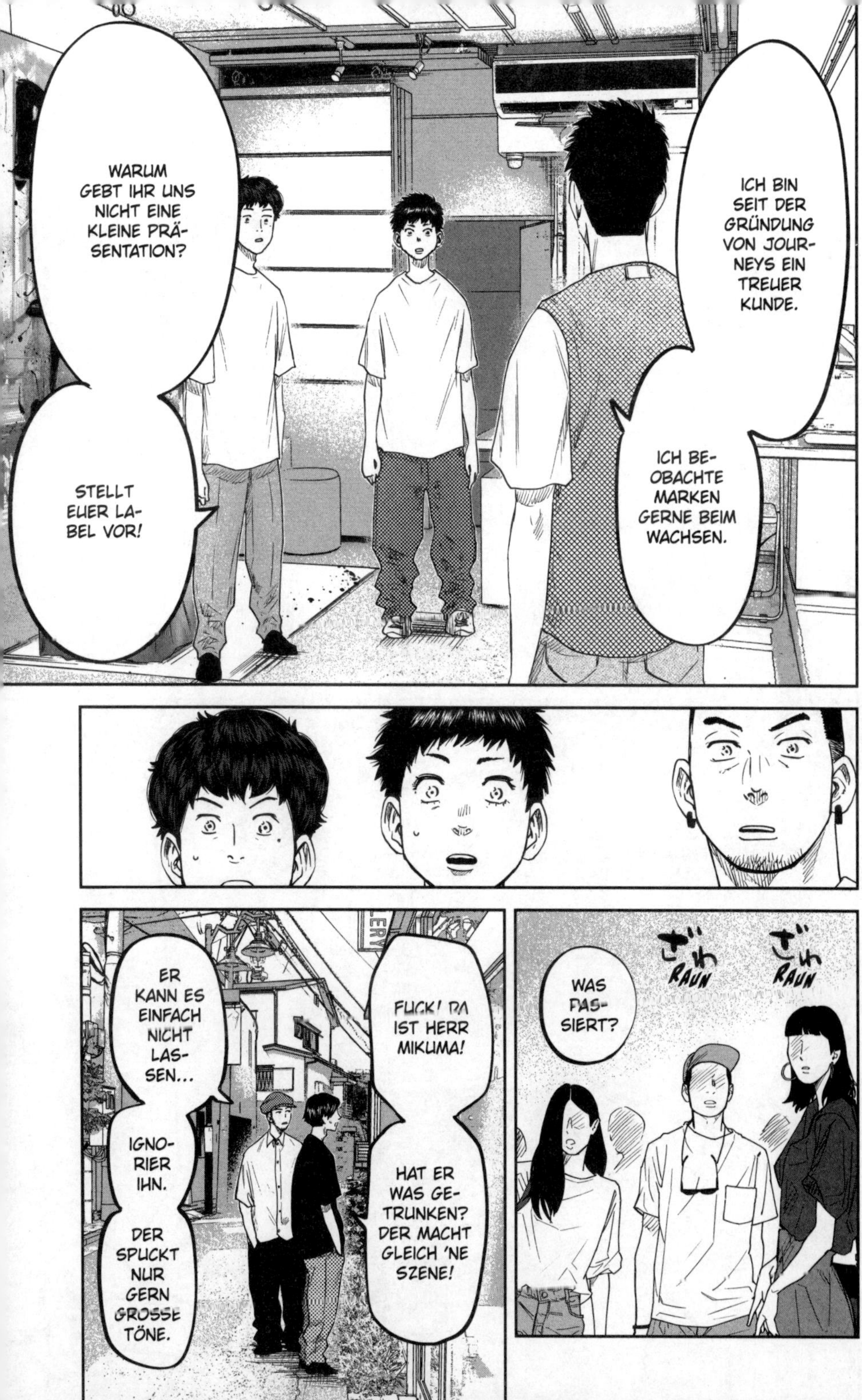
ICH BIN SEIT DER GRÜNDUNG VON JOURNEYS EIN TREUER KUNDE.
ICH BEOBACHTE MARKEN GERNE BEIM WACHSEN.
WARUM GEBT IHR UNS NICHT EINE KLEINE PRÄSENTATION?
STELLT EUER LABEL VOR!
ざわ RAUN
ざわ RAUN
WAS PASSIERT?
FUCK! DA IST HERR MIKUMA!
HAT ER WAS GETRUNKEN? DER MACHT GLEICH 'NE SZENE!
ER KANN ES EINFACH NICHT LASSEN...
IGNORIER IHN.
DER SPUCKT NUR GERN GROSSE TÖNE.

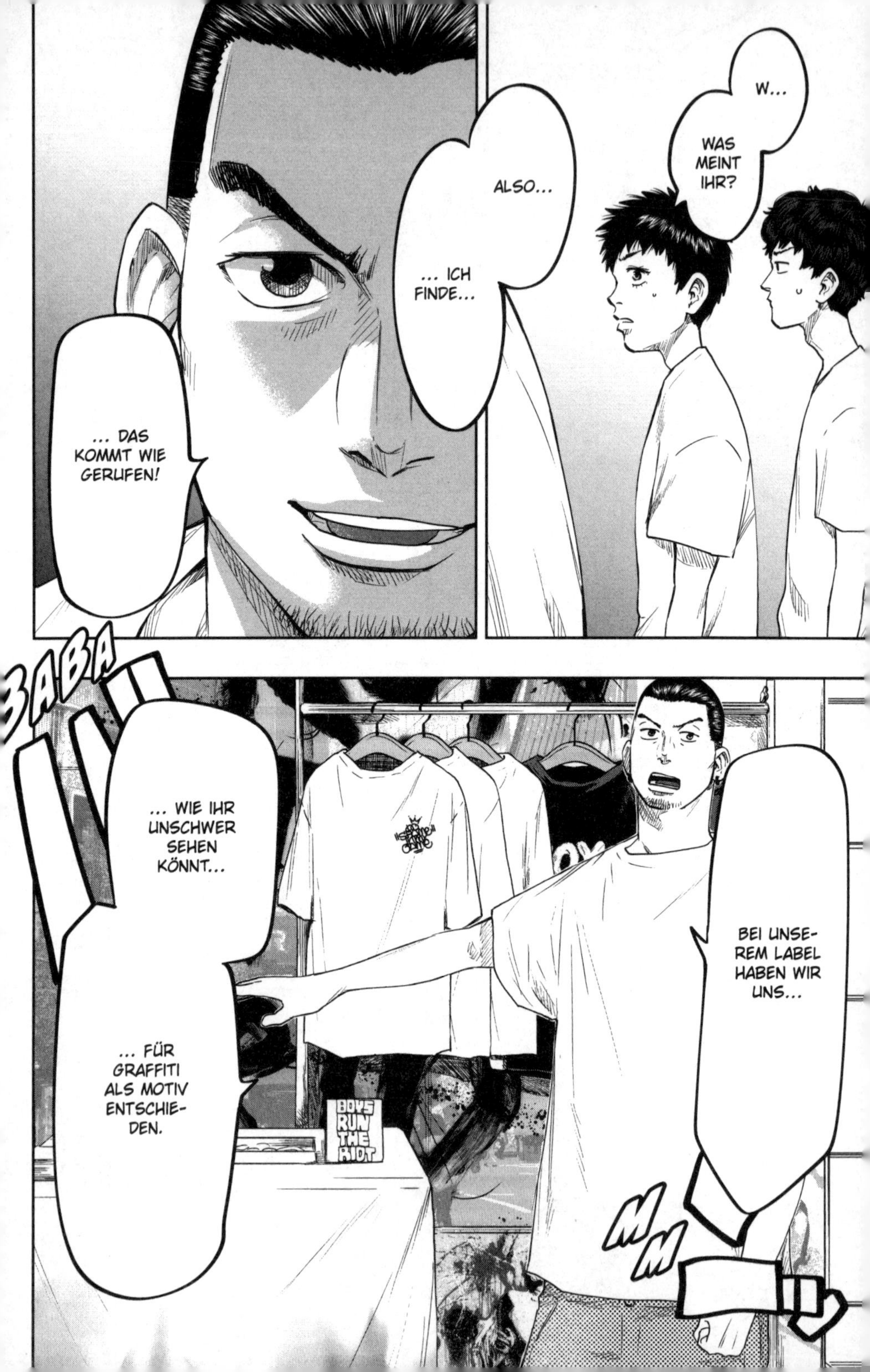
W...
WAS MEINT IHR?
ALSO...
... ICH FINDE...
... DAS KOMMT WIE GERUFEN!
BABA
BEI UNSE-REM LABEL HABEN WIR UNS...
... WIE IHR UNSCHWER SEHEN KÖNNT...
... FÜR GRAFFITI ALS MOTIV ENTSCHIE-DEN.
BOYS RUN THE RIOT
MM

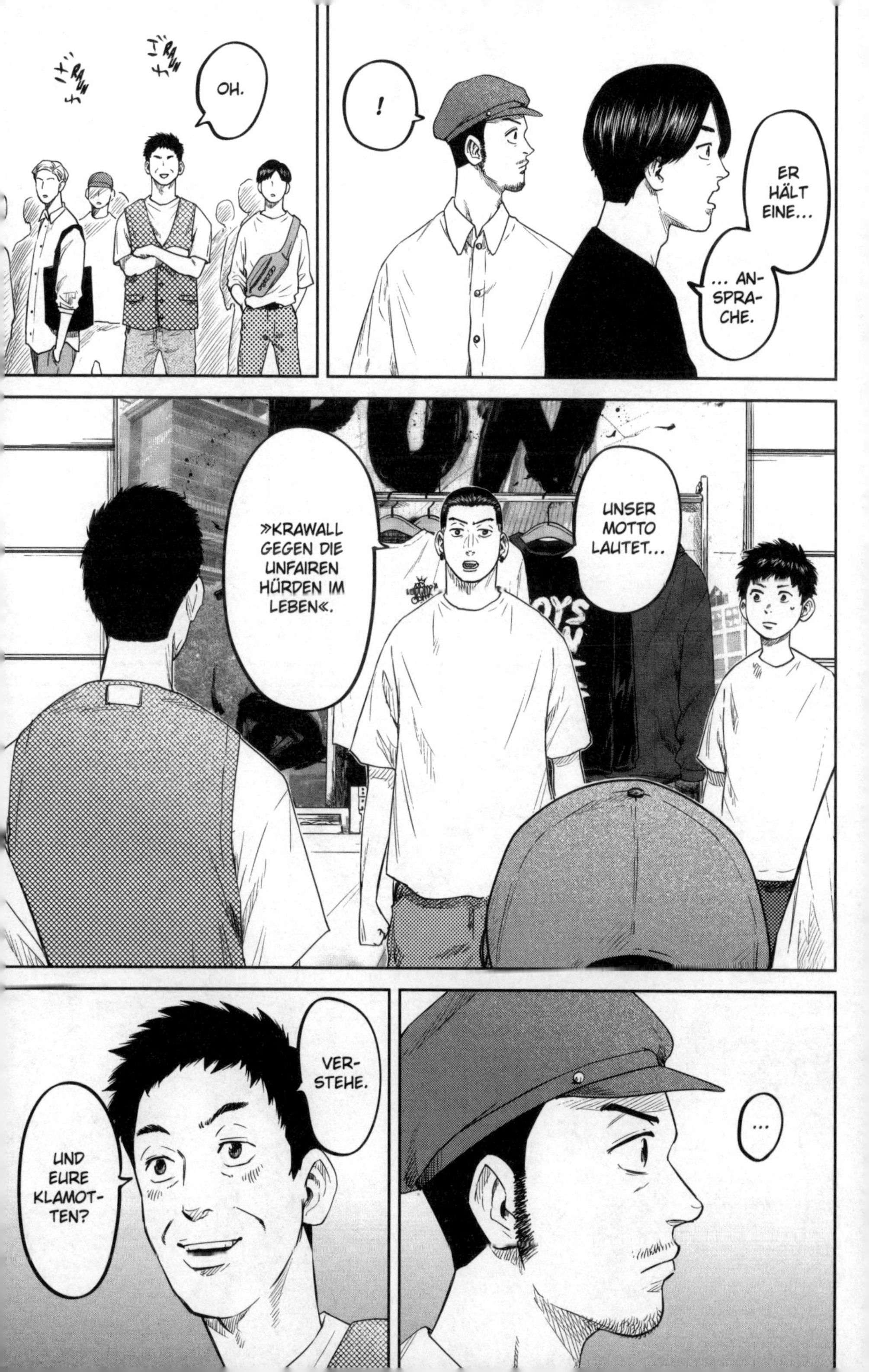
ER HÄLT EINE...
... ANSPRACHE.
!
OH.
UNSER MOTTO LAUTET...
»KRAWALL GEGEN DIE UNFAIREN HÜRDEN IM LEBEN«.
...
VERSTEHE.
UND EURE KLAMOTTEN?

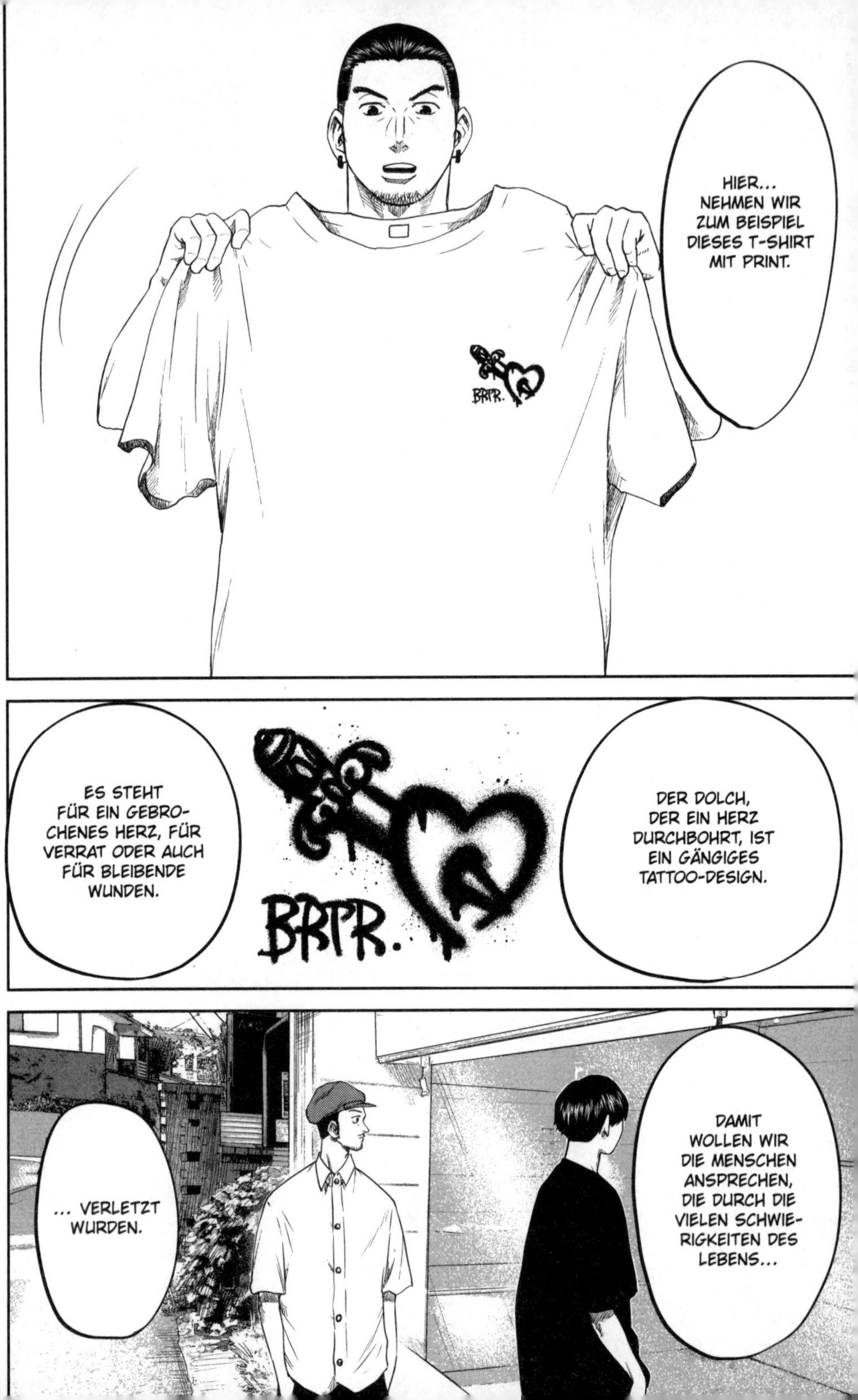
HIER… NEHMEN WIR ZUM BEISPIEL DIESES T-SHIRT MIT PRINT.
BRTR.
DER DOLCH, DER EIN HERZ DURCHBOHRT, IST EIN GÄNGIGES TATTOO-DESIGN.
ES STEHT FÜR EIN GEBROCHENES HERZ, FÜR VERRAT ODER AUCH FÜR BLEIBENDE WUNDEN.
DAMIT WOLLEN WIR DIE MENSCHEN ANSPRECHEN, DIE DURCH DIE VIELEN SCHWIERIGKEITEN DES LEBENS…
… VERLETZT WURDEN.

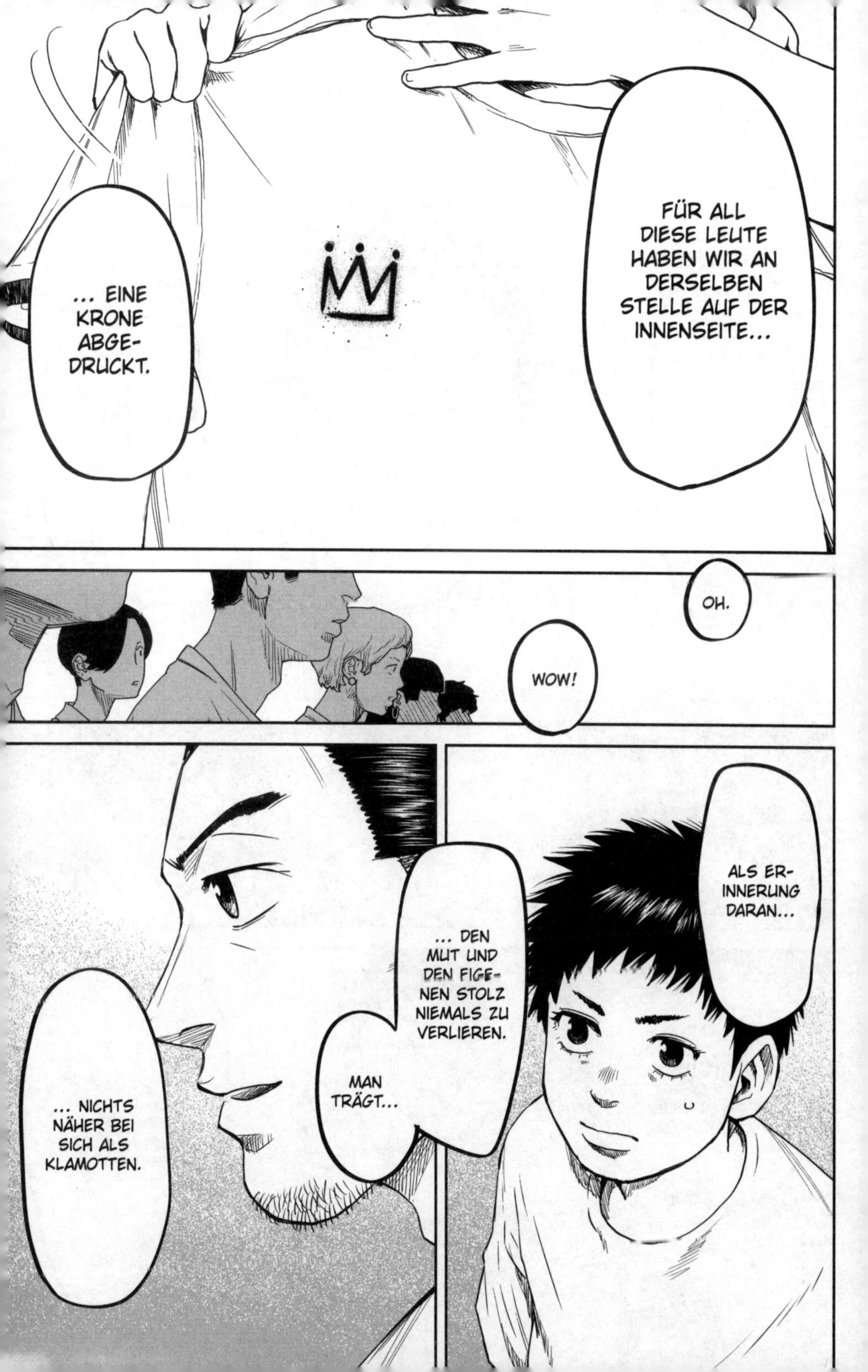
FÜR ALL DIESE LEUTE HABEN WIR AN DERSELBEN STELLE AUF DER INNENSEITE...
... EINE KRONE ABGE- DRUCKT.
OH.
WOW!
ALS ER- INNERUNG DARAN...
... DEN MUT UND DEN EIGE- NEN STOLZ NIEMALS ZU VERLIEREN.
MAN TRÄGT...
... NICHTS NÄHER BEI SICH ALS KLAMOTTEN.

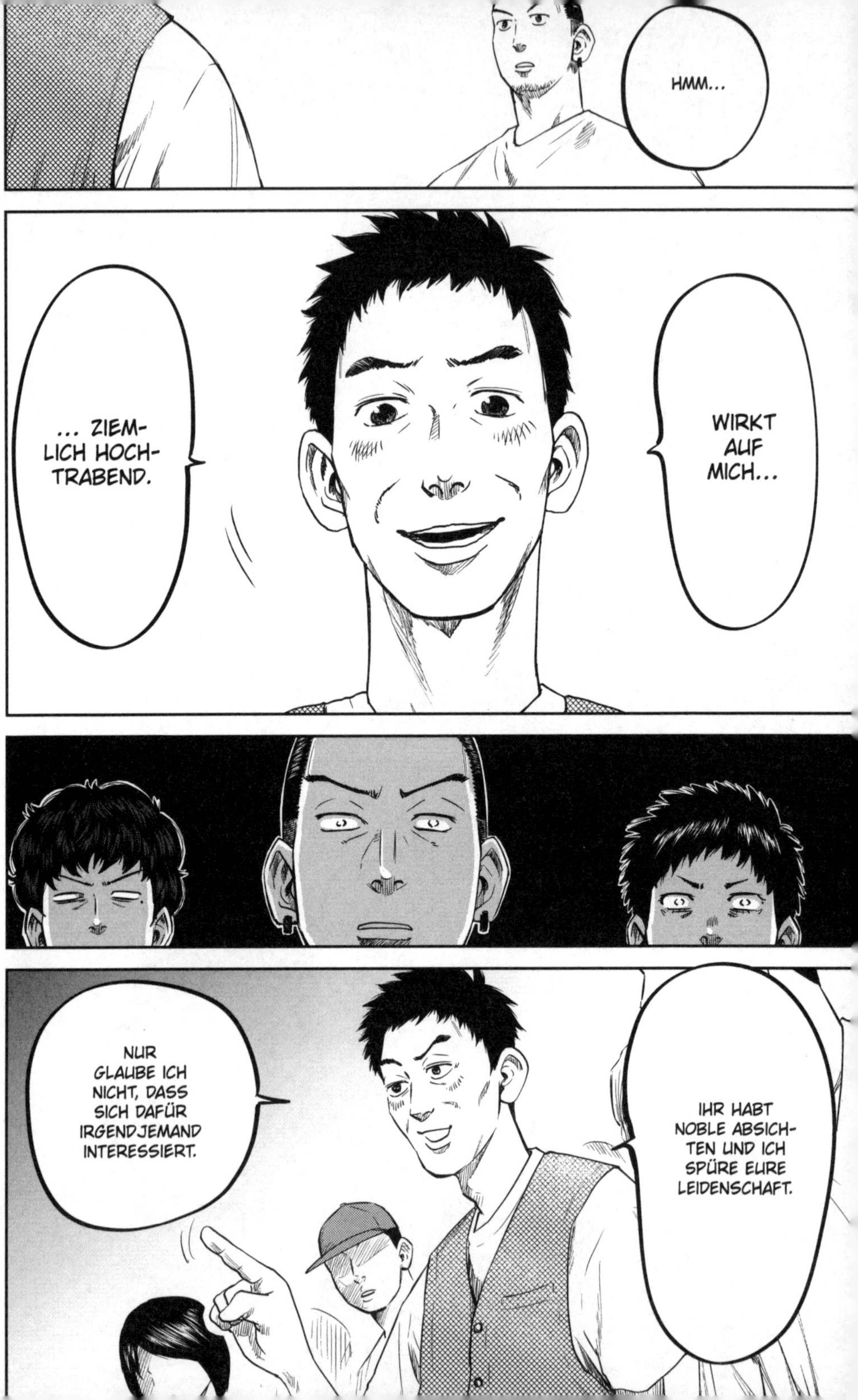
HMM…
WIRKT AUF MICH…
… ZIEM-LICH HOCH-TRABEND.
IHR HABT NOBLE ABSICH-TEN UND ICH SPÜRE EURE LEIDENSCHAFT.
NUR GLAUBE ICH NICHT, DASS SICH DAFÜR IRGENDJEMAND INTERESSIERT.

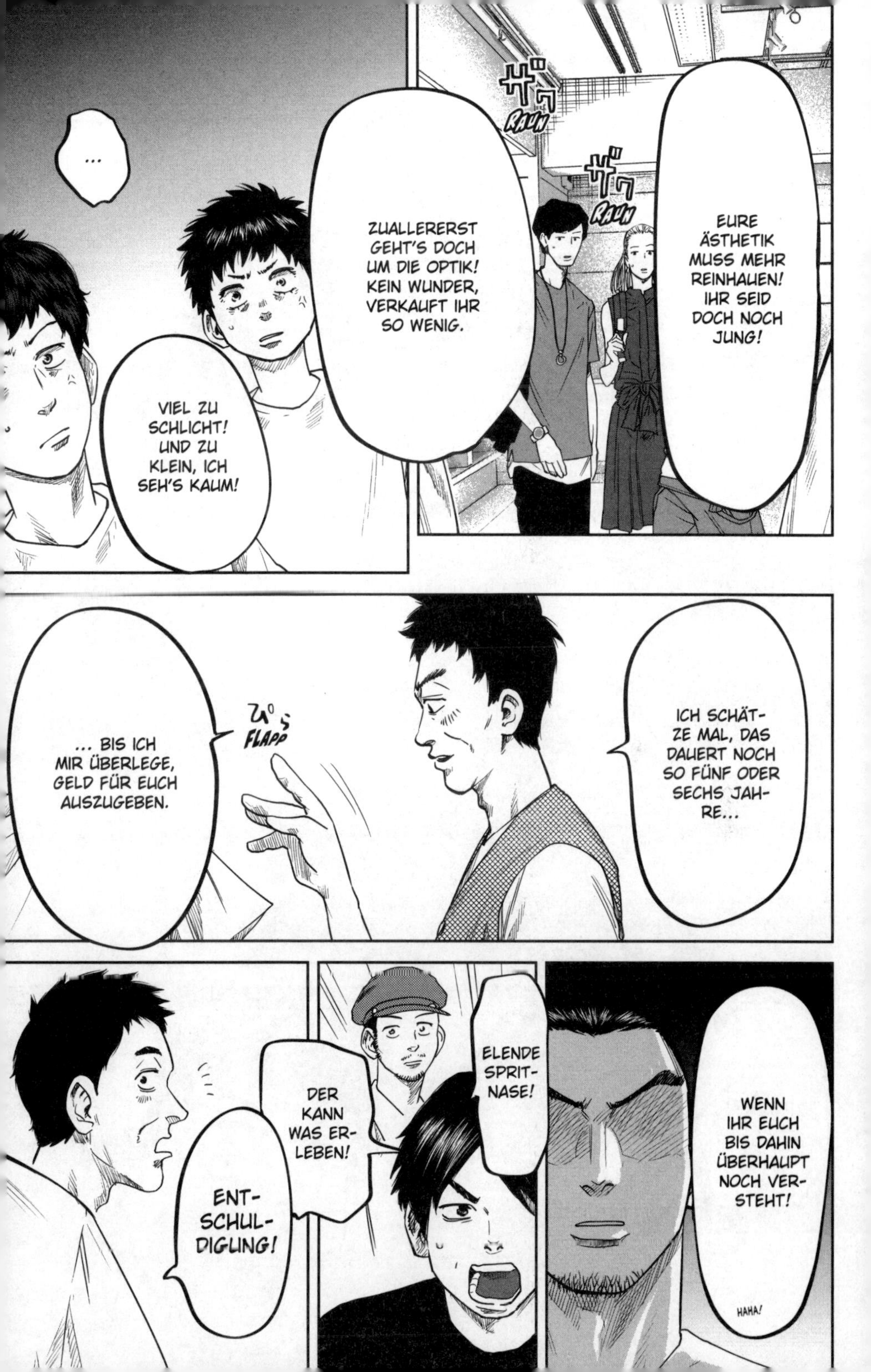
EURE ÄSTHETIK MUSS MEHR REINHAUEN! IHR SEID DOCH NOCH JUNG!
RAUN
RAUN
ZUALLERERST GEHT'S DOCH UM DIE OPTIK! KEIN WUNDER, VERKAUFT IHR SO WENIG.
VIEL ZU SCHLICHT! UND ZU KLEIN, ICH SEH'S KAUM!
...
ICH SCHÄTZE MAL, DAS DAUERT NOCH SO FÜNF ODER SECHS JAHRE...
FLAPP
... BIS ICH MIR ÜBERLEGE, GELD FÜR EUCH AUSZUGEBEN.
WENN IHR EUCH BIS DAHIN ÜBERHAUPT NOCH VERSTEHT!
HAHA!
ELENDE SPRITNASE!
DER KANN WAS ERLEBEN!
ENTSCHULDIGUNG!

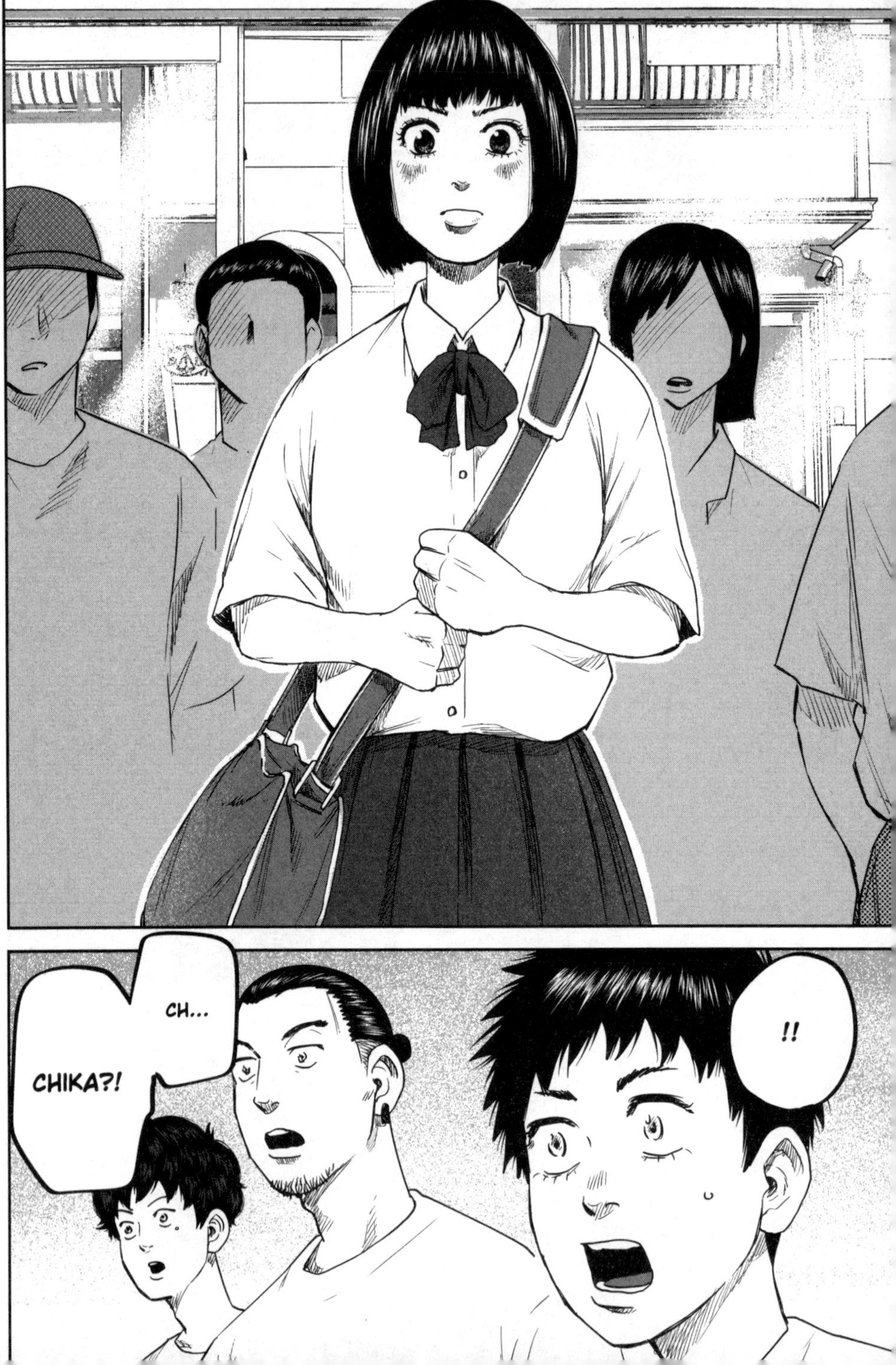
!!
CH...
CHIKA?!

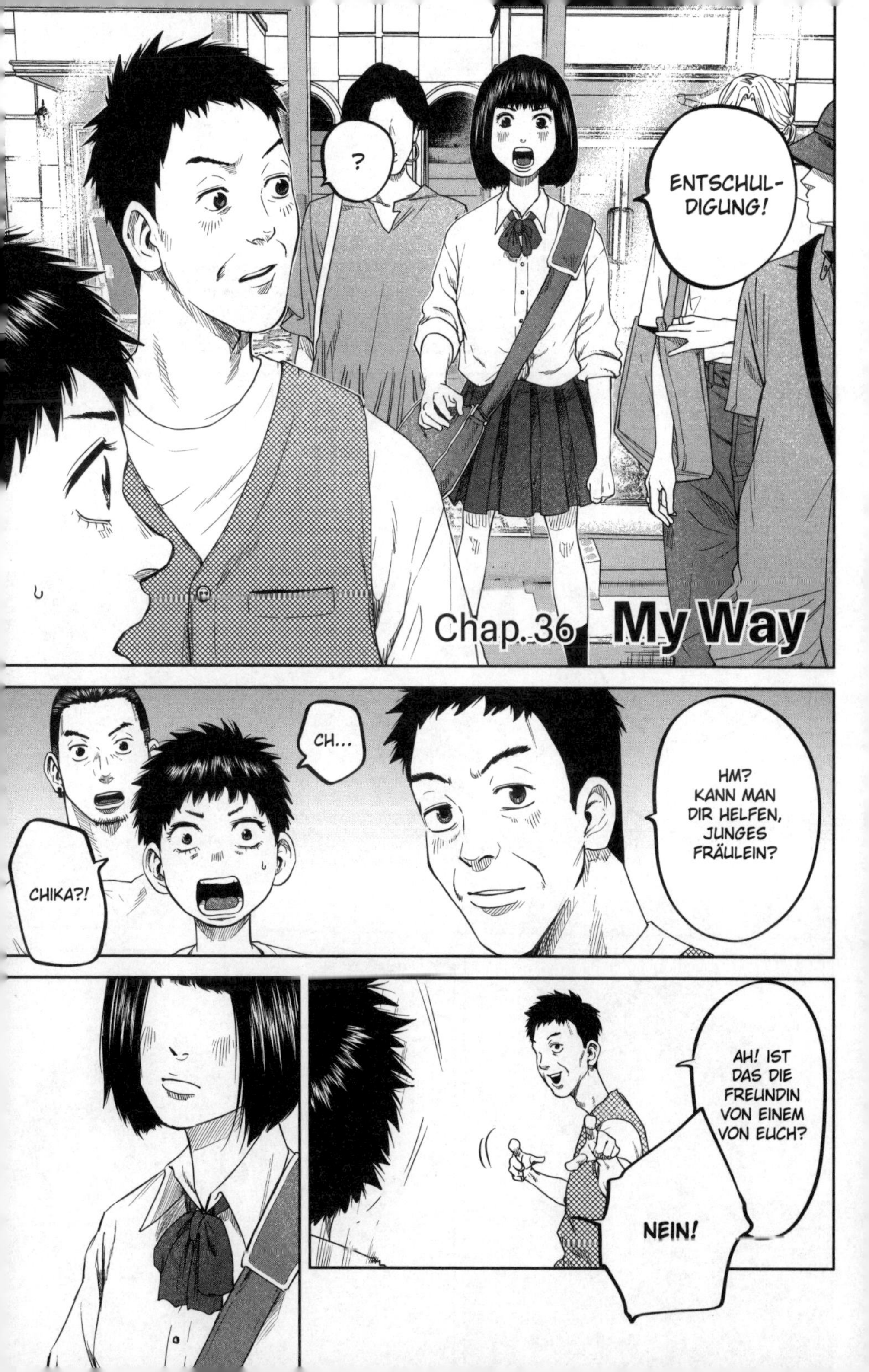
ENTSCHUL-DIGUNG!
?
Chap. 36 My Way
HM? KANN MAN DIR HELFEN, JUNGES FRÄULEIN?
CH...
CHIKA?!
AH! IST DAS DIE FREUNDIN VON EINEM VON EUCH?
NEIN!

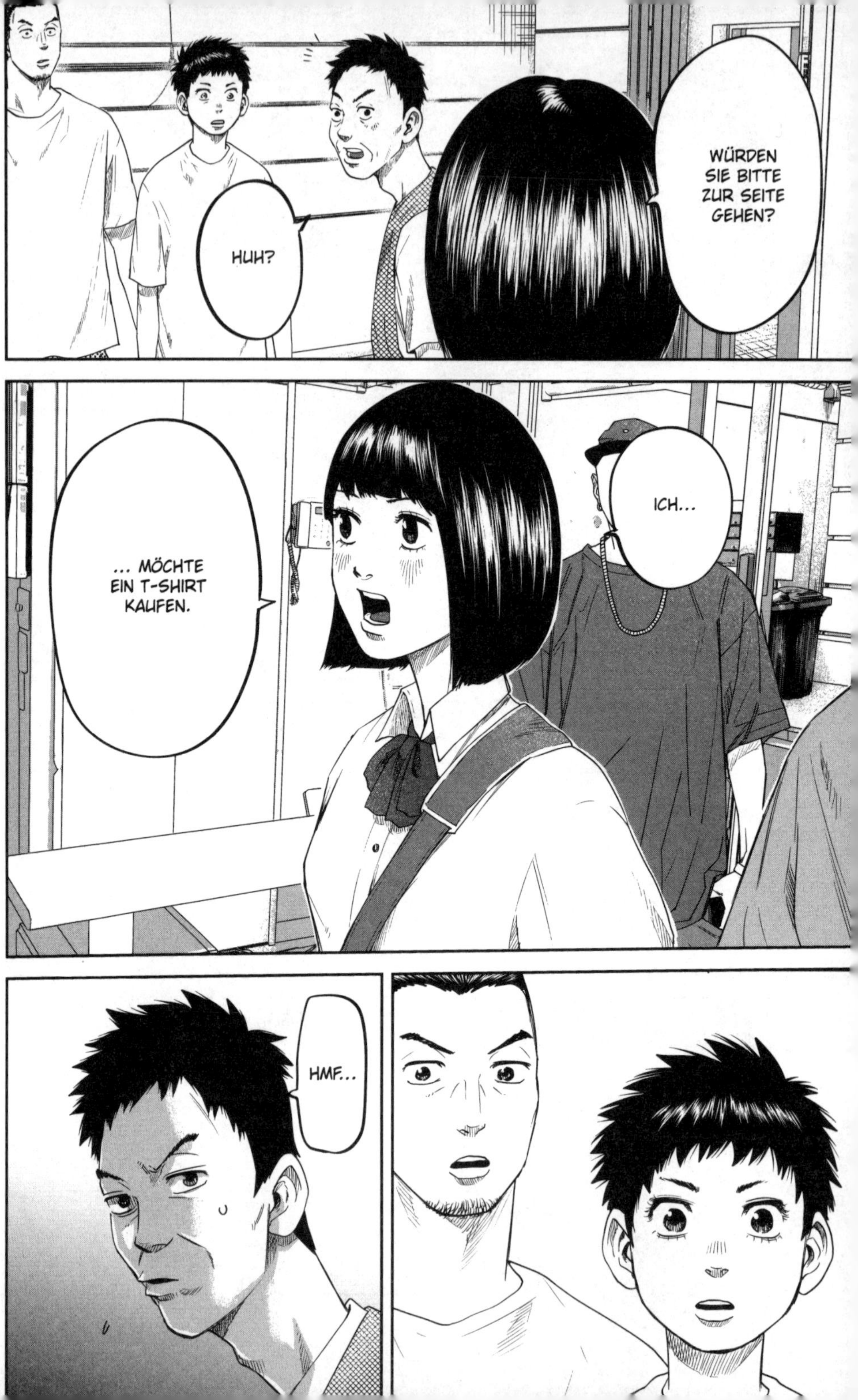
WÜRDEN SIE BITTE ZUR SEITE GEHEN?
HUH?
ICH…
… MÖCHTE EIN T-SHIRT KAUFEN.
HMF…

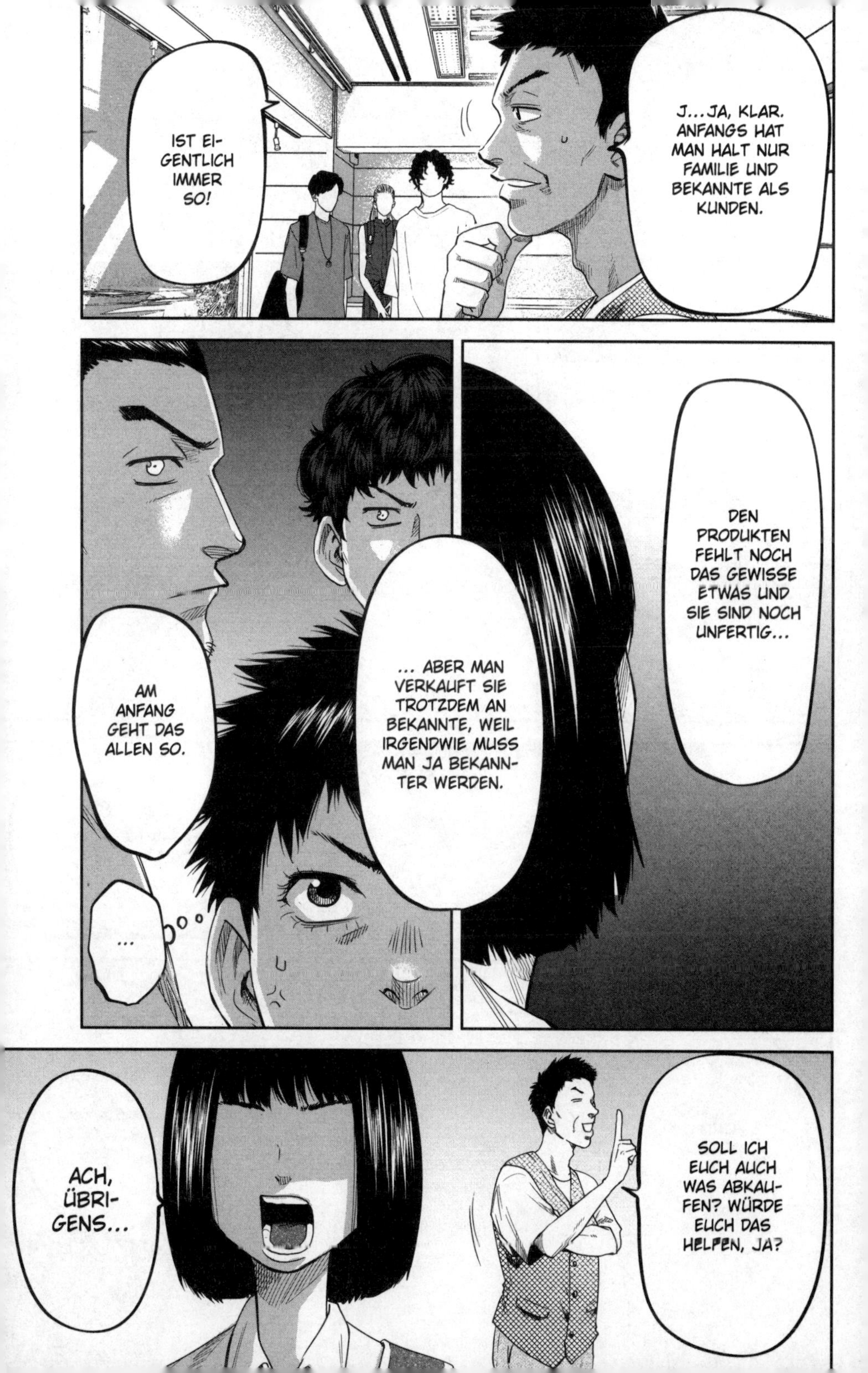
J…JA, KLAR. ANFANGS HAT MAN HALT NUR FAMILIE UND BEKANNTE ALS KUNDEN.
IST EI-GENTLICH IMMER SO!
DEN PRODUKTEN FEHLT NOCH DAS GEWISSE ETWAS UND SIE SIND NOCH UNFERTIG…
… ABER MAN VERKAUFT SIE TROTZDEM AN BEKANNTE, WEIL IRGENDWIE MUSS MAN JA BEKANN-TER WERDEN.
AM ANFANG GEHT DAS ALLEN SO.
…
SOLL ICH EUCH AUCH WAS ABKAU-FEN? WÜRDE EUCH DAS HELFEN, JA?
ACH, ÜBRI-GENS…

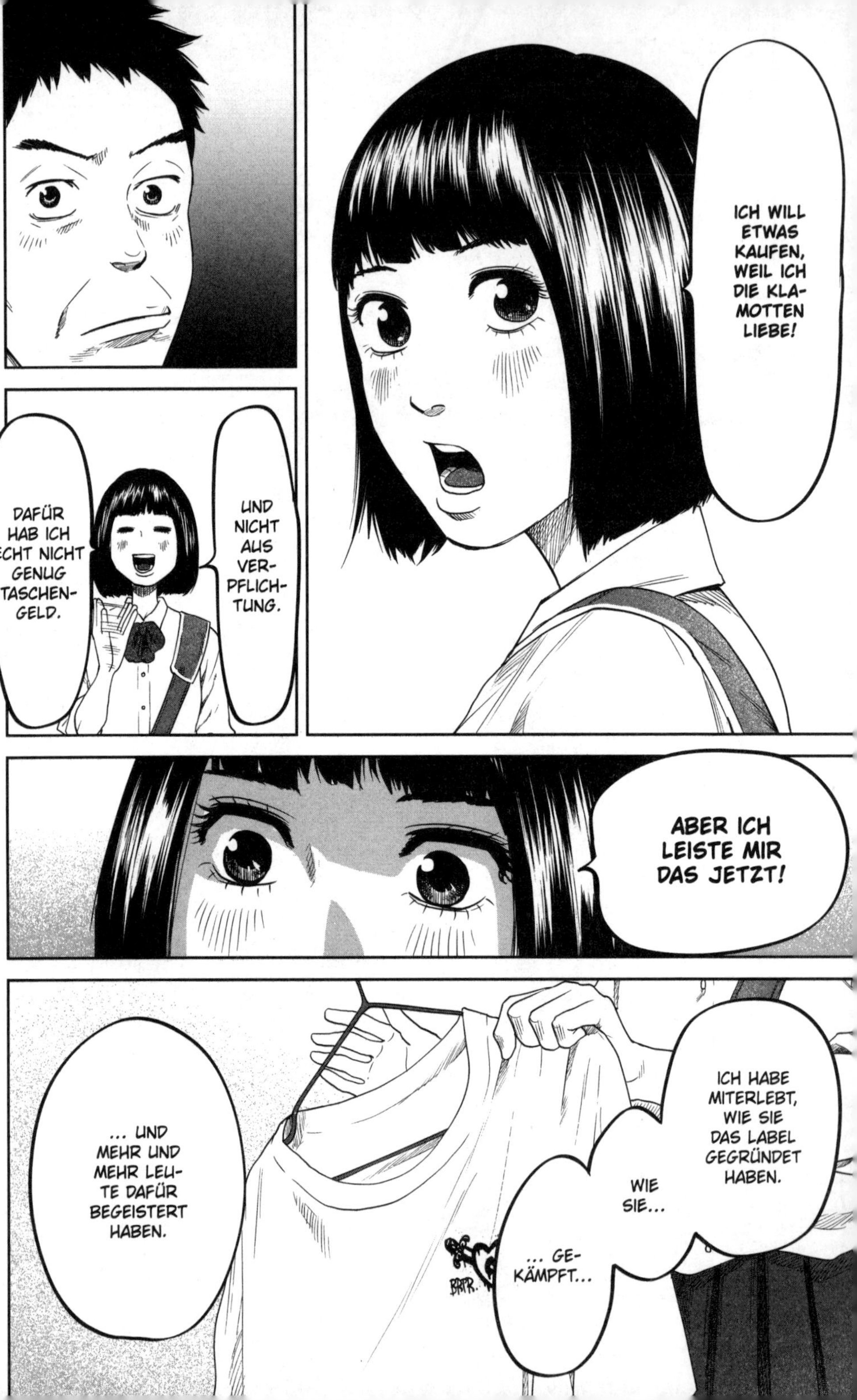
ICH WILL ETWAS KAUFEN, WEIL ICH DIE KLAMOTTEN LIEBE!
UND NICHT AUS VERPFLICHTUNG.
DAFÜR HAB ICH ECHT NICHT GENUG TASCHENGELD.
ABER ICH LEISTE MIR DAS JETZT!
ICH HABE MITERLEBT, WIE SIE DAS LABEL GEGRÜNDET HABEN.
WIE SIE…
… GEKÄMPFT…
… UND MEHR UND MEHR LEUTE DAFÜR BEGEISTERT HABEN.

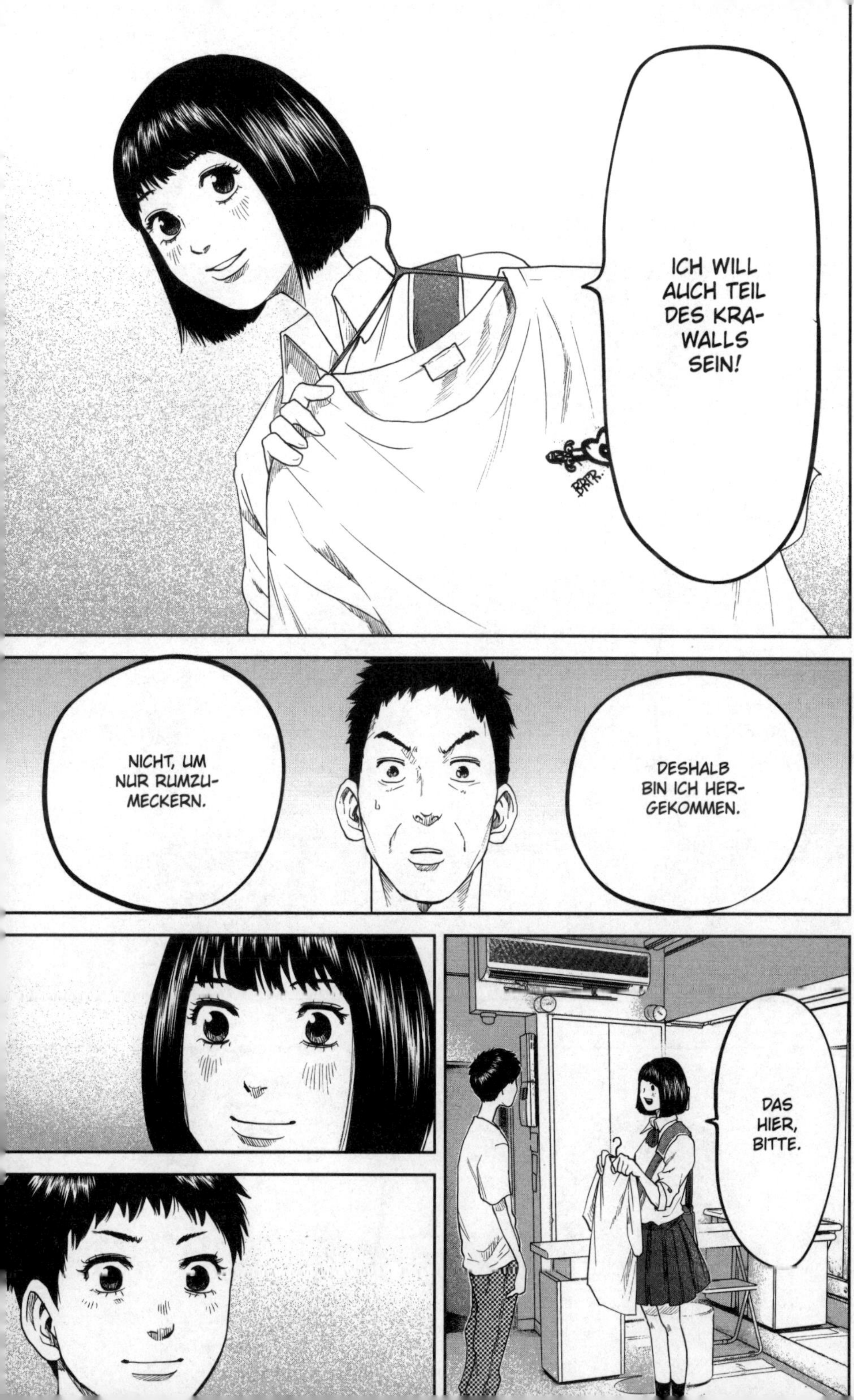
ICH WILL AUCH TEIL DES KRA-WALLS SEIN!
BRRR...
DESHALB BIN ICH HER-GEKOMMEN.
NICHT, UM NUR RUMZU-MECKERN.
DAS HIER, BITTE.

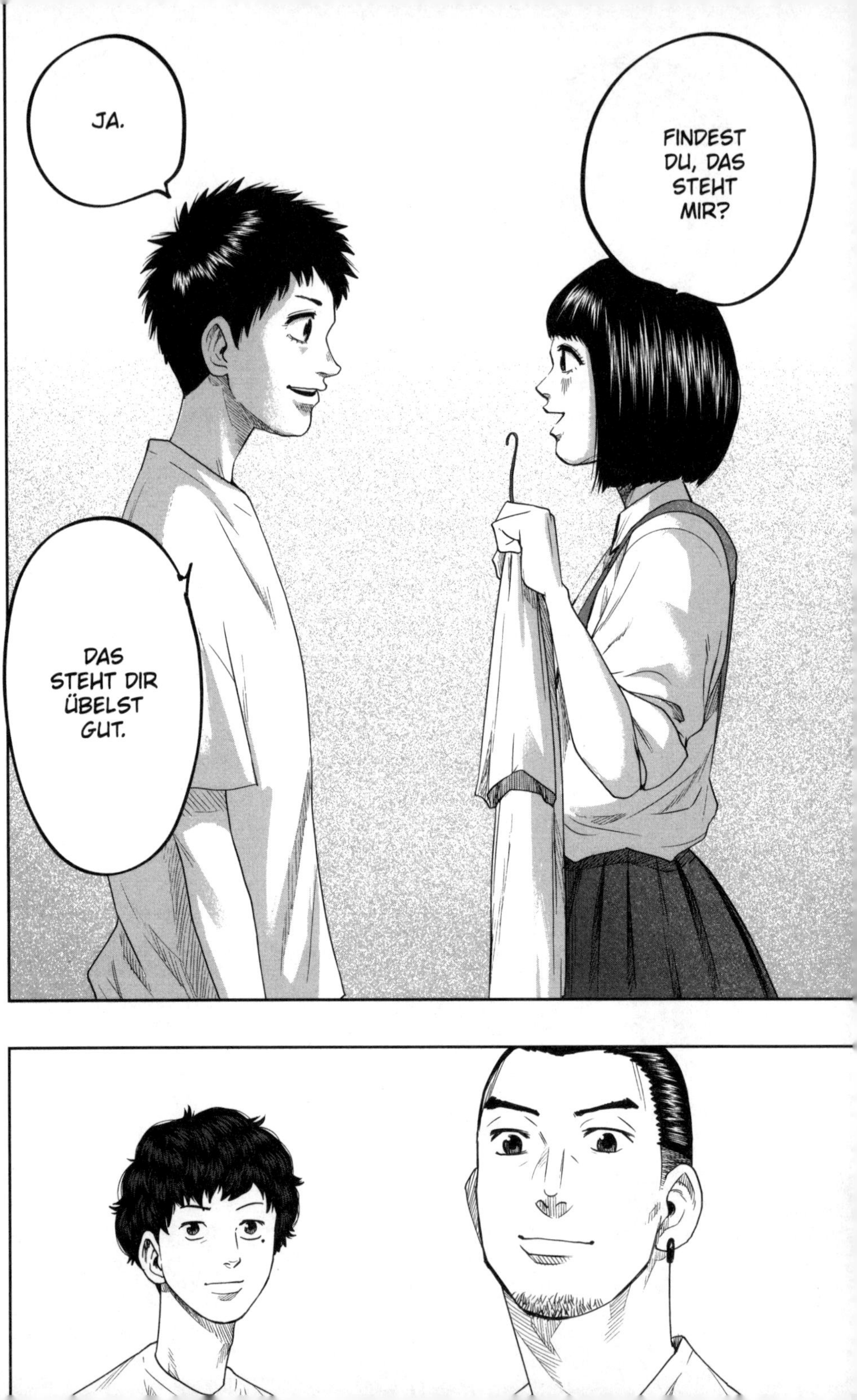
FINDEST DU, DAS STEHT MIR?
JA.
DAS STEHT DIR ÜBELST GUT.

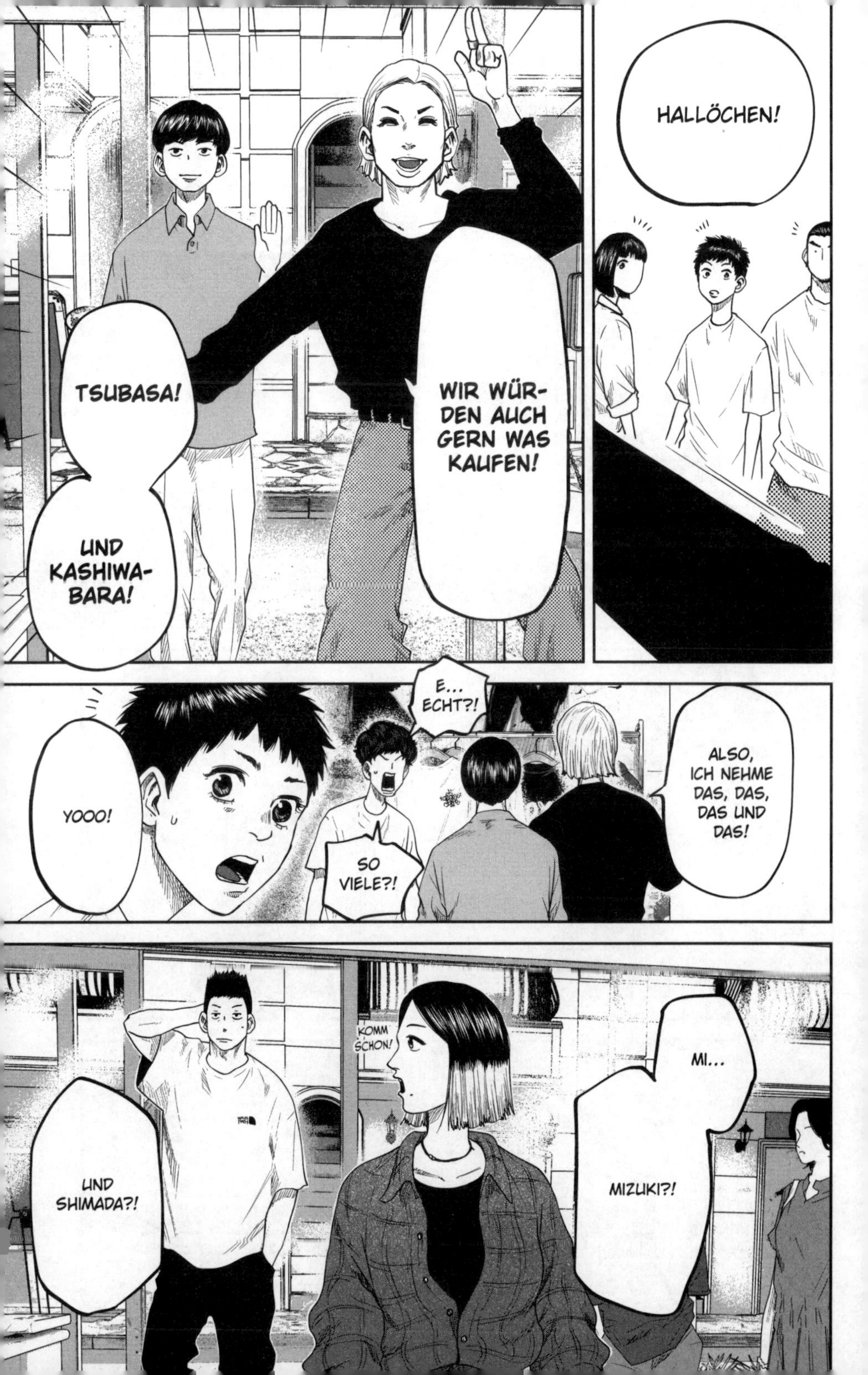
HALLÖCHEN!
WIR WÜRDEN AUCH GERN WAS KAUFEN!
TSUBASA!
UND KASHIWA-BARA!
ALSO, ICH NEHME DAS, DAS, DAS UND DAS!
E... ECHT?!
SO VIELE?!
YOOO!
MI...
MIZUKI?!
KOMM SCHON!
UND SHIMADA?!

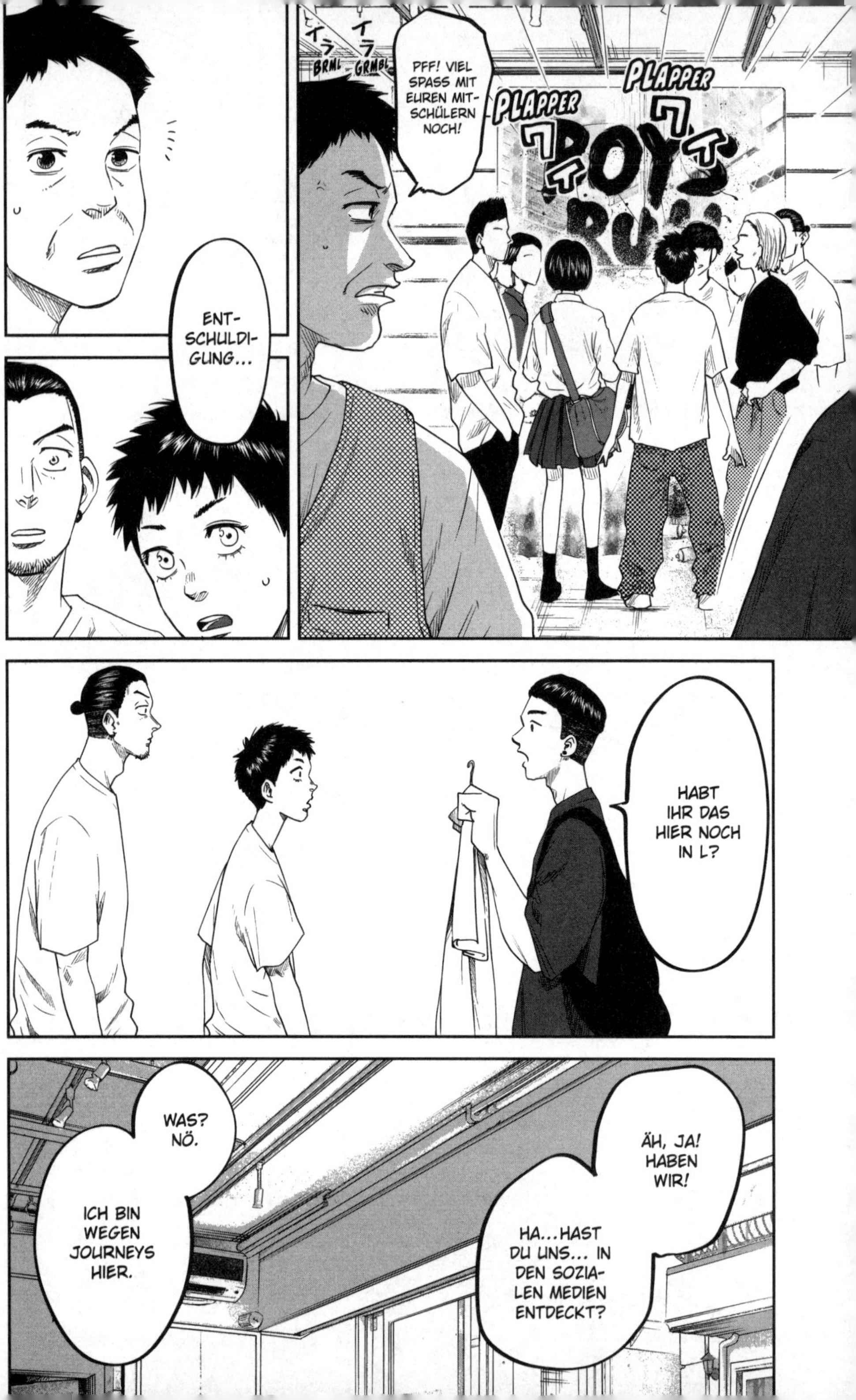

イラ イラ
BRML GRMBL
PFF! VIEL SPASS MIT EUREN MITSCHÜLERN NOCH!
ワイ ワイ
PLAPPER PLAPPER
ENTSCHULDIGUNG...
HABT IHR DAS HIER NOCH IN L?
ÄH, JA! HABEN WIR!
HA...HAST DU UNS... IN DEN SOZIALEN MEDIEN ENTDECKT?
WAS? NÖ.
ICH BIN WEGEN JOURNEYS HIER.

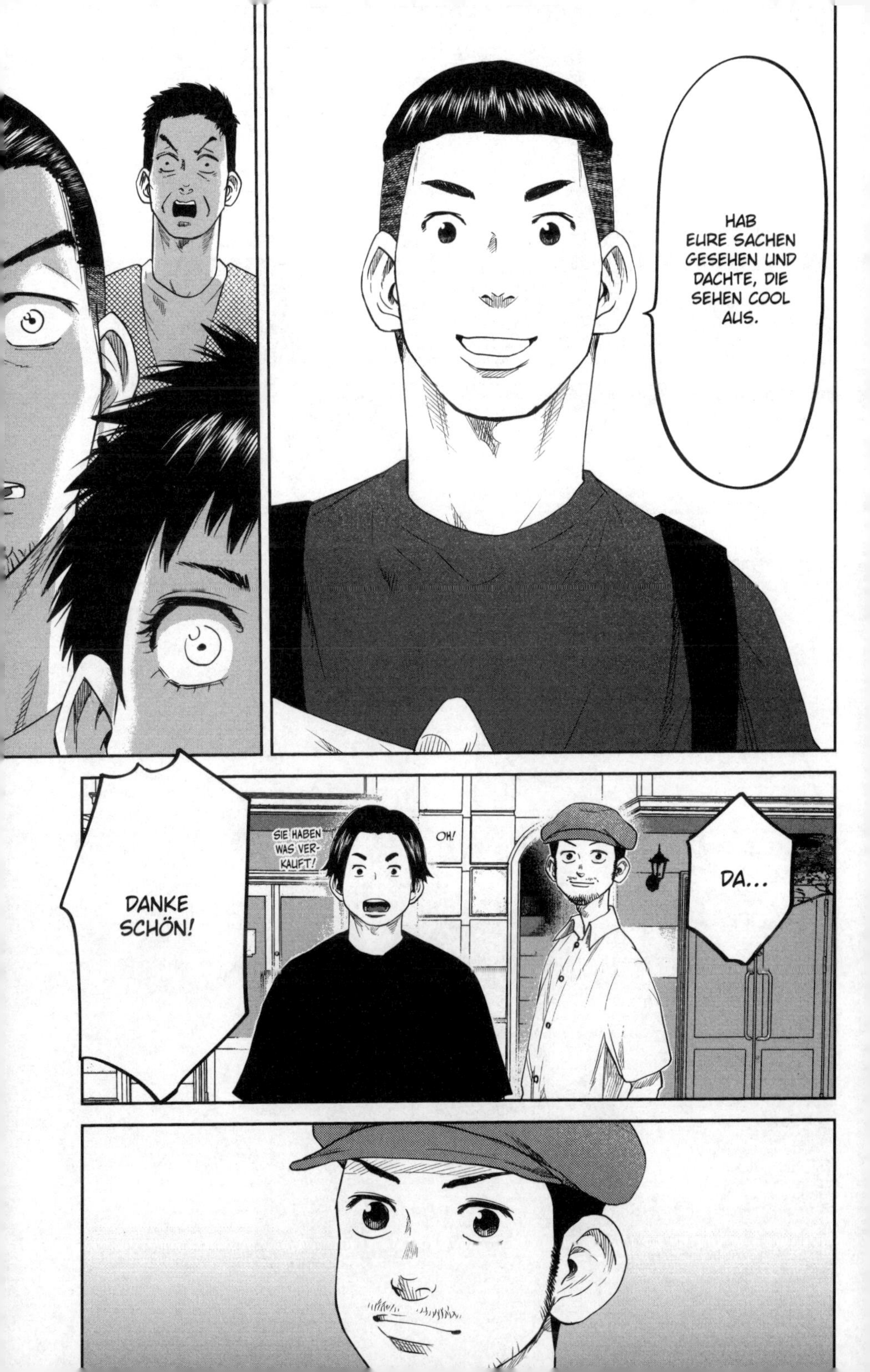
HAB EURE SACHEN GESEHEN UND DACHTE, DIE SEHEN COOL AUS.
DA...
OH!
SIE HABEN WAS VERKAUFT!
DANKE SCHÖN!

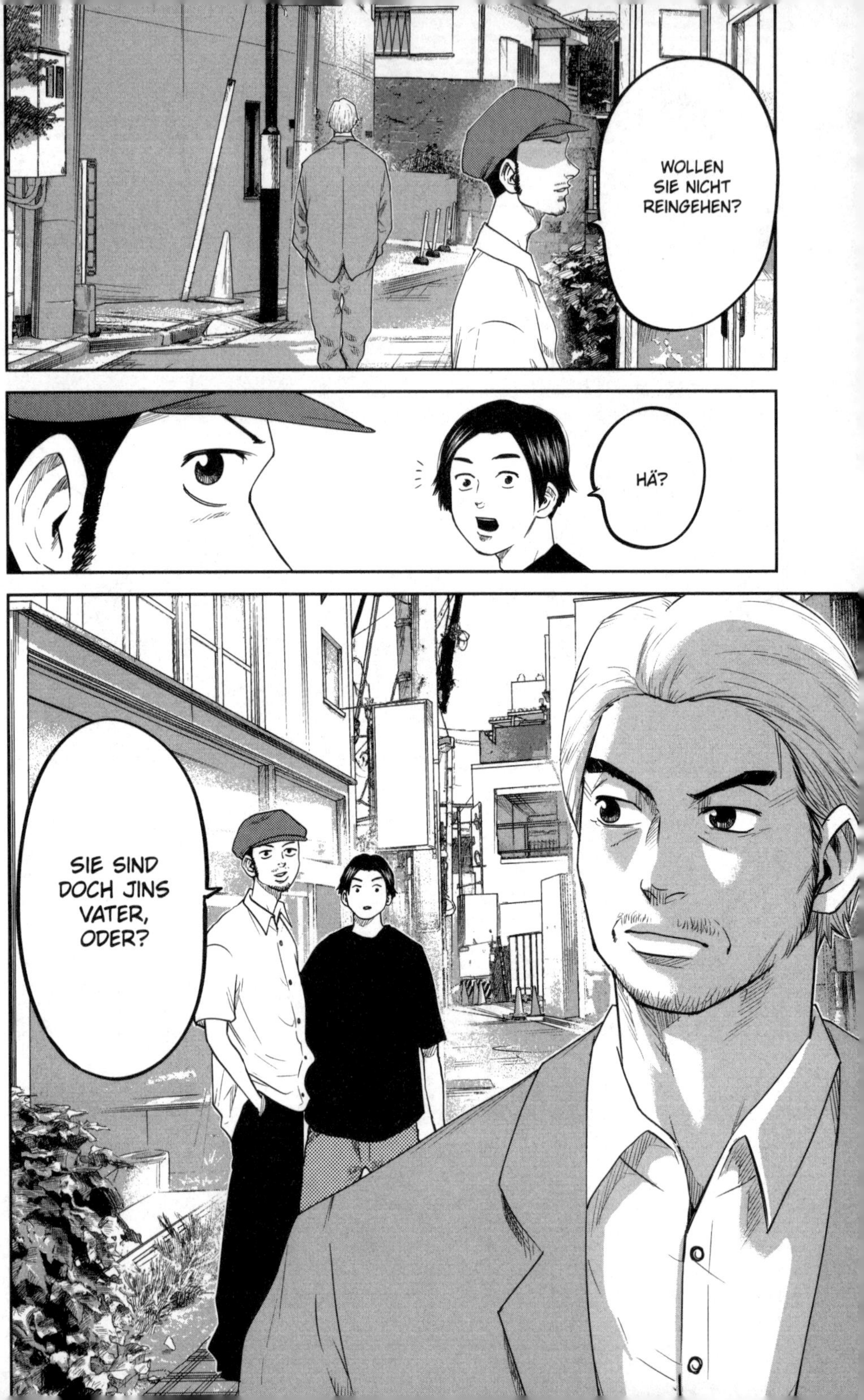
WOLLEN SIE NICHT REINGEHEN?
HÄ?
SIE SIND DOCH JINS VATER, ODER?

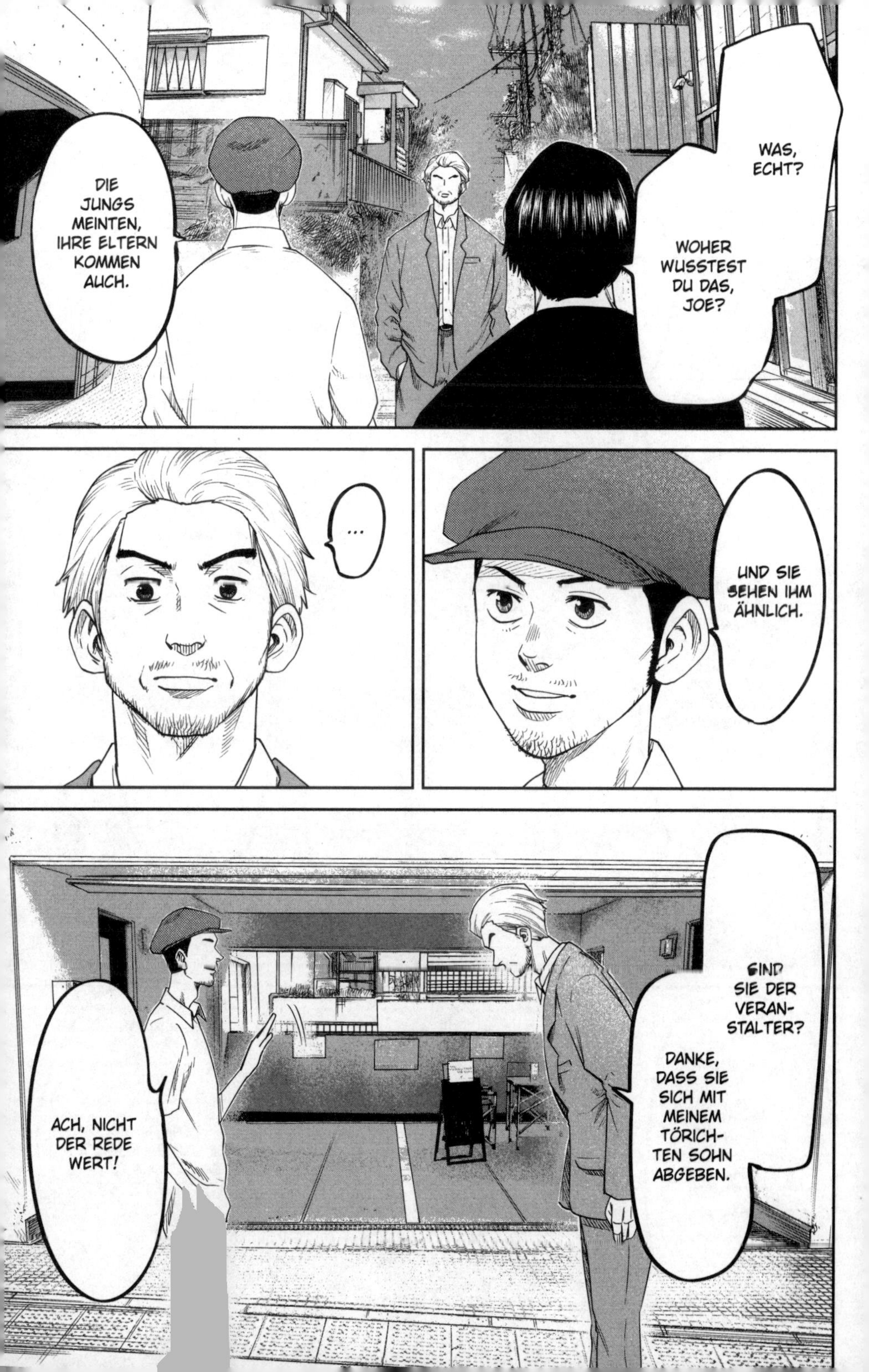
WAS, ECHT?
WOHER WUSSTEST DU DAS, JOE?
DIE JUNGS MEINTEN, IHRE ELTERN KOMMEN AUCH.
UND SIE SEHEN IHM ÄHNLICH.
...
SIND SIE DER VERANSTALTER?
DANKE, DASS SIE SICH MIT MEINEM TÖRICHTEN SOHN ABGEBEN.
ACH, NICHT DER REDE WERT!

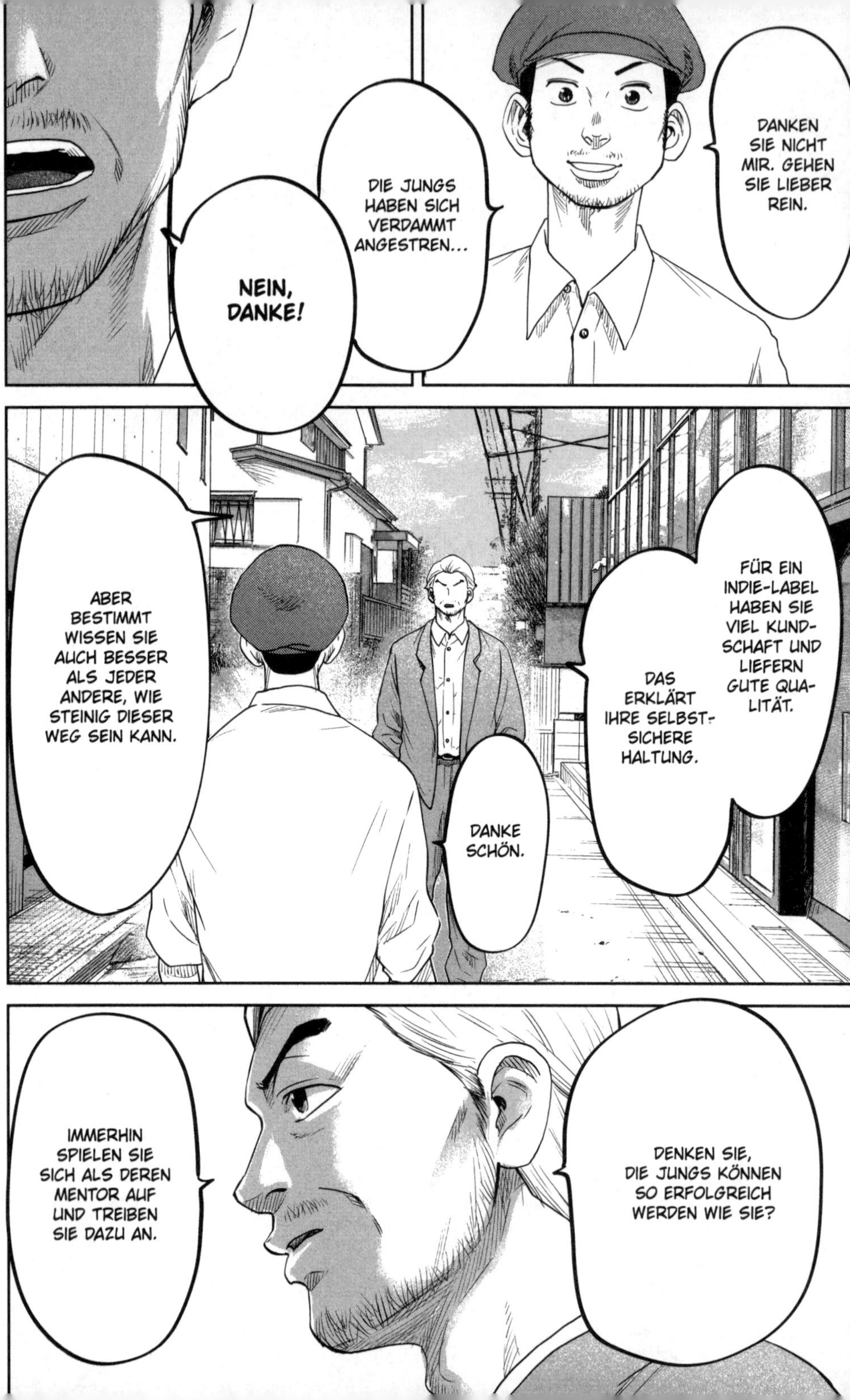
DANKEN SIE NICHT MIR. GEHEN SIE LIEBER REIN.
DIE JUNGS HABEN SICH VERDAMMT ANGESTREN...
NEIN, DANKE!
FÜR EIN INDIE-LABEL HABEN SIE VIEL KUND-SCHAFT UND LIEFERN GUTE QUA-LITÄT.
DAS ERKLÄRT IHRE SELBST-SICHERE HALTUNG.
DANKE SCHÖN.
ABER BESTIMMT WISSEN SIE AUCH BESSER ALS JEDER ANDERE, WIE STEINIG DIESER WEG SEIN KANN.
DENKEN SIE, DIE JUNGS KÖNNEN SO ERFOLGREICH WERDEN WIE SIE?
IMMERHIN SPIELEN SIE SICH ALS DEREN MENTOR AUF UND TREIBEN SIE DAZU AN.

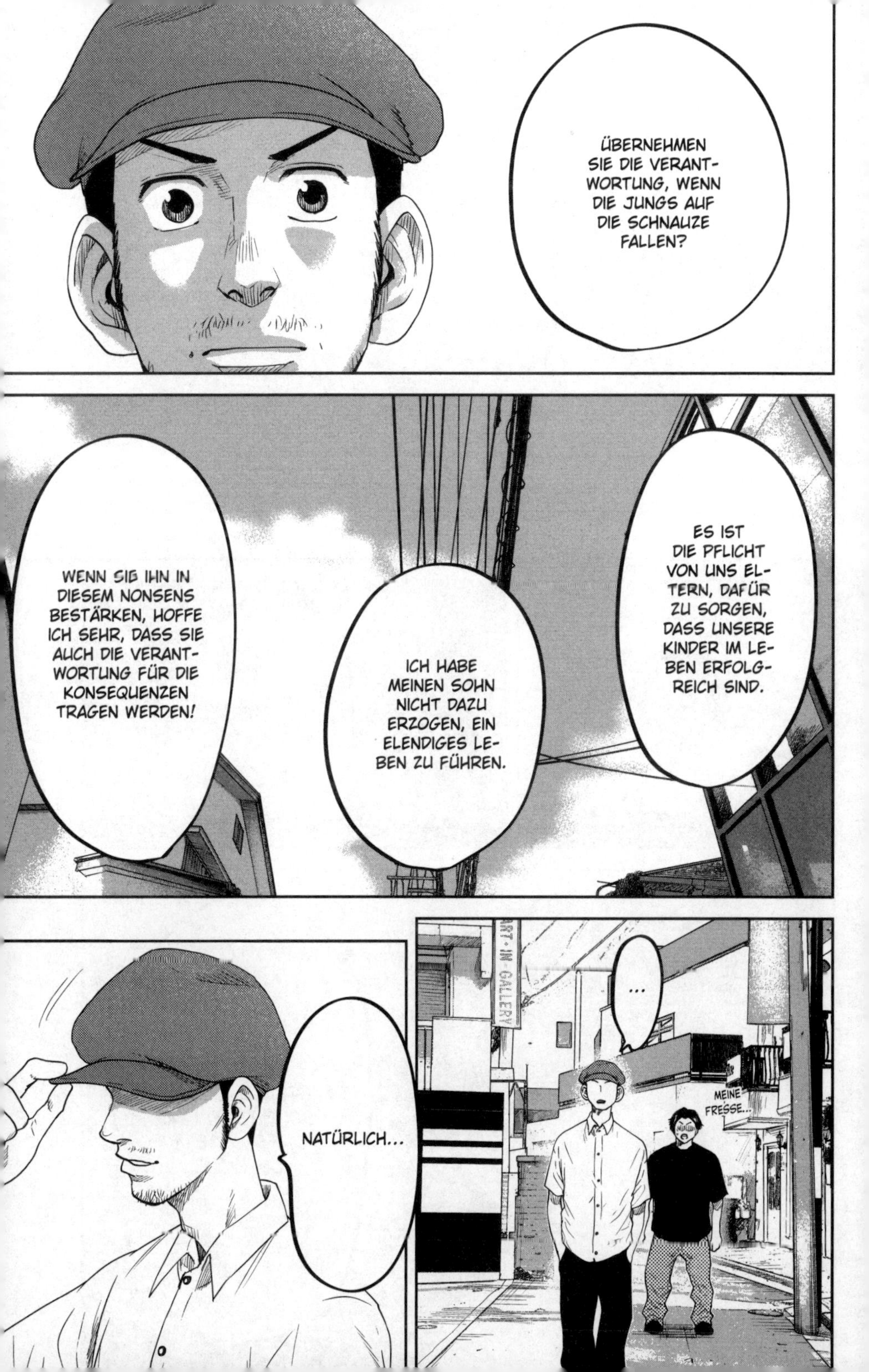
ÜBERNEHMEN SIE DIE VERANT-WORTUNG, WENN DIE JUNGS AUF DIE SCHNAUZE FALLEN?
ES IST DIE PFLICHT VON UNS EL-TERN, DAFÜR ZU SORGEN, DASS UNSERE KINDER IM LE-BEN ERFOLG-REICH SIND.
ICH HABE MEINEN SOHN NICHT DAZU ERZOGEN, EIN ELENDIGES LE-BEN ZU FÜHREN.
WENN SIE IHN IN DIESEM NONSENS BESTÄRKEN, HOFFE ICH SEHR, DASS SIE AUCH DIE VERANT-WORTUNG FÜR DIE KONSEQUENZEN TRAGEN WERDEN!
ART IN GALLERY
...
MEINE FRESSE...
NATÜRLICH...

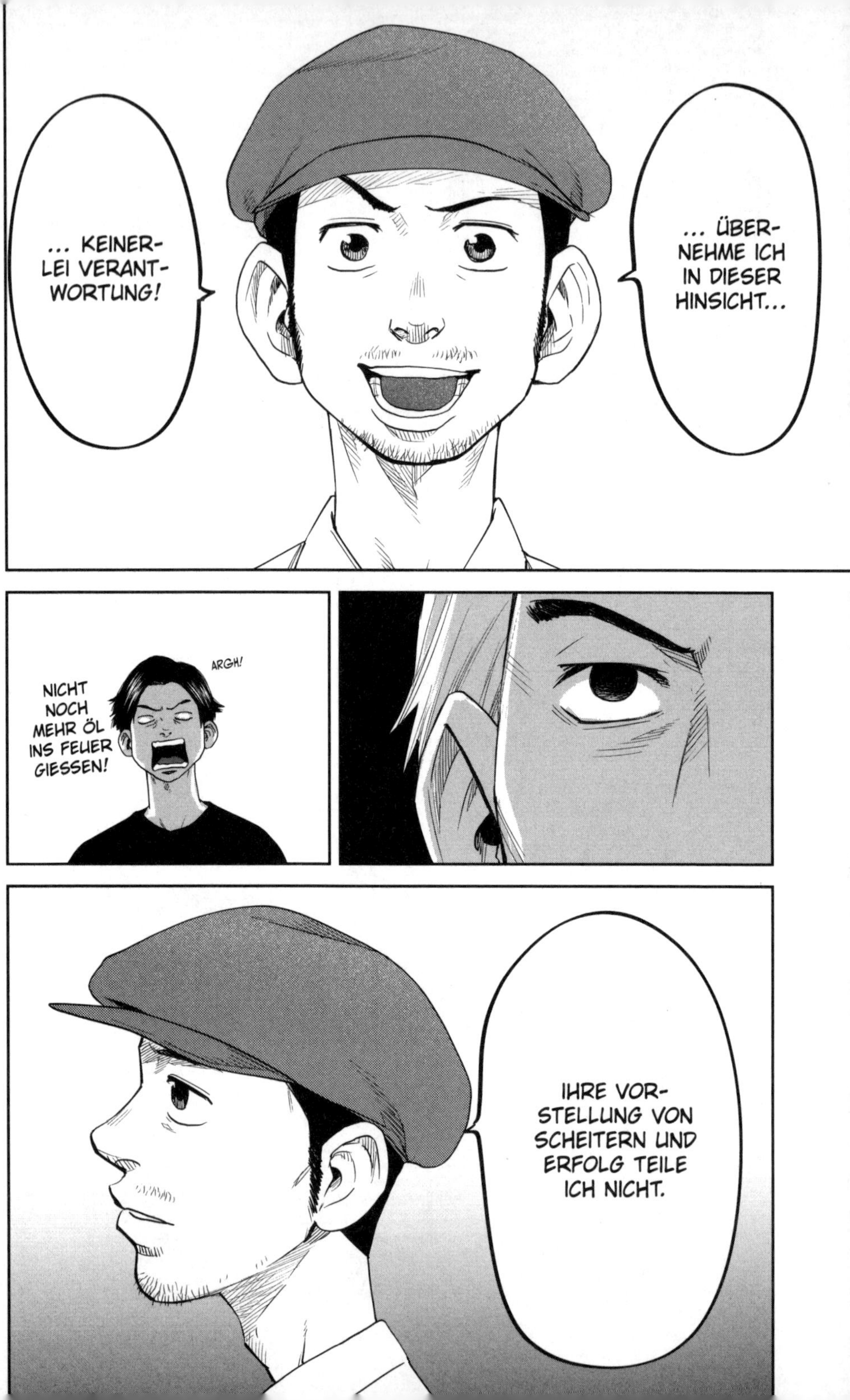
... ÜBERNEHME ICH IN DIESER HINSICHT...
... KEINERLEI VERANTWORTUNG!
ARGH!
NICHT NOCH MEHR ÖL INS FEUER GIESSEN!
IHRE VORSTELLUNG VON SCHEITERN UND ERFOLG TEILE ICH NICHT.

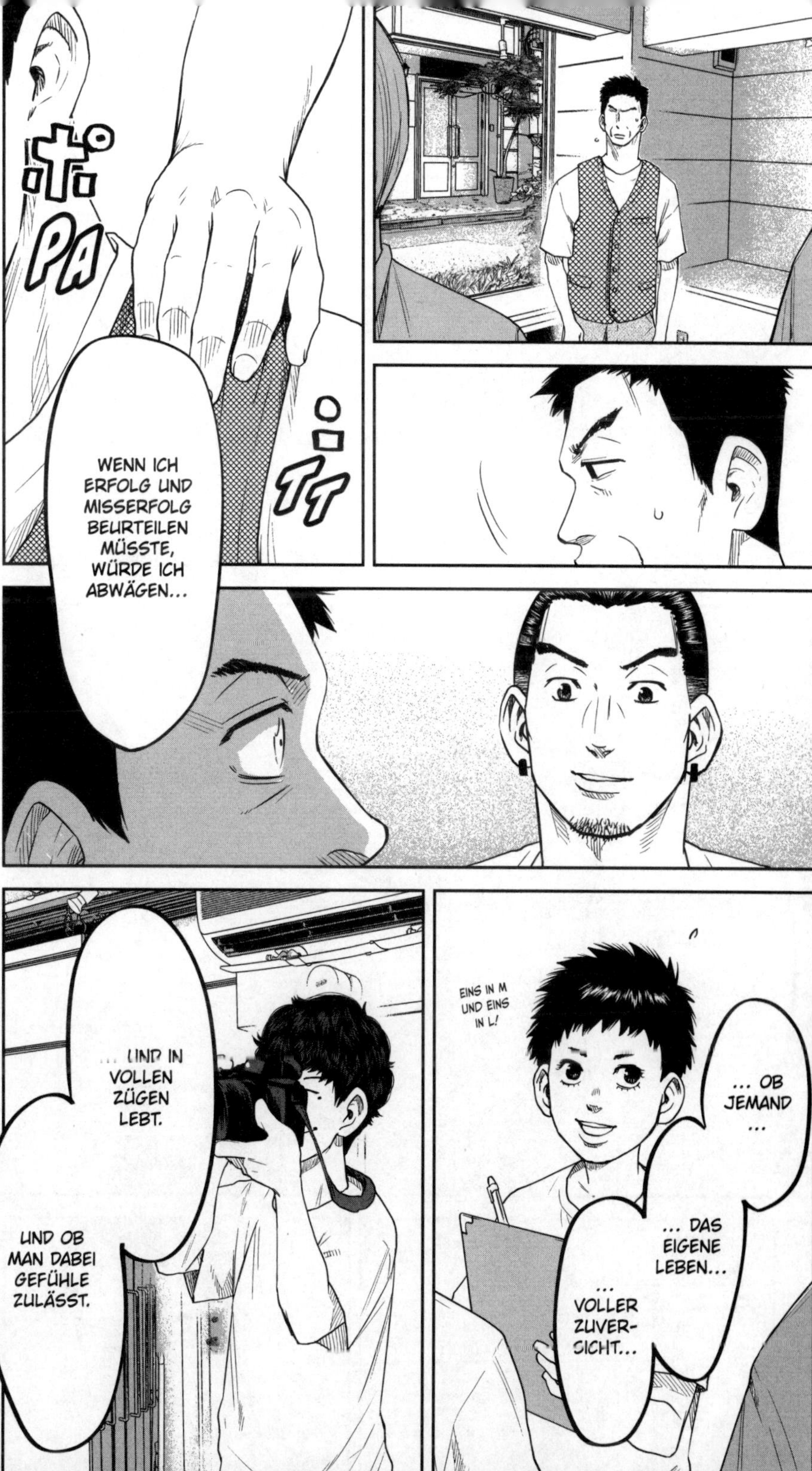
PA
TT
WENN ICH ERFOLG UND MISSERFOLG BEURTEILEN MÜSSTE, WÜRDE ICH ABWÄGEN...
EINS IN M UND EINS IN L!
... OB JEMAND ...
... DAS EIGENE LEBEN...
... VOLLER ZUVER-SICHT...
... UND IN VOLLEN ZÜGEN LEBT.
UND OB MAN DABEI GEFÜHLE ZULÄSST.

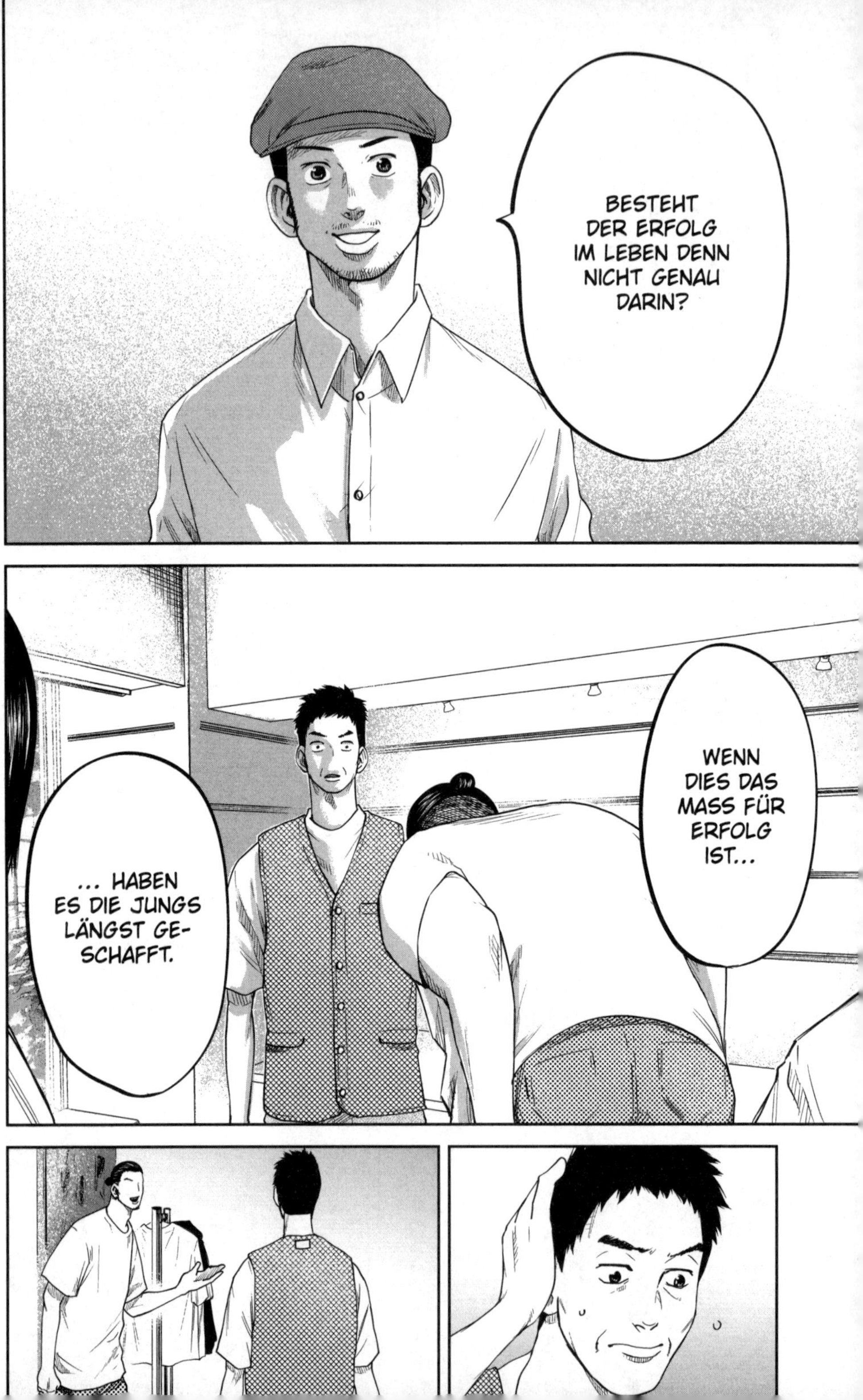
BESTEHT DER ERFOLG IM LEBEN DENN NICHT GENAU DARIN?
WENN DIES DAS MASS FÜR ERFOLG IST...
... HABEN ES DIE JUNGS LÄNGST GE-SCHAFFT.

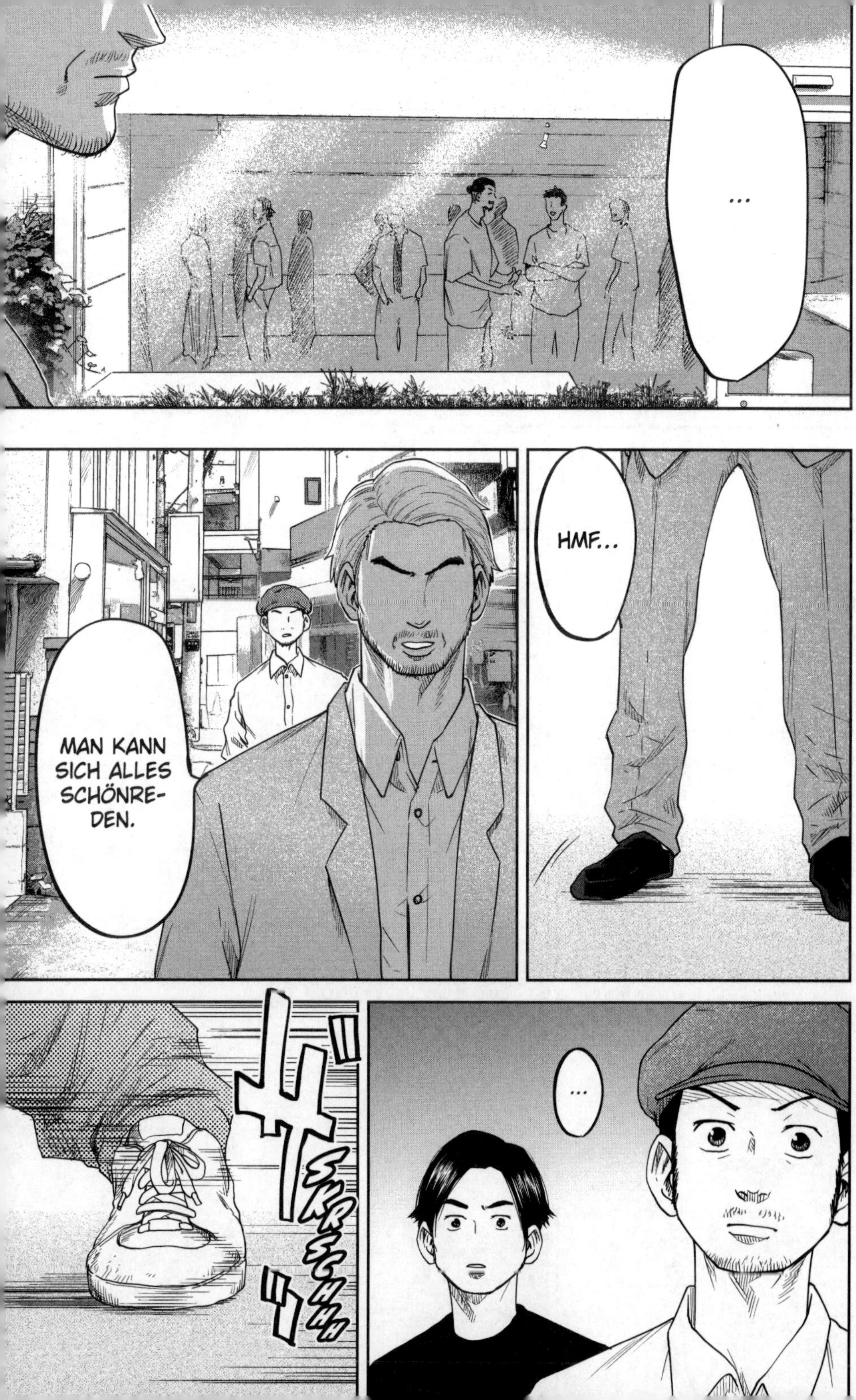
...
HMF...
MAN KANN SICH ALLES SCHÖNRE-DEN.
...
SKRSCHHH

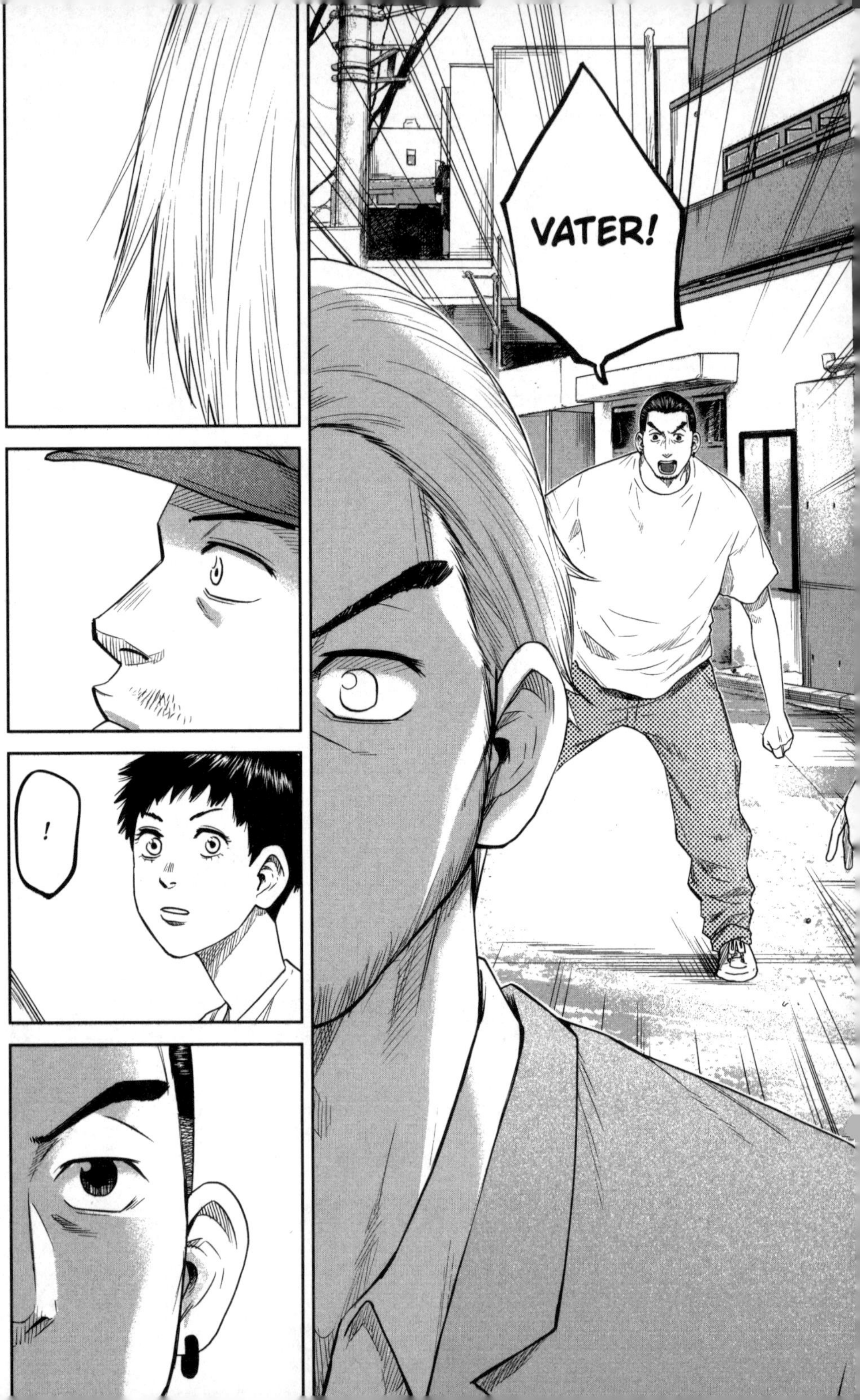
VATER!
!

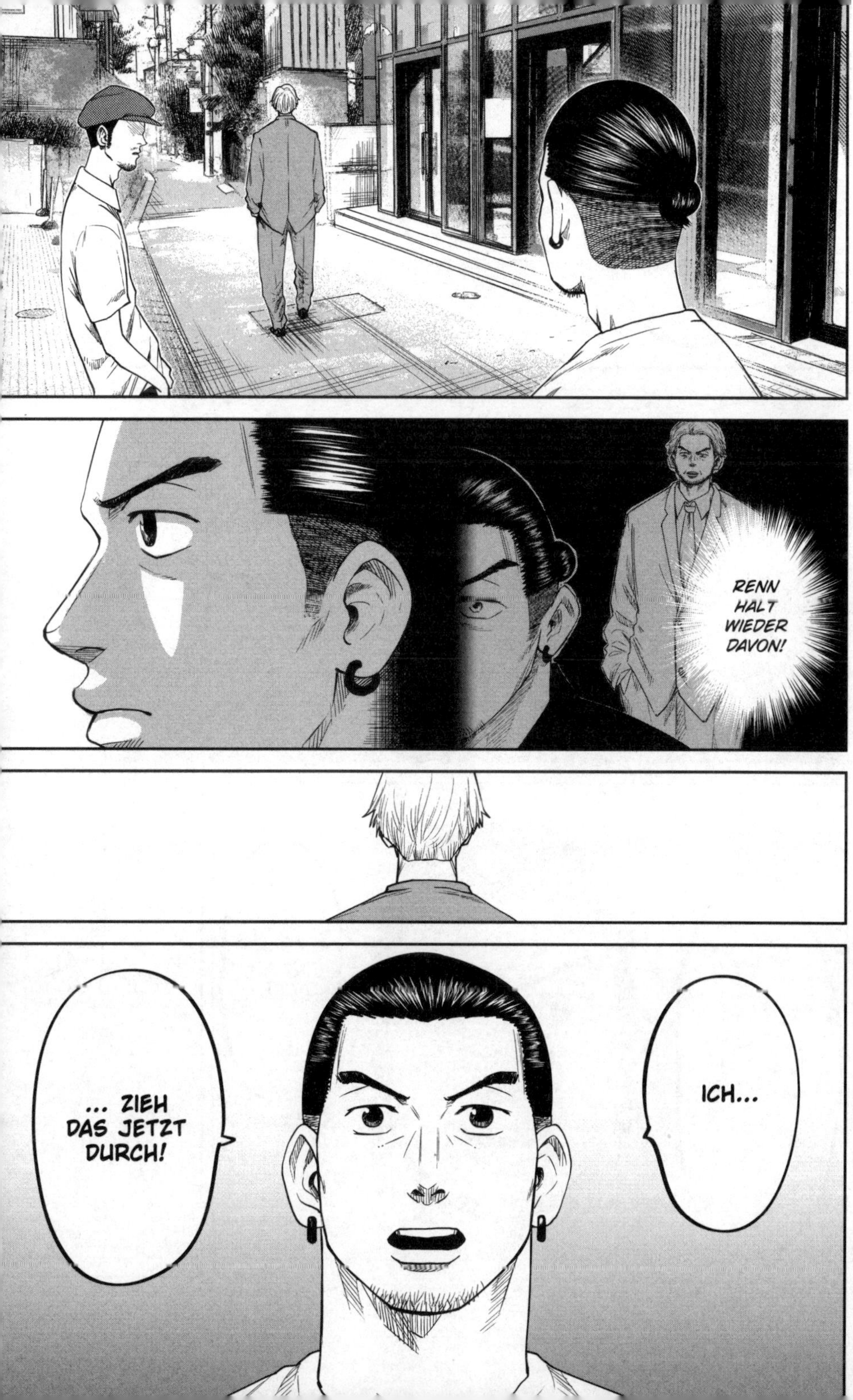
RENN HALT WIEDER DAVON!
ICH...
... ZIEH DAS JETZT DURCH!

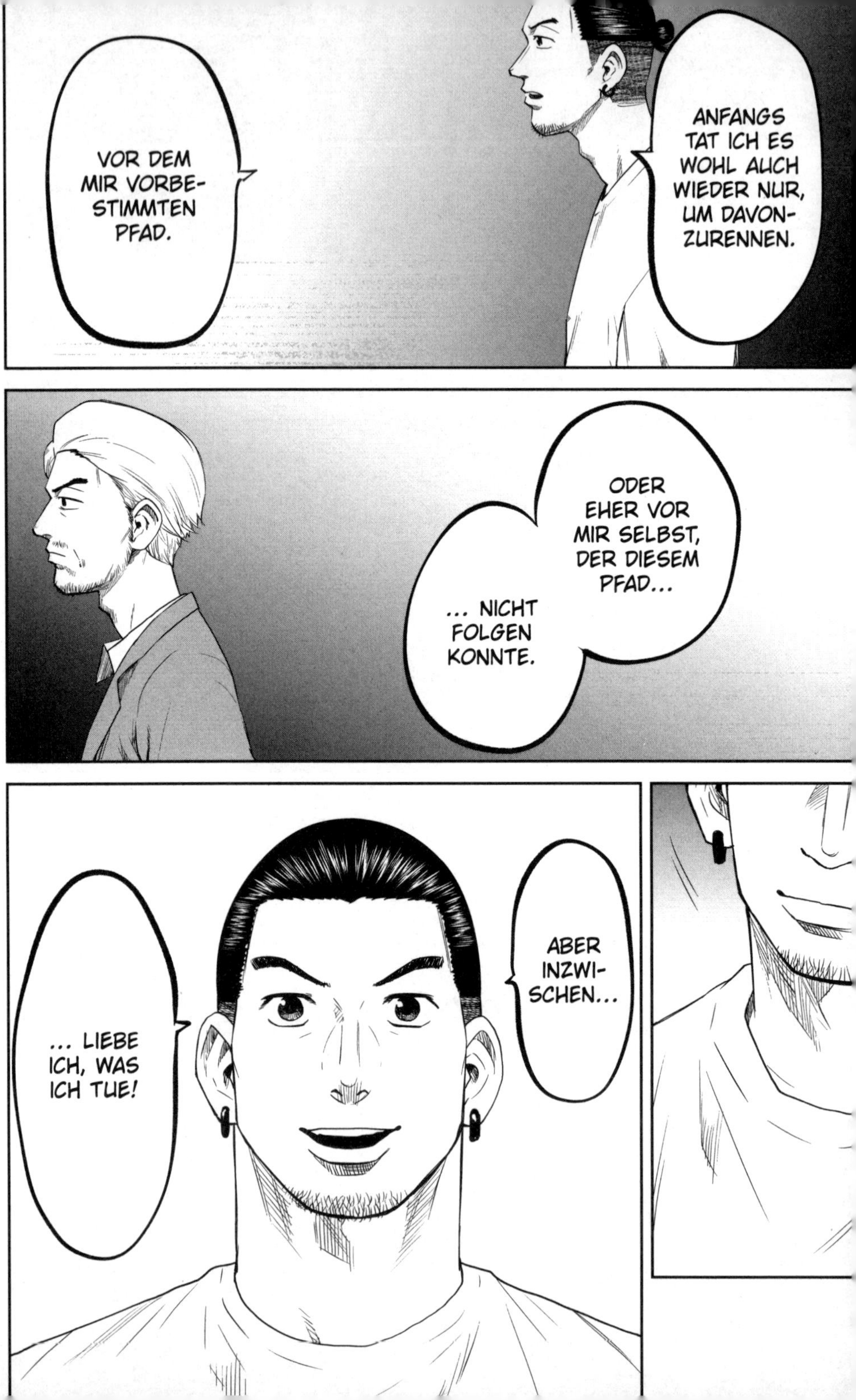
ANFANGS TAT ICH ES WOHL AUCH WIEDER NUR, UM DAVON-ZURENNEN.
VOR DEM MIR VORBE-STIMMTEN PFAD.
ODER EHER VOR MIR SELBST, DER DIESEM PFAD…
… NICHT FOLGEN KONNTE.
ABER INZWI-SCHEN…
… LIEBE ICH, WAS ICH TUE!

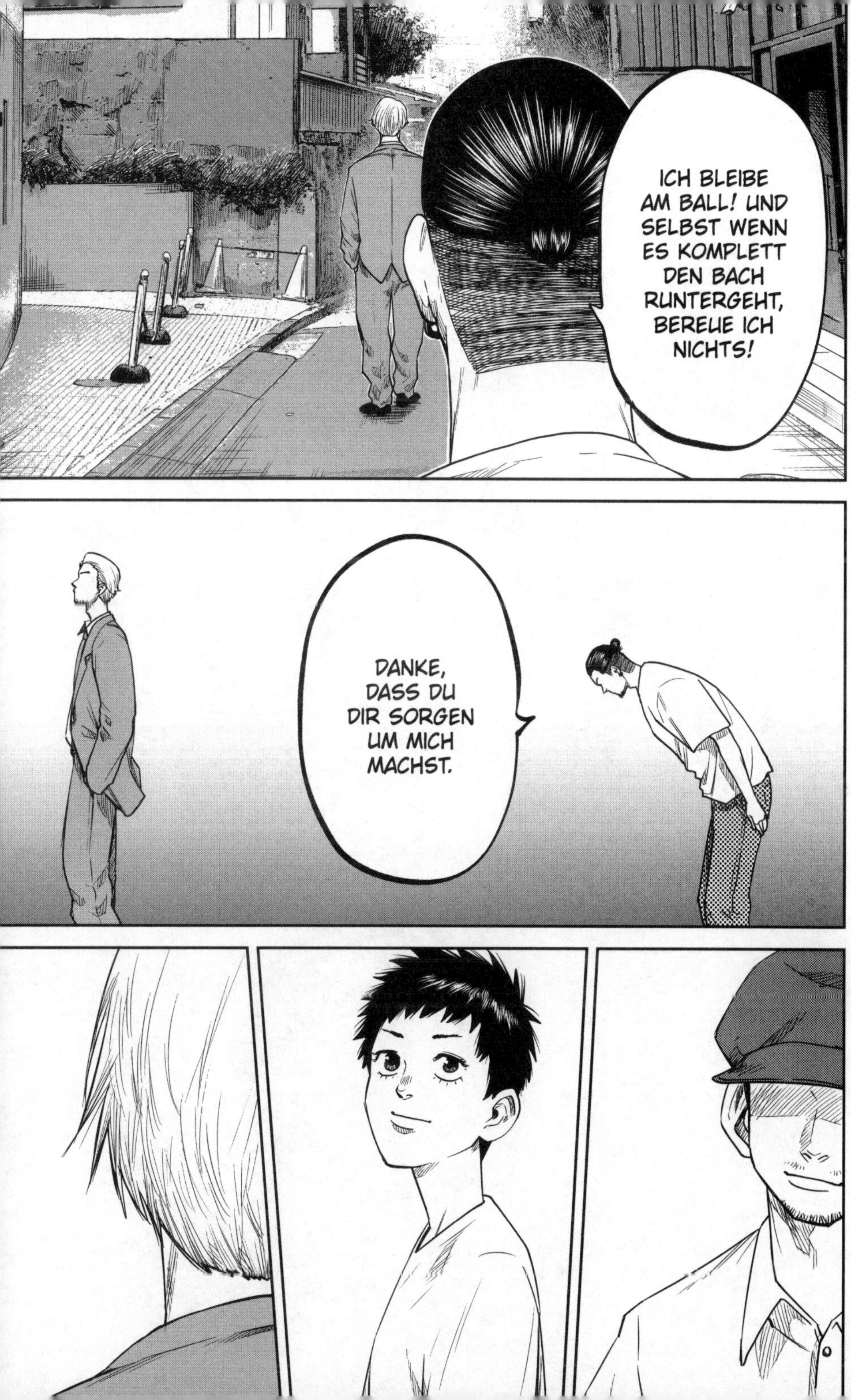
ICH BLEIBE AM BALL! UND SELBST WENN ES KOMPLETT DEN BACH RUNTERGEHT, BEREUE ICH NICHTS!
DANKE, DASS DU DIR SORGEN UM MICH MACHST.

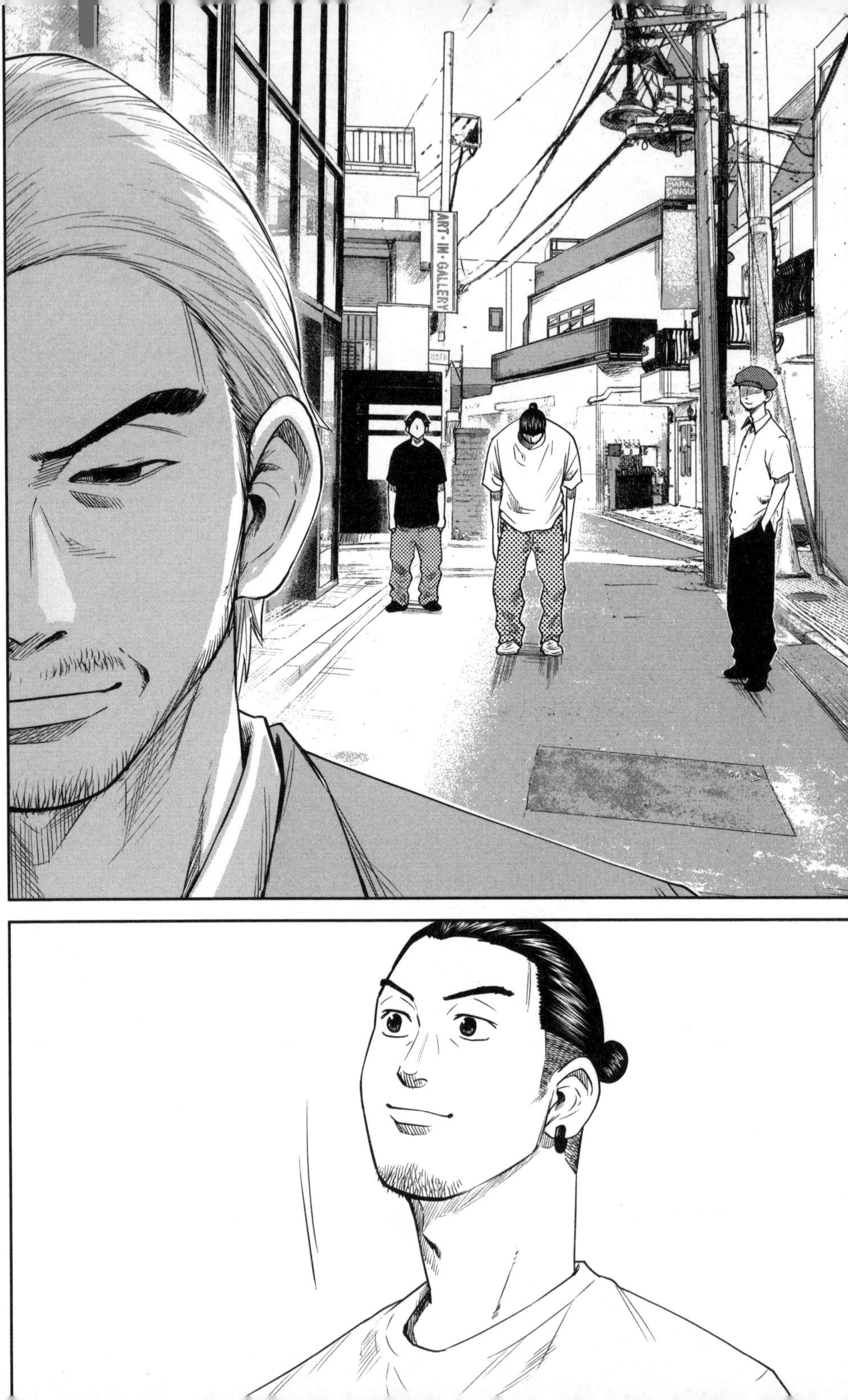
ART·IN·GALLERY

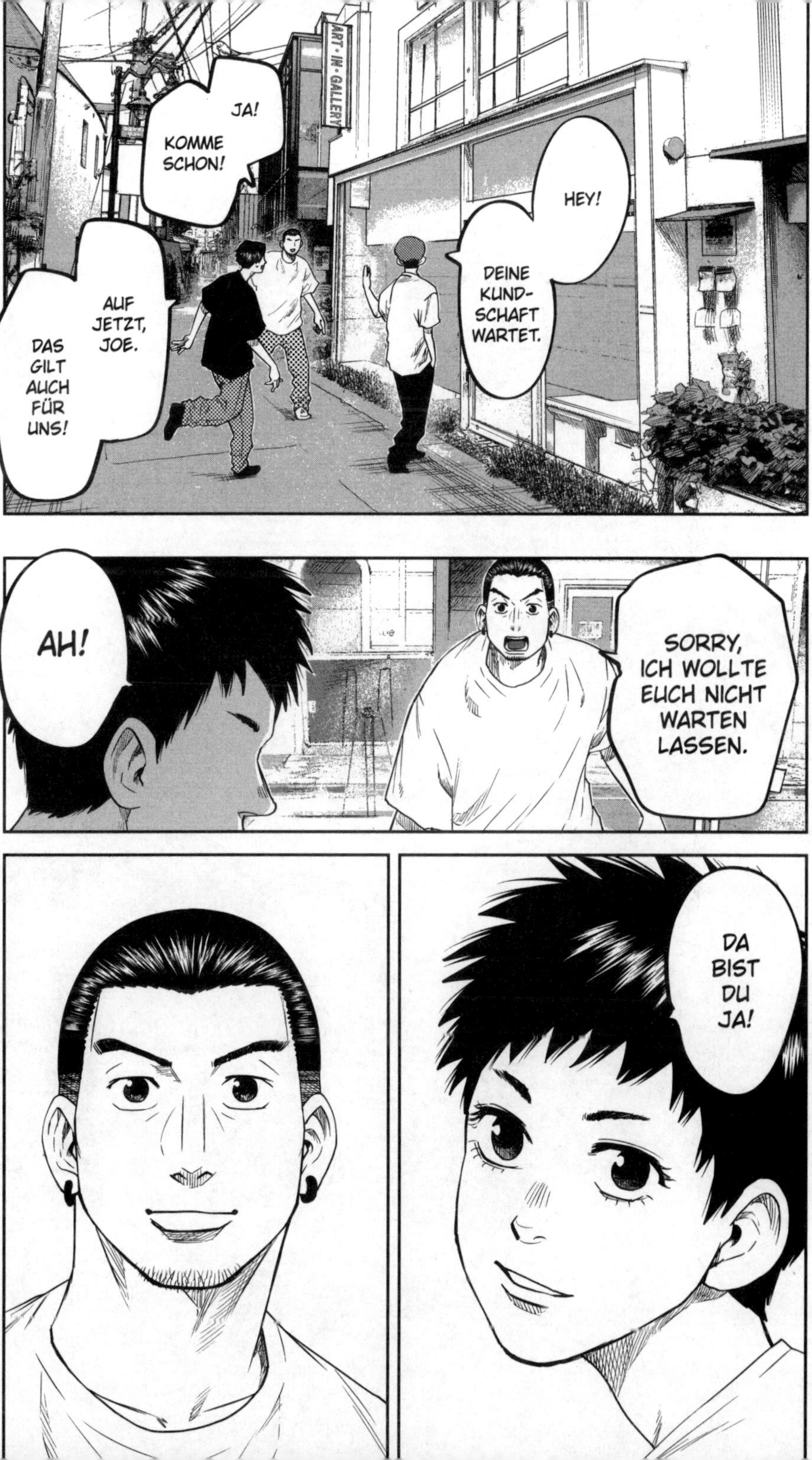
HEY!
DEINE KUND-SCHAFT WARTET.
JA! KOMME SCHON!
AUF JETZT, JOE.
DAS GILT AUCH FÜR UNS!
SORRY, ICH WOLLTE EUCH NICHT WARTEN LASSEN.
AH!
DA BIST DU JA!

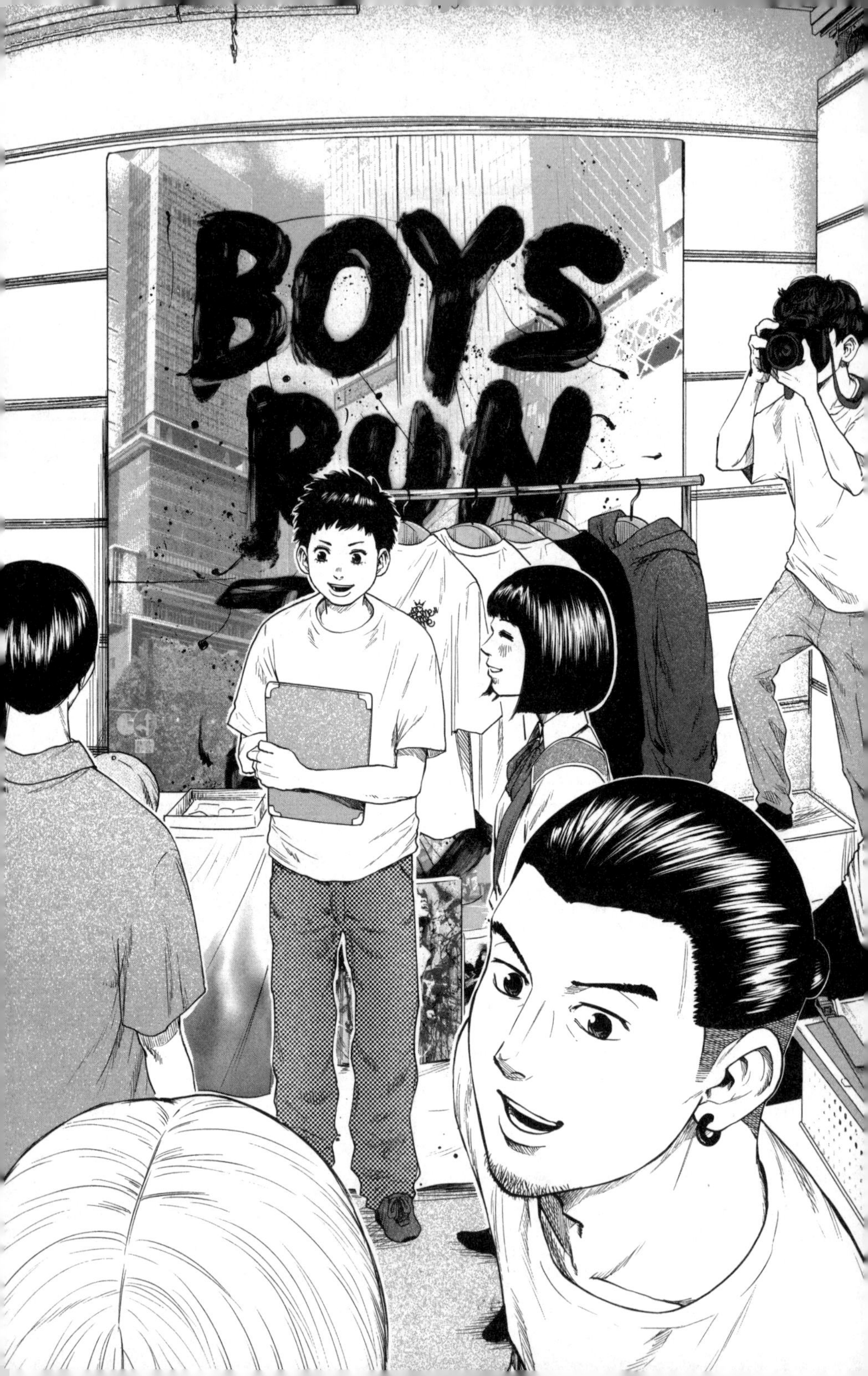
BOYS
RUN

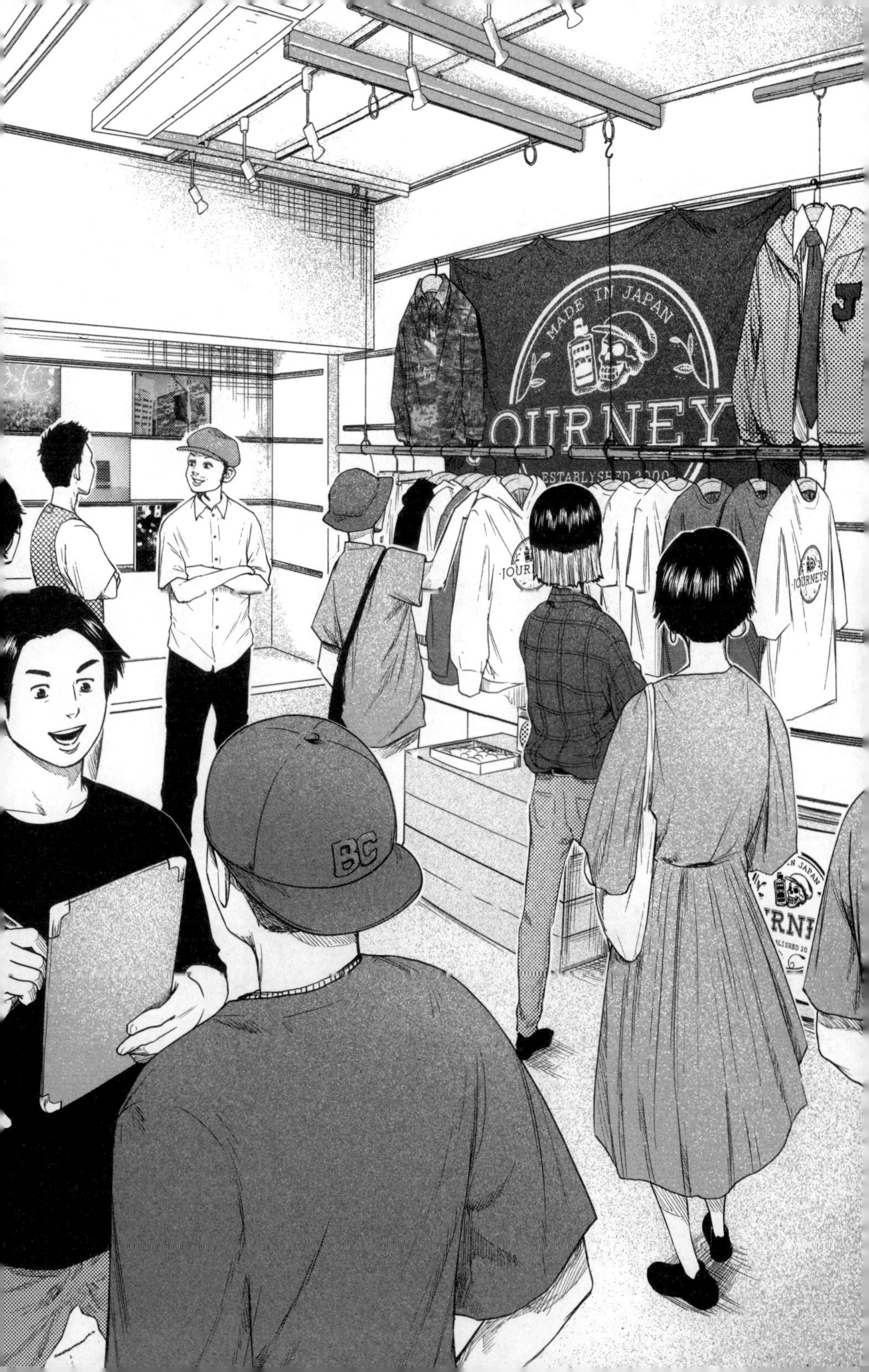
MADE IN JAPAN
JOURNEYS
BC

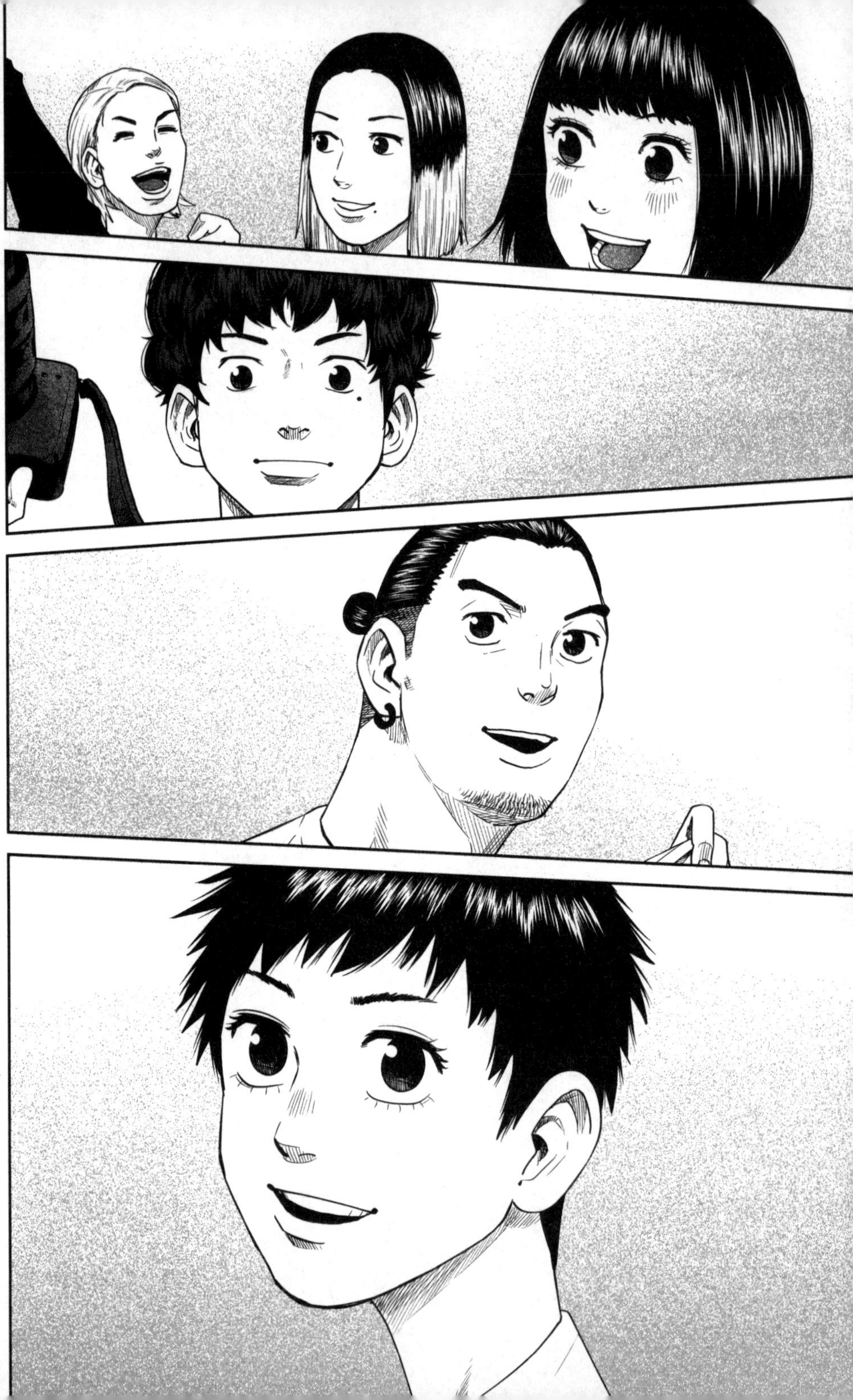

Final Chap. Freedom

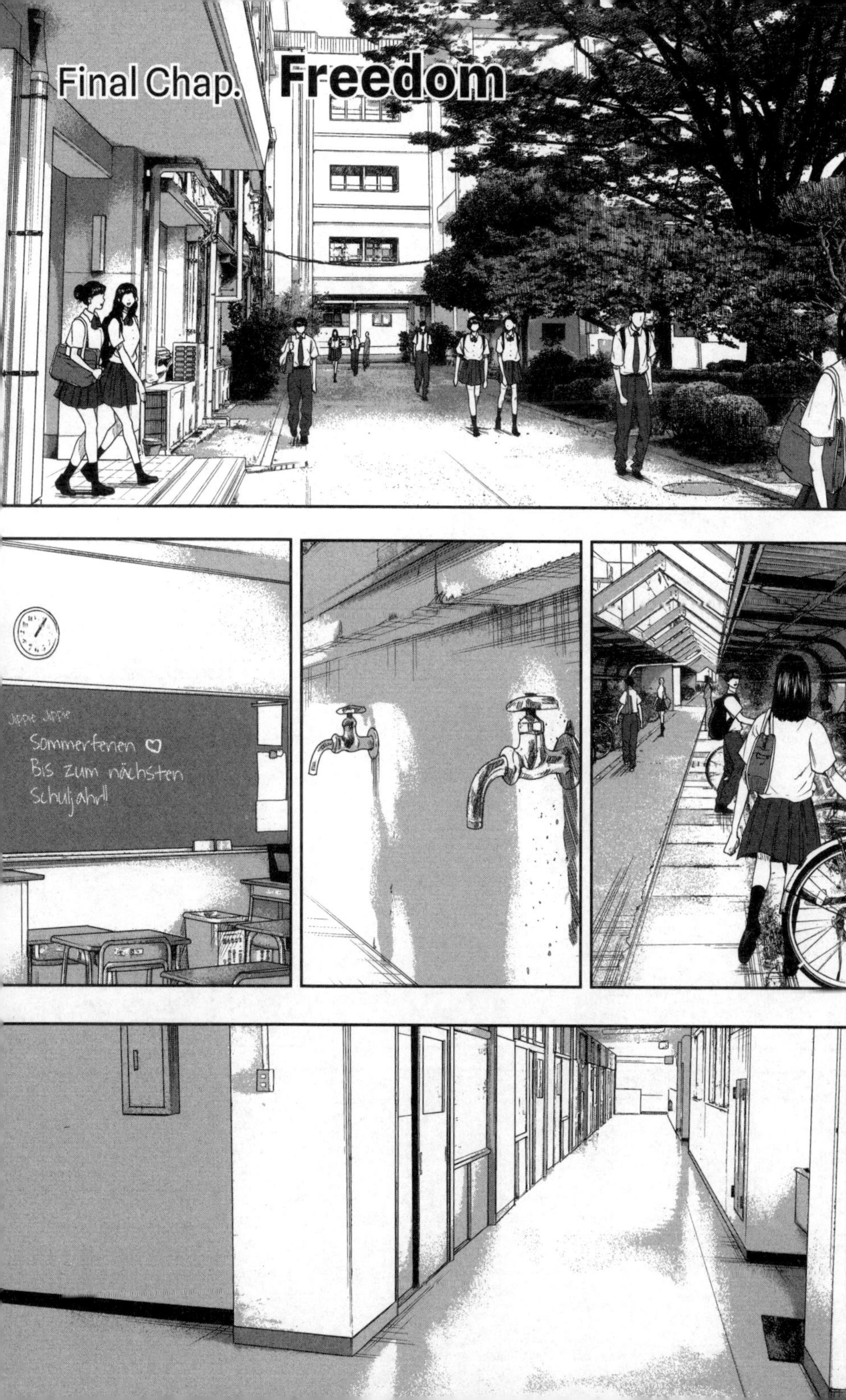

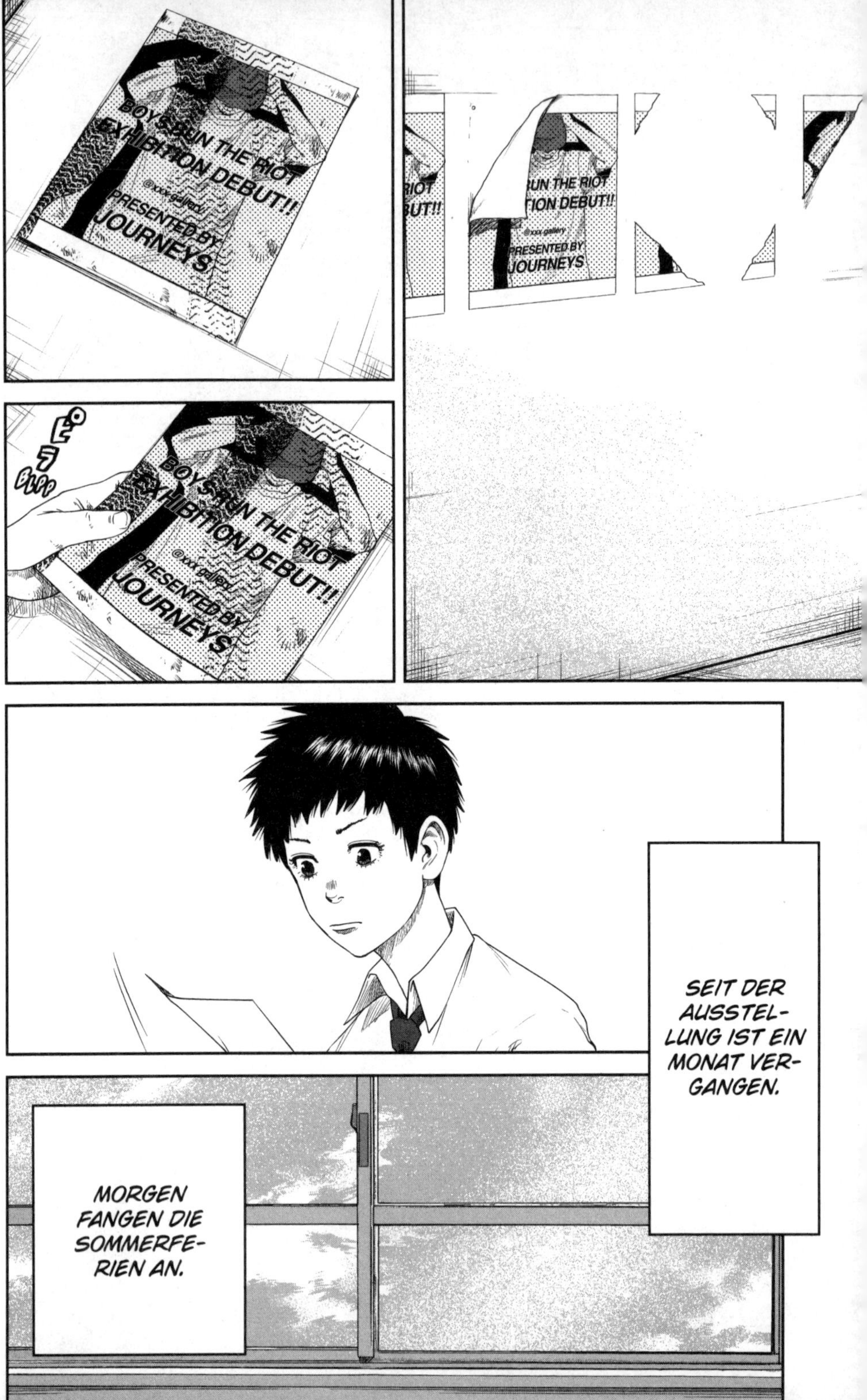

BOYS RUN THE RIOT
EXHIBITION DEBUT!!
@xxx gallery
PRESENTED BY
JOURNEYS
BLIPP
SEIT DER AUSSTEL-LUNG IST EIN MONAT VER-GANGEN.
MORGEN FANGEN DIE SOMMERFE-RIEN AN.

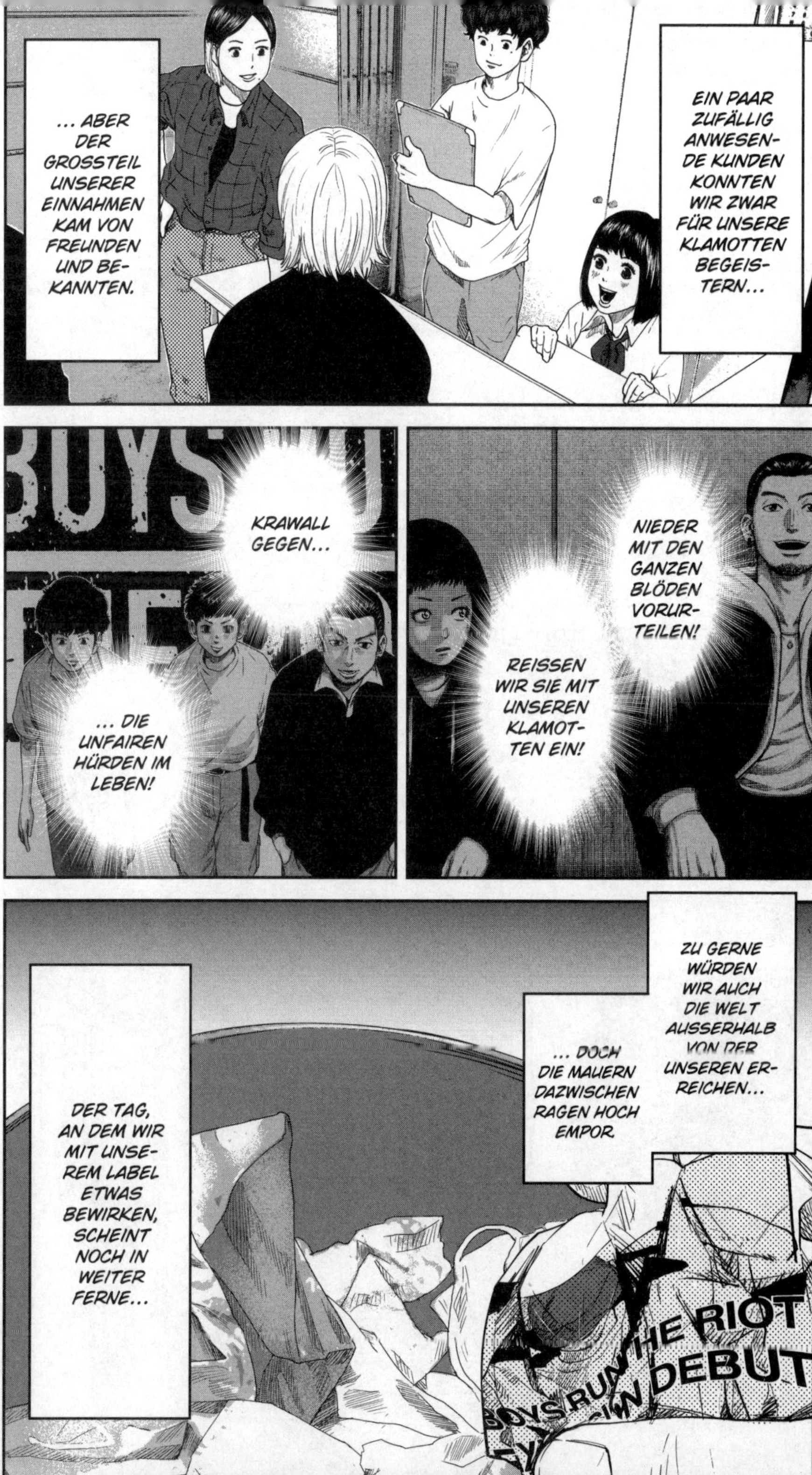
EIN PAAR ZUFÄLLIG ANWESENDE KUNDEN KONNTEN WIR ZWAR FÜR UNSERE KLAMOTTEN BEGEISTERN…
… ABER DER GROSSTEIL UNSERER EINNAHMEN KAM VON FREUNDEN UND BEKANNTEN.
NIEDER MIT DEN GANZEN BLÖDEN VORURTEILEN!
REISSEN WIR SIE MIT UNSEREN KLAMOTTEN EIN!
KRAWALL GEGEN…
… DIE UNFAIREN HÜRDEN IM LEBEN!
ZU GERNE WÜRDEN WIR AUCH DIE WELT AUSSERHALB VON DER UNSEREN ERREICHEN…
… DOCH DIE MAUERN DAZWISCHEN RAGEN HOCH EMPOR.
DER TAG, AN DEM WIR MIT UNSEREM LABEL ETWAS BEWIRKEN, SCHEINT NOCH IN WEITER FERNE…
BOYS RUN THE RIOT
DEBUT

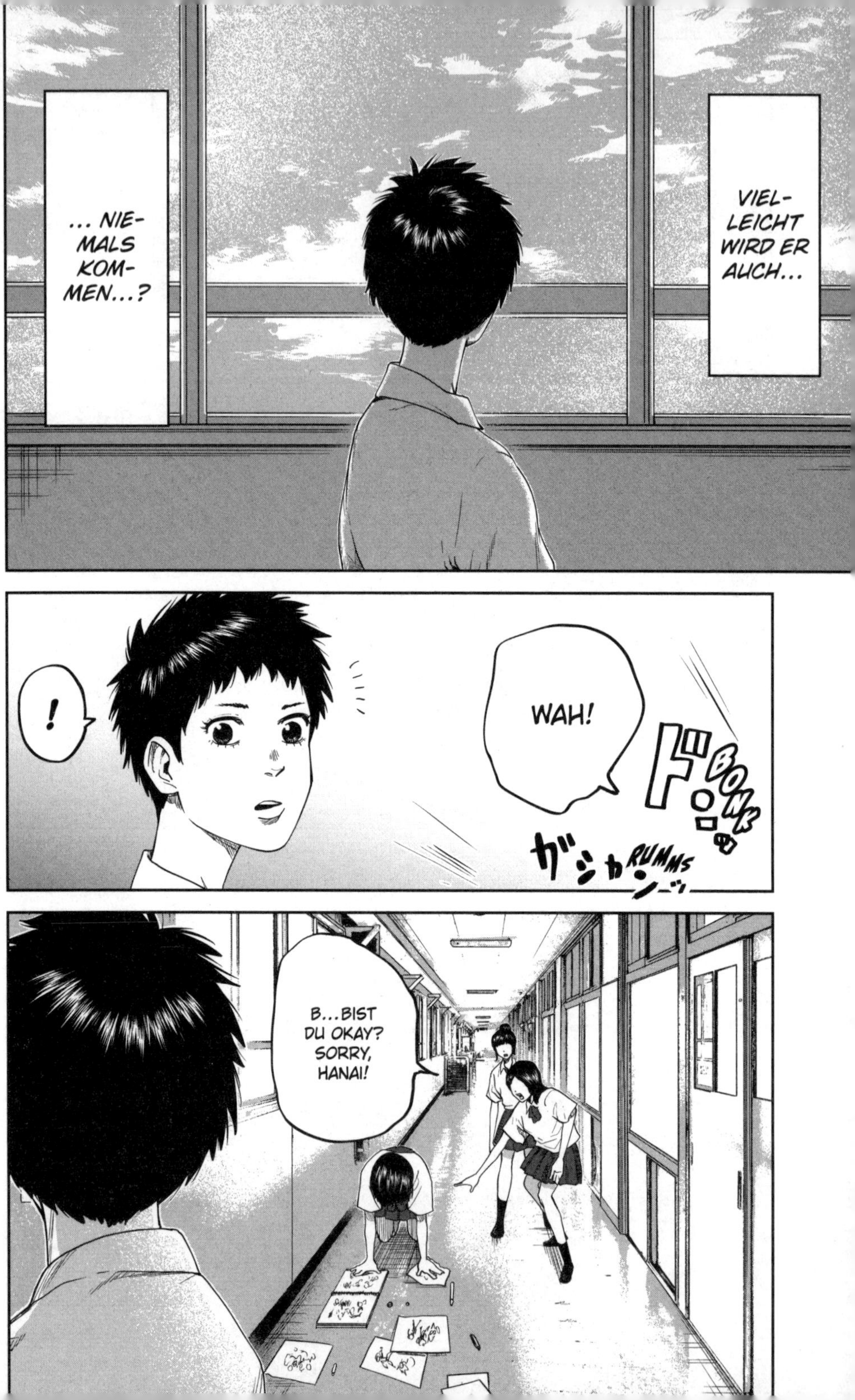
VIEL-
LEICHT
WIRD ER
AUCH…
… NIE-
MALS
KOM-
MEN…?
WAH!
BONK
RUMMS
!
B…BIST
DU OKAY?
SORRY,
HANAI!

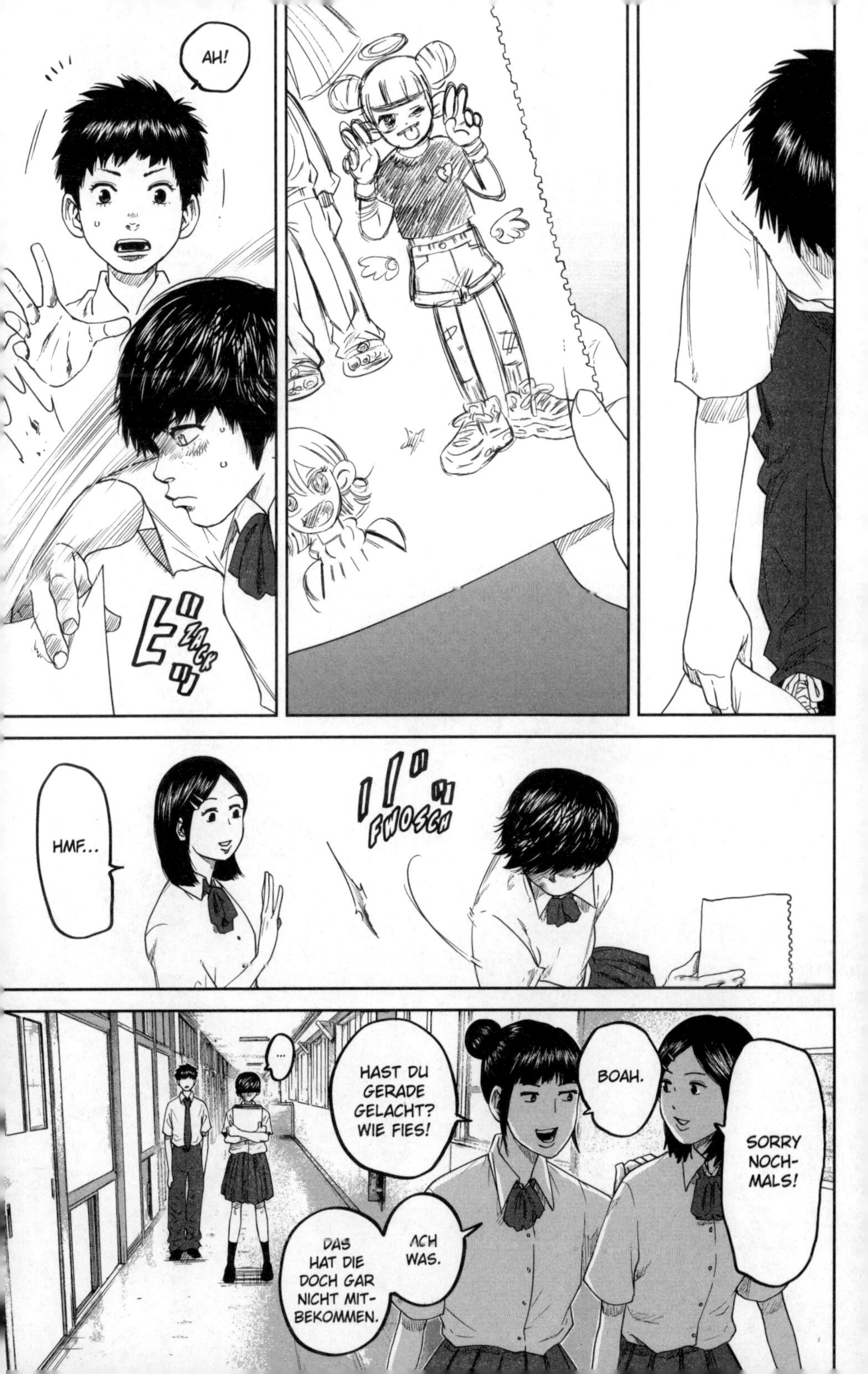

AH!
ZACK
HMF...
FWOSCH
SORRY NOCH-MALS!
BOAH.
HAST DU GERADE GELACHT? WIE FIES!
ACH WAS.
DAS HAT DIE DOCH GAR NICHT MIT-BEKOMMEN.
...

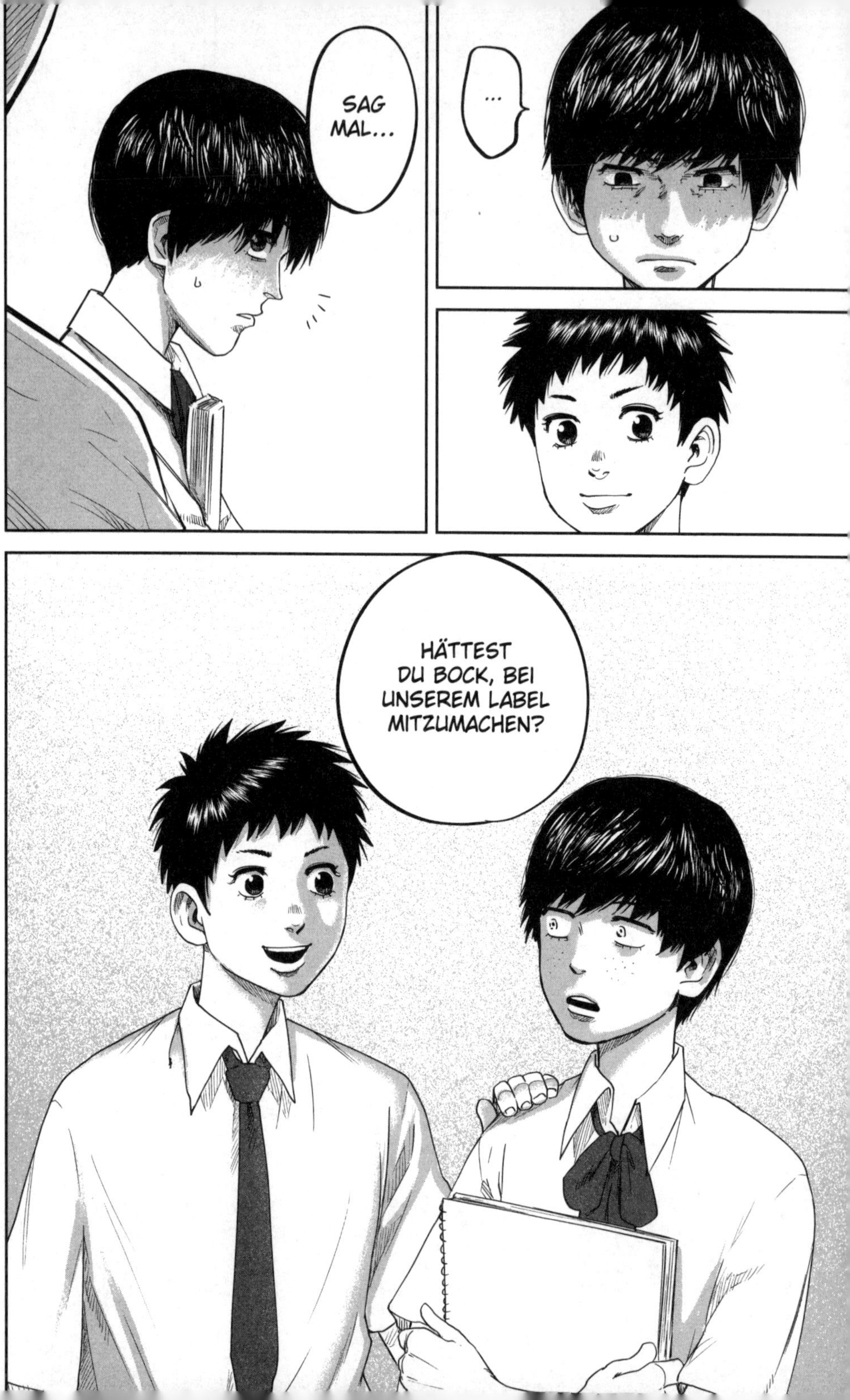
...
SAG MAL...
HÄTTEST DU BOCK, BEI UNSEREM LABEL MITZUMACHEN?

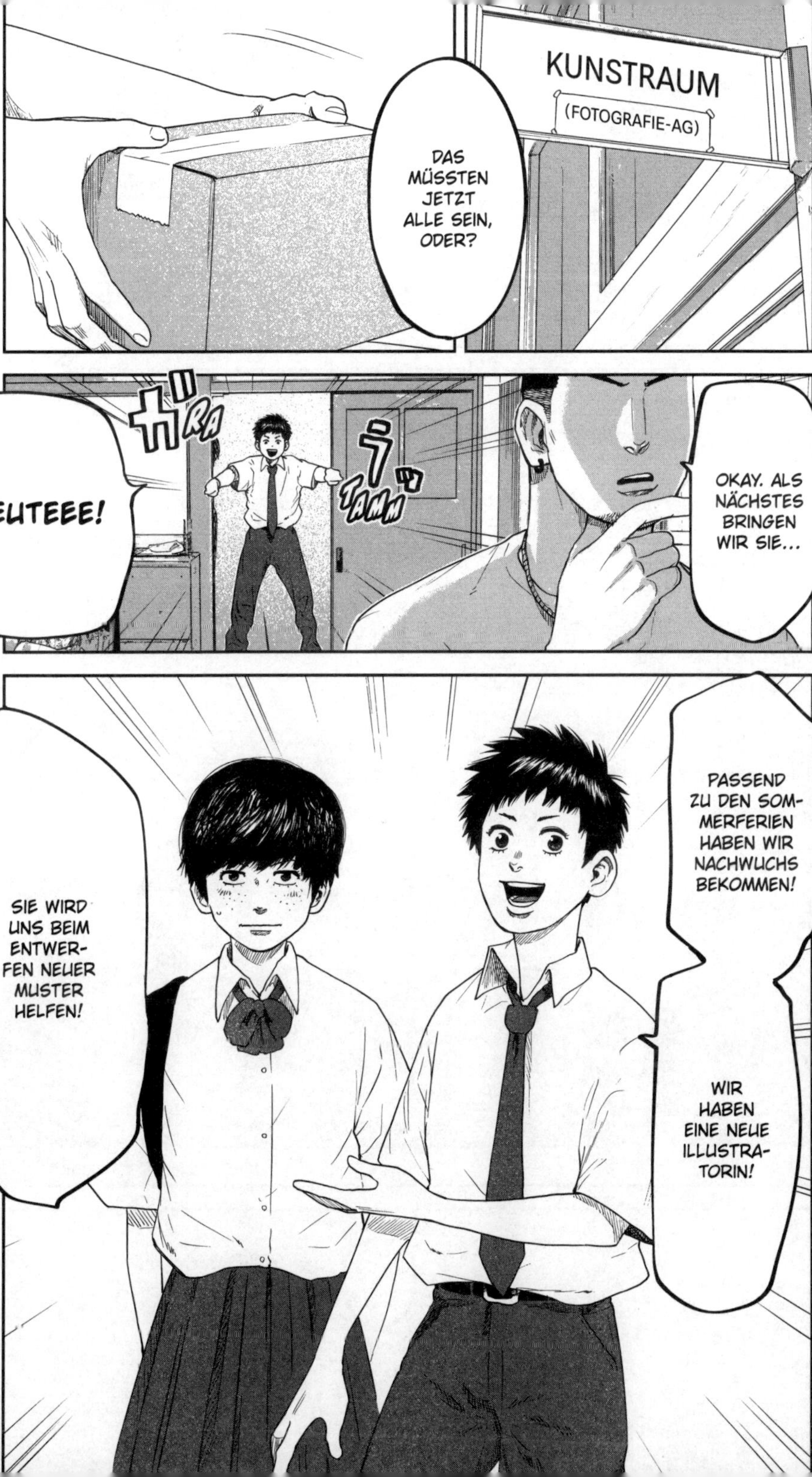
KUNSTRAUM
(FOTOGRAFIE-AG)
DAS MÜSSTEN JETZT ALLE SEIN, ODER?
OKAY. ALS NÄCHSTES BRINGEN WIR SIE…
RA
TAMM
LEUTEEE!
PASSEND ZU DEN SOMMERFERIEN HABEN WIR NACHWUCHS BEKOMMEN!
WIR HABEN EINE NEUE ILLUSTRATORIN!
SIE WIRD UNS BEIM ENTWERFEN NEUER MUSTER HELFEN!

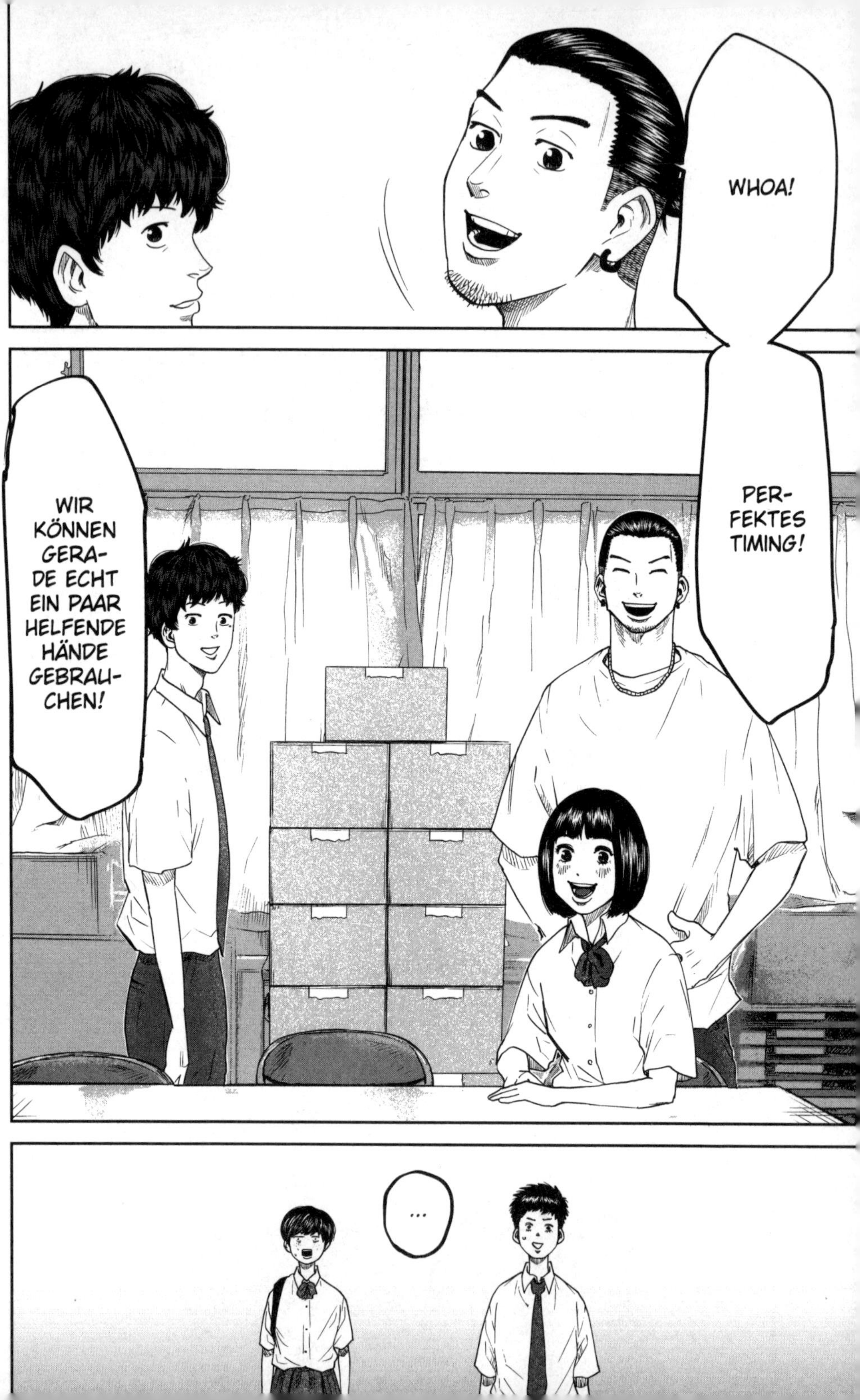
WHOA!
PERFEKTES TIMING!
WIR KÖNNEN GERADE ECHT EIN PAAR HELFENDE HÄNDE GEBRAUCHEN!
...

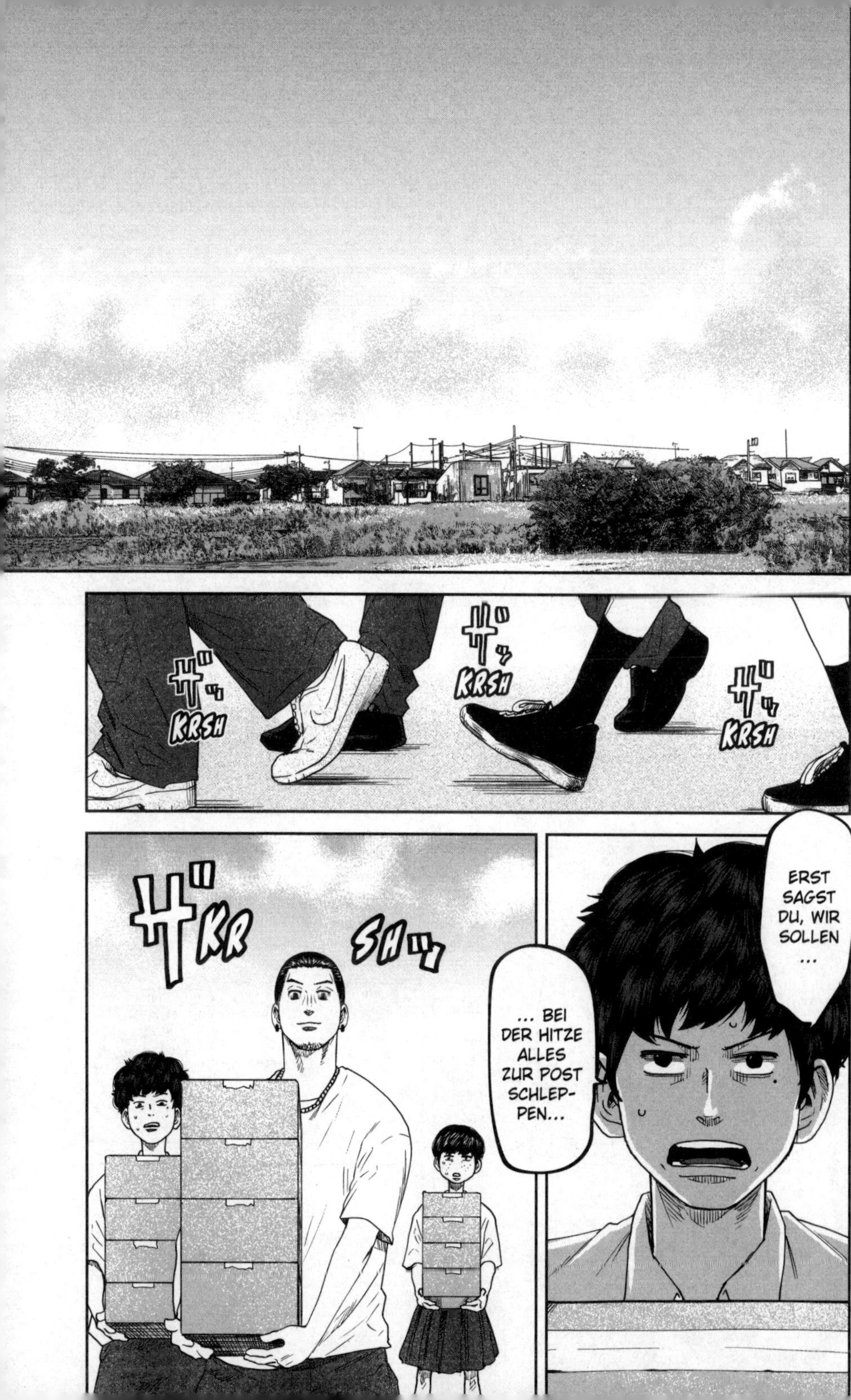

KRSH
KRSH
KRSH
KR
SH
ERST SAGST DU, WIR SOLLEN ...
... BEI DER HITZE ALLES ZUR POST SCHLEP-PEN...

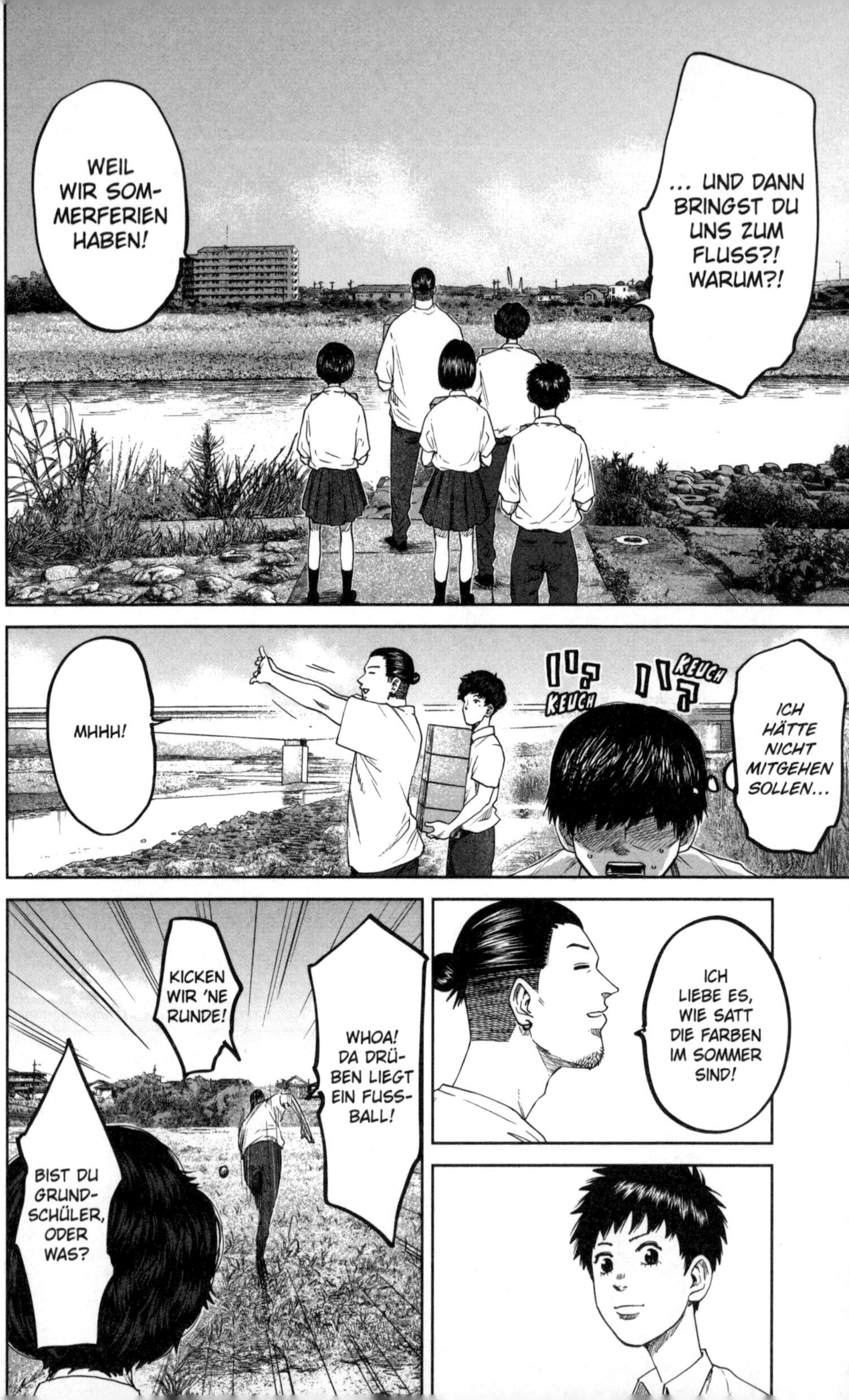
… UND DANN BRINGST DU UNS ZUM FLUSS?! WARUM?!
WEIL WIR SOMMERFERIEN HABEN!
KEUCH
KEUCH
ICH HÄTTE NICHT MITGEHEN SOLLEN…
MHHH!
ICH LIEBE ES, WIE SATT DIE FARBEN IM SOMMER SIND!
WHOA! DA DRÜBEN LIEGT EIN FUSSBALL!
KICKEN WIR 'NE RUNDE!
BIST DU GRUNDSCHÜLER, ODER WAS?

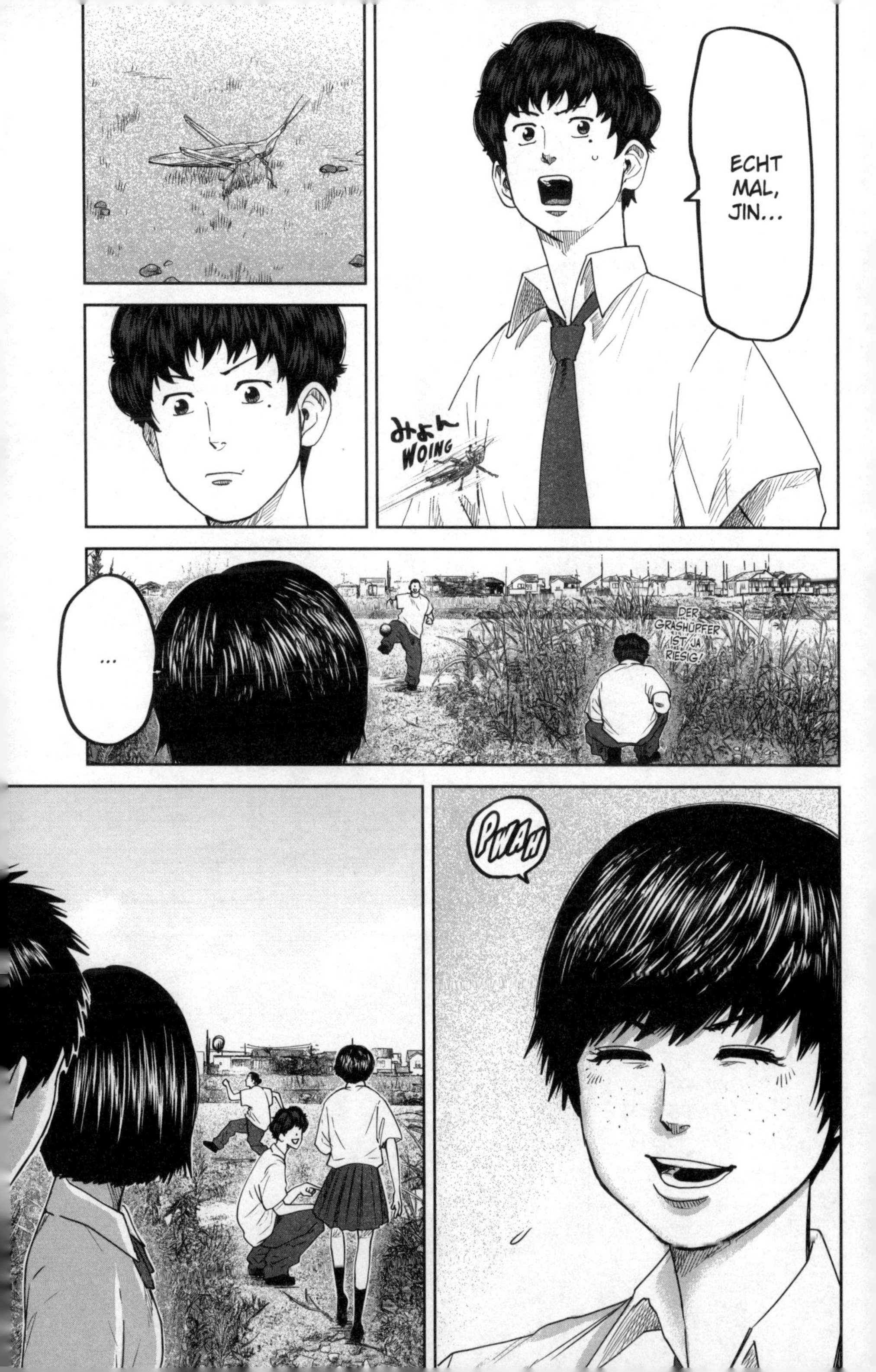
ECHT MAL, JIN…
みよん
WOING
…
DER GRASHÜPFER IST JA RIESIG!
PWAH

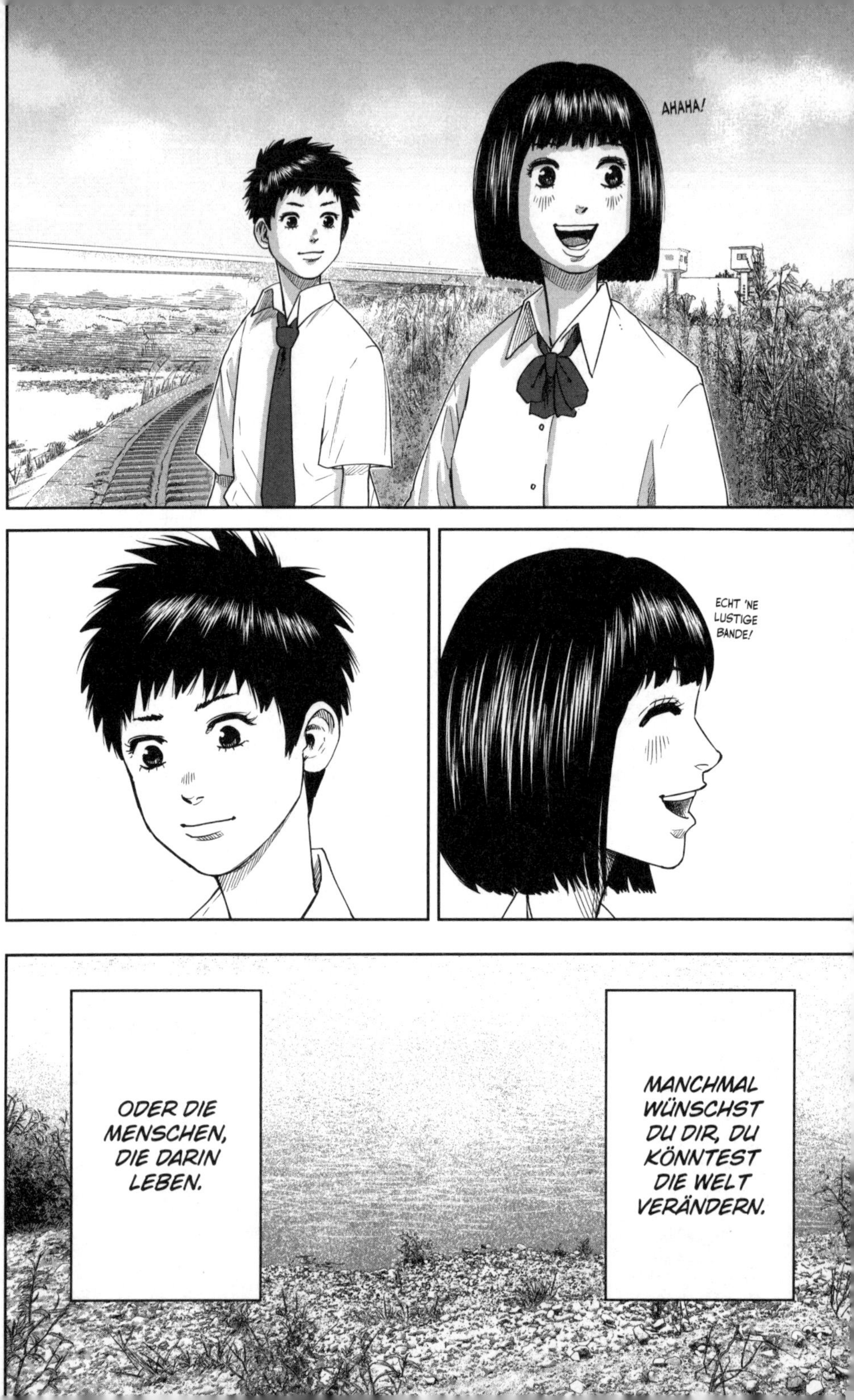
AHAHA!
ECHT 'NE LUSTIGE BANDE!
MANCHMAL WÜNSCHST DU DIR, DU KÖNNTEST DIE WELT VERÄNDERN.
ODER DIE MENSCHEN, DIE DARIN LEBEN.

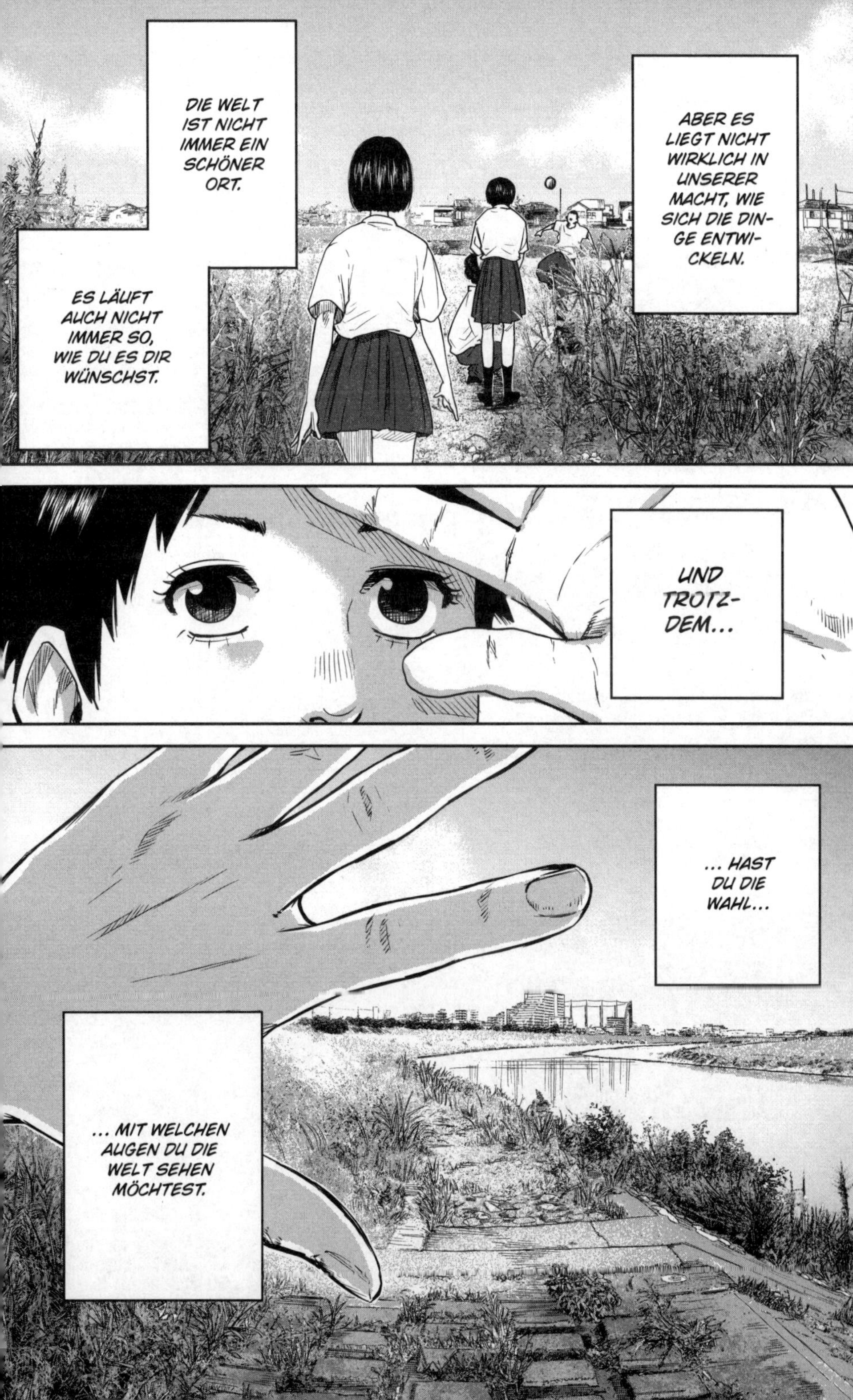
ABER ES LIEGT NICHT WIRKLICH IN UNSERER MACHT, WIE SICH DIE DINGE ENTWICKELN.
DIE WELT IST NICHT IMMER EIN SCHÖNER ORT.
ES LÄUFT AUCH NICHT IMMER SO, WIE DU ES DIR WÜNSCHST.
UND TROTZDEM…
… HAST DU DIE WAHL…
… MIT WELCHEN AUGEN DU DIE WELT SEHEN MÖCHTEST.

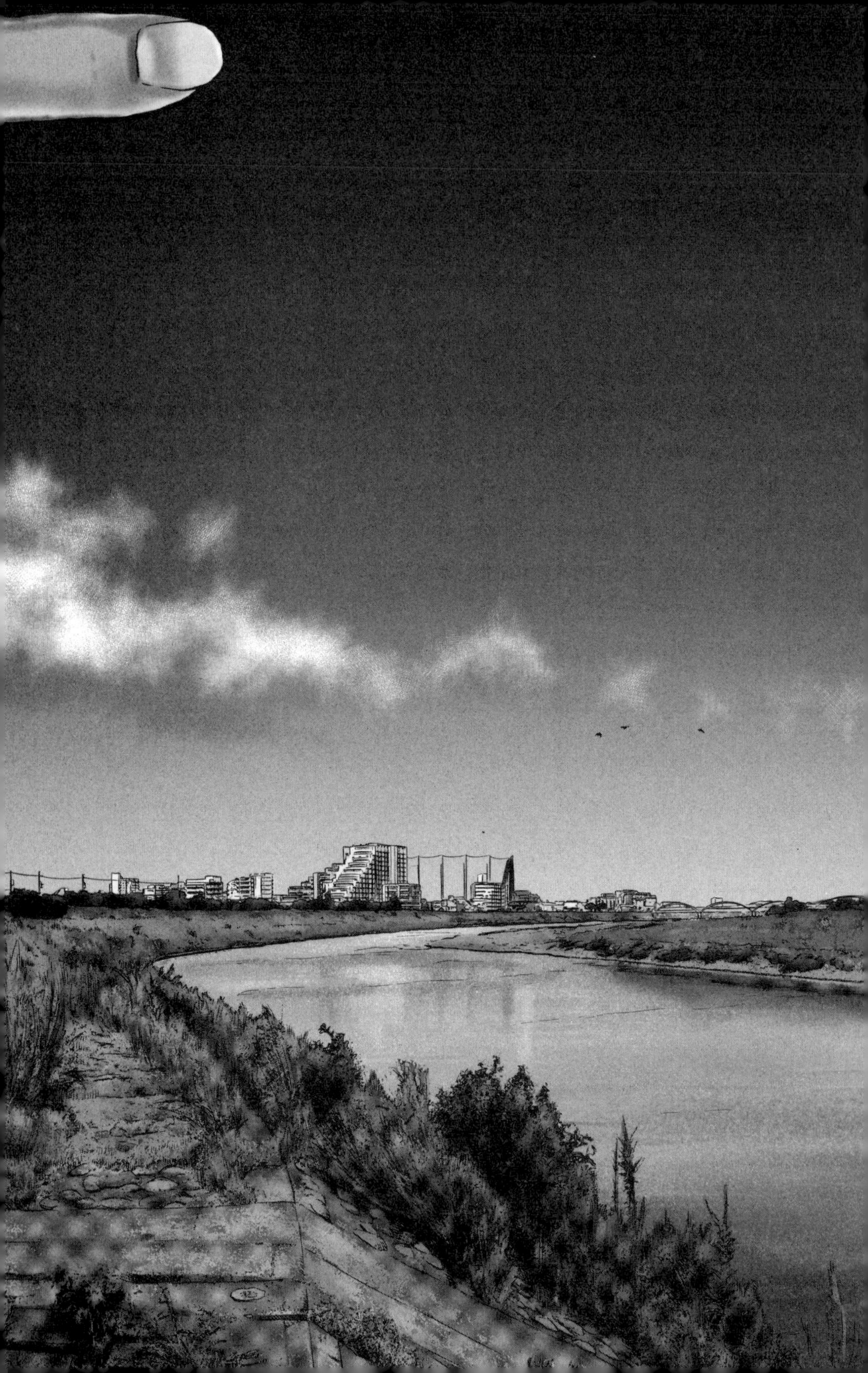

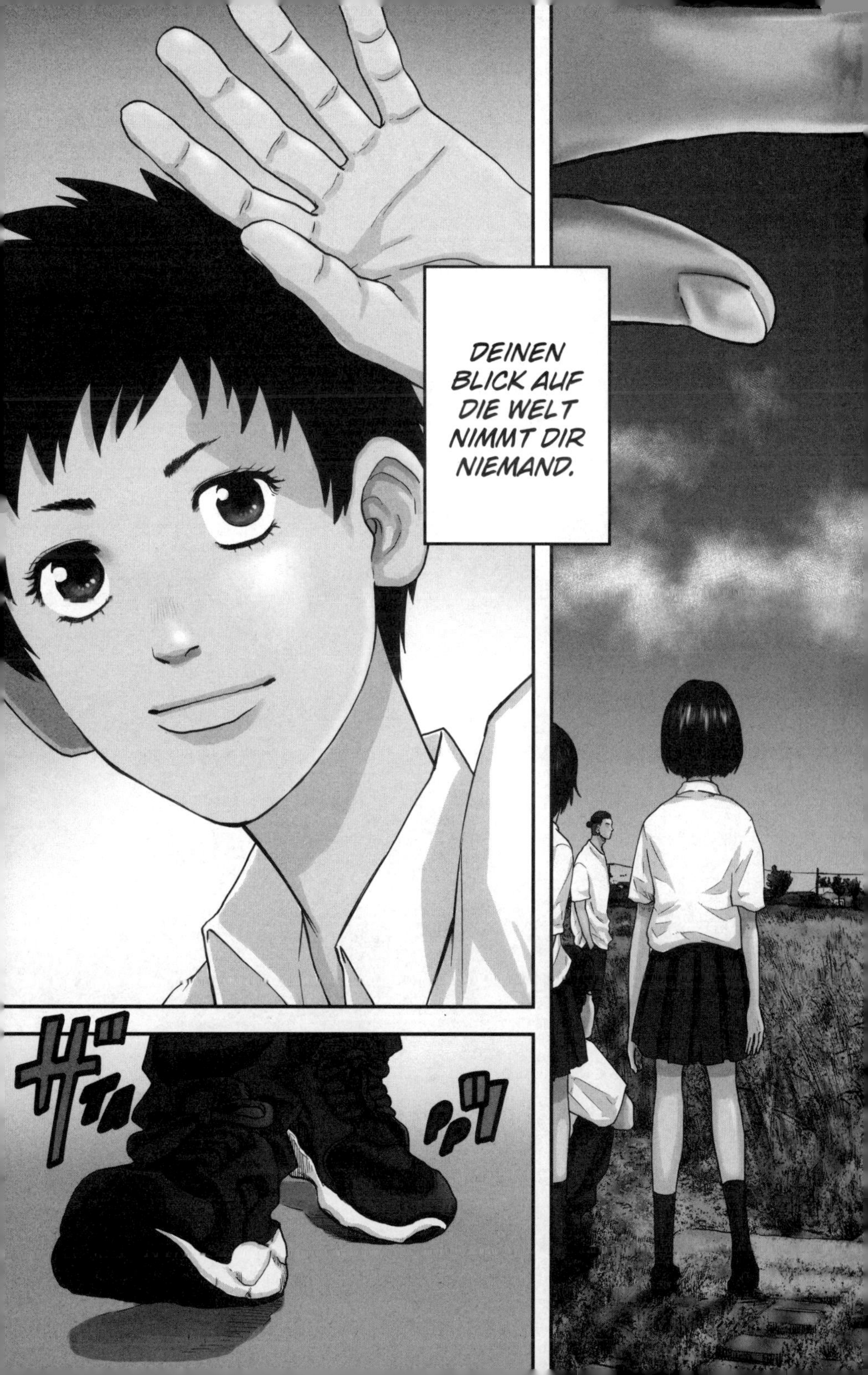
DEINEN
BLICK AUF
DIE WELT
NIMMT DIR
NIEMAND.
ザッ

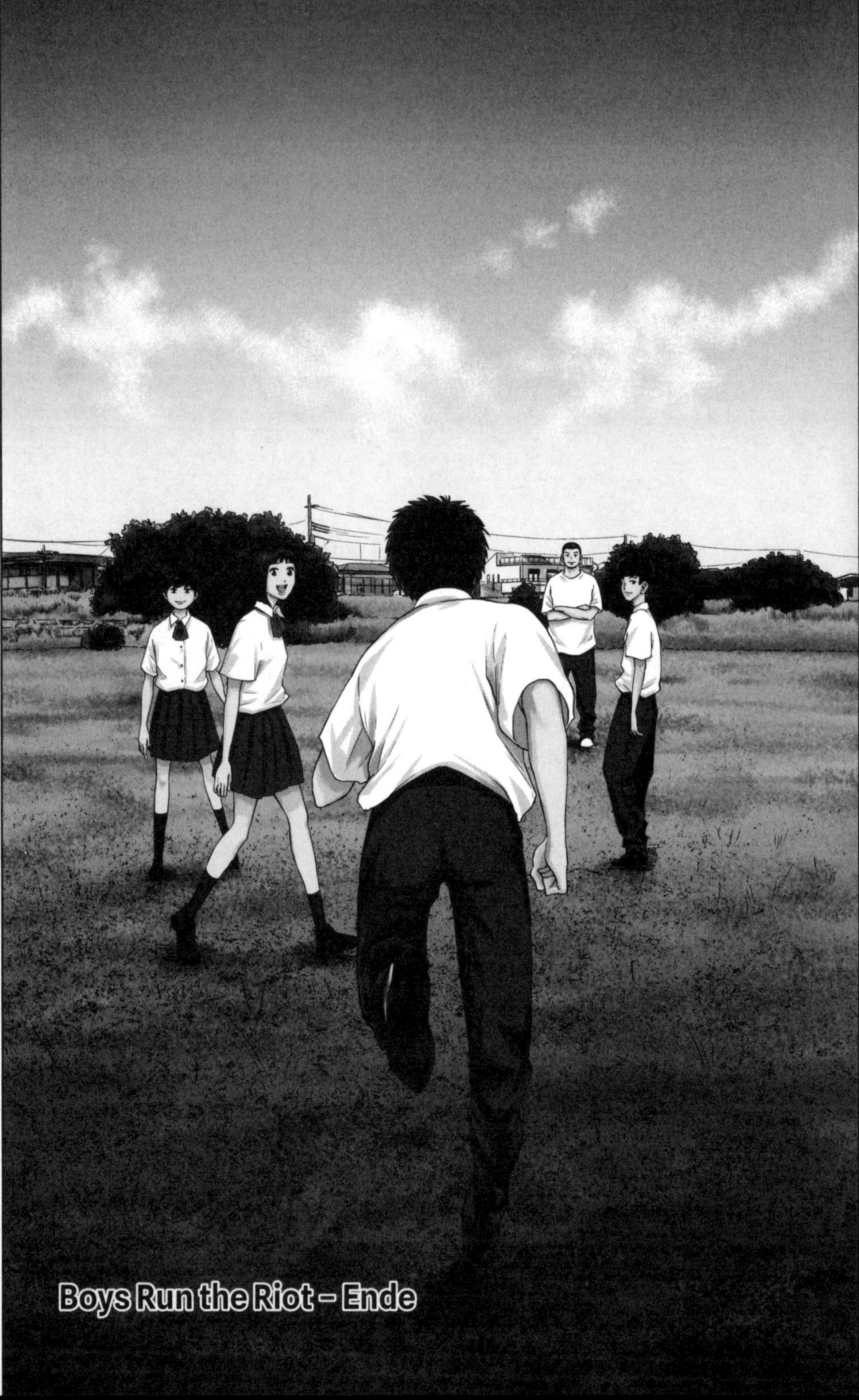
Boys Run the Riot – Ende

BOYS
RUN
THE
RIOT

BOYS
RUN
THE
RIOT

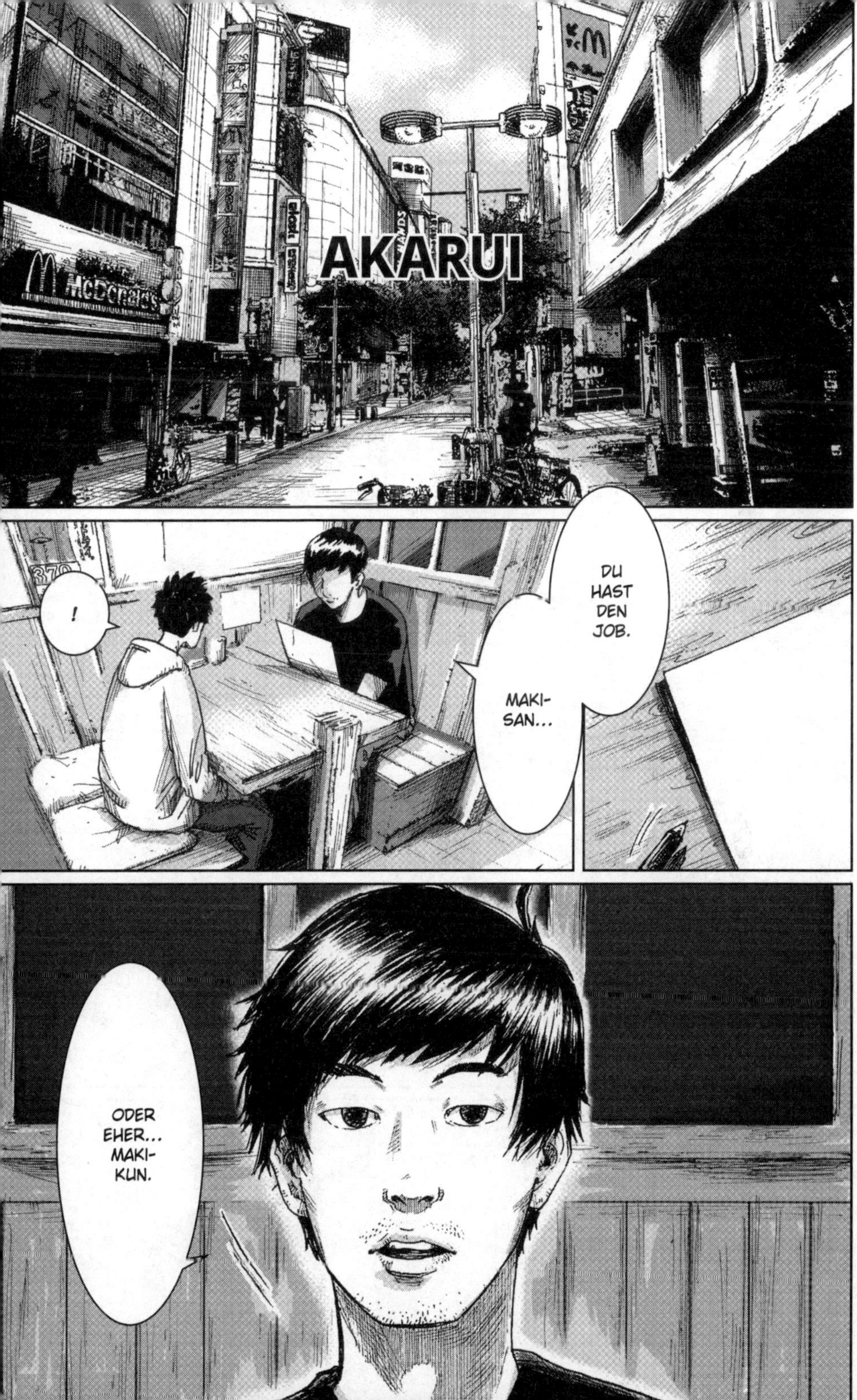
AKARUI
DU HAST DEN JOB.
MAKI-SAN…
!
ODER EHER… MAKI-KUN.

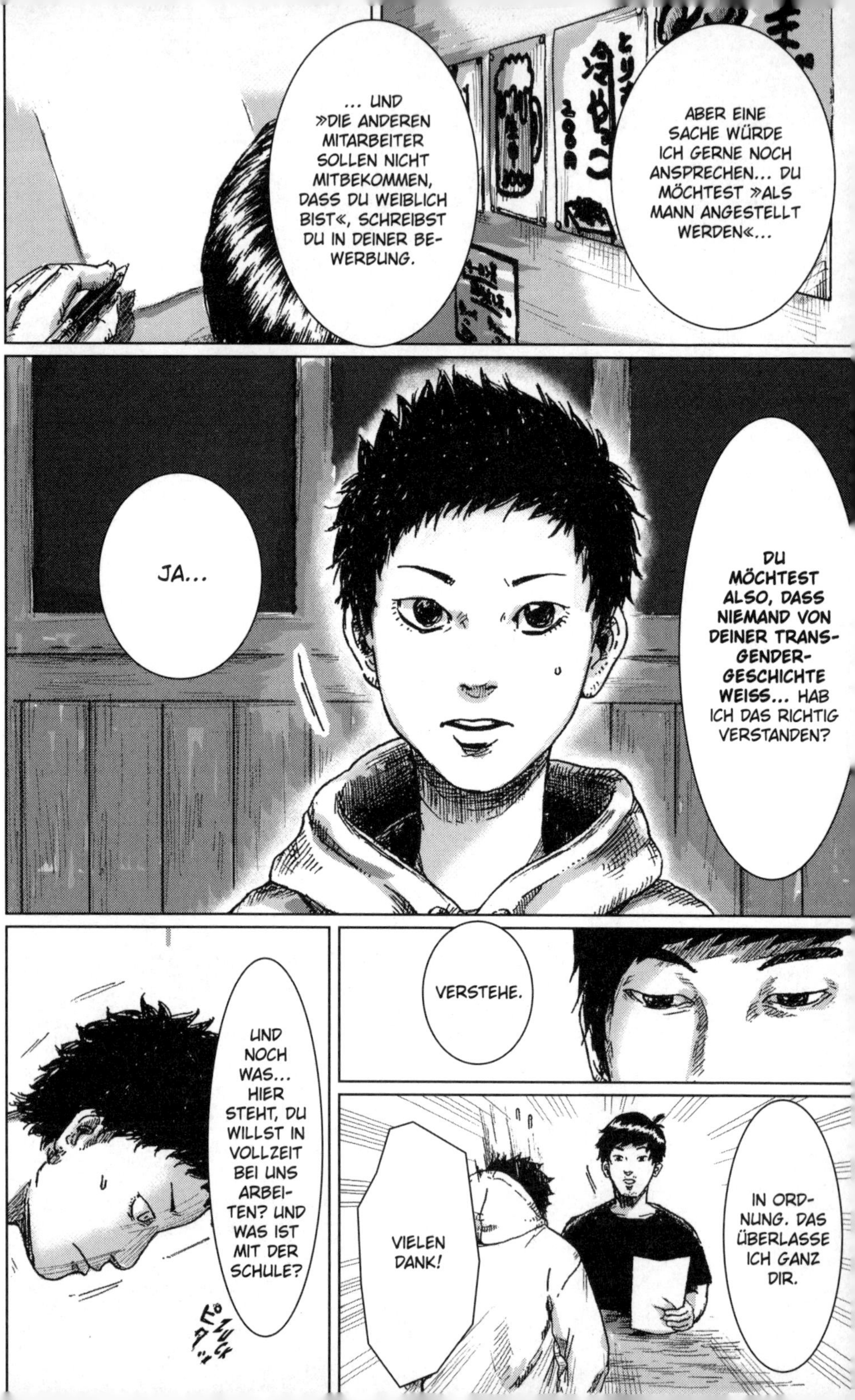
ABER EINE SACHE WÜRDE ICH GERNE NOCH ANSPRECHEN… DU MÖCHTEST »ALS MANN ANGESTELLT WERDEN«…
… UND »DIE ANDEREN MITARBEITER SOLLEN NICHT MITBEKOMMEN, DASS DU WEIBLICH BIST«, SCHREIBST DU IN DEINER BEWERBUNG.
DU MÖCHTEST ALSO, DASS NIEMAND VON DEINER TRANSGENDER-GESCHICHTE WEISS… HAB ICH DAS RICHTIG VERSTANDEN?
JA…
VERSTEHE.
IN ORDNUNG. DAS ÜBERLASSE ICH GANZ DIR.
VIELEN DANK!
UND NOCH WAS… HIER STEHT, DU WILLST IN VOLLZEIT BEI UNS ARBEITEN? UND WAS IST MIT DER SCHULE?

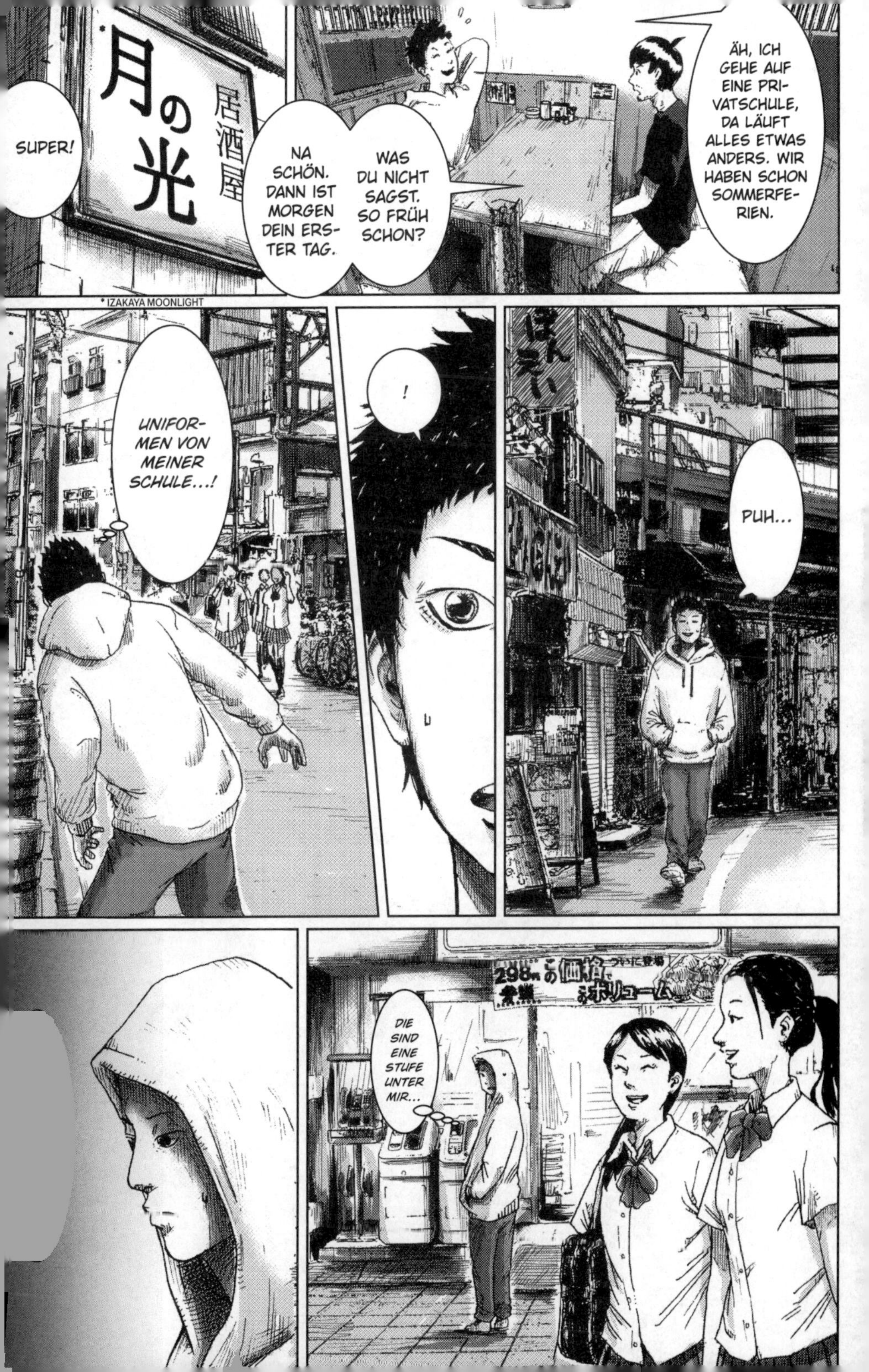

* IZAKAYA MOONLIGHT

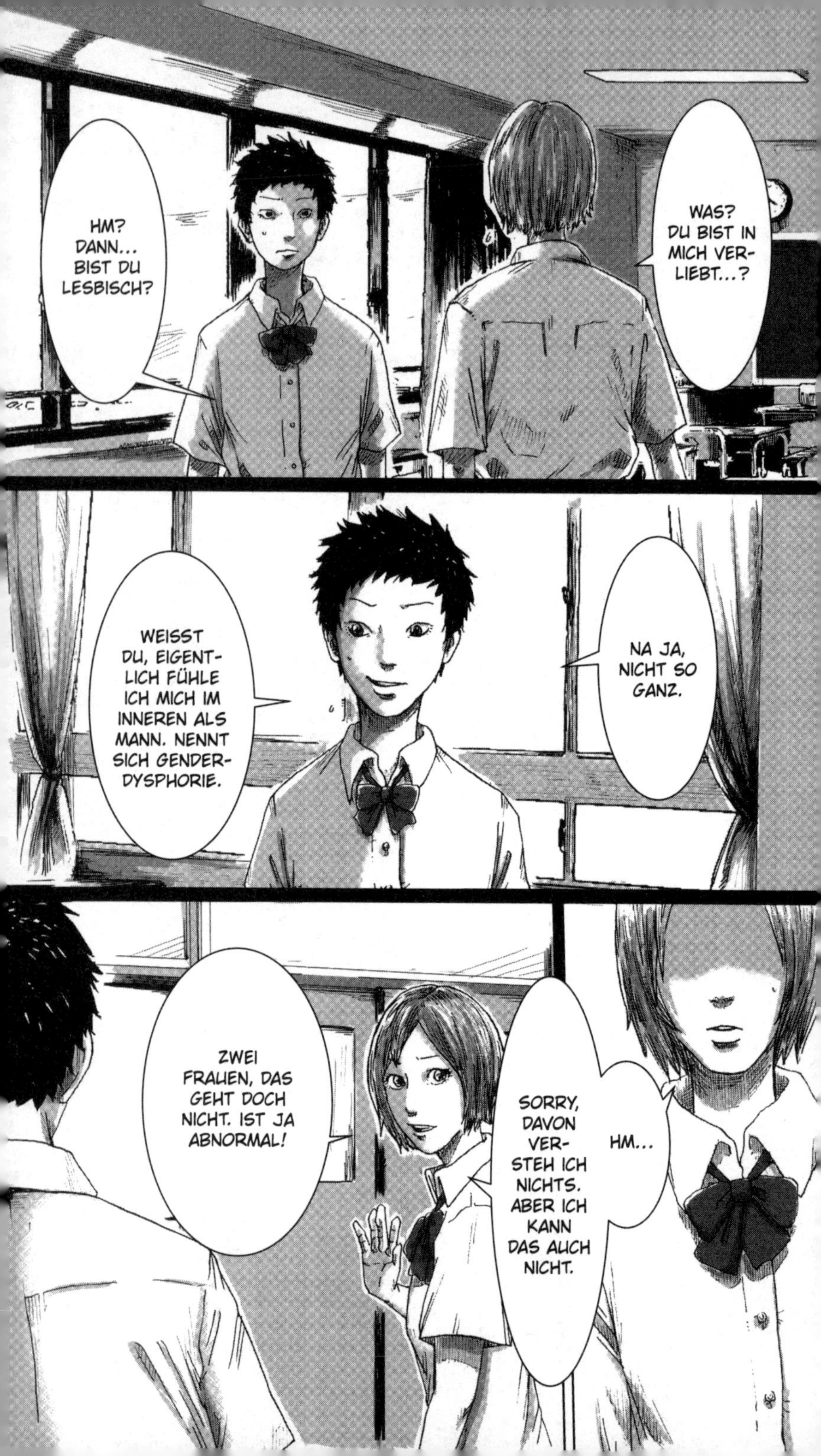
WAS? DU BIST IN MICH VERLIEBT...?
HM? DANN... BIST DU LESBISCH?
NA JA, NICHT SO GANZ.
WEISST DU, EIGENTLICH FÜHLE ICH MICH IM INNEREN ALS MANN. NENNT SICH GENDERDYSPHORIE.
HM...
SORRY, DAVON VERSTEH ICH NICHTS. ABER ICH KANN DAS AUCH NICHT.
ZWEI FRAUEN, DAS GEHT DOCH NICHT. IST JA ABNORMAL!

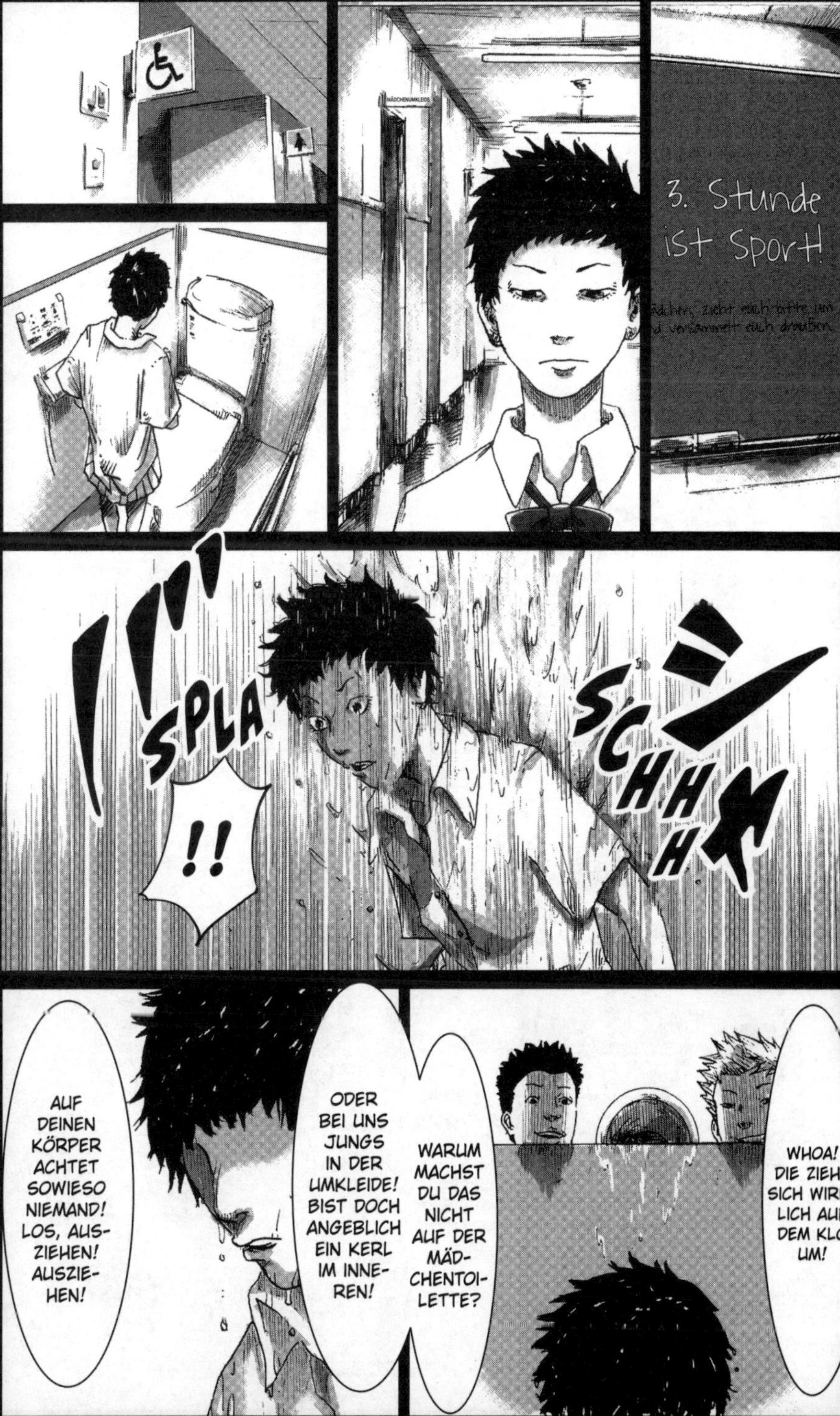

3. Stunde ist Sport!
ädchen, zieht euch bitte um
d versammelt euch draußen.
SPLA
SCHHHH
!!
WHOA! DIE ZIEHT SICH WIRKLICH AUF DEM KLO UM!
WARUM MACHST DU DAS NICHT AUF DER MÄDCHENTOILETTE?
ODER BEI UNS JUNGS IN DER UMKLEIDE! BIST DOCH ANGEBLICH EIN KERL IM INNEREN!
AUF DEINEN KÖRPER ACHTET SOWIESO NIEMAND! LOS, AUSZIEHEN! AUSZIEHEN!

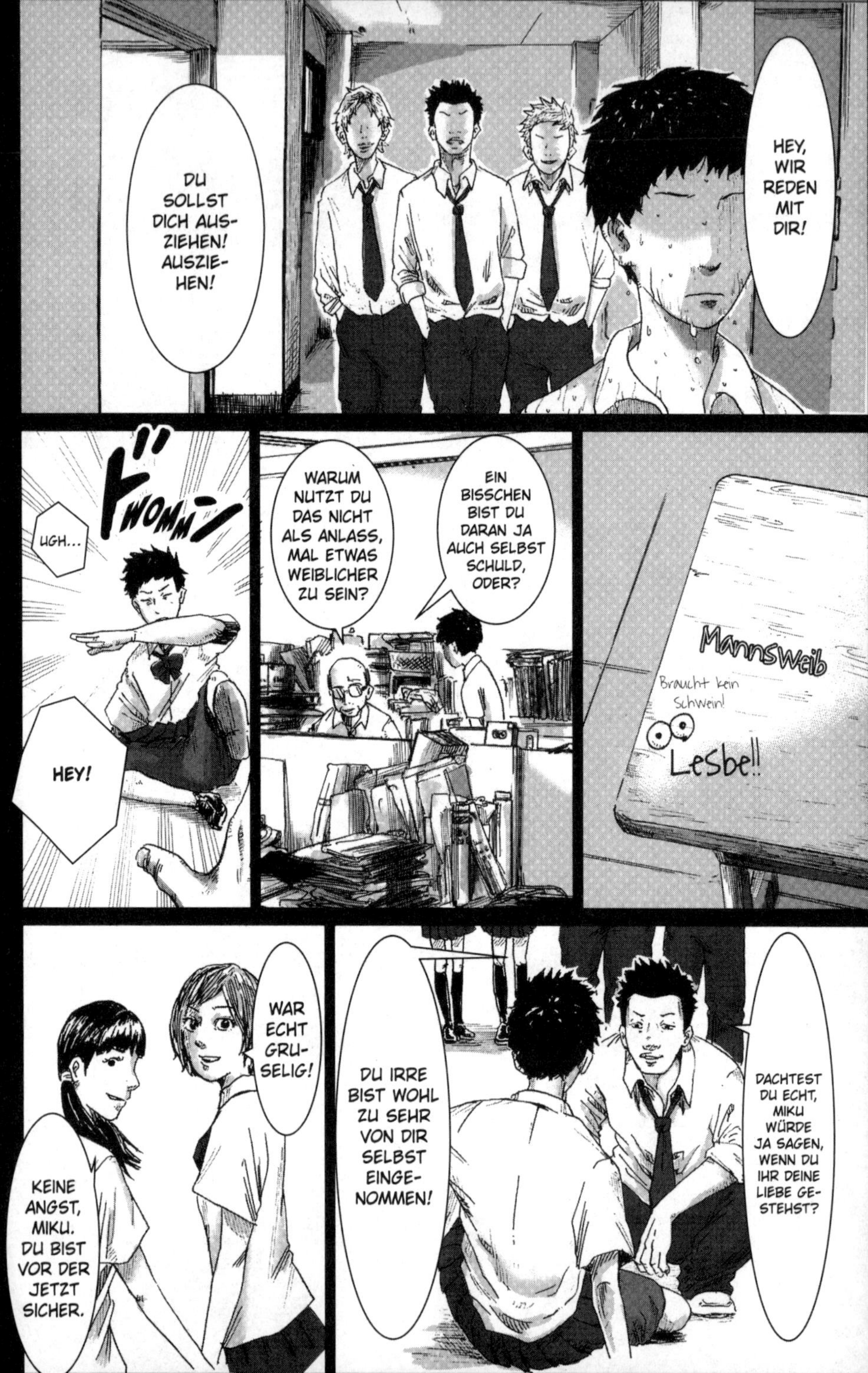
HEY, WIR REDEN MIT DIR!
DU SOLLST DICH AUSZIEHEN! AUSZIEHEN!
Mannsweib
Braucht kein Schwein!
Lesbe!!
EIN BISSCHEN BIST DU DARAN JA AUCH SELBST SCHULD, ODER?
WARUM NUTZT DU DAS NICHT ALS ANLASS, MAL ETWAS WEIBLICHER ZU SEIN?
ドWOMM
UGH...
HEY!
DACHTEST DU ECHT, MIKU WÜRDE JA SAGEN, WENN DU IHR DEINE LIEBE GESTEHST?
DU IRRE BIST WOHL ZU SEHR VON DIR SELBST EINGENOMMEN!
WAR ECHT GRUSELIG!
KEINE ANGST, MIKU. DU BIST VOR DER JETZT SICHER.

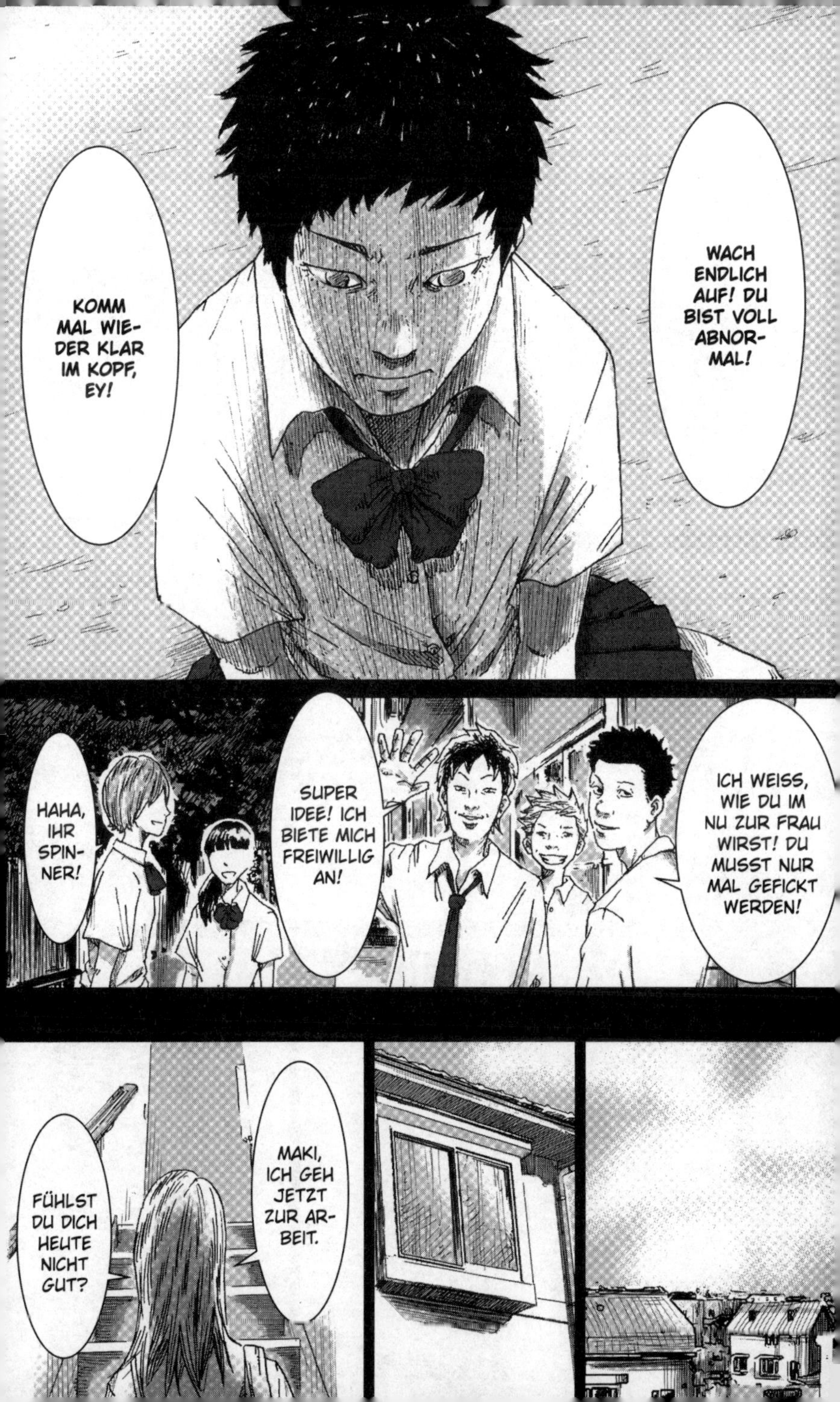
WACH ENDLICH AUF! DU BIST VOLL ABNORMAL!
KOMM MAL WIEDER KLAR IM KOPF, EY!
ICH WEISS, WIE DU IM NU ZUR FRAU WIRST! DU MUSST NUR MAL GEFICKT WERDEN!
SUPER IDEE! ICH BIETE MICH FREIWILLIG AN!
HAHA, IHR SPINNER!
MAKI, ICH GEH JETZT ZUR ARBEIT.
FÜHLST DU DICH HEUTE NICHT GUT?

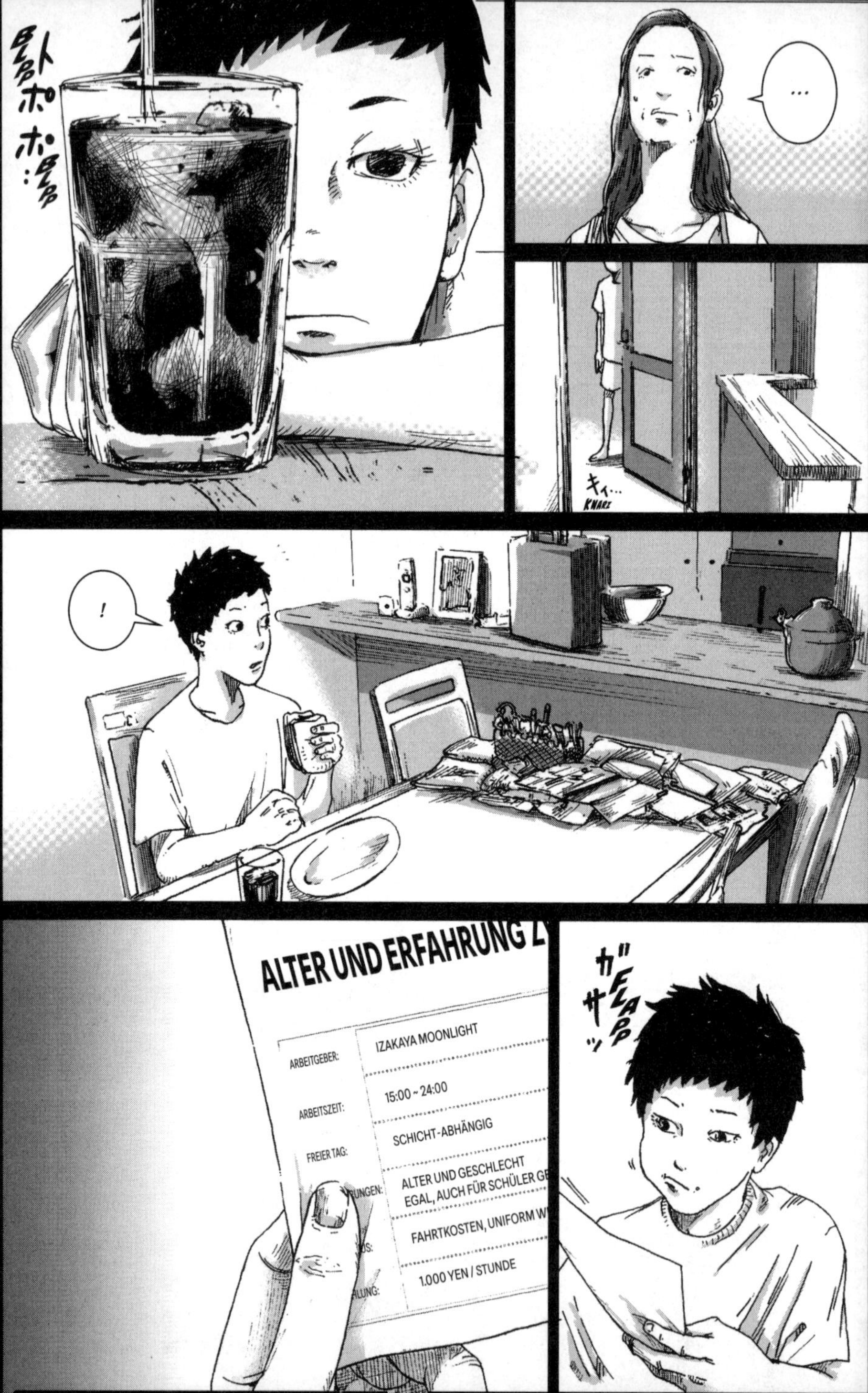
…
キィ…
KNARZ
ポトポト…
BLPP BLPP
!
ガサッ
FLAPP
ALTER UND ERFAHRUNG Z
ARBEITGEBER:
IZAKAYA MOONLIGHT
ARBEITSZEIT:
15:00 ~ 24:00
FREIER TAG:
SCHICHT-ABHÄNGIG
UNGEN:
ALTER UND GESCHLECHT
EGAL, AUCH FÜR SCHÜLER GE
US:
FAHRTKOSTEN, UNIFORM W
LUNG:
1.000 YEN / STUNDE

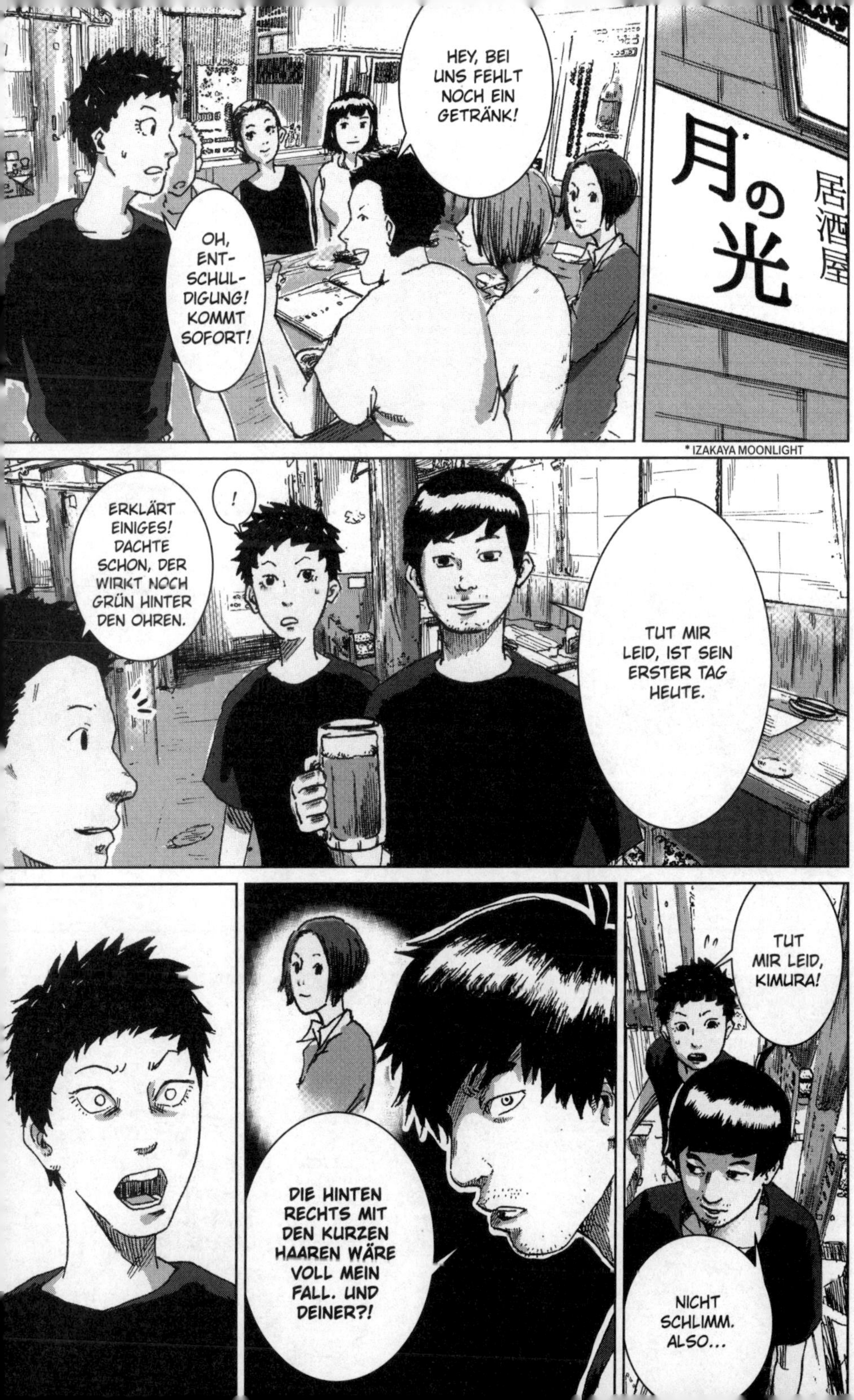

* IZAKAYA MOONLIGHT

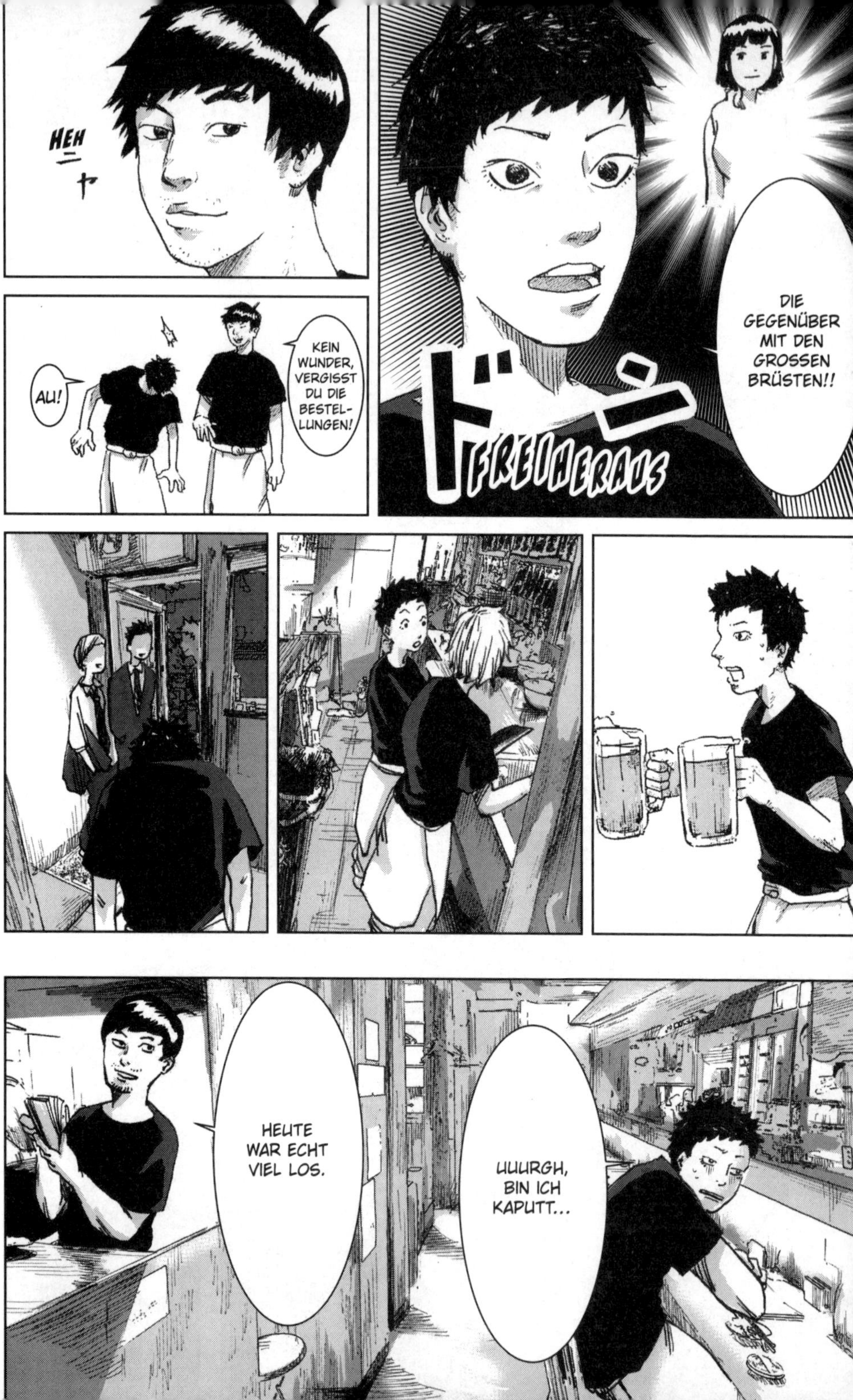
DIE GEGENÜBER MIT DEN GROSSEN BRÜSTEN!!
FREIHERAUS
HEH
ニヤ
KEIN WUNDER, VERGISST DU DIE BESTELLUNGEN!
AU!
UUURGH, BIN ICH KAPUTT...
HEUTE WAR ECHT VIEL LOS.

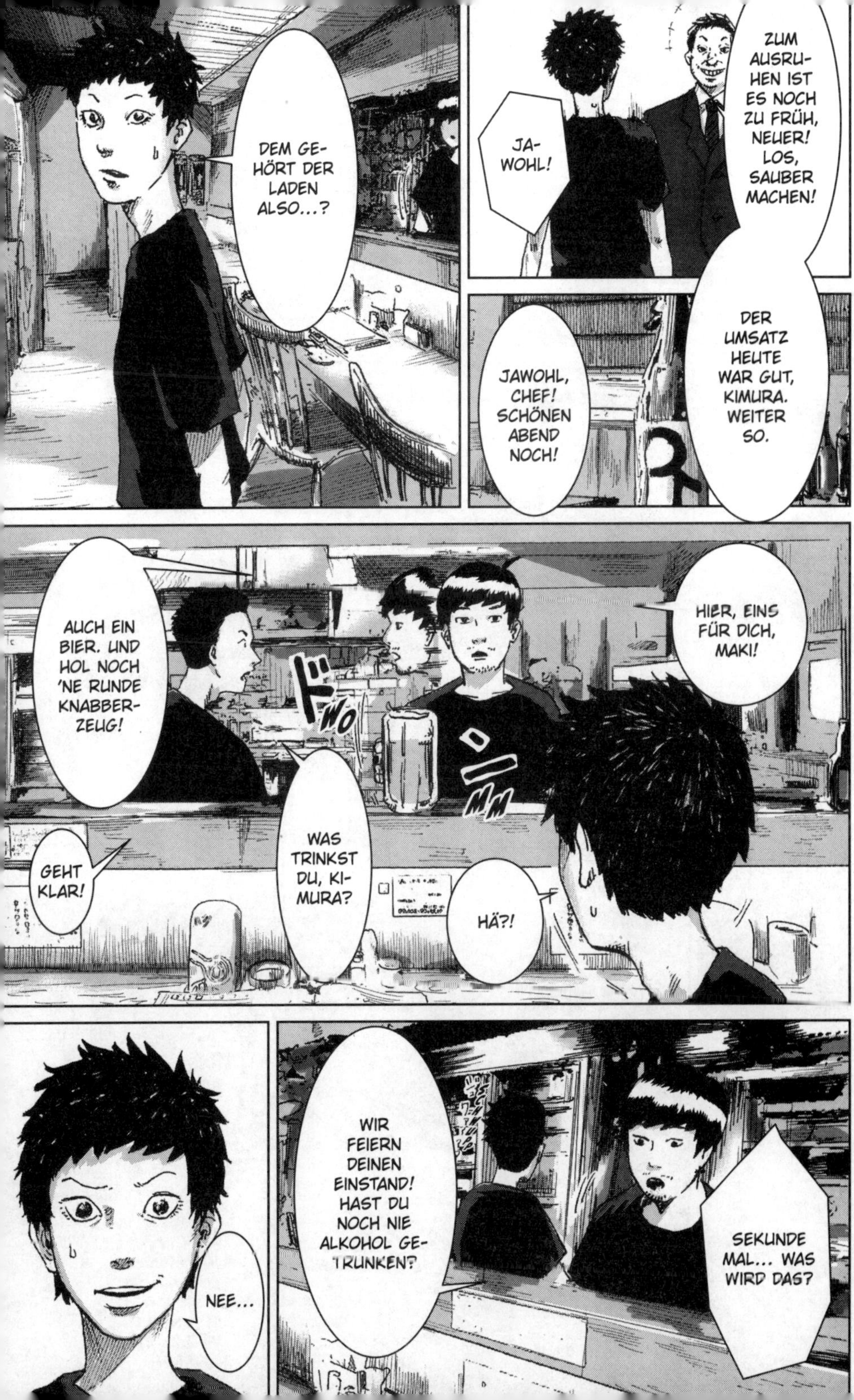
ZUM AUSRUHEN IST ES NOCH ZU FRÜH, NEUER! LOS, SAUBER MACHEN!
JAWOHL!
DER UMSATZ HEUTE WAR GUT, KIMURA. WEITER SO.
JAWOHL, CHEF! SCHÖNEN ABEND NOCH!
DEM GEHÖRT DER LADEN ALSO...?
HIER, EINS FÜR DICH, MAKI!
HÄ?!
WAS TRINKST DU, KIMURA?
AUCH EIN BIER. UND HOL NOCH 'NE RUNDE KNABBERZEUG!
GEHT KLAR!
SEKUNDE MAL... WAS WIRD DAS?
WIR FEIERN DEINEN EINSTAND! HAST DU NOCH NIE ALKOHOL GETRUNKEN?
NEE...

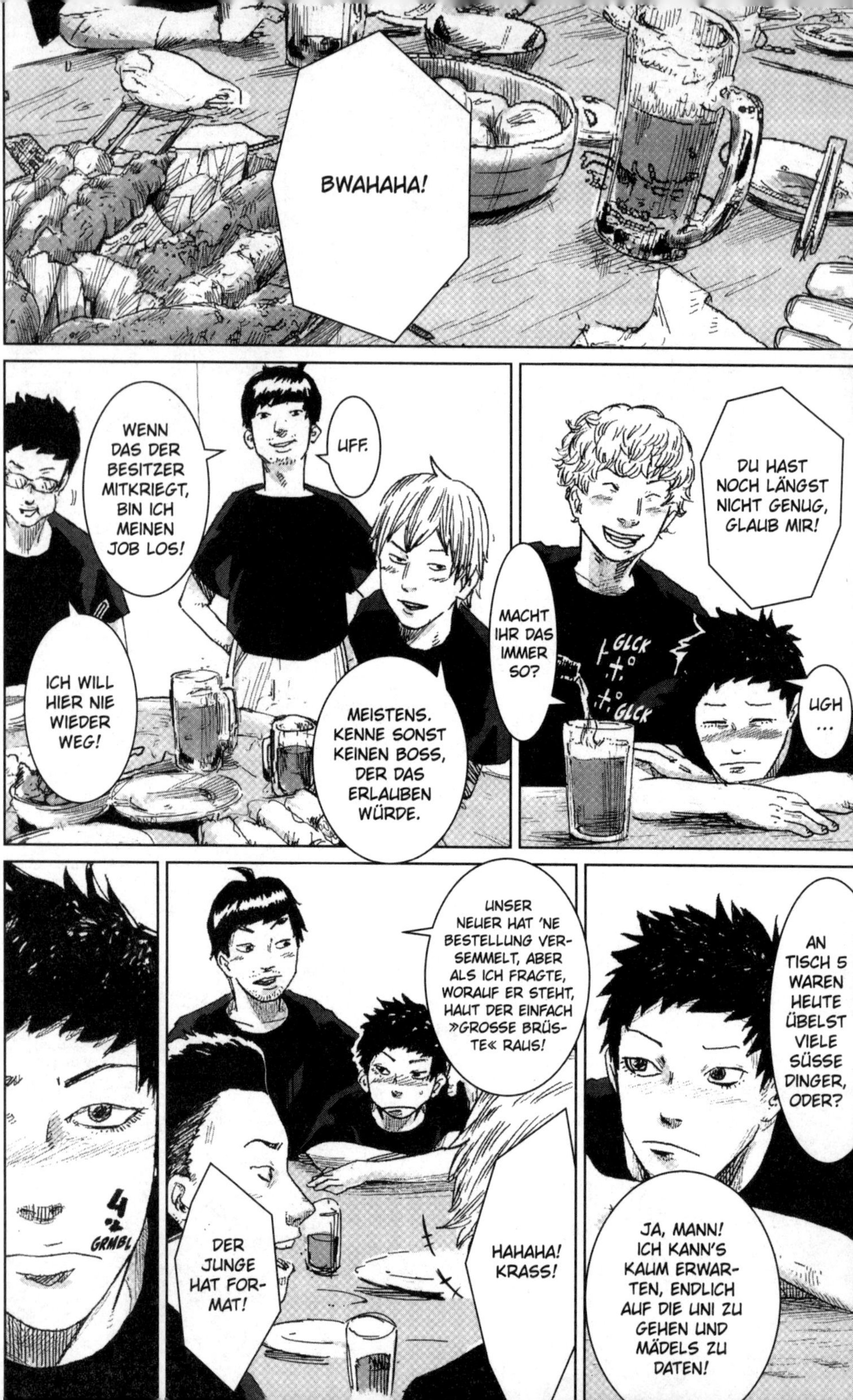
BWAHAHA!
DU HAST NOCH LÄNGST NICHT GENUG, GLAUB MIR!
UGH ...
GLCK GLCK
MACHT IHR DAS IMMER SO?
UFF.
WENN DAS DER BESITZER MITKRIEGT, BIN ICH MEINEN JOB LOS!
MEISTENS. KENNE SONST KEINEN BOSS, DER DAS ERLAUBEN WÜRDE.
ICH WILL HIER NIE WIEDER WEG!
AN TISCH 5 WAREN HEUTE ÜBELST VIELE SÜSSE DINGER, ODER?
JA, MANN! ICH KANN'S KAUM ERWARTEN, ENDLICH AUF DIE UNI ZU GEHEN UND MÄDELS ZU DATEN!
UNSER NEUER HAT 'NE BESTELLUNG VERSEMMELT, ABER ALS ICH FRAGTE, WORAUF ER STEHT, HAUT DER EINFACH »GROSSE BRÜSTE« RAUS!
HAHAHA! KRASS!
DER JUNGE HAT FORMAT!
GRMBL

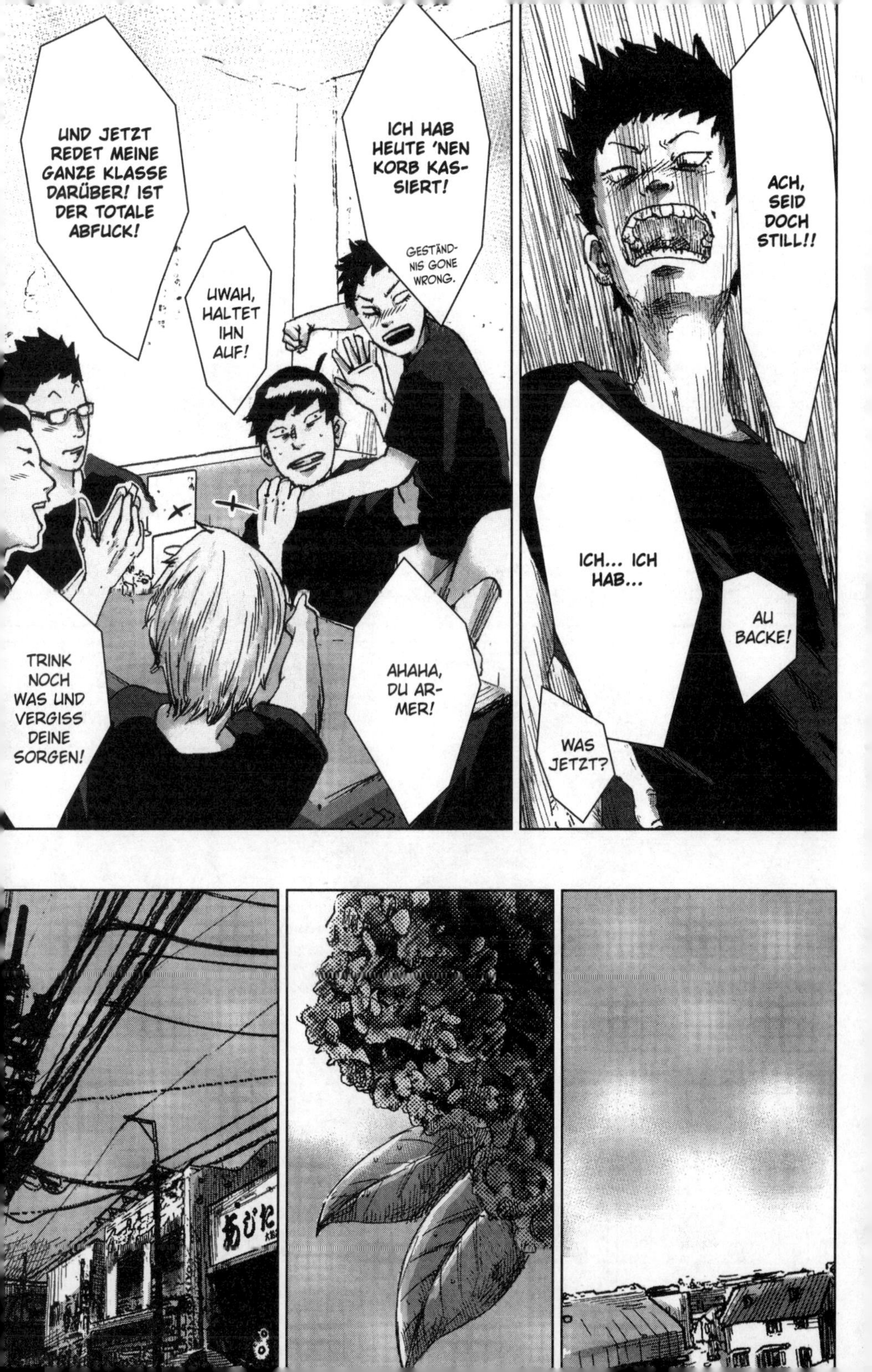
ACH, SEID DOCH STILL!!
ICH... ICH HAB...
AU BACKE!
WAS JETZT?
ICH HAB HEUTE 'NEN KORB KASSIERT!
GESTÄNDNIS GONE WRONG.
UND JETZT REDET MEINE GANZE KLASSE DARÜBER! IST DER TOTALE ABFUCK!
UWAH, HALTET IHN AUF!
AHAHA, DU ARMER!
TRINK NOCH WAS UND VERGISS DEINE SORGEN!

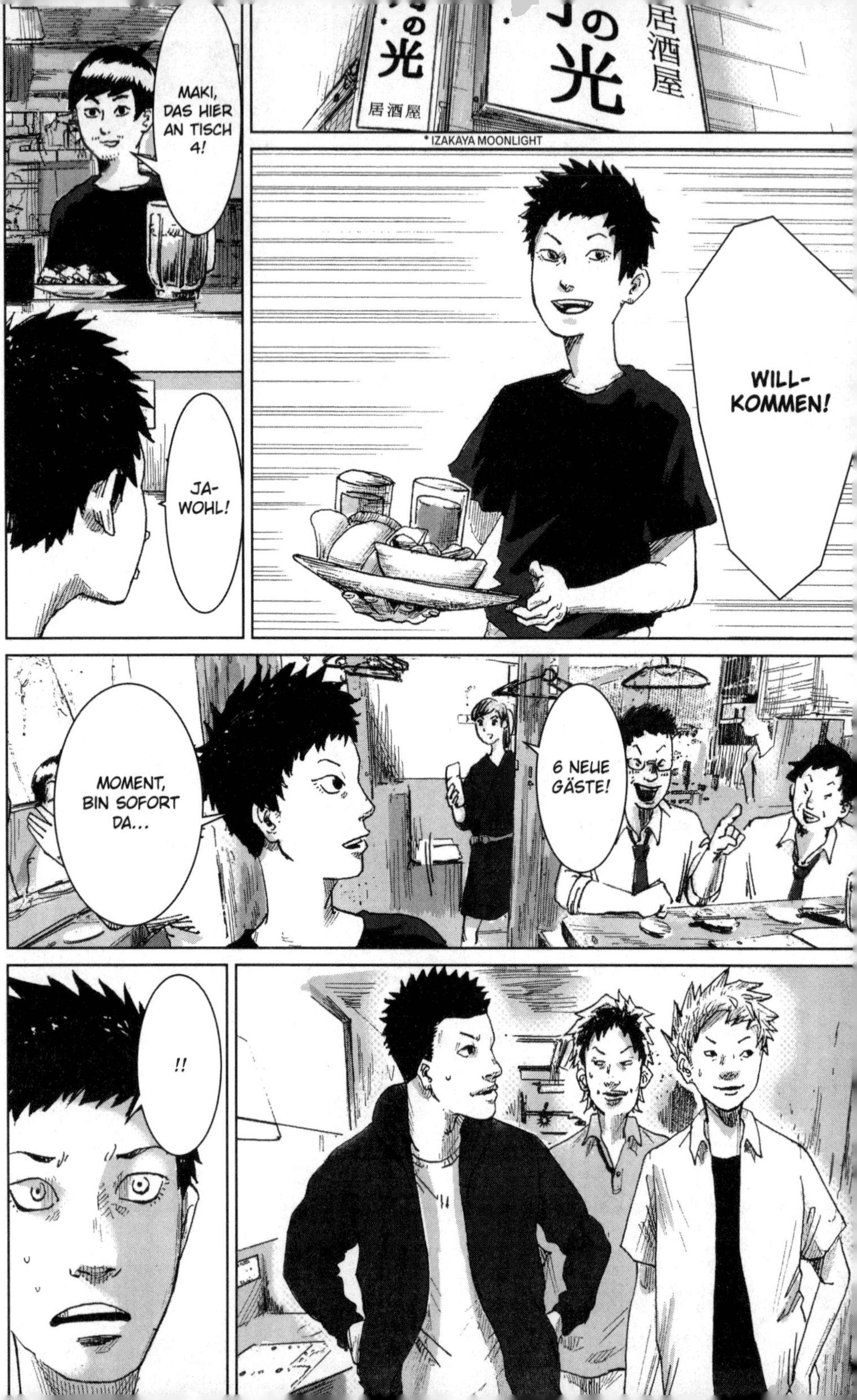
居酒屋
の光
* IZAKAYA MOONLIGHT
MAKI, DAS HIER AN TISCH 4!
WILL-KOMMEN!
JA-WOHL!
6 NEUE GÄSTE!
MOMENT, BIN SOFORT DA…
!!

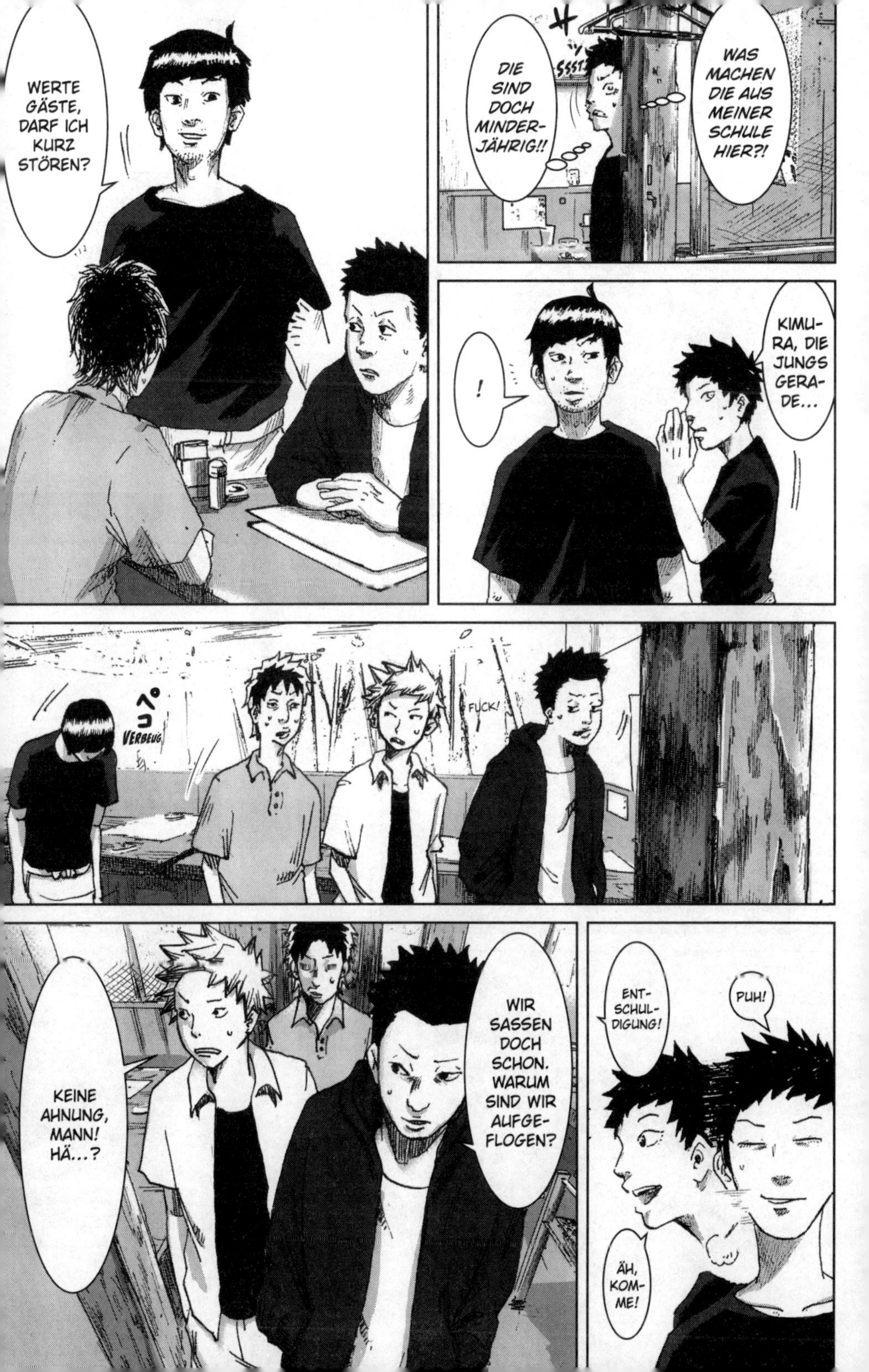
WAS MACHEN DIE AUS MEINER SCHULE HIER?!
SSST!
DIE SIND DOCH MINDERJÄHRIG!!
WERTE GÄSTE, DARF ICH KURZ STÖREN?
KIMURA, DIE JUNGS GERADE...
!
VERBEUG
FUCK!
PUH!
ENT-SCHULDIGUNG!
ÄH, KOMME!
WIR SASSEN DOCH SCHON. WARUM SIND WIR AUFGEFLOGEN?
KEINE AHNUNG, MANN! HÄ...?

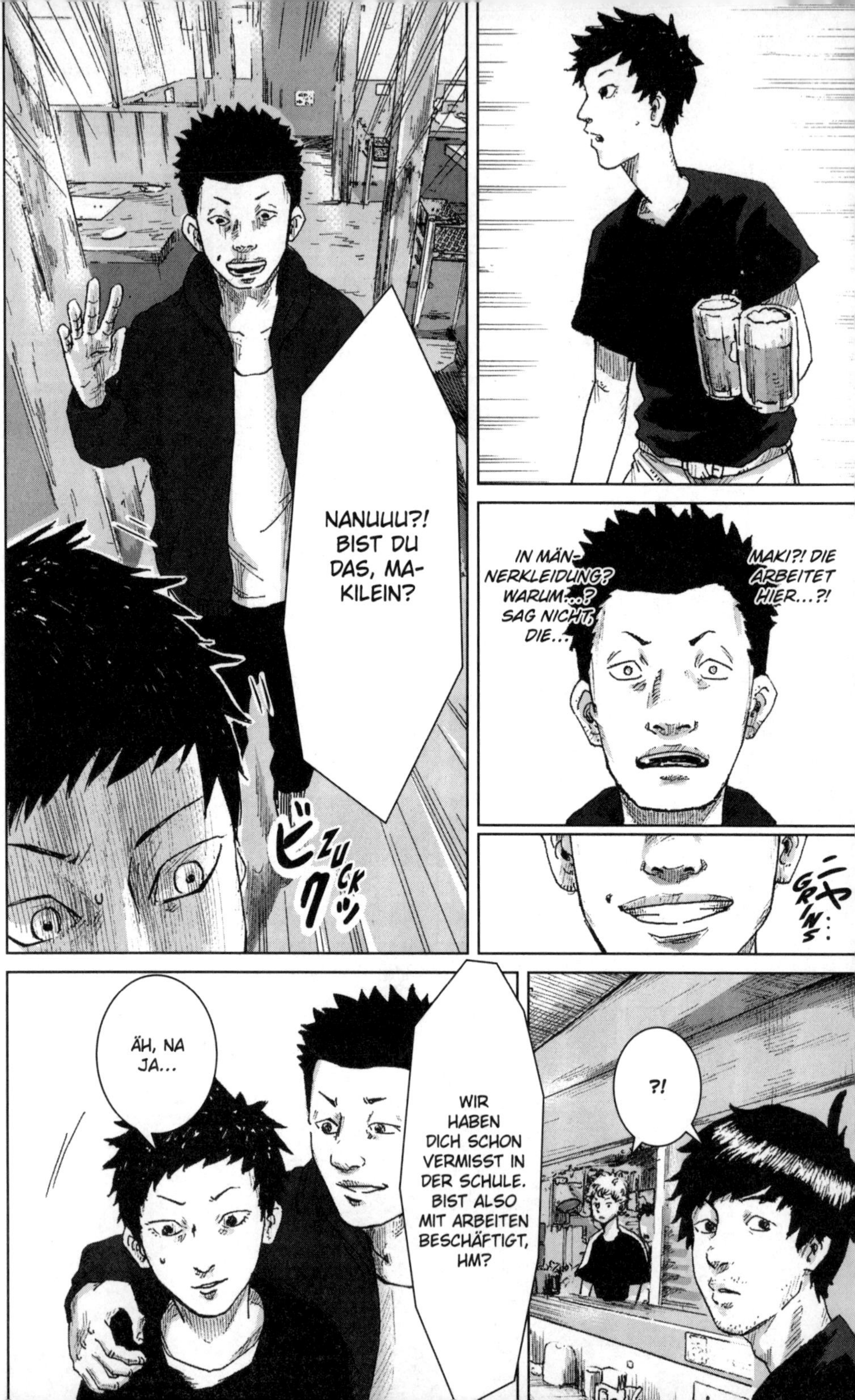

MAKI?! DIE ARBEITET HIER…?!
IN MÄN-NERKLEIDUNG? WARUM…? SAG NICHT, DIE…
GRINS…
NANUUU?! BIST DU DAS, MA-KILEIN?
ZUCK
?!
WIR HABEN DICH SCHON VERMISST IN DER SCHULE. BIST ALSO MIT ARBEITEN BESCHÄFTIGT, HM?
ÄH, NA JA…

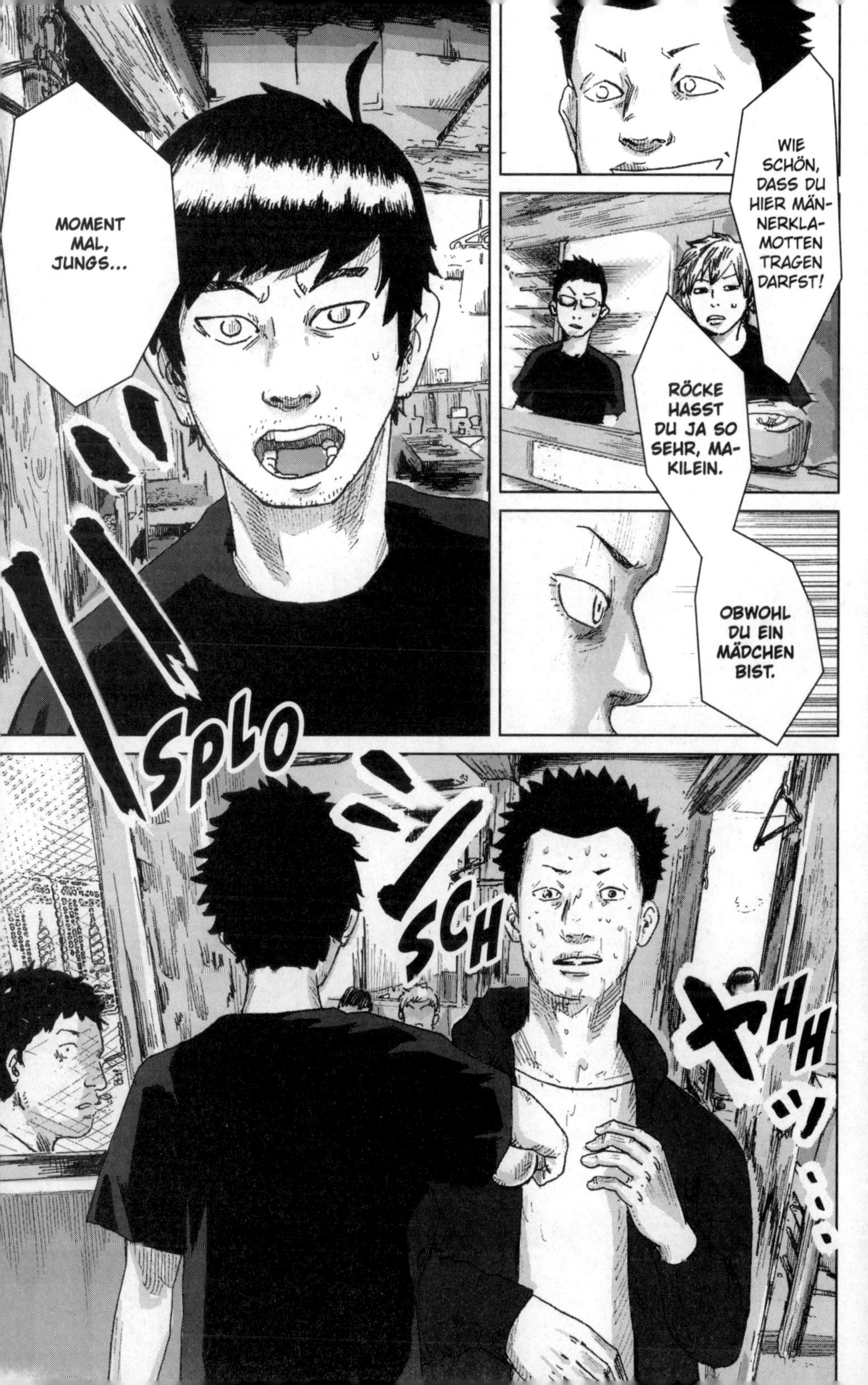
WIE SCHÖN, DASS DU HIER MÄNNERKLAMOTTEN TRAGEN DARFST!
RÖCKE HASST DU JA SO SEHR, MAKILEIN.
OBWOHL DU EIN MÄDCHEN BIST.
MOMENT MAL, JUNGS...
SPLO
SCH
HH...

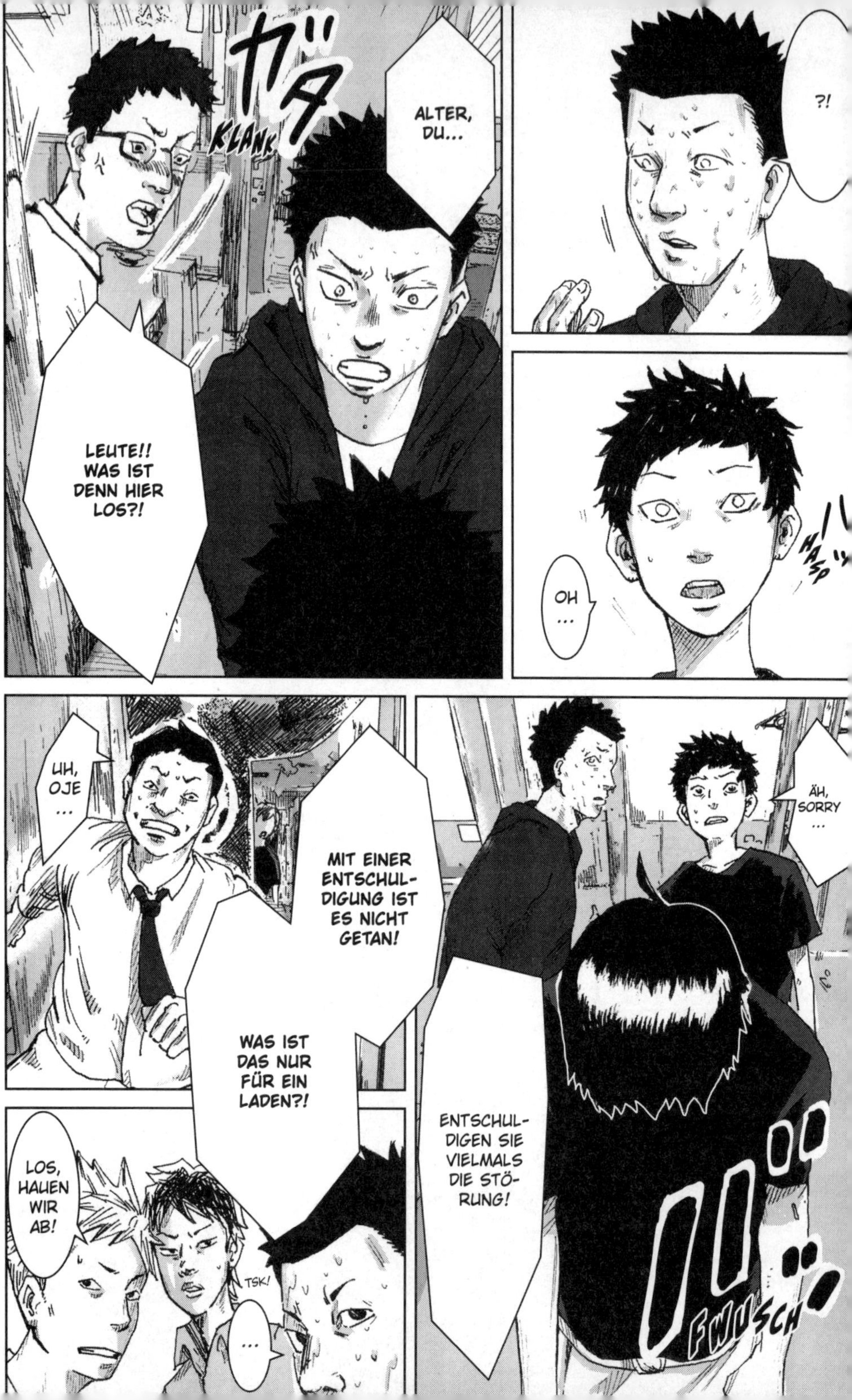

?!
ALTER, DU...
KLANK
LEUTE!! WAS IST DENN HIER LOS?!
OH ...
HASP
ÄH, SORRY ...
ENTSCHULDIGEN SIE VIELMALS DIE STÖRUNG!
FWUSCH
UH, OJE ...
MIT EINER ENTSCHULDIGUNG IST ES NICHT GETAN!
WAS IST DAS NUR FÜR EIN LADEN?!
TSK!
...
LOS, HAUEN WIR AB!

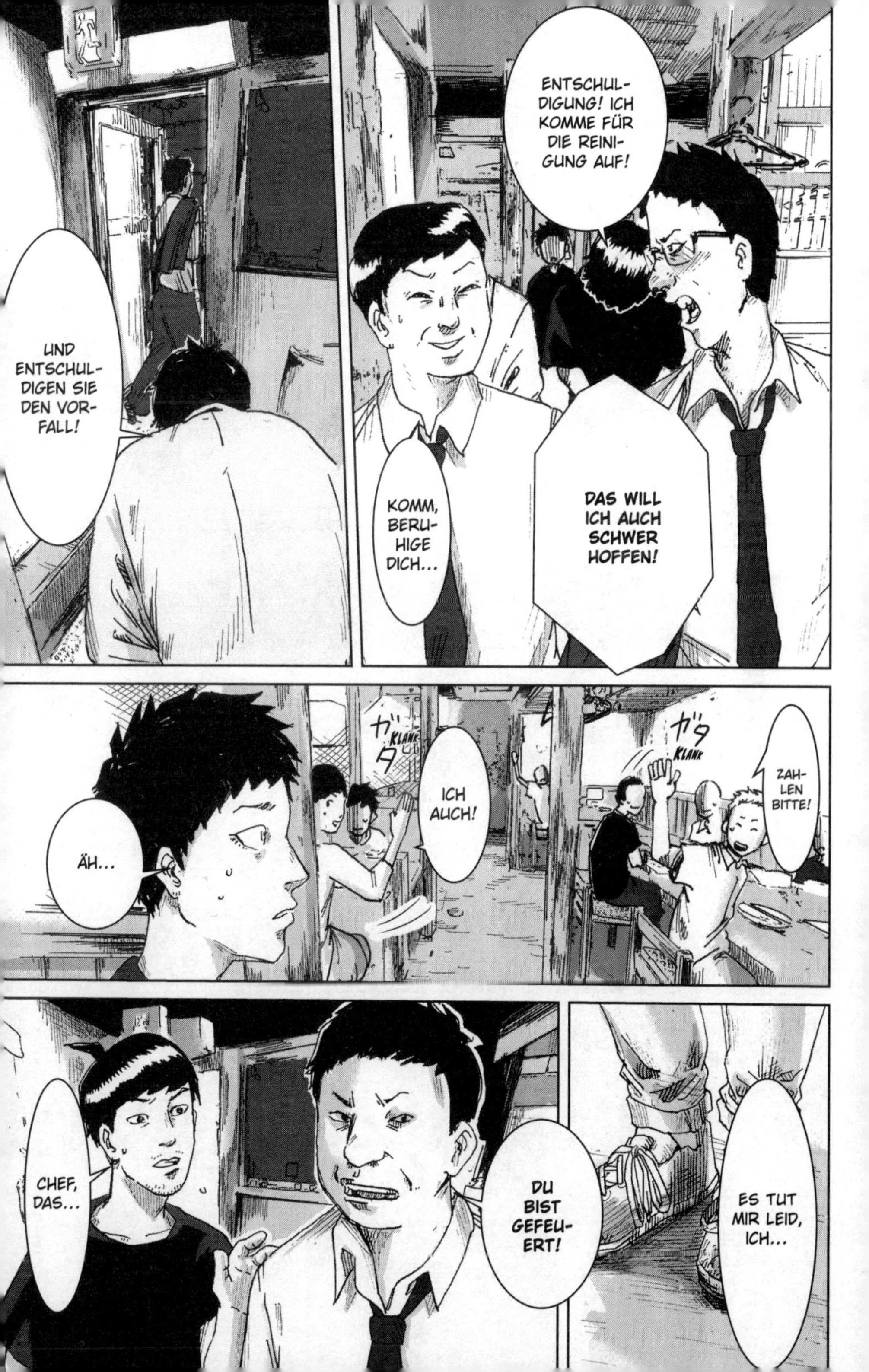
ENTSCHULDIGUNG! ICH KOMME FÜR DIE REINIGUNG AUF!
DAS WILL ICH AUCH SCHWER HOFFEN!
KOMM, BERUHIGE DICH…
UND ENTSCHULDIGEN SIE DEN VORFALL!
ZAHLEN BITTE!
ガタ KLANK
ガタ KLANK
ICH AUCH!
ÄH…
ES TUT MIR LEID, ICH…
DU BIST GEFEUERT!
CHEF, DAS…

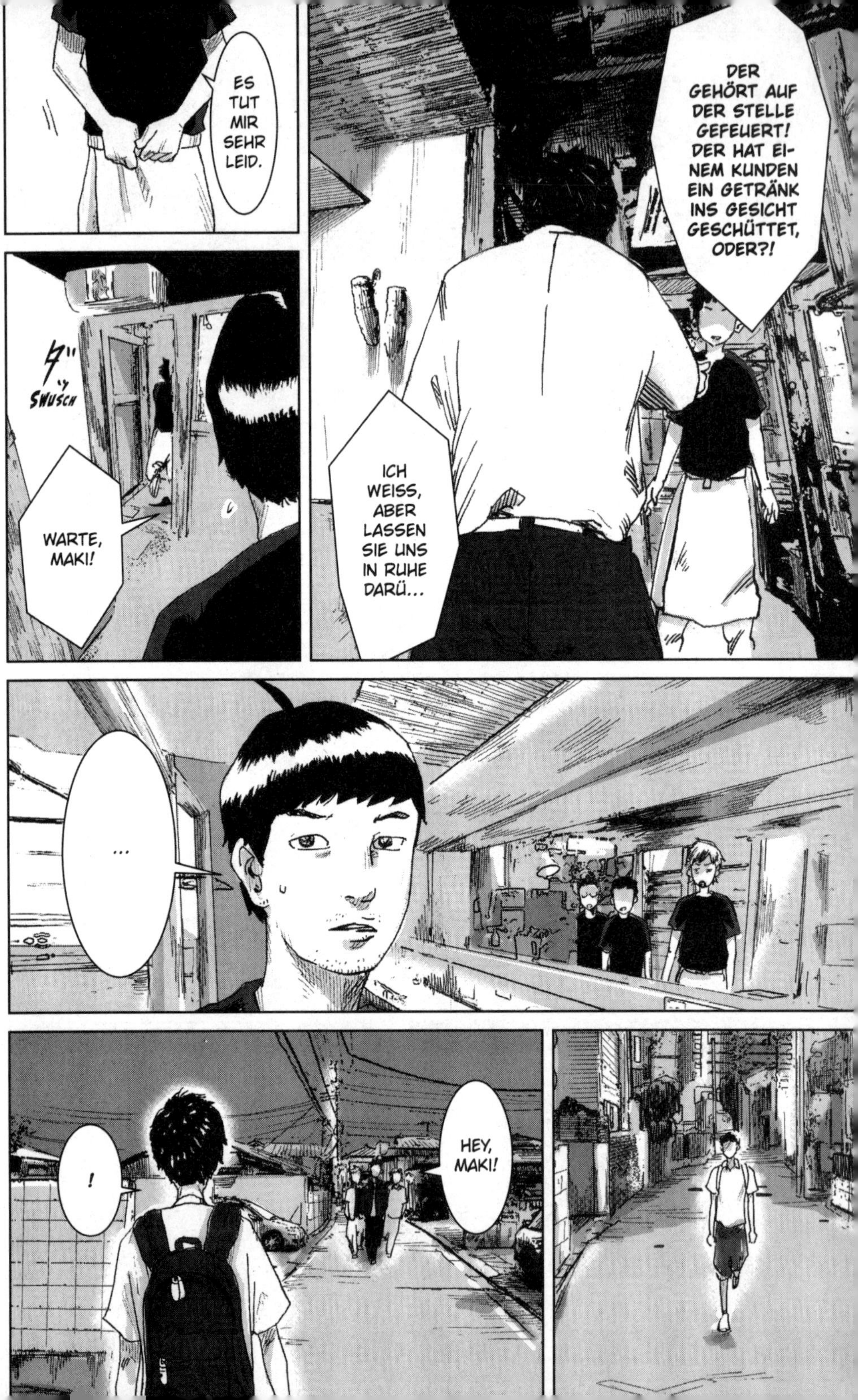
DER GEHÖRT AUF DER STELLE GEFEUERT! DER HAT EINEM KUNDEN EIN GETRÄNK INS GESICHT GESCHÜTTET, ODER?!
ES TUT MIR SEHR LEID.
ICH WEISS, ABER LASSEN SIE UNS IN RUHE DARÜ…
SWUSCH
WARTE, MAKI!
…
HEY, MAKI!
!

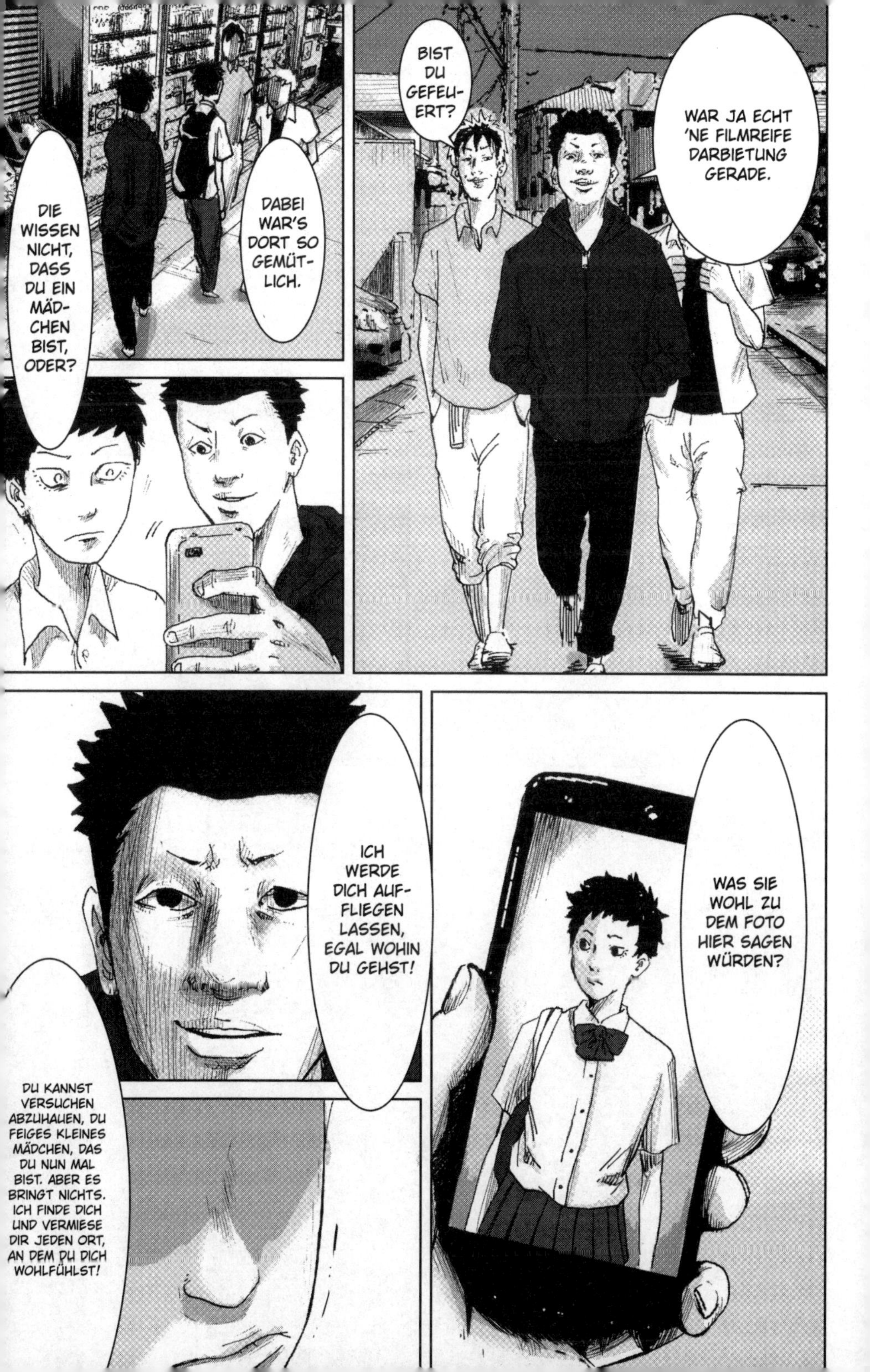
WAR JA ECHT 'NE FILMREIFE DARBIETUNG GERADE.
BIST DU GEFEUERT?
DABEI WAR'S DORT SO GEMÜTLICH.
DIE WISSEN NICHT, DASS DU EIN MÄDCHEN BIST, ODER?
WAS SIE WOHL ZU DEM FOTO HIER SAGEN WÜRDEN?
ICH WERDE DICH AUFFLIEGEN LASSEN, EGAL WOHIN DU GEHST!
DU KANNST VERSUCHEN ABZUHAUEN, DU FEIGES KLEINES MÄDCHEN, DAS DU NUN MAL BIST. ABER ES BRINGT NICHTS. ICH FINDE DICH UND VERMIESE DIR JEDEN ORT, AN DEM DU DICH WOHLFÜHLST!

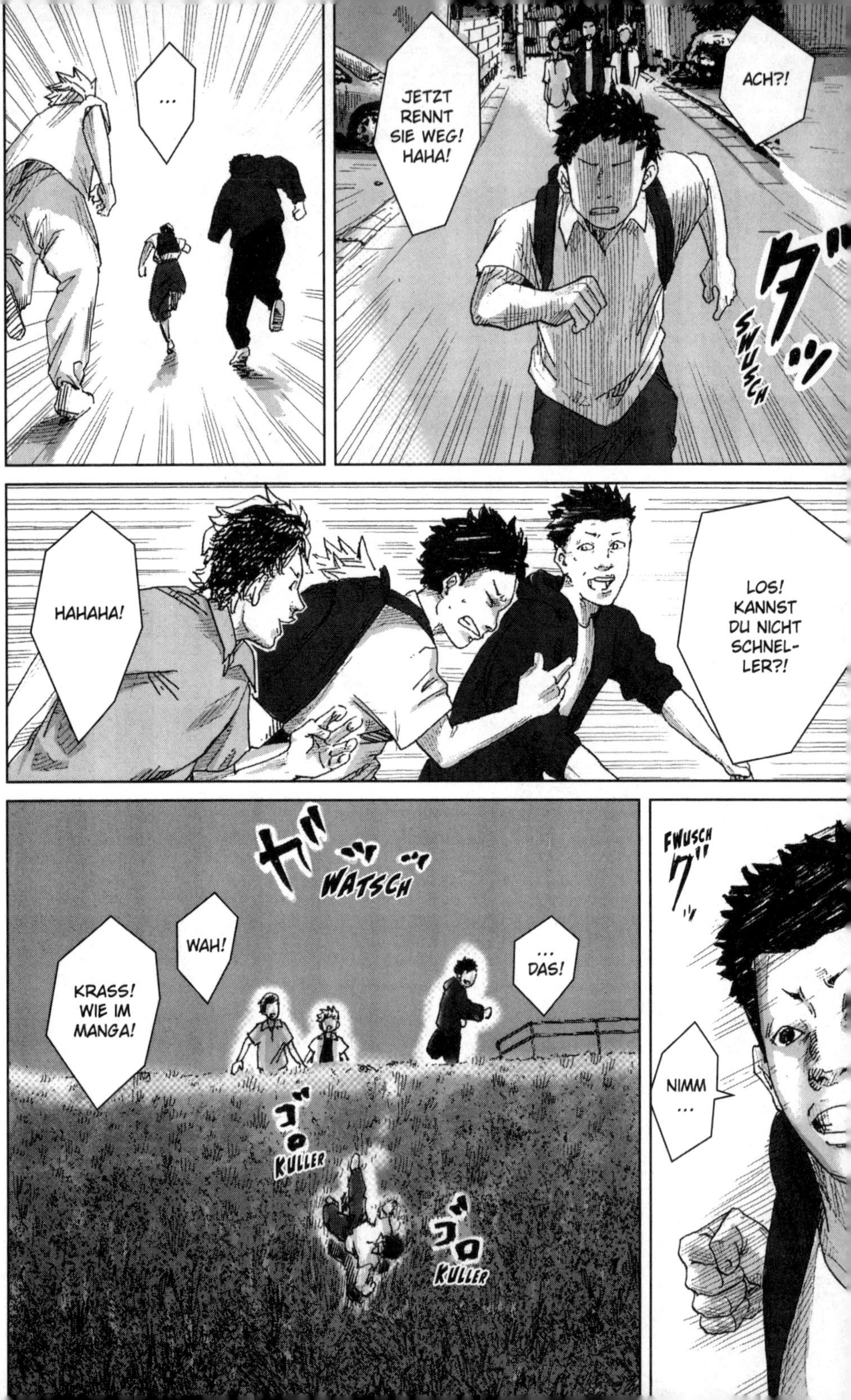
ACH?!
JETZT RENNT SIE WEG! HAHA!
SWUSCH
...
LOS! KANNST DU NICHT SCHNEL-LER?!
HAHAHA!
FWUSCH
NIMM ...
... DAS!
WATSCH
WAH!
KRASS! WIE IM MANGA!
KULLER
KULLER

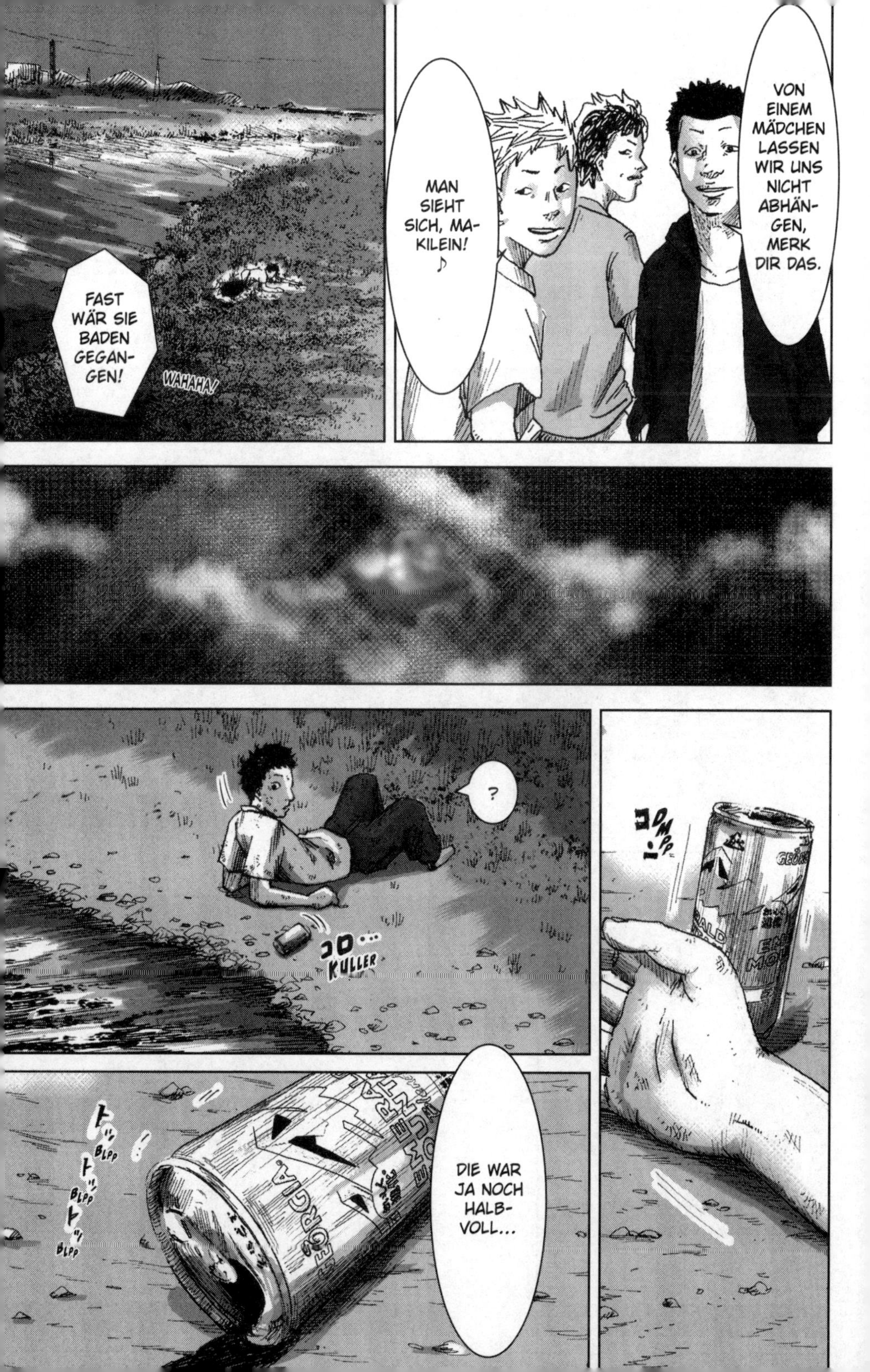
VON EINEM MÄDCHEN LASSEN WIR UNS NICHT ABHÄNGEN, MERK DIR DAS.
MAN SIEHT SICH, MAKILEIN! ♪
FAST WÄR SIE BADEN GEGANGEN!
WAHAHA!
?
KULLER
DIE WAR JA NOCH HALBVOLL...
BLPP
BLPP
BLPP

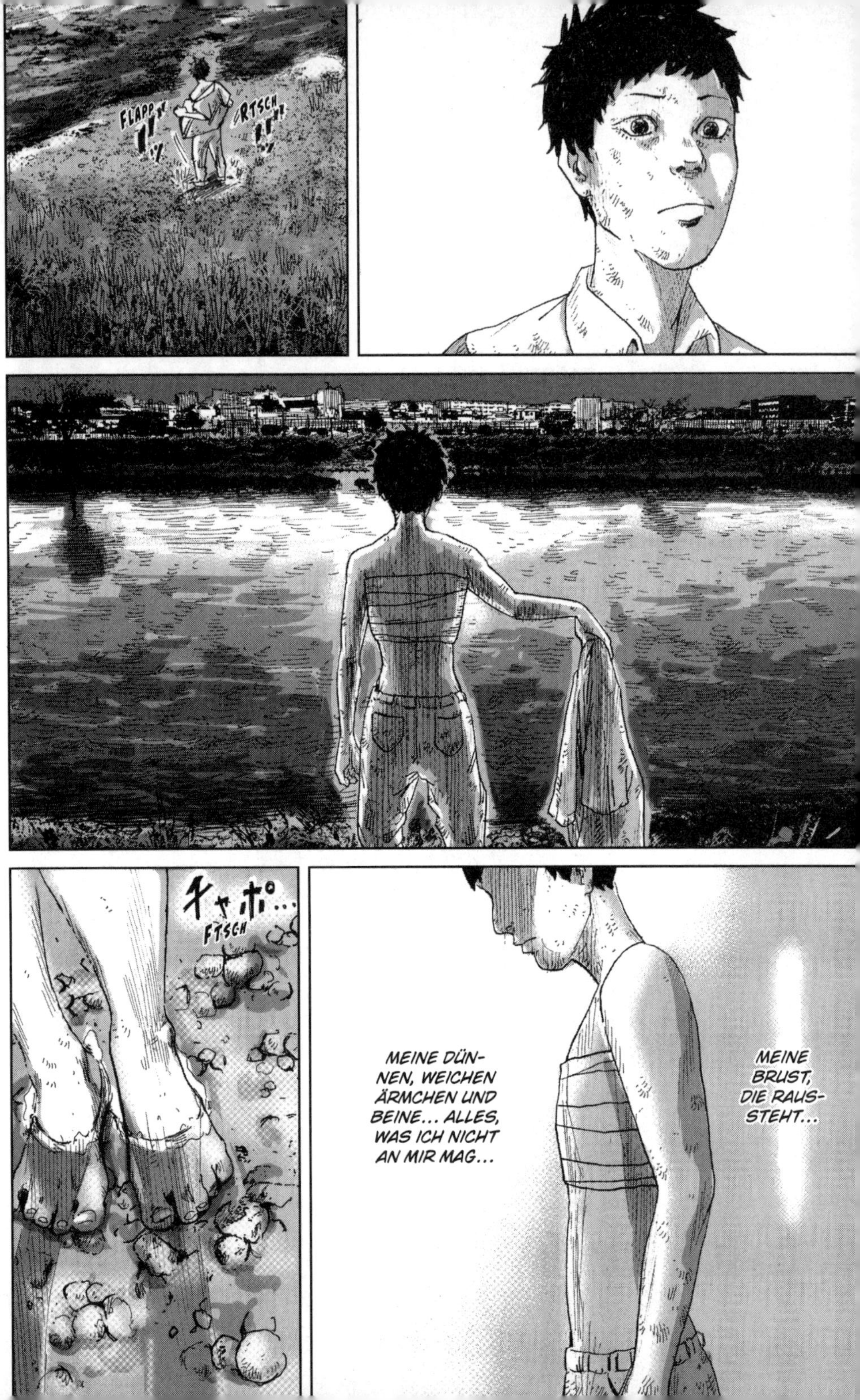
FLAPP
RTSCH
チャポ…
FTSCH
MEINE BRUST, DIE RAUS-STEHT…
MEINE DÜN-NEN, WEICHEN ÄRMCHEN UND BEINE… ALLES, WAS ICH NICHT AN MIR MAG…

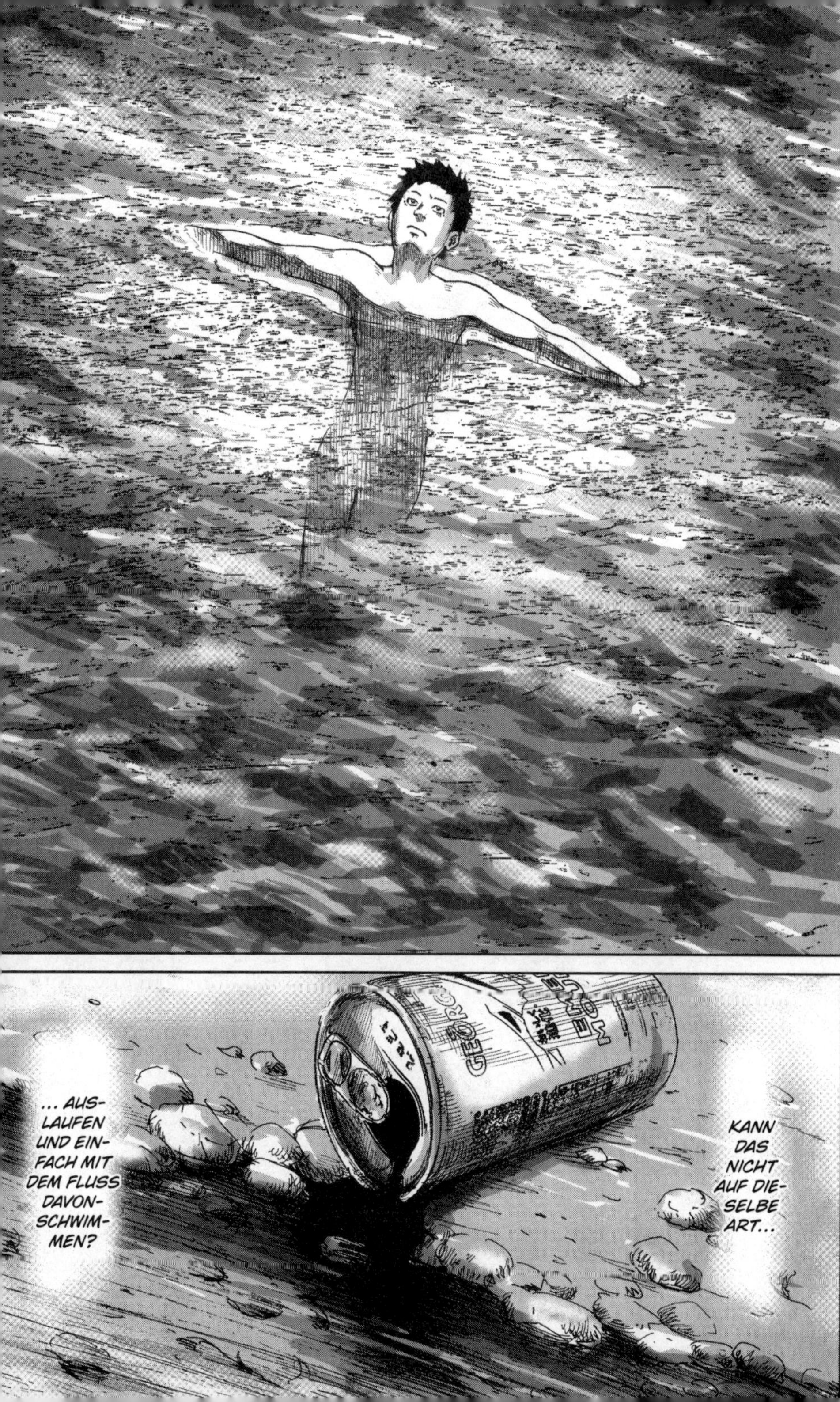
KANN DAS NICHT AUF DIESELBE ART…
… AUSLAUFEN UND EINFACH MIT DEM FLUSS DAVONSCHWIMMEN?

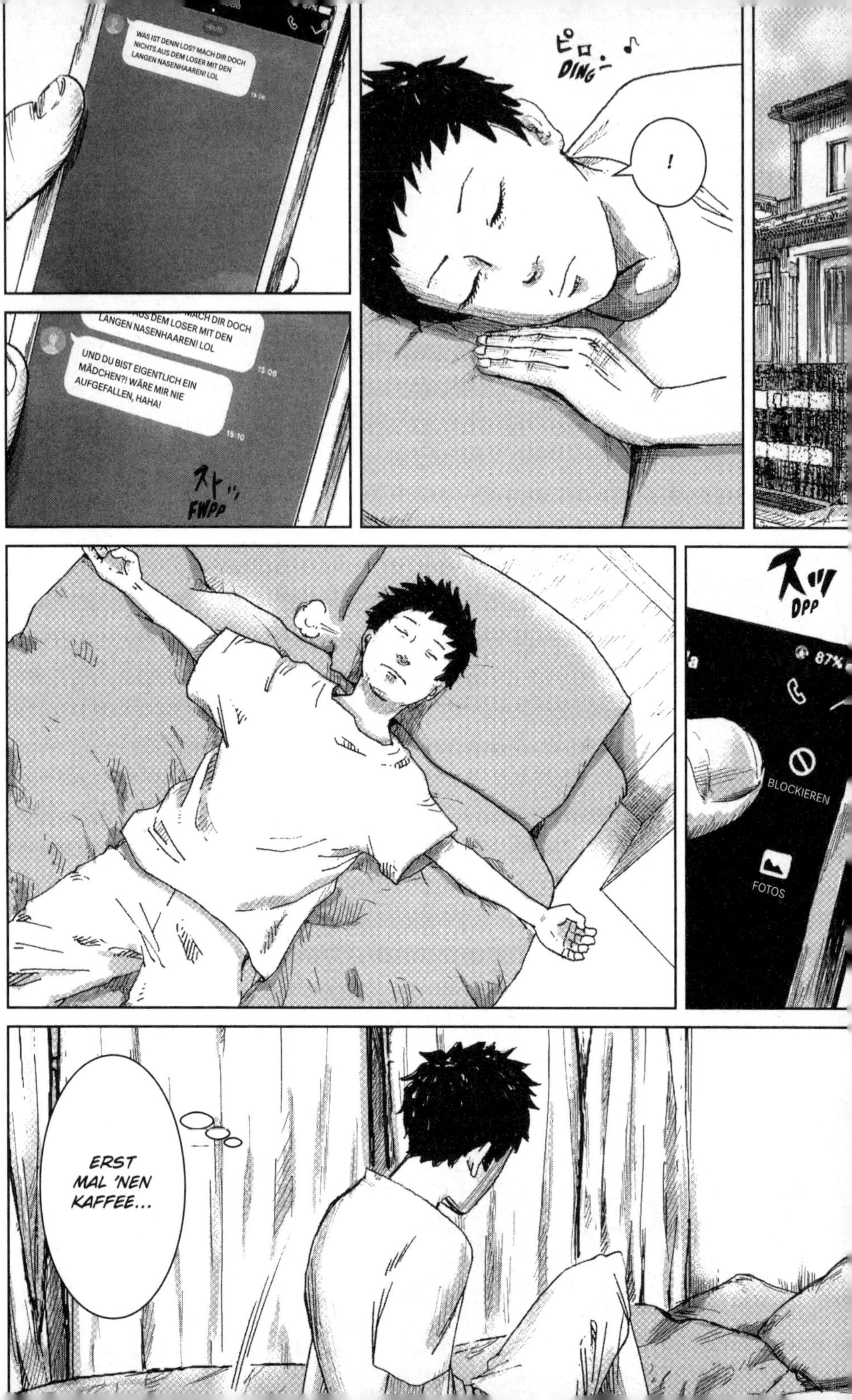
DING
!
WAS IST DENN LOS? MACH DIR DOCH NICHTS AUS DEM LOSER MIT DEN LANGEN NASENHAAREN! LOL
UND DU BIST EIGENTLICH EIN MÄDCHEN?! WÄRE MIR NIE AUFGEFALLEN, HAHA!
FWPP
DPP
87%
BLOCKIEREN
FOTOS
ERST MAL 'NEN KAFFEE...

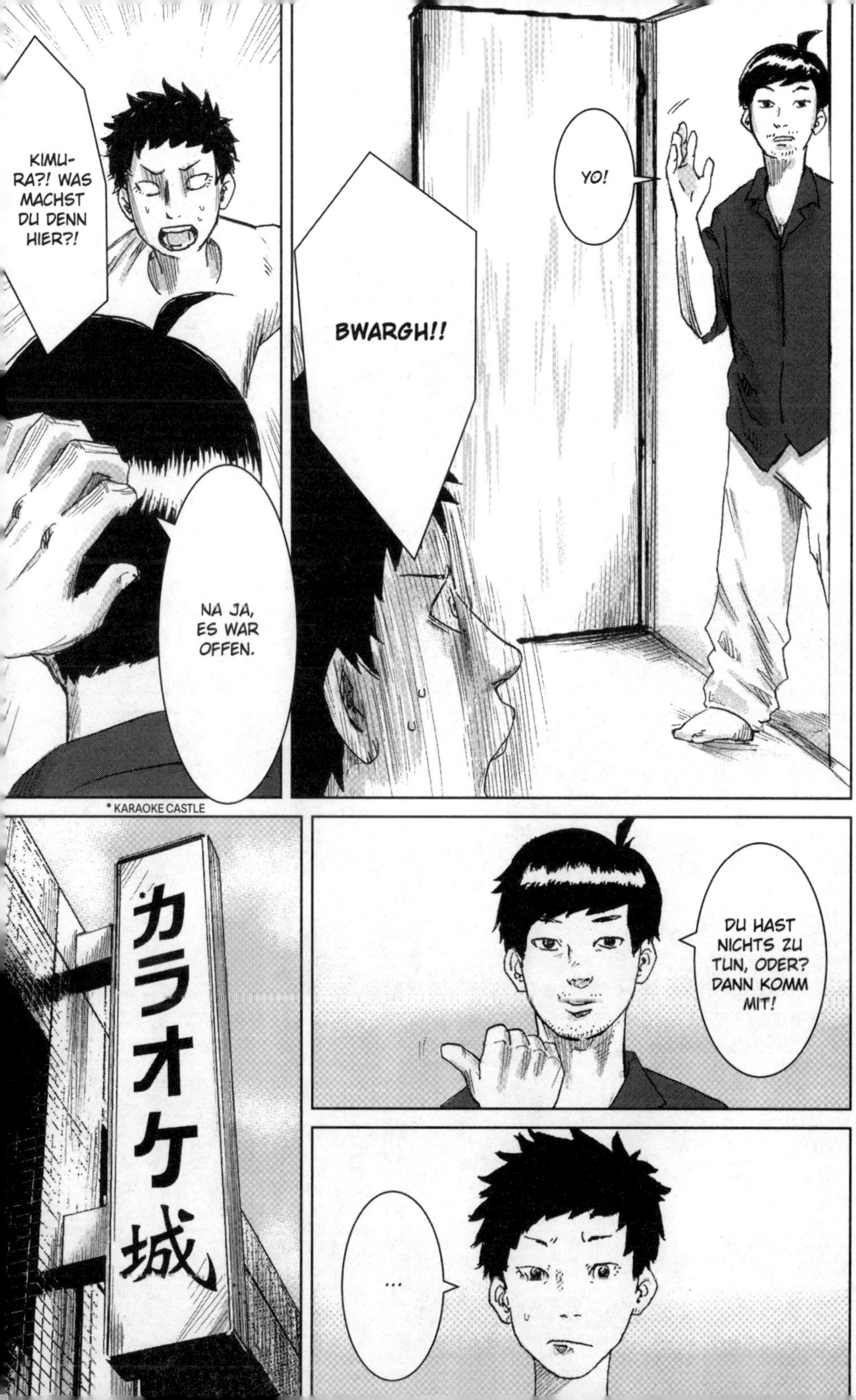
YO!
BWARGH!!
KIMURA?! WAS MACHST DU DENN HIER?!
NA JA, ES WAR OFFEN.
* KARAOKE CASTLE
DU HAST NICHTS ZU TUN, ODER? DANN KOMM MIT!
...
*カラオケ城

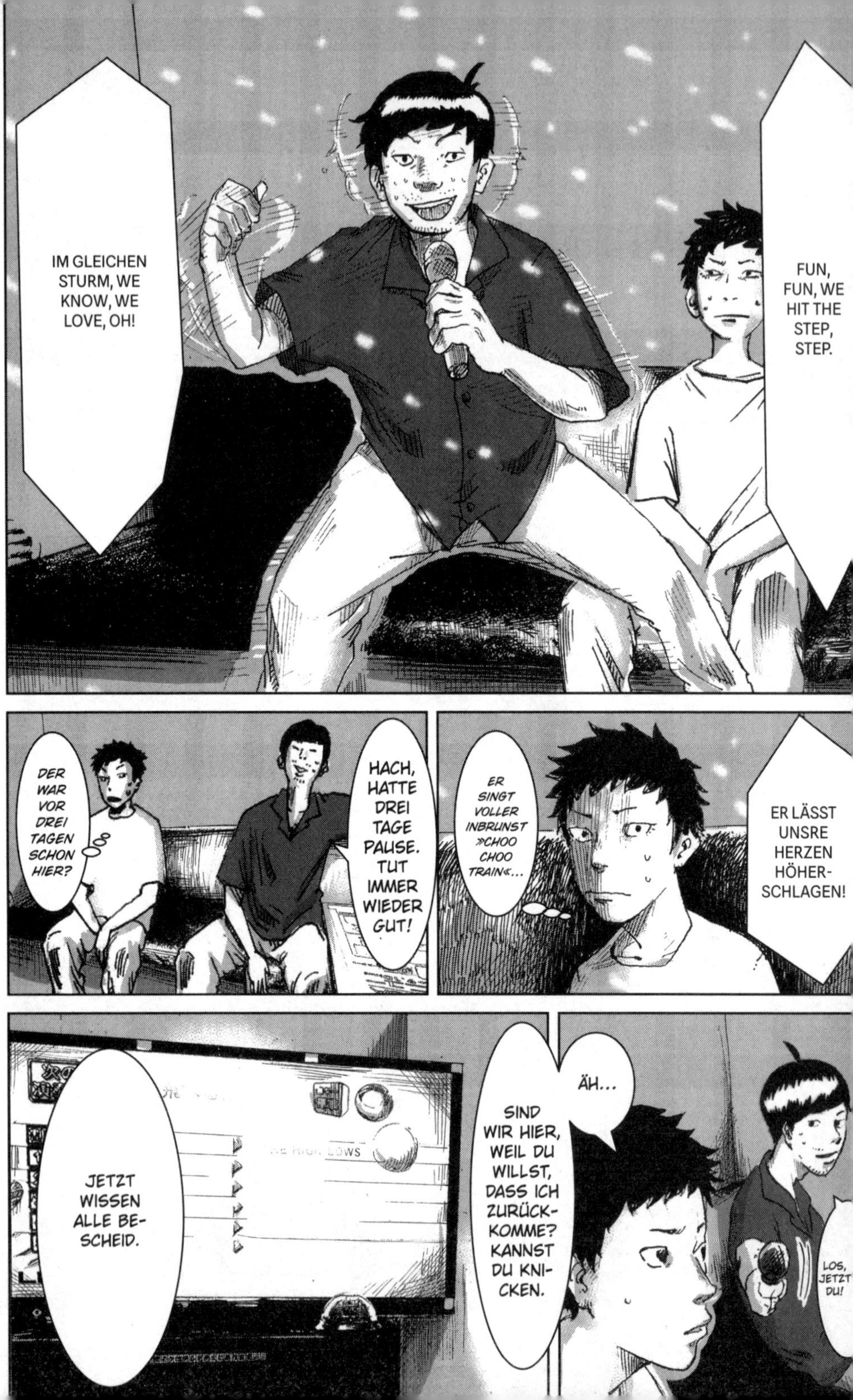
FUN, FUN, WE HIT THE STEP, STEP.
IM GLEICHEN STURM, WE KNOW, WE LOVE, OH!
ER LÄSST UNSRE HERZEN HÖHER-SCHLAGEN!
ER SINGT VOLLER INBRUNST »CHOO CHOO TRAIN«…
HACH, HATTE DREI TAGE PAUSE. TUT IMMER WIEDER GUT!
DER WAR VOR DREI TAGEN SCHON HIER?
LOS, JETZT DU!
ÄH…
SIND WIR HIER, WEIL DU WILLST, DASS ICH ZURÜCK-KOMME? KANNST DU KNI-CKEN.
JETZT WISSEN ALLE BE-SCHEID.

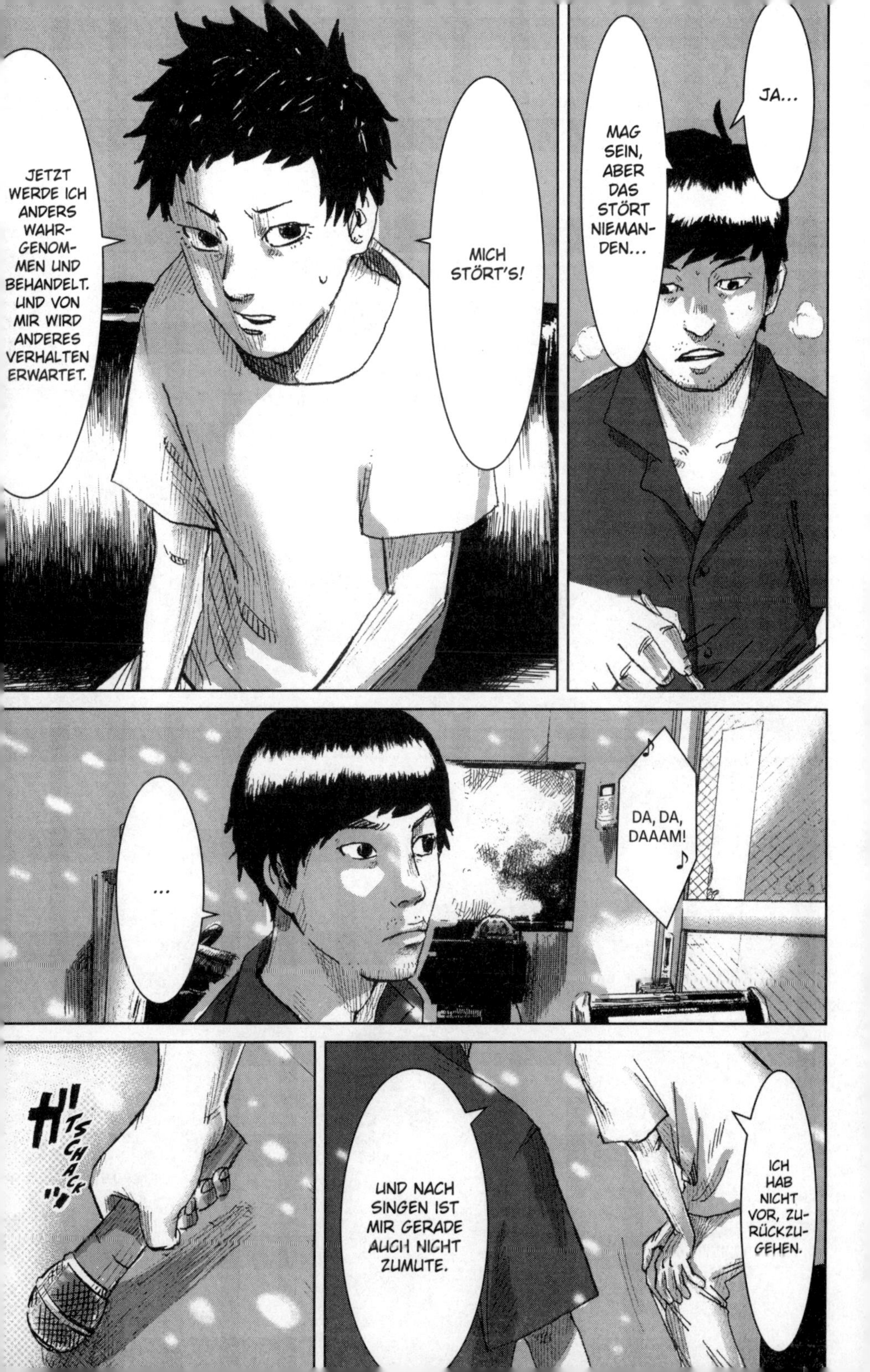
JA...
MAG SEIN, ABER DAS STÖRT NIEMANDEN...
MICH STÖRT'S!
JETZT WERDE ICH ANDERS WAHRGENOMMEN UND BEHANDELT. UND VON MIR WIRD ANDERES VERHALTEN ERWARTET.
DA, DA, DAAAM!
...
ICH HAB NICHT VOR, ZURÜCKZUGEHEN.
UND NACH SINGEN IST MIR GERADE AUCH NICHT ZUMUTE.
TSCHACK

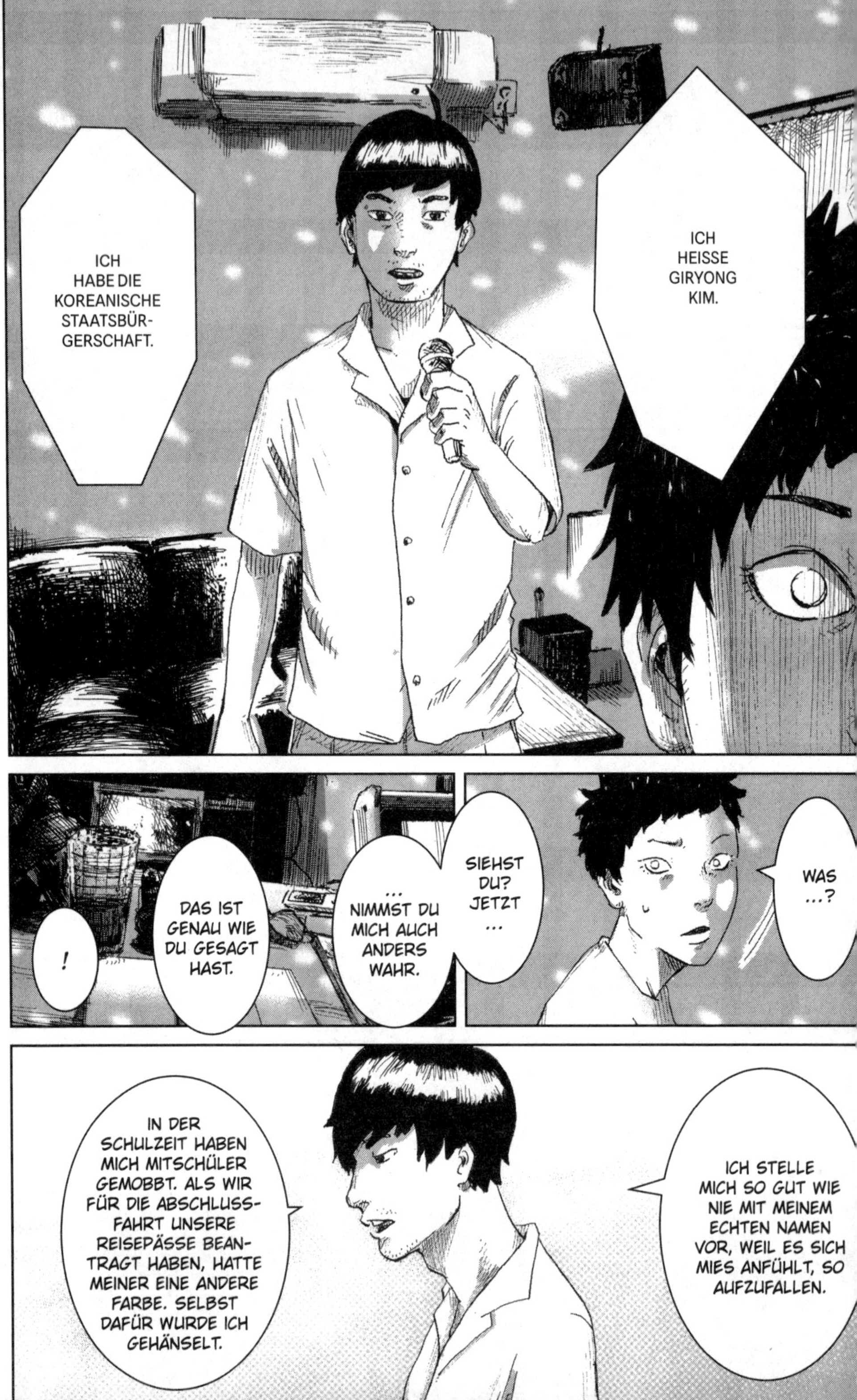
ICH HEISSE GIRYONG KIM.
ICH HABE DIE KOREANISCHE STAATSBÜRGERSCHAFT.
WAS ...?
SIEHST DU? JETZT ...
... NIMMST DU MICH AUCH ANDERS WAHR.
DAS IST GENAU WIE DU GESAGT HAST.
!
ICH STELLE MICH SO GUT WIE NIE MIT MEINEM ECHTEN NAMEN VOR, WEIL ES SICH MIES ANFÜHLT, SO AUFZUFALLEN.
IN DER SCHULZEIT HABEN MICH MITSCHÜLER GEMOBBT. ALS WIR FÜR DIE ABSCHLUSSFAHRT UNSERE REISEPÄSSE BEANTRAGT HABEN, HATTE MEINER EINE ANDERE FARBE. SELBST DAFÜR WURDE ICH GEHÄNSELT.

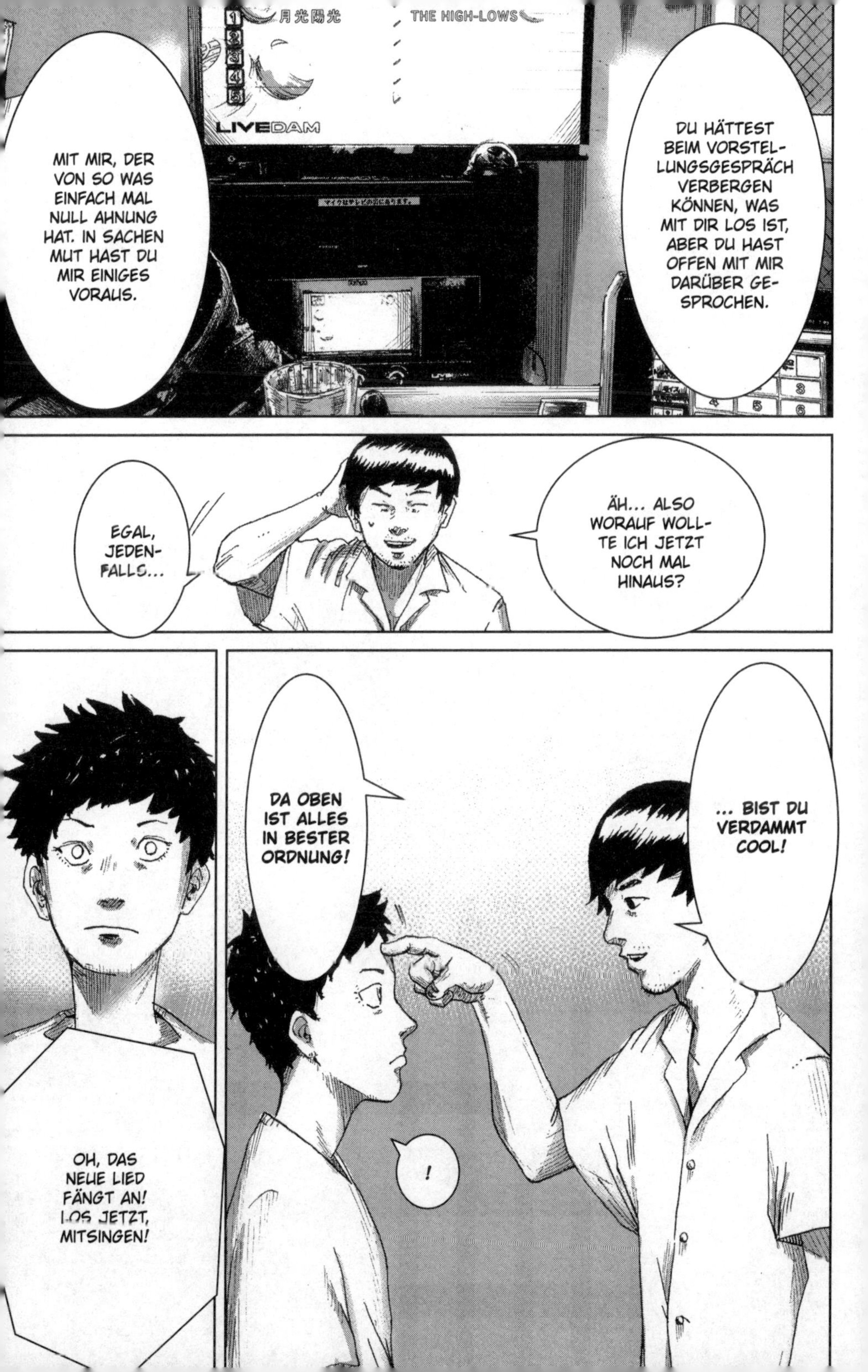

月光陽光
THE HIGH-LOWS
LIVEDAM
DU HÄTTEST BEIM VORSTELLUNGSGESPRÄCH VERBERGEN KÖNNEN, WAS MIT DIR LOS IST, ABER DU HAST OFFEN MIT MIR DARÜBER GESPROCHEN.
MIT MIR, DER VON SO WAS EINFACH MAL NULL AHNUNG HAT. IN SACHEN MUT HAST DU MIR EINIGES VORAUS.
ÄH... ALSO WORAUF WOLLTE ICH JETZT NOCH MAL HINAUS?
EGAL, JEDENFALLS...
... BIST DU VERDAMMT COOL!
DA OBEN IST ALLES IN BESTER ORDNUNG!
!
OH, DAS NEUE LIED FÄNGT AN! LOS JETZT, MITSINGEN!

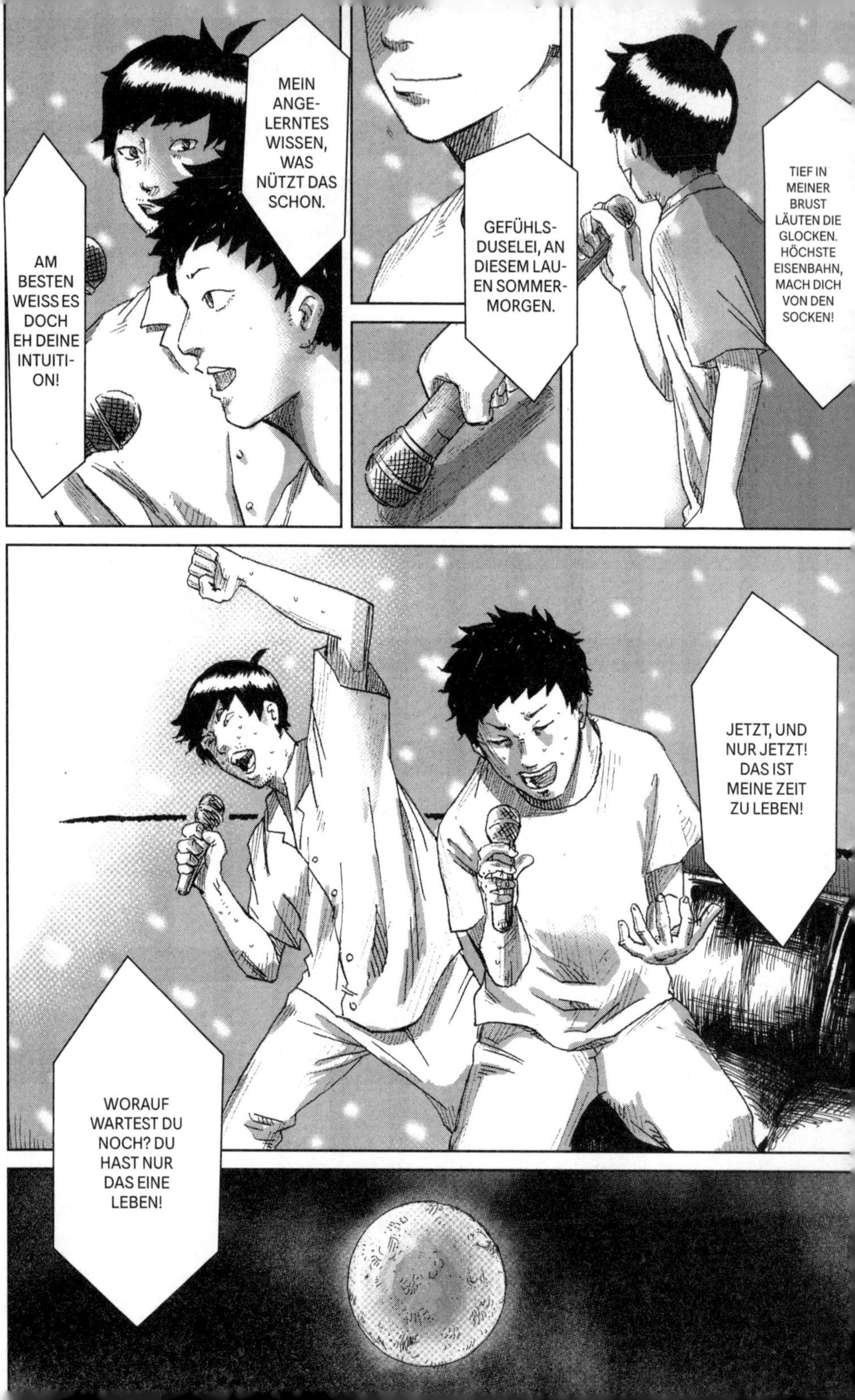
TIEF IN MEINER BRUST LÄUTEN DIE GLOCKEN. HÖCHSTE EISENBAHN, MACH DICH VON DEN SOCKEN!
GEFÜHLS-DUSELEI, AN DIESEM LAU-EN SOMMER-MORGEN.
MEIN ANGE-LERNTES WISSEN, WAS NÜTZT DAS SCHON.
AM BESTEN WEISS ES DOCH EH DEINE INTUITI-ON!
JETZT, UND NUR JETZT! DAS IST MEINE ZEIT ZU LEBEN!
WORAUF WARTEST DU NOCH? DU HAST NUR DAS EINE LEBEN!

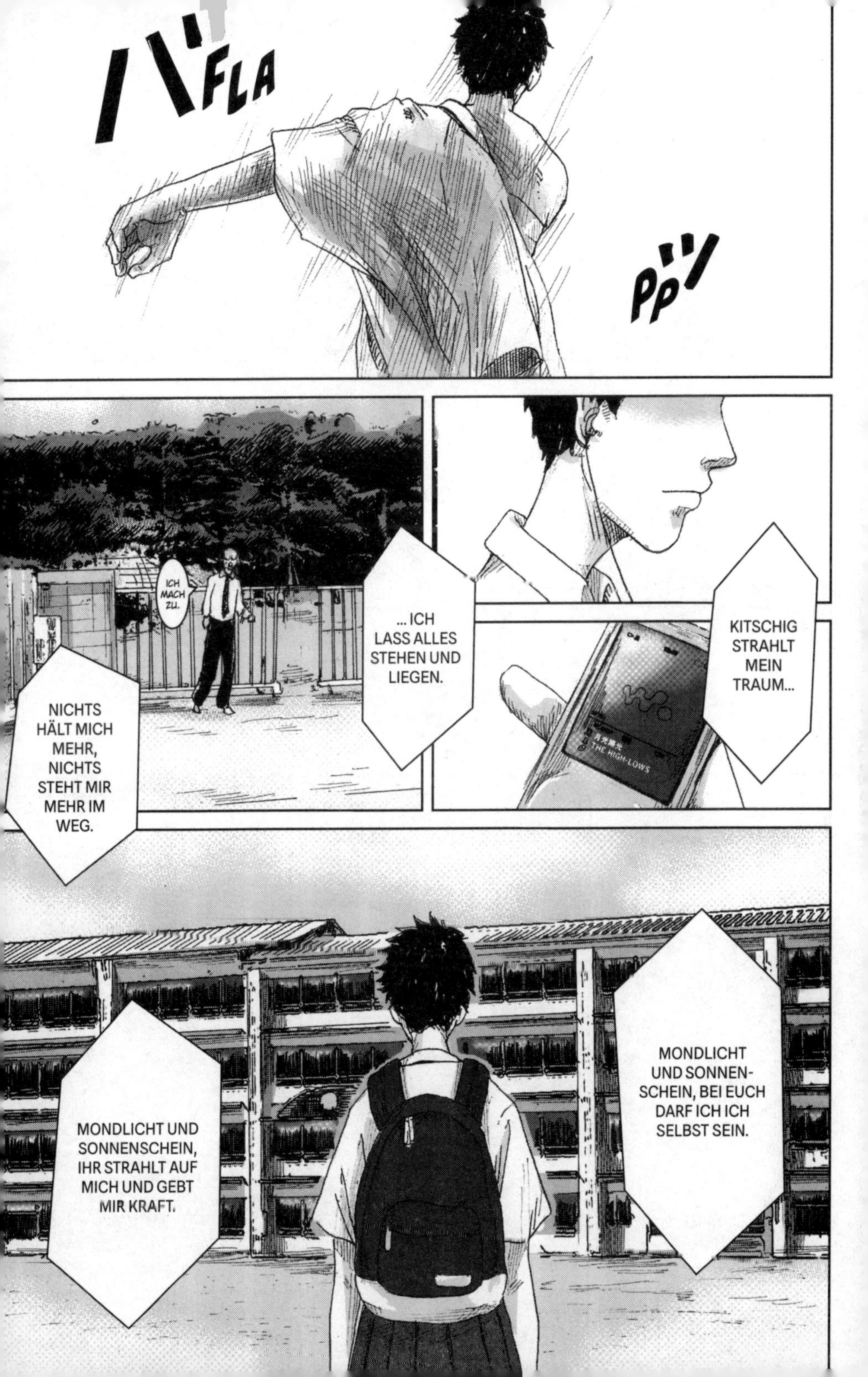
PP
FLA
KITSCHIG STRAHLT MEIN TRAUM...
THE HIGH-LOWS
... ICH LASS ALLES STEHEN UND LIEGEN.
ICH MACH ZU.
NICHTS HÄLT MICH MEHR, NICHTS STEHT MIR MEHR IM WEG.
MONDLICHT UND SONNEN-SCHEIN, BEI EUCH DARF ICH ICH SELBST SEIN.
MONDLICHT UND SONNENSCHEIN, IHR STRAHLT AUF MICH UND GEBT MIR KRAFT.

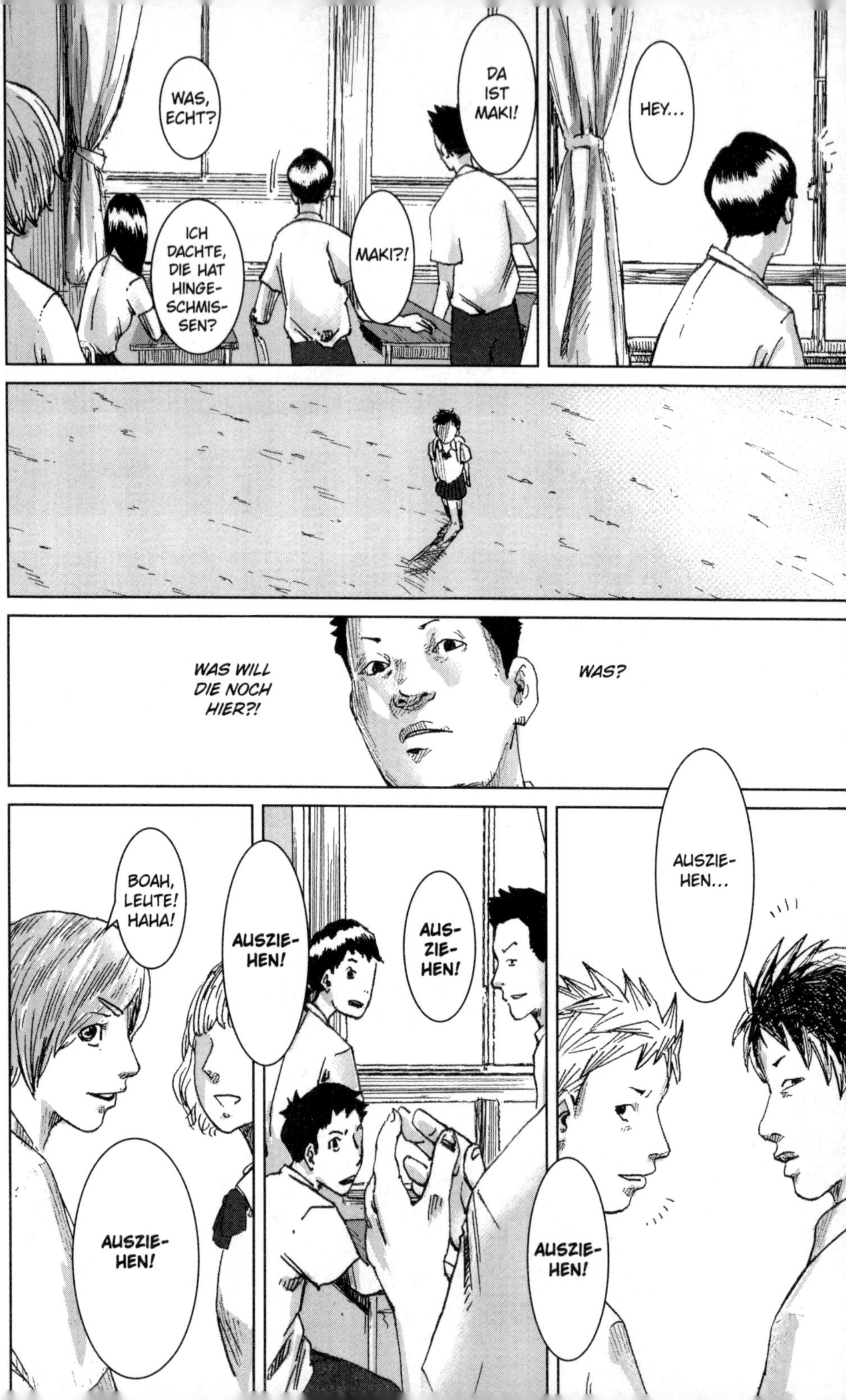
HEY...
DA IST MAKI!
MAKI?!
WAS, ECHT?
ICH DACHTE, DIE HAT HINGE-SCHMIS-SEN?
WAS?
WAS WILL DIE NOCH HIER?!
AUSZIE-HEN...
AUSZIE-HEN!
AUS-ZIE-HEN!
AUSZIE-HEN!
BOAH, LEUTE! HAHA!
AUSZIE-HEN!

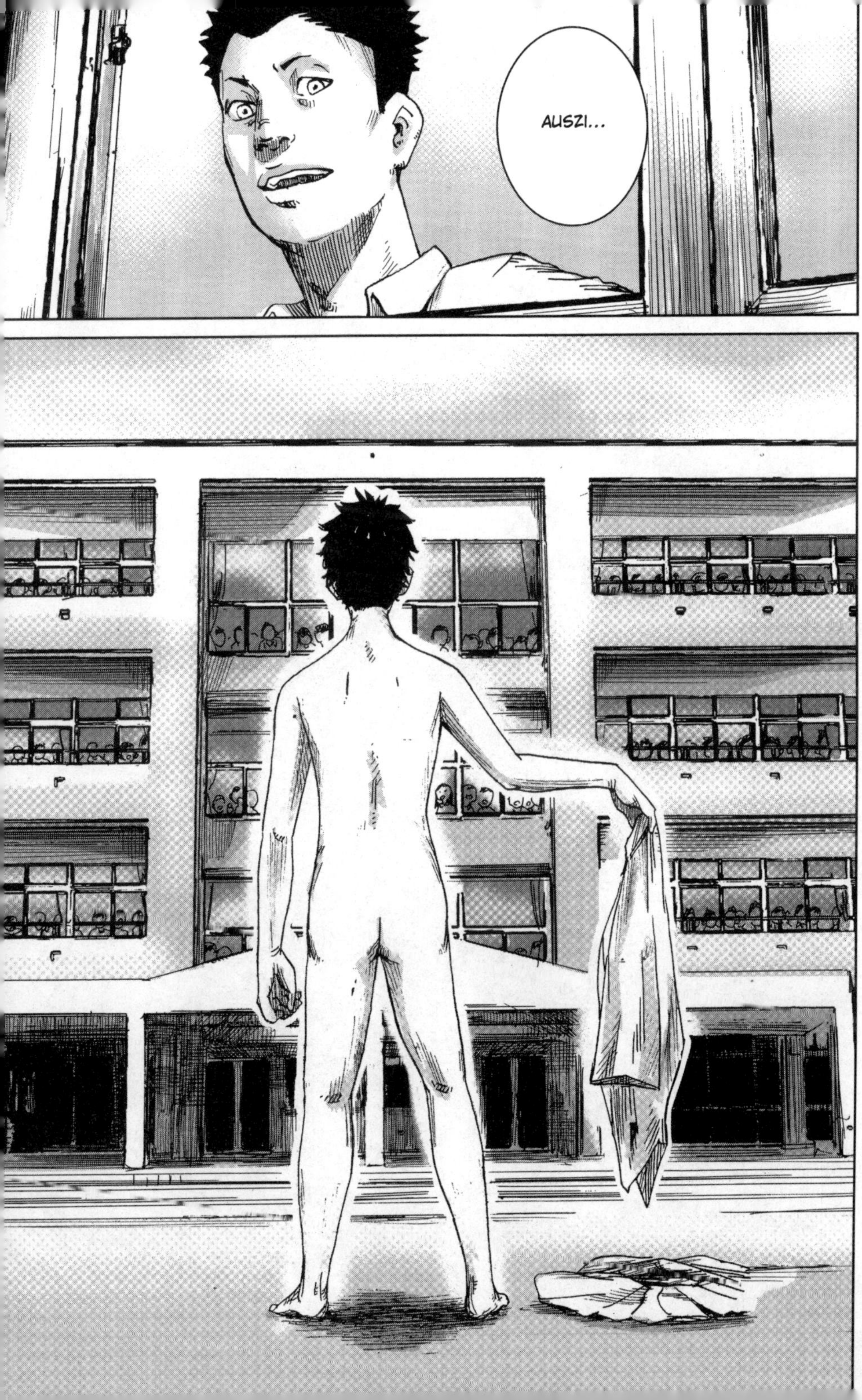
AUSZI…

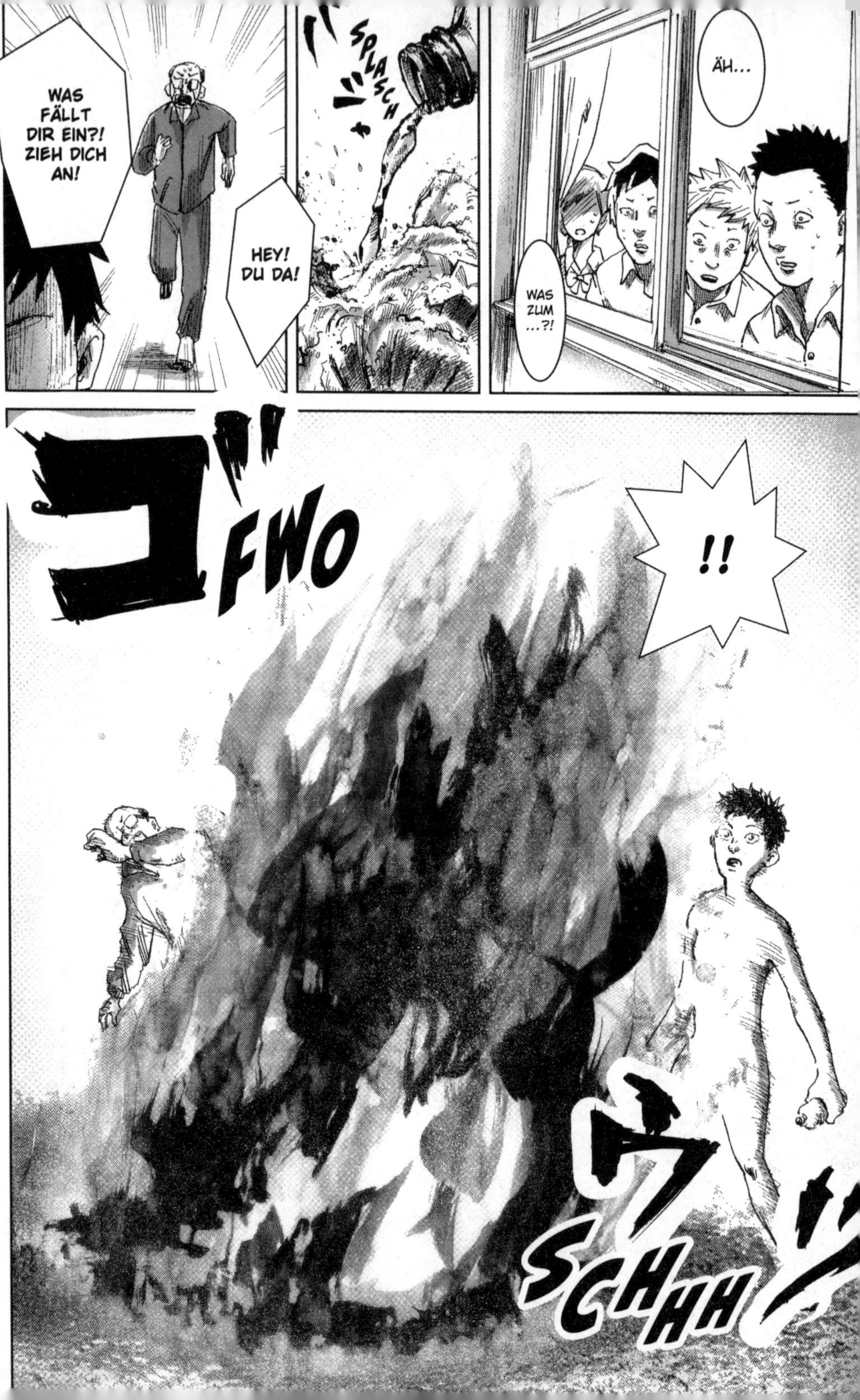
ÄH...
WAS ZUM ...?!
SPLASCH
HEY! DU DA!
WAS FÄLLT DIR EIN?! ZIEH DICH AN!
FWO
!!
SCHHH

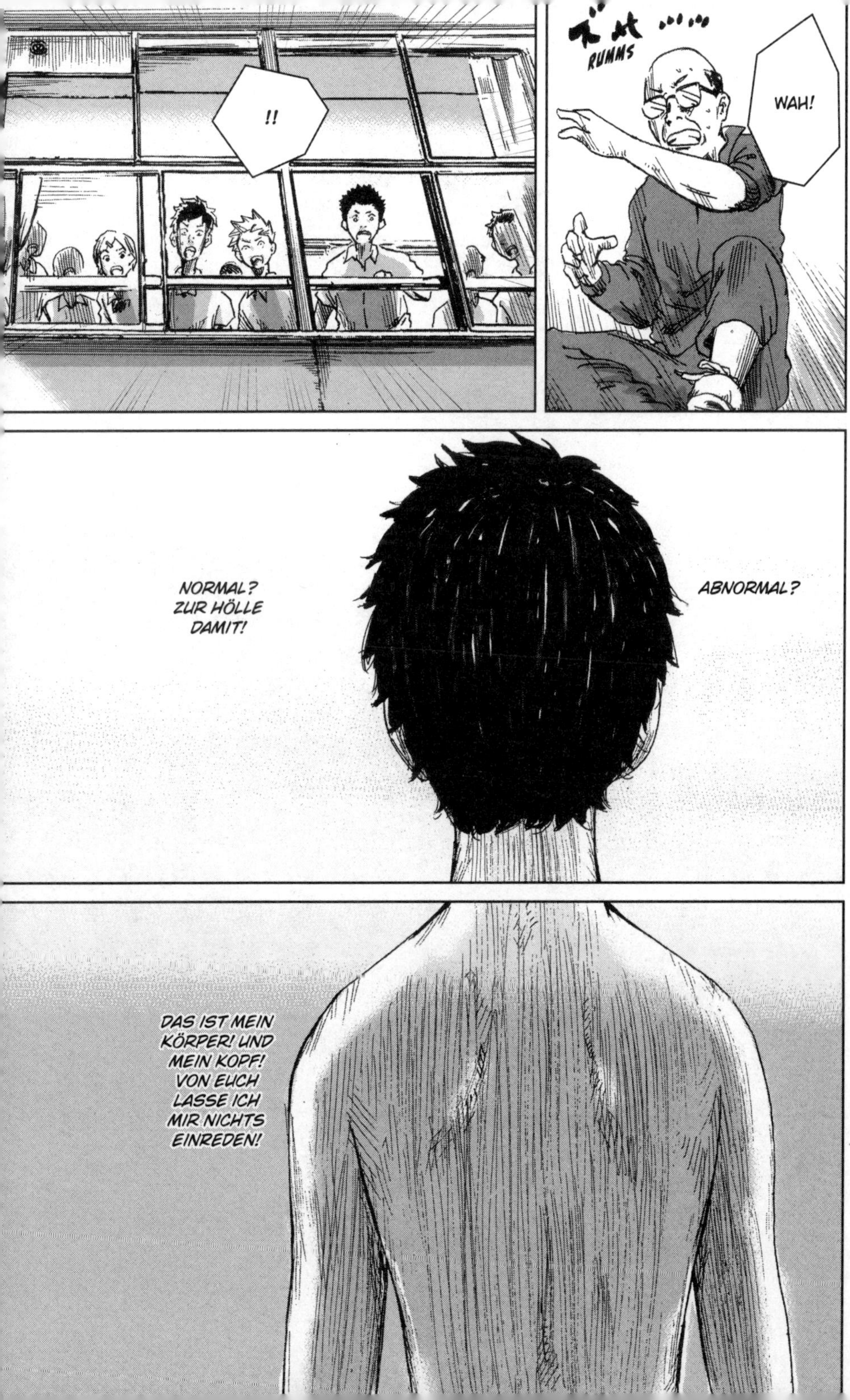
ズル……
RUMMS
WAH!
!!
NORMAL? ZUR HÖLLE DAMIT!
ABNORMAL?
DAS IST MEIN KÖRPER! UND MEIN KOPF! VON EUCH LASSE ICH MIR NICHTS EINREDEN!

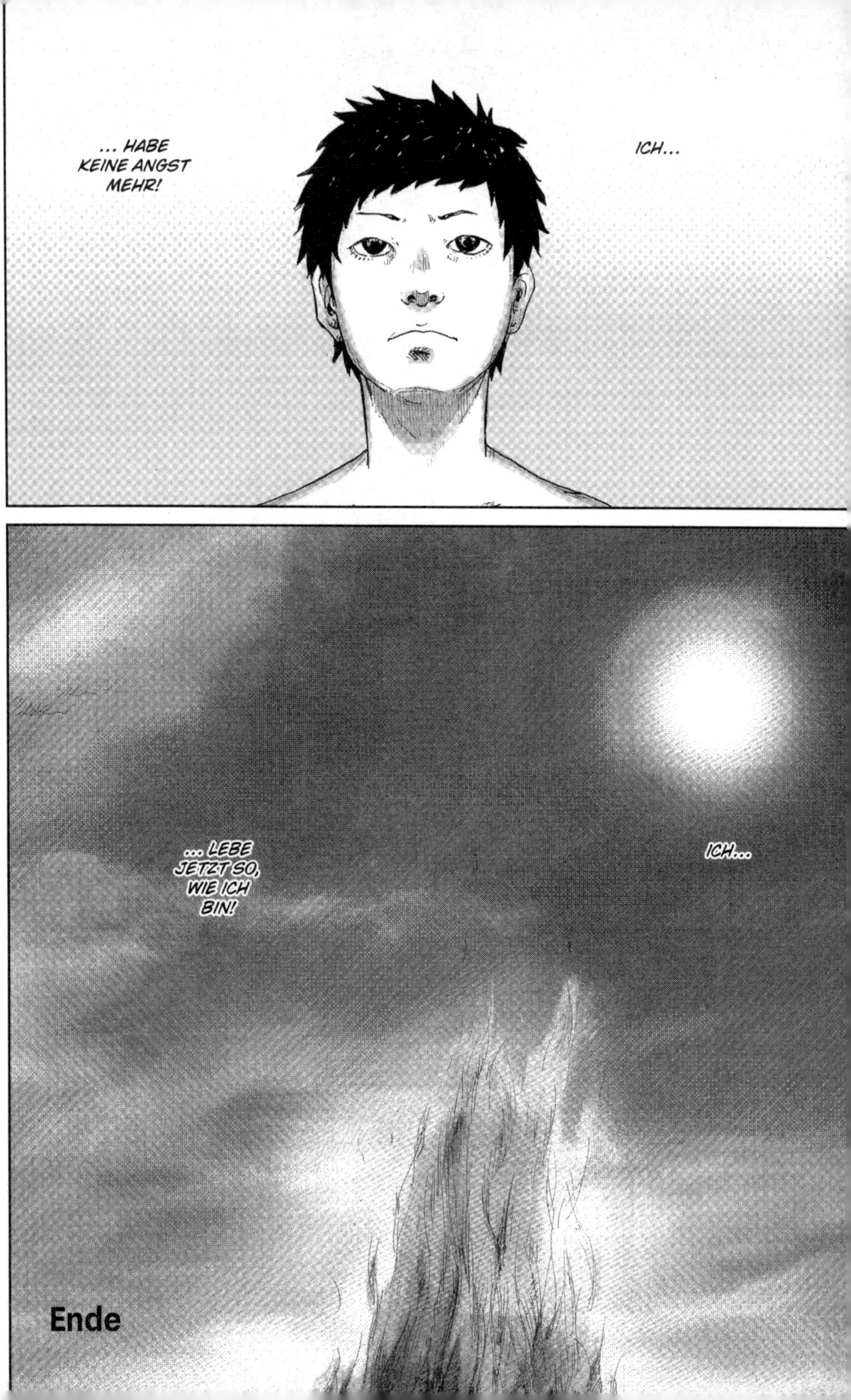
ICH...
... HABE KEINE ANGST MEHR!
ICH...
... LEBE JETZT SO, WIE ICH BIN!
Ende

BOYS
RUN
THE
RIOT

Wer bist du zur blauen Stunde?

YUHKI KAMATANI

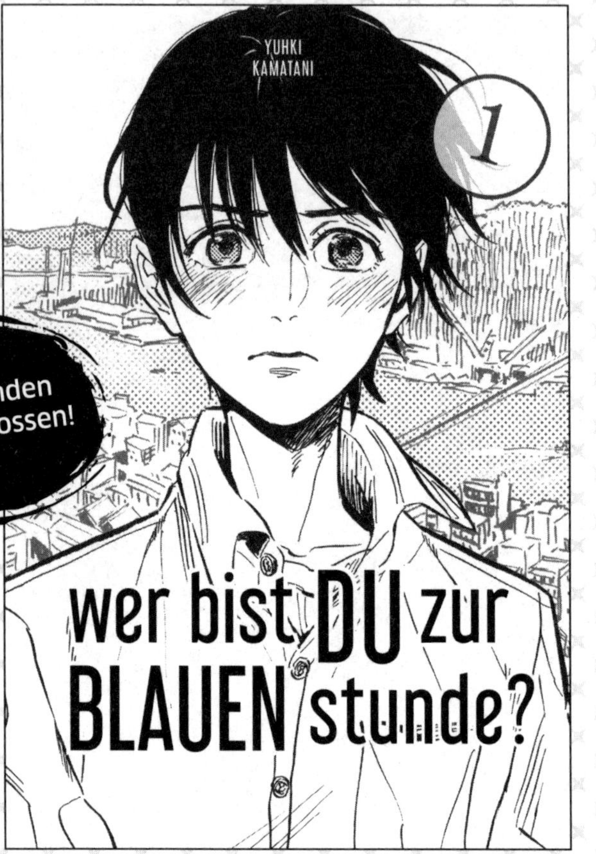

In 4 Bänden abgeschlossen!

Nach einem Umzug in eine fremde Stadt findet Teenager Tasuku schlecht Anschluss an seiner neuer Schule. Als er damit aufgezogen wird, dass er ja schwul sei, kriegt er Angst, dass sein größtes Geheimnis aufgeflogen ist und es für ihn an der Schule noch schlimmer wird. Er sieht sich am Tiefpunkt seines Lebens, als Tasuku plötzlich eine Frau sieht, die aus dem Fenster eines Hauses springt! Geschockt rennt er zu dem Haus in der Nachbarschaft und findet dort einen für ihn magischen Ort wieder: die junge Frau – unverletzt – empfängt ihn und teilt ihm mit, dass sie ihn ja schon länger beobachtet. Er könne gerne zu ihrem Haus kommen, das wäre ein Treffpunkt verwandter Seelen...

Meine lesbische Erfahrung mit Einsamkeit

KABI NAGATA

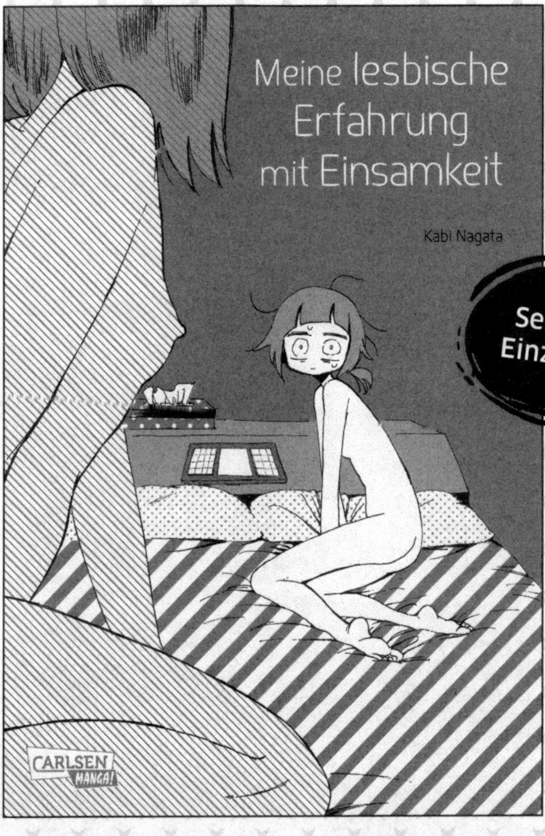

Sensibler Einzelband

In diesem Einzelband erzählt die Autorin ihre eigene Geschichte von ihrem Not-Coming-out in Japan, muss sie sich doch erst mal selbst bewusst werden, wen und wie sie liebt. Und selbst das Wissen darum hilft einem nicht unbedingt weiter, sich den Familienmitgliedern anzuvertrauen. So bleibt Kabi Nagata einsam mit ihrer lesbischen Erfahrung und Entwicklung und teilt diese nur anonym in Mangaform im Internet mit. Ein besonderer Band über das Leben einer besonderen Frau, die immer noch unerkannt und anonym Episoden mit uns teilt… um vielleicht doch nicht ganz so einsam zu sein!

Special Thanks

MATERIALBESCHAFFUNG & OUTFITS

HEADGOONIE – Miki Ooyagi (Twitter/Instagram: @headgoonie)

FOTOMATERIAL

ART IN GALLERY

Staff

Igarashi
Ryuusei Terada
Taiga Miyahara

COVERDESIGN
TASCHENBUCHAUSGABE

fake graphics – Akito Sumiyoshi

LEITENDE REDAKTION

Hidemi Shiraki
Haruhito Uwai

REDAKTION TASCHENBUCHAUSGABE

Tomohiro Ebitani
The Young Magazine editorial team

Aus tiefstem Herzen danke ich allen, die an der Veröffentlichung von BOYS RUN THE RIOT mitgewirkt haben, und allen, die BOYS RUN THE RIOT lesen und lieben.

Wir produzieren nachhaltig

- Klimaneutrales Produkt
- Papiere aus nachhaltigen und kontrollierten Quellen
- Hergestellt in Deutschland

MIX
Papier | Fördert gute Waldnutzung
FSC® C014496

Carlsen Manga! News – jeden Monat neu per E-Mail!

www.carlsenmanga.de

www.carlsen.de

CARLSEN MANGA
Deutsche Ausgabe/German Edition

Aus dem Japanischen von Gandalf Bartholomäus

First published in Japan in 2021 by Kodansha Ltd., Tokyo
Publication rights for this German edition arranged through Kodansha Ltd.
Redaktion: Philipp Nakata
Textbearbeitung: Ina Schiele

ISBN: 978-3-551-79994-4

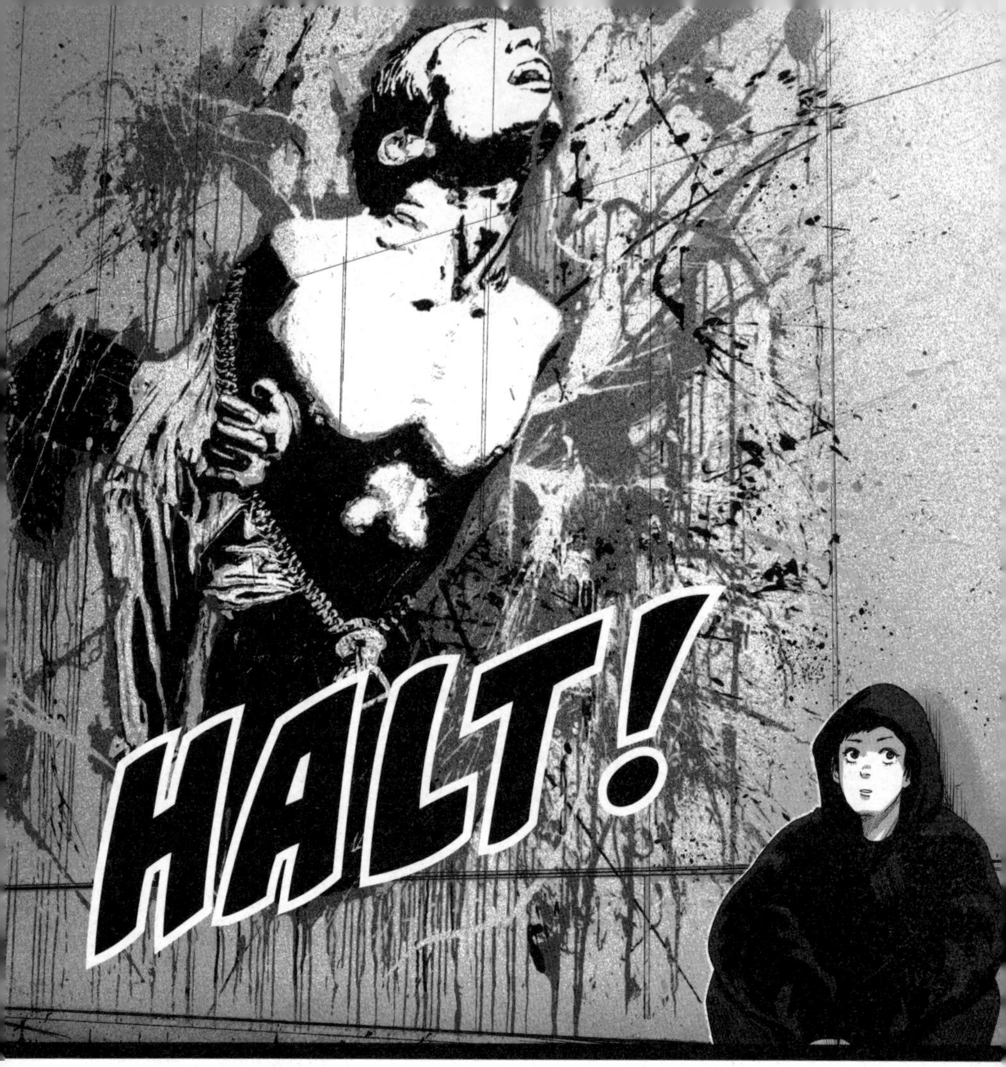

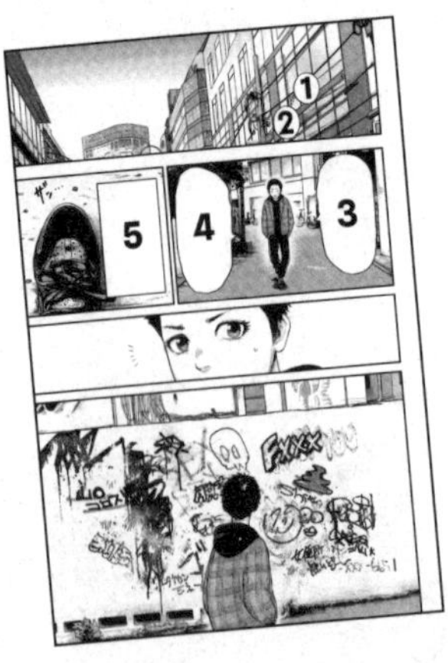

BOYS RUN THE RIOT ist ein japanischer Comic, und in Japan wird von »hinten« nach »vorn« und von rechts nach links gelesen. Man muss diesen Manga also »hinten« aufschlagen und Seite für Seite nach »vorn« weiterblättern. Auch die Bilder auf jeder Seite und die Sprechblasen innerhalb der Bilder werden von rechts oben nach links unten gelesen, so wie in der Grafik gezeigt.

Viel Spaß mit **BOYS RUN THE RIOT!**